KARL HEINZ RITSCHEL

Unbekanntes Italien:

LE MARCHE

Die Marken

Mit 1 Farbtafel und 100 einfarbigen Kunstdruckbildern

PAUL ZSOLNAY VERLAG
WIEN · HAMBURG

Farbbild: „Amor", vermutlich von Girolamo da Carpi. Das Deckenfresko ist ein Ausschnitt aus der „Sala dei senubusti" in der Villa Imperiale in Pesaro. Alle Aufnahmen stammen vom Verfasser, ausgenommen neun Bilder, die von den staatlichen und städtischen Fremdenverkehrsämtern der Provinzen zur Verfügung gestellt wurden. Die Stiche wurden dem Archiv der österreichischen Nationalbibliothek entnommen.

Alle Rechte, insbesondere das der Übersetzung, vorbehalten
© Paul Zsolnay Verlag Gesellschaft m. b. H., Wien/Hamburg 1974
Umschlag und Einband: Doris Bernatzik
Druck: Josef Müller, Wien
Bindearbeit: Hermann Scheibe, Wien
Printed in Austria
ISBN 3 552 02608 8

FÜR MICHAEL

INHALT

BILDERVERZEICHNIS

HISTORISCHER BODEN — PULSIERENDES LEBEN

Über dem Hauptplatz von San Severino, einem kleinen Städtchen im Hinterland der italienischen Marken, brütete die Mittagshitze. Die Piazza, die wie eine träge Schlange dalag, war um diese Zeit menschenleer. Die Luft flimmerte, und nur das Zischen eines Wasserstrahls, mit dem ein Mann die Überreste des Wochenmarktes wegspülte, unterbrach die Stille.

Ich saß vor einer Pizzeria und träumte mit offenen Augen vor mich hin, während ich zusah, wie das Wasser auf den heißen Steinen der Piazza verdunstete. Unglaublich, wie viele verschiedenartige Landschaften ich auf meiner Reise durch die Marken kennengelernt hatte. Steile Wege war ich emporgeklettert, breite Täler hatten mich aus den Hügeln und Bergen immer wieder zum selben Meer geführt, das dennoch jedesmal ein anderes Meer war. Überall auf den Hügelkuppen lagen Siedlungen, stießen Kirch- oder Festungstürme in den strahlenden Himmel. Trutzige Mauern, zerklüftete Berge, grazile Bögen und sanfte Hügel wechselten einander ab. Fremde hatte ich nur ganz selten getroffen, und je weiter ich in die Marken vorgedrungen war, um so deutlicher war mir bewußt geworden, daß dieses Land noch der Entdeckung harrt.

Cenerentola — Aschenbrödel — so nannte ich einmal die Marken im Gespräch mit einem Kenner. Er nickte heftig und setzte mir auseinander, *le Marche* seien das *Tertia Italia*, das dritte Italien, das sich selbst überlassen sei. Der industrialisierte Norden könne sich allein helfen, und der Süden, *il Mezzogiorno,* erhalte Hilfe vom Staat. Was in der Mitte liegt, Latium, Umbrien, die Toscana, die Emilia und die Marken, sei von der Welt vergessen. Er meinte, man müsse sich eben selbst helfen, und das habe auch seine Vorteile. Tatsächlich ist das Leben in diesen Teilen Italiens besonders angenehm, ohne die Hektik des Nordens, aber auch ohne jenes zermürbende Nichtstun, das man im Süden findet. Ausgeglichenheit und Ausgewogenheit im Bild der Landschaft und ihrer Bewohner charakterisieren die Marken, die zu entdecken ich ausgezogen war.

Ich wurde jäh aus meinen Gedanken gerissen, als ich ein Mädchen bemerkte, das wie eine Katze um meinen Tisch schlich, neugierig die Kameras und das Diktiergerät betrachtete, und den schlanken Hals verrenkte, um die Titel einiger Schriften zu lesen, die ich neben mir liegen hatte. Schamlos fragte sie mich nach Herkommen und Profession aus, hatte in der Schule gelernt, daß Salzburg, *Salisburgo,* von wo ich angereist war, eine „italienische Stadt über den Alpen", eine Stadt des *barocco,* also eine Barockstadt, sei. Und als ich ihr erzählte, ich schriebe an einem Buch über ihre Heimat, war ich sogleich ihr Freund. Stolz versicherte sie mir, sie sei ein typisches Mädchen der Marken, das erkenne man an den *occhi da cerbiatto,* den Rehaugen. Dabei riß sie ihre Augen weit auf, um mich tief hineinblicken zu lassen. So hatte ich also eine geschwätzige Freundin gefunden: Mafalda, ein Schulmädchen, nicht mehr als elf Jahre alt, das doch schon von Stolz auf seine Heimat, die Marken, erfüllt war. Sie nickte beifällig, als ich ihr vorlas, was der prominente italienische Publizist Guido Piovene, der im Auftrag des italienischen Rundfunks drei Jahre lang Italien bereist hatte, in seinem Buch „Viaggio in Italia" geschrieben hatte: „Wollte man einmal die typischste italienische Landschaft bestimmen, müßte man die Marken nennen... Italien insgesamt ist eine Art Prisma, in dem alle Landschaften der Erde aufleuchten; sie alle sind in Italien vertreten, in maßvoller Proportion und alle aufeinander abgestimmt. Wenn also Italien mit seinen verschiedenen Landschaften ein Konzentrat der ganzen Erde ist, so sind die Marken ein Konzentrat Italiens."

Die Sonderstellung dieser italienischen Region drückt sich schon im Namen aus: das Wort Mark stammt aus dem Gemeingermanischen und ist mit dem lateinischen *margo* verwandt, das „Rand" bedeutet. Es wurde im frühen Mittelalter als Bezeichnung für Grenzgebiete, das heißt militärisch gesicherte Vorfelder der Stammländer verwendet. Tatsächlich war das Gebiet zwischen Apennin und Adriatischem Meer unterhalb von Rimini und der kleinen Republik San Marino bis zu den Abruzzen damals genauso eine Randzone wie heute. Im 8. Jahrhundert gehörten die Marken zum byzantinischen Exarchat von Ravenna, das die Langobarden 751 eroberten und erst nach wiederholten Kämpfen an die Karolinger verloren, die ein Bündnis mit dem arg bedrängten Papsttum eingegangen waren: Pippin war vom Papst in Saint-Denis zum König gesalbt worden, der Papst hatte dafür als Patrimonium Petri Rom und das Exarchat Ravenna empfangen, also auch die Marken, die ihren Namen allerdings erst unter Karl dem Großen erhielten, als dieser 774 die Schenkung an den Papst erneuerte. Heute ist die Region verwaltungsmäßig in die vier Provinzen Pesaro—Urbino, Ancona, Macerata und Ascoli Piceno geteilt.

In den letzten Jahren — vor allem seit die Autobahn von Bologna nach Bari fertiggestellt wurde — haben viele Italienurlauber die Badestrände von Pesaro, Fano, Senigallia, Ancona, Numana, Porto Recanati, Grottammare oder San Benedetto del Tronto entdeckt. Jeder, der einmal an diesen Stränden Urlaub machte, bleibt verzaubert, denn hier wurden nicht Badeorte ohne kulturellen und historischen Zusammenhang, ohne Hinterland aus dem Boden gestampft, sondern dem Tourismus geschichtsträchtige Orte, virulente Städte erschlossen. Man badet, man bummelt durch die alten Städte, man besucht Museen, bewundert Paläste und interessante Bauwerke, man lebt mit den Einwohnern. Hier findet nicht nur der Körper, sondern auch der Geist, die Seele, Erfrischung: im Urlaub mit Kultur. Denn das Hinterland der Badestädte liegt, Urbino ausgenommen, noch im Dornröschenschlaf. Auf kurzen Ausflügen kann man mühelos eine *terra incognita* durchstreifen, die jedem etwas bietet, vor allem aber demjenigen, der Freude am Detail hat: er wird das römische Kapitell, eingemauert in einen Hühnerstall, finden oder das gotische Maßwerk in einer Dorfkirche entdecken. Noch gibt es keinen Führer, der auch nur annähernd alle sehenswerten Orte verzeichnet, doch wo immer man Rast macht, wo immer man abbiegt von den Hauptstraßen, und welches jener dreizehn Täler man erforscht, die wie Parallelschnitte das Land teilen und von den Höhen des Apennins zum Meer vordringen, immer lohnt sich der Ausflug ins Unbekannte.

Die Geschichte der Marken reicht weit zurück. Daß es schon in prähistorischer Zeit Siedlungen gegeben hat, dafür zeugen Funde aus dem Neolithikum. So wurde vor Jahren in Pesaro ein vorgeschichtliches Gräberfeld entdeckt, wobei Stelen, also Schrifttafeln, ausgegraben wurden, die denen von Mykene ähnlich sind. Im Nationalmuseum in Ancona kann man an Hand zahlreicher Funde die Entwicklung der Marken studieren: die prähistorische Zeit, die verschiedenen Volksstämme, die hier siedelten, und die Kultur der Etrusker, Griechen und Römer. Lange Zeit wurden alle Funde, die nicht als griechisch oder römisch verifiziert wurden, den Etruskern zugeschrieben; man vertrat die These, es handle sich um etruskische Stämme, die nicht so reich waren wie die Bewohner von Tarquinia und anderer großer Orte Etruriens. Heute jedoch weiß man, daß wir es mit einer Abart der Villanova-Kultur zu tun haben, genannt nach dem Ort Villanova bei Bologna, wo Brandgräber gefunden wurden, die große schwarze Aschenurnen aus Ton mit eingeritzten geometrischen Motiven enthalten.

Der Name der Provinz Ascoli Piceno bezeichnet heute noch eine Landschaft, die im Altertum Picenum hieß, deren Bewohner, die Picener oder Picenter, aus Umbrien kamen und als heiliges Stammestier den Specht — lateinisch *picus* — verehrt haben sollen. Manche Funde weisen darauf hin, daß es in der picenischen Sprache Dialektunterschiede gegeben haben muß: so wird das Südpicenische mit dem Ostitalischen in Verbindung gebracht, während das Nordpicenische in der Gegend von Pesaro gesprochen wurde. Hinweise darauf fand man bei Ausgrabungen in Novilara, einem bezaubernden kleinen Ort in der Nähe von Pesaro. Eine Stele, die, wie man annimmt, eine Votivinschrift oder einen Nachruf enthält, läßt uns vermuten, daß die Picener hier mit den Illyrern in Kontakt kamen. Die Ausgrabungen von Novilara sind im Museo Oliveriano in Pesaro untergebracht.

Wer waren die Picener? Massimo Pallottino, der führende italienische Etruskologe, vertritt die Ansicht, daß die Picener eine kleine Nationalität waren, die aber nicht deutlich in Erscheinung treten konnte, da sie von den vordrängenden Etruskern, Umbrern und Kelten überdeckt wurde. Im Süden der Marken scheint sich die blühende eisenzeitliche Kultur des Picenums einem italischen Volk zuschreiben zu lassen, das später von den umbro-sabellischen Völkern aufgesogen wurde und dann in der gallischen Invasion im 4. Jahrhundert unterging. Pallottino schlägt vor, solange über diese Kultur nichts Näheres bekannt ist, den griechischen Ausdruck Picener beizubehalten, obwohl sich die Picener im Süden der Marken erst im 9. Jahrhundert ansiedelten. Fest steht, daß eine Überlappung zwischen Picenern und Etruskern stattgefunden hat. Von der tyrrhenischen Küste ausgehend, erfolgte in verschiedenen Stoßrichtungen eine „Etruskisierung" Italiens. Zeugnis dafür ist die Gründung der Stadt Cupra in der Nähe von Fermo, hoch über der Adria. In dieser tyrrhenischen Siedlung stand das Heiligtum der Zeusgattin Hera, und die Reste dieses Tempels, über denen sich heute eine christliche Kirche erhebt, sind ein interessanter Beweis für diesen Überschichtungsprozeß in der Provinz Ascoli Piceno.

Wer die ebenso verwirrende wie hochinteressante Frühgeschichte der Marken studieren will, darf auch nicht versäumen, das kleine, kaum bekannte Museum von Ripatransone, wenige Kilometer von Grottammare, zu besichtigen. Es ist im Rathaus untergebracht und beherbergt eine reichhaltige Sammlung picenischen Kulturgutes. Die Keramik, meist in grauer bis dunkelgrauer Farbe gehalten, die Figuren, aber auch die Werkzeuge aus Bronze und Eisen unterscheiden sich eindeutig von etruskischen und anderen Funden aus dieser Zeit: es fehlen die Verfeinerungen, die ein gewisser Wohlstand mit sich bringt. Das Leben der Picener, dürfen wir annehmen, war härter als das der Etrusker, wenn auch die Menschen keine Not litten.

Über die Herkunft der Picener erzählt eine Sage, die so aufschlußreich erscheint, daß Altmeister Theodor Mommsen sie sogar in seine „Römische Geschichte" aufgenommen hat. Da heißt es, daß die Sabiner, von den Umbrern bedrängt, den Göttern jene Kinder überantworteten, die im Lenz eines bestimmten Kriegsjahres geboren wurden. Die Götter sollten mit diesen Söhnen und Töchtern verfahren, wie es ihnen beliebte: sie verderben oder ihnen anderwärts neue Wohnsitze bescheren. Und die Götter nahmen das Opfer an. Der Stier des Mars führte einen Schwarm der Ausgesetzten auf die Berge am Sagrusfluß. Aus ihnen entwickelten sich die Stämme der Safiner oder Samniten, die später in der Ebene östlich des Matesegebirges an den Quellen des Tifernus siedelten und ihre Dingstätte — nach dem Stier — Bovianum nannten. Der Wolf des Mars hingegen zog mit einem anderen Haufen — aus ihm wurden die Hirpiner — in die Gegend von Benevent. Und der Specht des Mars brachte die dritte Gruppe, das Spechtvolk oder die Picenter, in die anconitanische Mark. Die Sage berichtet, daß noch viele andere Völker von den Sabinern absplitterten: die Praetuttier bei Teramo, die Vestiner am Gran Sasso, die Marruciner bei Chieti, die Frentaner an der apulischen Grenze, die Paeligner am Majellagebirge und die Marser am Fuciner See. Wichtig ist, daß diese Stämme, die man unter dem Begriff „sabellische Stämme" zusammenfaßt, auch später ein gewisses Verwandtschafts- und Zusammengehörigkeitsgefühl nie verloren haben, obwohl sie in der Abgeschlossenheit des Gebirgslandes ganz verschiedene Entwicklungen nahmen.

Noch ein Volksstamm ist zu erwähnen: die Pelasger — auch Karer oder Leleger genannt —, die wahrscheinlich zu der vorindogermanischen Bevölkerung der Ägäischen Welt gehörten und über deren Ursprung nur sehr wenig bekannt ist. Die Pelasger dürften Pesaro und Fano gegründet haben.

Überblicken wir das Gebiet der Marken zu jener Zeit, bevor die Römer ihren Siegeszug antraten, so sehen wir eine Vielzahl von Stämmen, die sehr bald aus zwei Richtungen bedrängt, überschichtet und aufgesogen wurden: aus dem Westen durch die Etrusker, aus dem Norden durch die Gallier.

Die römische Geschichte der Marken beginnt mit dem Jahr 295 v. Chr., als die Römer unter ihrem Konsul Publius Decius Mus die Sabiner, Etrusker, Umbrer, Lukaner und Gallier unterwarfen. Sie sicherten ihre Herrschaft durch die Errichtung der Kolonie Firmum (heute Fermo), doch scheint es, daß die Marken den Römern mehr als einmal Kopfzerbrechen bereiteten. Ausgerechnet in der Stadt Ascolum (Ascoli Piceno) brach 91 v. Chr. der Bundesgenossenkrieg aus, der den italischen Völkern das römische Bürgerrecht verschaffen sollte. Der Initiator dieser revolutionären Idee, der Volkstribun Livius Drusus, wurde von den stolzen römischen Bürgern ermordet. Der Krieg endete mit einem Sieg Roms über die Bundesgenossen, die weiterhin Menschen zweiter Klasse blieben.

Fährt man auf der Autobahn durch die Marken, so erinnern zwei Namen an dramatische Ereignisse aus der Römerzeit: die Autobahnstationen „Metaurense" und „Rubicone".

Der Metaurus ist der längste Fluß der Provinz Pesaro, und im Metaurustal verlief einst die Via Flaminia, die Rom mit der Adria verband. Hier tobte 207 v. Chr. jene Schlacht, die das Ende der Punischen Kriege bedeutete. Hasdrubal war, den Geniestreich seines Bruders Hannibal wiederholend, mit 30.000 Mann von Karthago über die Pyrenäen und die Alpen gezogen, um Hannibal, dessen Nachschub nicht funktionierte, zu unterstützen. Am Metaurus wurde das Heer der Karthager aufgerieben, und damit war der Krieg in Italien zu Ende. Viele der punischen Soldaten siedelten sich hier an, Ortsnamen wie Cartoceto erinnern noch an diese Zeit. Die reichen Gräberfelder, die das Schlachtengetümmel zurückließ, sind heute eine Fundgrube für Archäologen.

Die Autobahnstation „Rubicone" hingegen läßt uns an jenen entscheidenden Wendepunkt in Cäsars Karriere denken, als der Feldherrr aus Gallien kommend, das er erobert und zur römischen Provinz gemacht hatte, den Rubicon mit einer Legion und mit den Worten „Alea iacta est — Der Würfel ist gefallen" überschritt, um seine Feinde in Rom zu besiegen. Von Rimini aus unterwarf er Pesaro und Fano und teilte dann die Armee: Marcus Antonius ließ er mit einer Truppe auf der Via Flaminia durch den Furlopaß vordringen; Cäsar selbst zog nach Süden und marschierte von Ancona aus über Apulien nach Rom. Widerstand wurde ihm nicht geleistet. Im Gegenteil, die meisten Soldaten, die in den Garnisonen untergebracht waren, schlossen sich seinem Heer an, denn es gelang ihm, die Begeisterung der Soldaten anzufachen. Sie schworen ihm Treue, weil er nicht nur versprach, die Freiheit des Volkes zu verteidigen und die Tyrannei der Parteien zu bekämpfen, sondern weil er gleichzeitig reiche Belohnung in Aussicht stellte.

Die Kriege der Römer haben auf die Entwicklung der Agrarstruktur in den Marken ganz entscheidend eingewirkt. Nach der Ermordung Cäsars ging man nämlich daran, Ländereien an Kriegsveteranen zu verteilen. Auf Befehl des Octavianus erschienen in verschiedenen Städten, darunter auch Ancona und Pesaro, Kommissionäre und Landmesser, die Eigentümerlisten erstellten und für jeden Grundbesitzer eine Umlage festsetzten. Diese Abgabe war nicht nur auf Grundbesitz, sondern auch auf Viehbestand, Sklaven, landwirtschaftliche Geräte etc. zu bezahlen. Die Entschädigungssummen wurden niemals ausbezahlt, und bei den Enteignungsverfahren büßten viele wohlhabende Familien große Teile ihres Besitzes ein, während die Grundbesitzer, deren Land kleiner war als das kleinste Veteranenlos, alles verloren. Die Folge waren Unzufriedenheit, Not und politische Wirren.

Die Landverteilung im Gebiet des Picenum war besonders schwierig, da es seit der Zeit der Punischen Kriege neben den Großgrundbesitzern sehr viele kleine Bauern gab, die trotz harter Arbeit in Armut lebten. Geld gegen Zinsen konnten sie sich nicht verschaffen, und so wurden ihre Höfe meist von kapitalkräftigen Grundbesitzern aufgekauft. Daß sich die Verhältnisse seit der Römerzeit nicht wesentlich geändert haben, zeigt die Tatsache, daß heute noch viele Bauernhöfe zu klein sind, um ihren Eigentümer und seine zahlreiche Familie zu ernähren. Wenn solch ein Bauer nicht seinen Hof verläßt und in die Stadt flüchtet, bringt er sich als *mezzadriadro,* als Halbpächter durch, der nicht nur seinen eigenen kleinen Hof bewirtschaftet, sondern auch den Boden von Großgrundbesitzern, die meist in der Stadt leben. Der Name *mezzadriadro* besagt, daß die Hälfte des Ertrages ihm gehört, während er die andere Hälfte dem Grundeigentümerr als Pacht abliefert. Heute verschiebt sich das Verhältnis zugunsten der Bauern: sie erhalten zumeist sechzig bis siebzig Prozent des Bodenertrages oder des Ertrages der Feldfrüchte, der kleinere Teil bleibt dem Eigentümer, der ja keine andere Leistung erbracht hat, als jemanden zu finden, der für ihn arbeitet. Diese Entwicklung führt langsam zu einer großräumigeren Landwirtschaft, die vor allem das Bild der fruchtbaren Täler prägt.

Ein freundliches Andenken bewahren die Marken dem römischen Kaiser Marcus Ulpius Traianus (98—117 n. Chr.), der ein guter Verwalter, ein cleverer Finanzmann und ein gerechter Richter war. Sein Grundsatz lautete: „Lieber geht der Schuldige straflos aus, als daß ein Unschuldiger verurteilt wird." Trajan war es, der in Ancona einen neuen Hafen bauen ließ, und zum Dank errichtete ihm die Stadt einen Ehrenbogen.

Eine wirre Zeit begann, als das römische Reich zerfiel und die Marken in die Einflußsphäre Ostroms gerieten, das seinen Aufgaben in Italien nicht gerecht werden konnte. Die Folge war, daß die Langobarden aus dem Norden immer weiter nach Süden vorstießen und Byzanz erst nach einer mehr als hundert Jahre währenden kriegerischen Auseinandersetzung das Exarchat von Ravenna, benannt nach der Residenz des Exarchen (Oberster byzantinischer Statthalter für Italien), und das Gebiet der fünf Seestädte Ariminum (Rimini), Pisaurum (Pesaro), Fanum (Fano), Senagallica (Senigallia) und Ancona befriedete. Zu dieser „Fünfstadt", der Pentapolis, kamen im 8. Jahrhundert weitere Städte. Alle Städte zusammen wurden von Byzanz zu einer „Zehnstadt", der Dekapolis zusammengefaßt, und das ganze Gebiet kam, nachdem es von den Langobarden erobert und diesen wieder entrissen worden war, durch die Pippinsche Schenkung an den Kirchenstaat.

Die Pippinsche Schenkung der Jahre 754 und 756 war die Geburtsstunde des Kirchenstaates, der langsam aus dem Zusammenbruch des Ostgotenreiches wuchs. Doch es war ein vorerst ungesunder Wuchs, denn die Gebiete waren territorial nicht verbunden. Die Hauptgebiete, nämlich der Ducatus Romanus — Rom und Umgebung — und das Exarchat Ravenna mit der Pentapolis, hingen nur durch einen schmalen Streifen, mit Perugia als Verbindungsstadt, zusammen. Daher gingen die Gebiete an der Adria dem Einfluß des Papstes schnell wieder verloren und wurden faktisch als Reichsland gehandhabt. Je nachdem, wie groß der Einfluß des Papstes war, gestaltete sich auch das Schicksal der Marken sehr wechselvoll. Im Lauf der Jahrhunderte konnte das Papsttum einzelne Gebietsteile beherrschen und festigen, aber es mußte immer wieder Festungen anlegen, um diesen Herrschaftsbereich zu sichern. Karl der Große ordnete Italien zwar, indem er Oberitalien mit der Toscana und einem Stück Mittelitalien zu einem Teil des Deutschen Imperiums, zum sogenannten Reichsitalien machte. Doch der anschließende Großraum, der breite Gürtel des Kirchenstaates, der sich quer durch Italien von Meer zu Meer zog, blieb ein Gebiet ohne genaue Grenzen. Aus ihm erwuchs im 12. und 13. Jahrhundert der Konfliktstoff für die Kämpfe zwischen Kaiser und Papsttum. Der dritte Großraum schließlich — Unteritalien — blieb am eindeutigsten sich selbst, das heißt seiner eigenen Entwicklung überlassen. Er befand sich zunächst unter griechischer Herrschaft, bekriegt von den Sarazenen, dann folgte das Reich der Normannen, später kamen die Staufer, Franzosen und Spanier.

Die Kirche konnte ihr Gebiet nur mangelhaft schützen. Da immer wieder Einfälle der Sarazenen drohten, mußte in den gefährdeten Grenzgebieten die militärische Macht in Markgrafschaften konzentriert werden, die unter der Herrschaft von Baronen standen. Diese Barone wuchsen zu mächtigen Feudalherren heran und vergriffen sich schließlich rücksichtslos am Kirchengut. Papst Johann VIII. war es, der gegen Ende des 9. Jahrhunderts versuchte, Ordnung zu schaffen und der Kirche das Patrimonium Petri zu erhalten. Doch wie einst Gregor der Große mußte auch er sich durch riesige Jahrestribute von den Angriffen der Sarazenen freikaufen. Als Johann im Jahr 882 starb, war sein Tod Symbol für eine wilde Zeit, die den Kirchenstaat nicht verschonte: ein Verwandter hatte dem Papst ein Giftgemisch gereicht, und weil dieses nicht schnell genug wirkte, hatte er mit einem Hammer den Schädel zertrümmert.

Es folgte der Machtkampf zwischen Kaiser und Papsttum, eine Auseinandersetzung, die Bischof Liutprand von Cremona, selbst langobardischer Abstammung, treffend charakterisiert hat: „Italiener wollen immer zwei Herren haben, um den einen durch die Furcht vor dem anderen zu bändigen." Obwohl das Kräftemessen sich an der Frage der universalen und geistigen Vormachtstellung entzündete, bedeutete es de facto einen territorialen Machtkampf auf dem Boden Italiens. Diese Situation nützten die einzelnen Städte, um, einmal beim Kaiser und ein anderes Mal beim Papst, immer mehr Rechte zu ergattern: Marktrechte, Gerichtsbarkeit, Zölle. Das Kaisertum berief sich nunmehr auf erneuerte antike römische Traditionen und erhob einen Hoheitsanspruch, der sich nicht nur auf den cäsarischen Staatsgedanken, sondern auch auf die absolute Unverletzlichkeit und Heiligkeit des Herrschers und seiner Gewalt stützte. Das Sacrum Imperium, das Heilige Römische Reich der Staufer, nahm immer deutlicher Gestalt an. Inzwischen verfolgte das Papsttum — vor allem seit dem Investiturstreit — politische Interessen. Der Papst nahm für sich in Anspruch, auch in weltlichen Angelegenheiten den Primat zu besitzen. Die Städte, zwischen Kaiser und Papst lavierend, neigten der früheren Konsularverfassung zu, wobei jede Stadt ein eigenes Rom sein wollte. Eine totale Aufsplitterung, eine Parteiung in zwei gewaltige Heerlager, die Italien eineinhalb Jahrhunderte in einen grausamen Würgegriff bekommen sollte, war die Folge: die Guelfen, die den Primat der Kurie und zugleich die städtische und territoriale Unabhängigkeit durchsetzen wollten, standen den Ghibellinen gegenüber, die sich der kaiserlichen, universalen Herrschaftsidee verschworen hatten. Aus einem Kampf um Grundsatzfragen wurde bald ein Kampf um die Durchsetzung von Einzelinteressen.

Schien es zuerst, daß das Kaisertum siegen sollte, so brachte der frühe Tod Heinrichs VI. (1197) einen langwährenden Thronstreit zwischen Staufern und Welfen, der nicht nur Deutschland, sondern das ganze Reich zerriß und damit dem Papsttum zum Sieg verhalf. Dazu kam mit Papst Innozenz III. (1198—1216) eine überragende Führergestalt an die Spitze der päpstlichen Kurie. Innozenz forderte einen Verzicht auf die Gebiete des Kirchenstaates und die Wiederherstellung der päpstlichen Hoheit über alle einstmals dem Vatikan durch die pippinschen, karolingischen und ottonischen Schenkungen überkommenen Gebiete.

Spätere Herrscher haben immer wieder versucht, diese Verzichtserklärungen null und nichtig zu erklären, wobei sie auf rechtliche Schwierigkeiten stießen. Anderseits war auch der Papst praktisch nicht in der Lage, in allen Gebieten, in Grafschaften und Städten, seinen Herrschaftsanspruch durchzusetzen. So wütete Stadt gegen Stadt, Adelsfamilie gegen Adelsfamilie, und aus dem Kampf aller gegen alle entwickelte sich die für die italienische Geschichte so bedeutungsvolle Regierungsform der Städte mit der sogenannten Signorie. Aus den Kämpfen gingen als Sieger die mächtigsten Familien hervor, die schließlich die Gewalt an sich rissen. Bald gab es keine freie Wahl der Behörden mehr; das Amt des Podestà entstand, der zwar allein herrschte, aber nur auf eine bestimmte Zeit von Jahren gewählt wurde. Gleichzeitig wurde das Amt des Capitano del popolo geschaffen, des Chefs der bürgerlichen Milizen. In manchen Fällen führte die Signorie zur Tyrannis: durch einen Staatsstreich wurde eine Einzelherrschaft etabliert, die jedoch nicht zwangsläufig in eine Tyrannenherrschaft ausarten mußte. Die berühmtesten Dynastien in den Marken waren, von 1280 an, die Malatesta in Rimini (die schließlich auch Pesaro und Fano regierten), die Familie der Varano in Camerino, Recanati und Macerata, und die Montefeltro in Urbino.

Wie sehr die Dinge im Fluß waren, erfuhr die päpstliche Kurie, als der Franzose Martin IV. Papst wurde: es kam zu einem Aufstand der Romagna und der Mark Ancona, Anführer war Guido von Montefeltro. Bis zu einem gewissen Grad zeigte dieser Aufstand nationale Elemente, wie man sie gleichzeitig in der Sizilianischen Vesper gegen die französische Herrschaft in Süditalien und Malta beobachten konnte. Die Kirche siegte zwar, und Montefeltro wurde in die Verbannung geschickt, doch als vier Jahre später die Malatesta von Rimini und die Familie Polenta von Ravenna aus zum Kampf riefen, eroberte Guido von Montefeltro seinen Besitz zurück.

So zeigte sich Italien Ende des 13. und Anfang des 14. Jahrhunderts zerrissen in kleine und kleinste Herrschaftsbereiche, in Machtgrüppchen, und die allgemeine Verwirrung war so groß, daß Dante im 6. Gesang des Purgatorio klagte: „Italien, Sklavin, Haus des Schmerzes; ... such, ob irgendwo es Frieden gibt!"

Mit dem Verfall des Papsttums und dem Exil des Papstes in Avignon kam es um die Mitte des 15. Jahrhunderts in Italien zur Bildung verschiedener Machtzentren, von denen jedoch die Marken ausgeschlossen waren. Hier blieb die Zersplitterung in kleinste Ländereien das hervorstechendste Merkmal, wenn auch das Gebiet des Montefeltro mit dem Sitz in Urbino zu einem Strahlungszentrum der Renaissance wurde.

Es war bezeichnenderweise ein Condottiere, ein Abenteurer, der ein wenig Ordnung in das Chaos brachte: Als Francesco Sforza dem Papst Eugen IV. (1431—1447) einen großen Bissen des Kirchenstaates wegschnappte, konnte sich der Papst nicht anders helfen, als Sforza zum Vikar der Mark Ancona und zum Gonfaloniere — zum Bannerträger der Kirche — zu ernennen. Dies erwies sich als kluger Schachzug, denn Sforza kämpfte nun gegen seine bisherigen Streitgenossen, die gleich ihm räuberisch gegen den Papst zu Felde gezogen waren. Auch der Bischof von Recanati, Giovanni Vitelleschi, der zugleich Patriarch von Alexandrien war und das Dukat Rom brutal befriedete, kam dem Papst als geistlicher Condottiere zu Hilfe.

In dieser wirren, unruhigen Zeit entfaltete sich plötzlich die Idee eines neuen Humanismus, gewann das Leben eine neue Dynamik, begann man den Menschen und die Welt zu entdecken. In den Republiken der Toscana, in Florenz, aber auch an den kleineren Höfen eines Sigismondo Malatesta von Rimini oder des Federico Montefeltro von Urbino, erblühte gegen Ende des 15. Jahrhunderts die Renaissance. Sie hat in den Marken tiefe Spuren hinterlassen, ihr Bild bis heute geprägt. Wer es betrachtet, findet ein Miniaturenkabinett der Geschichte und der Kunst, das keineswegs museal ist. Die Marken, ein faszinierendes Bilderbuch vergangener Zeiten, sind historischer Boden mit einem selbstbewußten Bezug zur Gegenwart. Diese lebendige Beziehung zur Vergangenheit ist es, was die Marken, abgesehen von ihren landschaftlichen Reizen, in meinen Augen so faszinierend macht. In den folgenden Kapiteln will ich versuchen, Provinz für Provinz, Stadt für Stadt zu zeigen — historische und kulturgeschichtliche Miniaturen, eingebettet in das pulsierende Leben unserer Gegenwart.

PESARO

Wo findet man einen Amtsdiener, der seinen Schreibtisch vor einer Badezimmertür stehen hat? Die Antwort lautet: In Pesaro, im ersten Stockwerk des Palazzo Ducale, der heute Sitz der Präfektur ist. Und das Badezimmer (der Amtsdiener zeigt Ihnen den Raum gern) beherbergte einst eine sehr prominente Dame: Lucrezia Borgia.

Die schöne Lucrezia, jahrhundertelang als Inbegriff schlechter Moral verfemt, war eigentlich ein willfähriges Werkzeug der Familienpolitik ihres Vaters, Papst Alexander VI., und ihres Bruders Cesare Borgia. Roderigo Lenzuoli Borgia, von Geburt Spanier, war schon in früher Jugend Kleriker geworden und zu seinem Onkel Alfonso, dem späteren Papst Calixtus III., nach Italien gekommen. Er hatte mit Hilfe dieses Onkels eine steile Karriere hinter sich gebracht und war nach dem Tod Innozenz' VIII. am 26. August 1492 zum Papst gekrönt worden. Sinnlichkeit und Intelligenz, Laster und Vorzüge waren in ihm vereint. So hatte der spätere Papst noch als Kardinal, als er Vizekanzler der Kirche, Herzog und Generalkommissär der päpstlichen Truppen war, die schöne Vannozza de'Cattanei zu seiner offiziellen Konkubine gemacht und sich auch zu den Kindern aus dieser Verbindung, Cesare, Juan, Lucrezia und Jofre, bekannt. Lucrezia wurde als Elfjährige in Stellvertretung mit dem spanischen Grafen Gasparo von Procida, der auch erst fünfzehn Jahre zählte, verheiratet. Nach seiner Wahl zum Papst benötigte Alexander VI. jedoch dringend italienische Familienverbindungen, denn zu viele Gegner sägten an seinem heiligen Stuhl. So löste er kraft seiner Macht die nur stellvertretend geschlossene Ehe seiner Tochter und verlobte Lucrezia zur allgemeinen Überraschung mit dem Grafen Giovanni Sforza aus Pesaro. Giovanni entstammte einer unbedeutenden Nebenlinie der inzwischen machtvoll gewordenen Familie Sforza, die auf dem Herzogsthron von Mailand saß. Die Sforza hatten Alexander den Bastard aus der Nebenlinie vorgeschlagen, denn sie wollten einerseits in guter Verbindung zum Papst stehen, anderseits aber keinen allzu mächtigen Schwiegersohn für Alexander VI. Giovanni Sforza zeigte sich nicht sehr begeistert von dem Plan, mußte aber wohl oder übel zustimmen. Dafür versuchte er die Heirat so lange wie möglich hinauszuzögern. Im Februar des Jahres 1493 wurde dann endlich Hochzeit gefeiert, wieder durch Stellvertretung. Die Grafschaft Pesaro feierte beglückt die Heirat mit dem Papstkind, Giovanni Sforza jedoch hatte es gar nicht eilig, zu seiner Frau zu kommen. Es bedurfte einigen Nachdrucks, bevor der Ehemann nach Rom zog. Zu guter Letzt führte er noch an, er habe keine goldene Schmuckkette und auch kein Geld, eine solche zu kaufen, um sich seiner prunkliebenden Gemahlin gebührend präsentieren zu können. Der Markgraf von Mantua, Bruder seiner verstorbenen ersten Frau, lieh Giovanni Sforza eine Halskette, so daß der Reise nichts mehr im Wege stand.

Drei Tage nach dem Einzug in Rom wurde im päpstlichen Palast offiziell Hochzeit gefeiert. Es war ein prunkvolles Fest; Lucrezia trug ein mit Gold, Perlen und Juwelen besticktes Brautkleid, das 15.000 Dukaten gekostet hatte. So schritt sie am Arm ihres Bruders Juan über den Petersplatz zum päpstlichen Palast, gefolgt von mehr als hundertfünfzig Ehrendamen des römischen Adels, unter ihnen die Tochter Papst Innozenz' VIII., Theodorina Cibo, und seine Enkelin Battistina. Berge von überzuckerten Mandeln wurden aus den Fenstern des Vatikans unter die harrende Menschenmenge geworfen. Giovanni Sforza kümmerte das Treiben wenig, er verbrachte nicht einmal die Hochzeitsnacht mit Lucrezia, sondern kehrte in sein Junggesellenquartier zurück. Einige Wochen später war er wieder in Pesaro — allein.

Als der Graf von Pesaro drei Monate später Geld von Alexander VI. forderte, begann der besorgte Vater auf den Vollzug der Ehe zu dringen. Es dauerte aber wiederum Monate, bis Sforza die Schwelle zum Haus seiner Frau in Rom überschritt. Dieses Zögern führte dann dazu, daß Jahre später, als Lucrezia neuerlich verheiratet werden sollte, mit Erfolg bestritten werden konnte, die Ehegemeinschaft sei jemals zustande gekommen.

Im Herbst 1494 reiste Lucrezia zum ersten Mal nach Pesaro. Sie berichtete ihrem Vater wiederholt von dem Leben in der Grafschaft und dem Aufsehen, das sie, die elegante Frau, mit ihrer Begleitung an dem kleinen Hof und in der Stadt erregte. Ihre Briefe unterschrieb sie mit den Worten: „Eurer Heiligkeit unwürdige Sklavin Lucrezia Sforza-Borgia mit eigner Hand."

In der Zwischenzeit hatte der französische König Karl VIII. Erbansprüche auf den Thron von Neapel geltend gemacht. Die Mailänder Sforza erklärten ihm ihre Solidarität. Der Papst hingegen stand auf seiten Königs Alfons' von Neapel und vertraute darauf, daß sein Schwiegersohn diese Haltung teile. Er weihte ihn in Staatsgeheimnisse ein, unterrichtete ihn über militärische Pläne; Giovanni Sforza wurde sogar Condottiere im Dienste Neapels — und meldete sogleich alle Vorgänge nach Mailand. Schuft, Spion, Angsthase oder eine Mischung aus alledem? Wer weiß das schon.

Die Stadt Pesaro, die nach den Kämpfen des Mittelalters um das Jahr 1300 unter die Herrschaft der Malatesta, der regierenden Familie von Rimini, geraten war, kam durch Kauf in den Besitz der Sforza. Galeazzo Malatesta übergab 1445 die Stadt gegen bare Münze an Alessandro Sforza, einen Nachkommen des Abenteurers Francesco Sforza, der die Mark Ancona in seinen Besitz gebracht hatte. Die Sforza blieben Herrscher bis 1512, ausgenommen die Jahre 1500 bis 1503, in denen Cesare Borgia, von seinem Vater zum Generalkapitän und Bannerträger der Kirche ernannt, die Herrschaft im Kirchenstaat übernommen hatte. An der

Spitze seiner Truppen zog er im Oktober 1500 von Rom an die Adria, hielt sich einige Tage in Fano auf und kam schließlich nach Pesaro, wo die Bürger ihren bisherigen Landesherrn verjagt hatten. Mit dem Tod Alexander VI. und dem Abbröckeln der Macht der Borgias kehrten die Sforza zurück, bis Papst Julius II. im Jahr 1512 die Stadt seinem Nepoten Francesco Maria della Rovere in Urbino verlieh. Unter Francesco Maria II. (1574 bis 1631) war Pesaro ein Mittelpunkt der Literatur: die Gemahlin dieses Herrschers, Lucrezia d'Este, zog Tasso an ihren Hof.

Der Dichter Stendhal schrieb am 24. Mai 1817 unter dem Stichwort Pesaro in sein Tagebuch: „Hier verbringen die Leute ihr Leben nicht damit, ihr Glück abzuschätzen. *Mi piace* oder *non mi piace*, das ist für alle das Entscheidende. Das wahre Vaterland ist das Land, wo man die meisten Menschen trifft, die einem gleichen... Hierzulande empfinde ich einen Zauber, über den ich mir keine Rechenschaft ablege. Es ist wie die Liebe, und doch liebe ich niemanden. Der schöne Baumschatten, die Schönheit des Nachthimmels, der Anblick des Meeres, alles das hat für mich einen Reiz, eine Kraft des Eindrucks, die mich an vergessene Gefühle erinnern, wie ich sie mit 16 Jahren hatte, als ich meinen ersten Feldzug mitmachte. Ich sehe, ich kann meinen Gedanken nicht ausdrücken; alle äußeren Umstände, mit denen ich ihn darzustellen versuche, sind schwach." Der Vergleich mit den Empfindungen bei einem Feldzug erscheint mir doch etwas gewagt — darin Glücksgefühle zu empfinden, das verlangt mehr als eine romantische Seele. Aber mit einem hatte Stendhal recht: In Pesaro, wie in den ganzen Marken, kann man Menschen treffen, die einem

Oben: Ansicht von Pesaro. Aus: Braun, Beschreibung der vornehmsten Städte der Welt, Bd. III, 1581.
Unten: Der Palazzo Ducale von Pesaro, ein eleganter Renaissancebau; davor der Brunnen mit Tritonen und Wasserpferden.

PEZARO

Nicolas Gal Tella

CARA ADRIATICVM Italie GOLFO DI VENETIA

DEPINGEBAT GEOR.
HOEFNAGLE

PISAVRVM
vulgo
PEZARO,

auf den ersten Blick sympathisch sind. Es ist leicht, Kontakte zu gewinnen, Kontakte, die über Alltagsfreundlichkeit hinausgehen.

Da ist Nino, von aller Welt so gerufen. Er ist Hotelier, und sein voller Name lautet Domenico Falcioni. Seine Augen sind überall, er umsorgt seine Gäste, lädt diesen oder jenen zu einem Aperitif ein. Einmal wöchentlich bittet er Gäste und Freunde zu sich in sein Landhaus. Dann setzt sich abends eine ganze Kolonne in Bewegung, stadtauswärts, in Richtung auf das Landhaus — bescheidene Bezeichnung für ein weitläufiges Gut, wo Musik und feenhafte Beleuchtung die Gästeschar empfangen. Nino führt seine Gäste durch das Haus und in seinen Keller, eine ehemalige etruskische Tomba. Mit blitzenden Augen erzählt er von seiner Sammlerleidenschaft. Er hat sich auf alte Keramik der Marken spezialisiert, vor allem aus Pesaro, wo die Majolikaindustrie antike Traditionen übernahm und im 15. Jahrhundert einen Höhepunkt erreichte. Die Fiori, die Blumen von Pesaro — vor allem die Rose —, waren Kennzeichen höchst verfeinerten Geschmacks. Diese Sammelleidenschaft führte Nino auch zu der Überlegung, warum die moderne Keramik so oft an Kitsch grenzt. Er zog also bestqualifizierte Keramiker und Keramikmaler heran und richtete in seinem Hotel und in einem Nebenhaus eine Offizin ein. Er ist der stolze Padrone, der — vom Hotelpersonal angefangen bis zu allen Gästen, deren er habhaft werden kann — jedermann um sich versammelt, wenn er den Brennofen öffnet und ihm ein Stück nach dem anderen entnimmt. Er zelebriert diese Handlung: Frohlockendes Jauchzen über ein besonders gelungenes Stück,

Oben: Luftaufnahme des weitläufigen Dombezirks von Pesaro.
Unten links: Sforza-Wappen oberhalb des Portals der Festung von Pesaro.
Unten rechts: Medusenhaupt in der Vorhalle des Städtischen Museums von Pesaro. Als die riesige Keramik 1925 in der Werkstatt umfiel, erschlug sie ihren Schöpfer Ferruccio Mengaroni, den letzten bedeutenden Majolikakünstler Italiens.

35

Ächzen, wenn der Brand einer Vase, einer Schale oder eines anderen Stückes mißglückt ist.

In Pesaro entwickelt man wirklich Initiative! Der Kurdirektor der Stadt, Giuseppe Nicolini, vor seiner Fremdenverkehrskarriere Opernsänger, hat zum Beispiel vom Besitzer der Villa Imperiale, die Besuchern verschlossen ist, die Erlaubnis erwirkt, Gäste durch die Villa zu führen (von ihr wird noch die Rede sein). Er hat diese Mühe auf sich genommen, weil er überzeugt ist, kunstsinnigen Besuchern der Stadt damit eine Freude zu bereiten.

Guido Fabbri, Präsident des Fremdenverkehrsverbandes für die gesamte Region Pesaro—Urbino, wiederum entwickelt ständig neue Ideen, wie er die Gäste mit den Einwohnern der Provinz zusammenführen kann. So entstand vor einigen Jahren die Aktion *Turisti a casa nostra:* Familien erklärten sich bereit, Sommergäste einen Tag lang zu sich einzuladen, um ihnen damit Einblick in das Leben einer Familie der Marken zu gewähren.

Oder jene Frau am Marktstand, bei der man einmal eingekauft hat und die ein Jahr später die ganze Familie begrüßt, als wären es alte Freunde! Geschäftssinn, könnte man abschätzig meinen — aber diese Herzlichkeit zeigt sich auch dann, wenn man nichts kauft.

Nicht zu vergessen der stolze Figaro von Pesaro in der Barbiaria Coralloni, ein wahrer Meister seiner Zunft, der jeden Kunden individuell behandelt und — wie ein Arzt die Behandlung — die Frisur für den jeweiligen Kopf verordnet. Wie ein Stardirigent steht er inmitten seines Salons: durch ein kurzes Wort, eine Geste seiner schlanken Finger, ein Heben der Braue, dirigiert er seine Mannschaft. Von ihm selbst bedient zu werden, gilt als besondere Gunst.

Alte Fotos zeigen den Badestrand von Pesaro vor sechzig, siebzig Jahren: einen damals üblichen Kursaal, eine Barke, auf der sich Damen mit wagenradgroßen Hüten und bodenlangen Kleidern nebst eleganten Herren zur Rundfahrt einschiffen, einzelne verspielte Villen kapitalistischer Herren und Bretterbuden ärmerer Zeitgenossen. Heute ist zwischen der alten Stadt und dem Meer eine breit gelagerte Badezone entstanden, mit Geschäften, Hotels, Pensionen, Restaurants, aber auch ruhigen, stillen Plätzchen. Je nach Geschmack und Laune kann man wählen, vielleicht zum Hafen mit seinem bizarren Mastenwald pilgern, oder in wenigen Minuten die mittelalterliche Stadt erreichen, um an ihrem vitalen Leben teilzuhaben. Hier reiht sich Laden an Laden, man sieht bodenständiges Kunsthandwerk, vor allem Keramik, aber auch Emailarbeiten und Kupfergeschirr. Daneben finden wir zahlreiche Galerien.

Jede Kunstwanderung nimmt ihren Ausgang auf der Piazza del Popolo. Der Blick richtet sich zwangsläufig auf den Palazzo Ducale, den Herzogspalast, dessen Grundstein um das Jahr 1450 gelegt wurde. Bauherr war Alessandro Sforza. Im 16. Jahrhundert wurden unter der Bauleitung von Girolamo und Bartolomeo Genga nach einem Brandunglück Änderungen vorgenommen. Die Fassade erinnert an den Herzogspalast von Urbino, und diese Erinnerung trügt nicht: Sforza hatte den Herzog von Mantua gebeten, ihm Luciano Laurana, der den Bau in Urbino wesentlich beeinflußte, zur Verfügung zu stellen. Über sechs halbrunden Arkaden sehen wir fünf wundervolle Fenster; den Bau krönt ein Zinnenschmuck, der leider 1925 bei der Revovierung aufgesetzt wurde. Im ersten Stock ist vor allem der Salone Metaurense bemerkenswert, ein riesiger Ratssaal, mit prunkvoll geschnitzter und gefärbter Kassettendecke. In jeder Kassette ist ein Emblem der Familie Rovere — Palmzweig, Eiche und der Hermelin des neapolitanischen Hermelinordens — zu sehen. Mit seinen Maßen von 34 × 16,5 m gilt dieser Saal nach jenem des Großen Rats im Dogenpalast von Venedig als größter Saal Italiens. Bei großen Feiern tanzten die Paare während der Polonaise aus dem Saal hinaus durch die Straßen der Stadt. In der Sala d'aspetto können wir einen Kamin aus dem 16. Jahrhundert mit dem Relief eines römischen Wagenrennens bewundern. Und im selben Stockwerk finden wir auch das eingangs erwähnte Badezimmer der Lucrezia Borgia, das mit Blütenranken und Grotesken verziert ist.

Dann stehen wir wieder auf der Piazza del Popolo, vor dem Postamt. Die rechte Hausseite zeigt, daß das ganze Gebäude einstmals eine Kirche war. Von dieser Kirche, S. Domenico, ist nur noch das Portal vorhanden, und zwar unvollständig. Doch diese Details — der segnende Gottvater zwischen dem heiligen Markus und Johannes dem Täufer, aus venezianischer Schule — sind sehenswert.

Der Post gegenüber liegt der Palazzo Municipale, der nur deshalb interessant ist, weil er eine kleine Kirche einschließt, S. Ubaldo, die 1605 von den Bürgern anläßlich der Geburt eines Rovere gestiftet wurde: ein schlichter, von einer prachtvollen Kuppel überhöhter Bau, der im Innern ein wunderschönes hölzernes Kruzifix birgt.

Den Dom von Pesaro finden wir in der Via Rossini, unweit des Hauptplatzes. Die Fassade mit ihrem einfachen gotischen Portal entstand um 1300. Etwa anderthalb Meter unter dem jetzigen Kirchenboden wurde ein Mosaik freigelegt, das leider nur durch schlecht sichtbare Gucklöcher in kleinen Ausschnitten zu betrachten ist. Eine Rekonstruktion sehen wir beim Kircheneingang: Tiere, Pflanzen, die Rückkehr von Helena und Menelaos nach Griechenland. Das Mosaik war Teil einer Zivilbasilika und erstreckte sich über den ganzen Boden der Kirche.

Die Kirchen San Francesco und San Agostino, gotische Bauwerke, sind ihrer Portale wegen bemerkenswert. San Francesco, um 1360 entstanden, zeigt im Portal eine Verkündigungsgruppe, Maria mit dem Kinde und die sie anbetenden Heiligen Petrus und Franziskus. Zu beiden Seiten des Portales hocken Löwen, in Außenfeldern stehen Heilige. An der Innenwand des Eingangs wurden Fresken aus dem 14. und 15. Jahrhundert freigelegt, darunter ein Christophorus; in den beiden Seitenschiffen erkennt man Freskenreste. Die Kirche selbst enthält den Sarkophag der 1371 verstorbenen Paola Orsini, den eine Maria mit Kind und drei Wappen schmücken, sowie den Sarkophag der seligen Michelina aus dem Jahr 1536. Das Portal von San Agostino entstand 1413; es zeigt Löwen und Reiter, die Pfeiler enthalten Figuren in Tabernakeln. In der Kirche befindet sich ein intarsiertes Renaissancegestühl; der vierzehnte Stuhl rechts zeigt den Herzogspalast vor dem Umbau im 16. Jahrhundert, als er noch einen hölzernen Balkon trug. Am dritten Altar rechts ein Verkündigungsbild von Palma Giovane.

Die alte Festung der Stadt, die Rocca Costanza mit ihrem mächtigen Bollwerk und den vier Zylindertürmen, wurde im Jahr 1474 von Luciano Laurana in Bau genommen und 1505 fertiggestellt. Der Festungsbau dient seit Jahrzehnten als Stadtgefängnis; man ist bemüht, die wenigen Gefangenen zu übersiedeln, um die Festung für Besucher zu öffnen, wie das vor wenigen Jahren in Fano gelang.

Ein Kleinod, das selbst den meisten Einwohnern Pesaros unbekannt ist, weil es jahrelang geschlossen war, findet man in der Via Pietro Petrucci. Es ist die Kirche zum Namen Gottes, die „Chiesa del Nome di Dio" aus dem 16. Jahrhundert, ein von einer Laienbruderschaft errichtetes Bethaus. Diese „Fraternità Compagnia buona Morte", die ihren Mitgliedern das Sterben leichter machen sollte, wurde 1575 von Adelsfamilien der Stadt gegründet und bezog am 26. Dezember 1578 die Kirche, deren Architekt Maestro Guglielmo De Francia war. Die Kirche ist ein typisches Bauwerk der Marken, eine Barockkirche in vollendeter Manier: Im Inneren wird kein Mauerwerk sichtbar, Wände und Decken tragen reich verzierte Holztäfelungen sowie Gemälde. Der hölzerne Hochaltar aus dem 17. Jahrhundert zeigt eine Darstellung der Beschneidung Jesu, eine Kopie aus dem 18. Jahrhundert, die Carlo Paolucci zugeschrieben wird. Das Original des Werkes von Federico Barocci aus dem Jahr 1590 kam als Kriegsbeute Napoleons nach Paris in den Louvre.

Außer einem Ölgemälde des mantuanischen Malers Teodore Ghisi (1536—1601) am rechten Seitenaltar stammen alle Werke von Gian Giacomo Pandolfi, einem Maler aus Pesaro. Sein Vater Giovanni Antonio Pandolfi führte in Pesaro eine Malschule und arbeitete in Urbino, ist aber vor allem wegen seiner Werke in der Kathedrale von Perugia bekannt. Der Sohn war Schüler von Federigo Zuccaro und hat in einem Zeitraum von zwei Jahren, von 1634 bis 1636, in einem wahren Rausch die Kirche mit Bildern aus dem Alten und Neuen Testament ausgeschmückt und ihren Eindruck geprägt. Am linken Seitenaltar erinnert ein hölzernes Kruzifix — Geschenk der Bruderschaft aus dem Jahr 1581 — an den Sinn dieses Ortes. Wunderschön die hölzerne Orgelbalustrade, mit einer Orgel aus dem 17. Jahrhundert. Wer aufmerksam die Kirche studiert, wird alte Darstellungen der Stadt entdecken, die Piazza, den Palazzo Ducale mit dem Balkon, die Via San Francesco mit dem Tor nach Fano. Die Deckenfresken zeigen in der Mitte das Paradies, daneben Fegefeuer und Hölle. Wer fromm betend die Augen nach oben schlug, sah sich mit den Möglichkeiten konfrontiert, die ihn nach seinem Tode erwarten.

Der prachtvolle Kapitelsaal, der Versammlungsort der Bruderschaft, ist durch eine Tür links vom Hochaltar zu betreten. Wände und Decke zeigen Gemälde Pandolfis und seiner Schule. Rings um den Saal führt der Künstler durch den Leidensweg Christi, begonnen vom Einzug in Jerusalem, über das Letzte Abendmahl und die Kreuzigung bis zur Himmelfahrt. Darunter begleiten Engeldarstellungen die Passion mit den jeweiligen Symbolen.

Wer nicht weiß, was sich hinter dieser unscheinbaren Fassade verbirgt, geht achtlos an der Kirche vorüber. Dazu kommt, daß sie oft geschlossen ist, da sie keinen Priester mehr hat. So ist zu empfehlen, an der Glocke des linken Hauses neben der Kirche zu läuten. Die Beschließerin öffnet bereitwillig die Schatzkammer und erzählt über Geschichte und Kunst, wenn auch nicht unbedingt der Wahrheit entsprechend. Von Einfallsreichtum zeugt ihre „automatische"

Türöffnung: kaum hat man geläutet, schwingt das Tor ihres Wohnhauses auf und die Beschließerin fragt vom ersten Stock quer über einen kleinen Innenhof nach dem Begehr des Eintretenden. Ein kühn geführtes Seil, das über viele Rollen läuft, zieht den Verschluß der Tür zurück, ohne daß die Kustodin ihre Behausung verlassen muß.

Wenige Schritte nur sind es zur Via Mazza mit der Bibliothek und dem Museo Oliveriano. Leider sind die Öffnungszeiten des Museums und der Bibliothek nicht unbedingt gekoppelt. Man muß die Besuchszeiten jeweils erfragen, doch es lohnt, vor allem das kleine Museum zu besuchen, das eine Schenkung der Familie Olivieri und die Funde von Novilara, der berühmten Ausgrabungsstätte picenischer und etruskischer Kultur, birgt. Gläser, Aschenurnen, Sarkophage, Grabsteine, Elfenbein- und Bronzearbeiten: ein Rundgang durch die frühe Geschichte von Pesaro. Im ersten Stockwerk des alten Palastes finden wir eine Münzsammlung und Kleinplastiken vom 15. bis 18. Jahrhundert aus der wertvollen Sammlung der Familie Olivieri. Außerdem gibt es hier noch die „Mappa di Pesaro", eine Landkarte aus dem 16. Jahrhundert, die schon das neu entdeckte Amerika verzeichnet. Ich verlangte von einem Bibliotheksangestellten, diese Karte sehen zu dürfen: ein riesigs Pergament unter Glas, mit farbigen Zeichnungen, dem Vermerk *Carta nautica* und der Jahreszahl 1505. Amerika scheint als Insula Spagnolo auf. Der Angestellte, der meine Begeisterung mit Wohlwollen aufnahm, aber jedesmal, bevor er mir etwas zeigte oder eine Auskunft gab, höflich dienernd bei seinem Direktor Erlaubnis heischte, legte mir noch alte Stadtpläne von Pesaro von Alessandro Fazi vor, zeigte mir in einem Raum eine Freskendecke mit der Darstellung der vier Jahreszeiten und erzählte, die Bibliothek besäße mehr als zweitausend Handschriften und sei speziell der Münzen der Marken wegen berühmt — Münzen mit Porträts von Giovanni Sforza, Lucrezia Borgia und der Della Rovere-Herrscher. Überdies birgt die Sammlung mehr als 320 Inkunabeln, Drucke aus der Frühzeit des Buchdrucks vor dem Jahr 1500, sowie kolumbianische Keramiken.

Die bedeutendste Sammlung der Stadt aber bergen die Musei Civici im ehemaligen Palazzo Vincenzo Toschi-Mosca: eine vollständige Dokumentation italienischer Keramik, besser noch als die in Faenza oder Urbino. Wenn man den Hof des Museums betritt, fällt der Blick sogleich auf ein riesiges Medusenhaupt aus Keramik beim rechten Stiegenaufgang. Es ist ein Werk des letzten wirklich bedeutenden italienischen Majolikakünstlers, Ferruccio Mengaroni. Dieses Medusenhaupt, 1925 entstanden, sollte auch sein letztes Werk sein: die schwere Keramikscheibe fiel noch in der Werkstatt um und erschlug den Künstler.

Die Keramiksammlung reicht von den Anfängen bis ins 18. Jahrhundert, als die „Rose von Pesaro" zum begehrten Dekor wurde. Grün und Rot waren die vorherrschenden Farben; das Gebrauchsgeschirr wurde mit Blumen verziert. Im Gegensatz dazu die Keramik Urbinos aus dem 16. Jahrhundert, wo bildliche Darstellungen, allegorische Figuren in sehr starken Farben, darunter viel Blau und Gelb, beliebt waren. Berühmt war die Keramik mit der Bezeichnung „Raffaelesco bianco": große Platten mit einem Medaillon in der Mitte und reichem, aber sehr zartem Dekor — Putten, Köpfe, mit eleganten Girlanden verbunden. Oft treten die mittleren Medaillons sowie die Ränder der Platten und Teller plastisch hervor. Die Werke sind manchmal signiert, so der Teller eines urbinatischen Meisters aus dem 16. Jahrhundert, Alfonso Patanacci. Eine Folge von Keramikfliesen, gleichfalls aus dem 16. Jahrhundert, stammt von Niccolo Pellipario, sie zeigen u. a. die Geburt Christi, die Taufe im Jordan und die Anbetung der Heiligen Drei Könige. Die Großplastik eines Kriegers stammt von einem der berühmtesten Künstler des 15. Jahrhunderts, Andrea della Robbia. Werke aus der Cantina Metaurense, die ihren Sitz in Fano hatte, zeugen von der Hochblüte keramischer Kunst, so eine Großplastik von Francesco Xanti Avelli: Maria, das

Kind anbetend. Auch die keramische Produktion von Castel Durante, jener von Urbino sehr ähnlich, aber in Darstellungsform und Farben etwas deftiger, war einstmals von Bedeutung. Sie existiert nicht mehr, und der Ort hat zu Ehren des Papstes Urban den Namen Urbania angenommen.

Das Prunkstück der Musei Civici, die auch eine Pinakothek enthalten, ist die „Pala di Pesaro" von Giovanni Bellini, gemalt in den Jahren 1473—1474, eine Marienkrönung mit Heiligen, umrahmt von Predellen. Sie ist berühmt wegen der Kombination venezianischer Farbenfreude mit florentinischer perspektivischer Kunst, die sich in der Verkürzung der Fliesen mit dem Ausblick in die Ferne zeigt, und dem Denken in stereometrischen Körpern, den Thron, der das Mittelfeld des Bildes beherrscht. An weiteren Kostbarkeiten finden wir das „Brotwunder des heiligen Dominikus" von Giovanni Francesco da Rimini, einen Gottvater von Bellini, ein Gemälde von Salvatore Rosa, auf dem Jason den Drachen tötet, und den Gigantenfall von Guido Reni. Besonders reichhaltig ist Giovanni Andrea Lazzarini (1710—1801) vertreten, der Künstler, Gelehrter und Domherr zu Pesaro war und auch als Schriftsteller wirkte.

Den Musei Civici vorgelagert ist ein kleiner Platz, der so recht den Charakter der mittelalterlichen Stadt zeigt. Wir sehen einen kleinen Palazzo mit dem für die Stadt im Mittelalter charakteristischen Balkon, und dem Museum gegenüber den Palazzo Mazzolari, der so wie der Museumsbau früher im Besitz der Familie Mosca war. Im Hof dieses strengen Gebäudes werden häufig moderne Plastiken ausgestellt.

Pesaro ist eine Stadt der schönen Künste, in ihren Mauern wohnen an die hundert Maler, Bildhauer, Zeichner, Lithographen und Graveure. Die Galerien der Stadt entfalten einen regen Ausstellungsbetrieb. Aber auch die Stadtverwaltung ist bemüht, den Künstlern Lebensraum — das heißt auch Ausstellungsraum — zu schaffen. Vor wenigen Jahren wurde mitten auf der Piazza eine quadratische Ziegelmauer errichtet, um einer Freiplastik den entsprechenden Rahmen zu geben. Am Ende der Verbindungsachse, die vom Meer über die Piazza schnurgerade durch die ganze Stadt läuft, ist nun eine riesenhafte zerklüftete weiße Polyesterkugel aufgestellt, die darstellen soll, daß Italiener auf der ganzen Welt tätig sind; sie ist das Werk des modernen Künstlers Arnaldo Pomodoro aus den Jahren 1966—67. Das Weiß der Kugel — sie heißt „Sfera Grande" — gibt einen zauberhaften Effekt vor dem Hintergrund des blauen Meeres und dem grünen Rasenhügel, auf dem sie ruht.

Pesaro hat immer wieder neue Eindrücke zu bieten: Teile der mittelalterlichen Stadtmauer — besonders hübsch ein Stück dieser Mauer mit einem zauberhaften Relief in der Via Ercole Luigi Morselli, wenige Gehminuten von der Piazza del Popolo durch die Via Branca zu erreichen. (Die Via Branca ist die Fortsetzung der Verbindungsachse vom Meer über die Via Rossini, vorbei am Herzogspalast.) Und wie erlebnisreich ist es, Privatpaläste zu betreten und die Innenhöfe oder Gärten anzusehen, die heute oftmals verwahrlost sind, aber ihre einstige Pracht erkennen lassen. An der Strandpromenade sind zwischen den modernen Hotelbauten Privatvillen zu sehen, von denen besonders das „Villino Ruggeri", erbaut in den Jahren 1902 bis 1907, ein reines Jugendstilwerk, zu erwähnen ist. Von der kleinen Kirche Madonna del Porto, am Hafen, sind es nur wenige Schritte zur Pesceria, der Fischhalle aus dem Beginn des 19. Jahrhunderts. Hier bieten die Fischer den Ertrag ihres nächtlichen Beutezugs feil.

Ein besonderer Besuch gilt dem Haus Nr. 34 in der Via Rossini, dem Geburtshaus des großen Komponisten, das heute ein Museum beherbergt, in dem die bescheidene Küche der Familie Rossini, das Hammerklavier des Komponisten, Noten, Theaterzettel und dergleichen mehr gezeigt werden. Eine Dame führt mit geschäftigen Gebärden durch die Räume, so als ob Rossini ihre Erfindung wäre. Das veranlaßte einen Freund aus Pesaro, der mich begleitete, die Dame mit ernstem Gesicht zu fragen, ob sie Rossini noch persönlich gekannt habe. Sie verneinte empört (der hundertste Todestag des Meisters wurde 1968 begangen). In Pesaro ist das Andenken an den Komponisten noch sehr lebendig. Das Konservatorium an der Piazza Olivieri ist nach ihm benannt — allerdings hat er es auch gestiftet. Einer der Direktoren war Pietro Mascagni. In diesem Konservatorium sind eine Rossini-Sammlung und eine Bibliothek untergebracht, im Hof findet man ein Standbild des Komponisten. Auch das städtische Theater, das schon 1637 errichtet wurde, trägt den Namen Rossini. Im Augenblick ist es wegen Renovierungsarbeiten gesperrt; die Innenausstattung zeigt einen typischen Theaterbau des frühen 19. Jahrhunderts mit dem Weiß und Gold der hölzernen Logenreihen und dem roten Plüsch der Polsterungen.

Gioacchino Rossini wurde am 29. Februar 1792 in Pesaro geboren. Sein Vater Giuseppe, von seinen Freunden Vivazza — der Lebensfrohe — genannt, stammte aus niederem Adel und hatte sich in seinem Heimatort Lugo in der Romagna als Gemeindetrompeter sowie als Hornist und Posaunist im städtischen Orchester betätigt. Da diese Künste zu wenig Einkünfte brachten, bewarb sich Vater Rossini 1790 um den Posten eines Schlachthausinspektors von Pesaro. Mit dem Gehalt von 200 Kronen konnte er seinen heimlichen Traum verwirklichen und die Tochter des Bäckermeisters von Lugo, die Modistin Anna, freien. Aus dieser Ehe stammte Gioacchino. Der junge Vater war ein stürmischer Geist. Er war glühender Anhänger der Französischen Revolution, bewunderte Napoleon und schrieb im Februar 1797, als der französische General Victor in Pesaro einzog, voller Begeisterung an die Tür seines Hauses: „Hier wohnt Bürger Vivazza, ein treuer Republikaner." Diese Begeisterung kostete ihn nach der Restauration der päpstlichen Regierung seinen Posten. Unbeirrbar schloß er sich einer Gruppe revolutionärer Bürger an und verjagte mit ihnen die Anhänger des Papstes. Eine neue Stadtverwaltung wurde eingesetzt, die als erste Tat den Anschluß an die Cisalpinische Republik beschloß. Giuseppe Rossini komponierte eine Hymne auf die Republik, die ihn später ins Gefängnis brachte, aus dem er erst nach der neuerlichen Rückkehr der Franzosen entkam. Für die Familie Rossini bedeutete die revolutionäre Begeisterung des Vaters die Preisgabe eines gesicherten Lebens. Der Junge zog mit seinen Eltern von einem Theaterort zum anderen, der Vater arbeitete als Musiker, die Mutter als Opernsängerin. Als Gioacchino acht Jahre alt war, kam er in die Obhut der Großmutter und einer Tante in Pesaro. Diese gaben ihn einem Schmied in die Lehre, wo er den Blasebalg ziehen und Eisen hämmern mußte. Rossini erklärte später, die Lehre wäre nützlich gewesen, denn in dieser Zeit habe er ein Gefühl für Rhythmus bekommen. Lange hielt er es aber als Lehrling nicht aus, er spielte lieber auf der Viola und verdiente sein Geld in einem Orchester. Er ging nach Bologna, wo ihm der Priester Mattei Gesangsunterricht gab; im Hornspiel unterwies ihn sein Vater. Mit zwölf Jahren war er Kantor und Orchestermitglied der Philharmonie von Bologna. Nebenbei studierte er an der Musikschule Cello, Klavier und Kontrapunktlehre. Der frühreife Knabe komponierte in dieser Zeit eine Kantate „Il pianto d'armonia".

Im November 1810 debütierte Rossini mit einer einaktigen Oper, „La cambiale di matrimonio", im Teatro San Moise in Venedig. Der Erfolg war nur lau, die Oper wurde nach zwölf Abenden abgesetzt, der Komponist verdiente bloß vierzig Taler. Eine zweiaktige Buffo-Oper im Jahr darauf wurde nach drei Abenden von der Polizei wegen „Anstößigkeiten im Libretto" verboten. Mit der heute vergessenen Oper „Der Prüfstein" erreichte der erst zwanzigjährige Maestro an der Mailänder Scala seinen durchschlagendsten Erfolg. Rossini war ein unermüdlicher Arbeiter. So schrieb er allein im Jahr 1812 fünf Opern, weitere vier folgten 1813. „Die Italienerin in Algier", die Rossini in nur achtzehn Tagen komponierte, löste in Venedig Begeisterung aus. Dafür fielen „Der Türke in Italien" und „Sigismund" im Teatro La Fenice in Venedig völlig durch. Als Murat in Rimini die revolutionären Geister aufrief, zeigte sich Rossini als Sohn des Vivazza: er schrieb in Bologna eine vaterländische Hymne, „Von der Meerenge der Scilla bis zur Dora wird ein einzig Reich Italien sein". Die damals regierenden Österreicher sahen in Rossini einen gefährlichen Revolutionär und Umstürzler. Bevor ihm der Boden zu heiß wurde, folgte Rossini einer Verpflichtung durch den bekannten Impresario Barbaia nach Neapel. Hier stieß er auf erbitterte Feindschaft bei den einheimischen Musikern, konnte aber den Beifall des Publikums vor allem für seine „Italienerin in Algier" einheimsen. 1815 zog Rossini nach Rom, wo er in zwanzig Tagen seine wohl beste Oper „Der Barbier von Sevilla" niederschrieb, die am 20. Februar 1816 im römischen Argentina-Theater ihre Premiere erlebte. Einen Monat später spielten alle italienischen Bühnen den „Barbier". In Neapel feierten ein Jahr später Rossinis „Othello" und „La Gazzetta" Triumphe. „La Cenerentola", innerhalb von drei Wochen nach dem alten Volksmärchen „Aschenbrödel" geschrieben, fiel bei der Uraufführung in Rom durch. Dem Autor des Librettos, Ferretti, schrieb Rossini unbekümmert: „Unsinn! Am Schluß des Karnevals verlieben sich alle; es wird kein Jahr vergehen, und man singt die Oper von Lilibäum bis zur Dora, und in zwei Jahren wird sie Frankreich gefallen und England entzücken. Die Impresare werden sich um sie reißen und die Primedonne noch viel mehr." Die „Diebische Elster" erhielt 1817 in der Mailänder Scala großen Beifall, während andere, heute völlig vergessene Opern durchfielen, so „Mathilde", bei deren Uraufführung Paganini ein Violinsolo spielte. Der Impresario ermutigte Rossini zu einer Tournee durch die Hauptstädte Europas. Der Komponist sagte zu, reiste aber zuerst nach Bologna, um die spanische Sängerin Colbran zu heiraten. Zwischendurch schrieb er noch in Venedig für den Karneval die Oper „Semiramis", die als

strahlendes Beispiel besten Belcantos gilt. In Wien beglück-
wünschte Beethoven Rossini zu seinem „Barbier", wobei er
meinte, gerade dies sei ein Beispiel einer ausgezeichneten
Buffo-Oper. Sie werde gespielt werden, solange es überhaupt eine italienische Oper gäbe. Er riet Rossini, ausschließlich Komische Opern zu schreiben, weil dies seiner
Natur am besten entspräche.

In Paris leitete Rossini zwei Jahre lang das Italienische
Theater, wo seine Opern „Die Belagerung von Korinth"
und „Moses in Ägypten" uraufgeführt wurden. Dort begann
er auch seinen „Wilhelm Tell" als große romantische Oper
zu schreiben. Der „Tell" erweckte den Argwohn der Polizei verschiedenster Länder. Umgestaltungen waren notwendig: So wurde aus dem „Wilhelm Tell" in Berlin ein „An-
dreas Hofer", in Mailand ein „William Wallace", in Petersburg ein „Karl der Kühne", in Rom zuerst ein „Rudolf von
Sterling", um sogar unter dem Titel „Judas Makkabäus"
als sakrales Melodrama zu gelten. Inzwischen war Rossini
krank geworden. In den Jahren zwischen 1830 und 1850
schrieb er als einziges großes Werk das „Stabat Mater".
Seine Freunde drängten ihn zur Arbeit an einer Oper, doch
er wehrte ab: „Ich schrieb Opern, als die Melodien auf
mich zukamen und mich verführten; als ich aber einsah,
daß ich sie nunmehr suchen gehen müßte, da verzichtete
ich und wollte nicht mehr schreiben."

Rossini hatte keine Einfälle mehr. Dazu kamen noch seine
Freude am guten Leben und seine vielen kleinen Laster.
Seine Ehe war inzwischen gescheitert. Als die Colbran starb,
heiratete Rossini Olympia Pelissier, die einen berühmten
Pariser Salon führte, in dem Sarasate, Liszt, Anton Rubin-
stein, Gounod, Meyerbeer und viele andere Musiker, Komponisten und Virtuosen aus und ein gingen. 1860 kam es zu
einer Begegnung zwischen Rossini und Richard Wagner.
Einig in der leidenschaftlichen Liebe zur Musik und gegen-
sätzlich im Temperament, meinte Rossini gelassen: „Vom
Gesichtspunkt der reinen Kunst aus betrachtet, geben Ihre

Theorien zweifellos groß angelegte, verlockende Perspektiven; vom Standpunkt der musikalischen Form werden sie zwangsläufig zur deklamatorischen Melopöe, das heißt zum Tod der Melodie führen. An dem Tage, an dem Ihre Kunst triumphiert, wird meine verschwinden und Sie töten mich, Sie töten den Belcanto und mit ihm die ganze italienische Kunst." Wagner war nicht überzeugt und verwies auf den „Wilhelm Tell", bei dem Rossini auch alte Gesetze gesprengt und erneuert habe, ohne deswegen die Melodie zu vernichten. Rossini entgegnete ironisch: „So hätte ich also Zukunftsmusik geschrieben, ohne es zu wissen?" Wagner erwiderte, Rossini habe Musik aller Zeiten geschaffen, und „zwar die beste". Nach dieser Begegnung sagte Wagner, Rossini habe auf ihn den Eindruck des ersten wirklich großen und erwähnenswerten Menschen gemacht, dem er bisher in der Welt der Kunst begegnet sei.

Als Meyerbeer die letzte Komposition Rossinis, die „Petite Messe Solennelle" für vier Stimmen und zwei Klaviere aus dem Jahr 1863 hörte, sagte er: „Seht ihr? Dieser Mensch ist das, was er immer war, unser aller Lehrmeister. Er selbst hat niemals die Größe seines Genies gekannt und wird sie auch niemals kennen, denn sein Genius kennt keine Grenzen. Er ist unser Jupiter und hält uns alle in der Höhlung seiner Hand."

Nach seiner letzten Komposition dämmerte Rossini noch fünf Jahre dahin, bis er 1868 starb. 1887 wurde sein Sarg in die Kirche Santa Croce nach Florenz übergeführt, wo der Meister nun neben anderen großen Italienern ruht.

Bevor wir Pesaro verlassen, um die Sehenswürdigkeiten der näheren Umgebung zu besuchen, wollen wir kurz beim Friedhof bei der Kirche S. Decenzio halten. Hier stand die erste frühchristliche Basilika des Ortes, die den heiligen Märtyrern Decenzio und Germano gewidmet war. Die Krypta erinnert noch an den ursprünglichen Bau aus dem 4. Jahrhundert, die Kirche selbst ist eine Rekonstruktion von Gian Andrea Lazzarini aus dem Jahr 1787. Der Bau wurde erst 1860 vollendet, als Kamaldulenser-Mönche die Kirche übernahmen. Sie enthält einen reichgeschmückten ravennatischen Sarkophag aus dem 7. Jahrhundert, der zwischen den beiden zum Chor führenden Treppen Aufstellung gefunden hat.

Etwa zwei Kilometer außerhalb von Pesaro in Richtung Rimini liegt auf dem breiten Abhang eines Berges mit dem Namen S. Bartolo — früher hieß er Monte Accio — die Villa Caprile. Sie wurde als Jagdschloß für den Grafen Francesco Maria Mosca Barzi im Jahr 1640 errichtet. Seit der Mitte des 19. Jahrhunderts ist hier eine Landwirtschaftsakademie untergebracht. Sehenswert die Gartenanlagen mit den Wasserspielen.

Weiter oben, in der Nähe des Leuchtturms, der seine Lichtbündel Nacht für Nacht auf das Meer wirft, steht die Villa Imperiale, das vielleicht wichtigste Bauwerk der Marken. Wohl sind Bestrebungen im Gange, Park und Schloß der Öffentlichkeit zugänglich zu machen, doch sind dazu äußerst aufwendige Sicherungsarbeiten notwendig. Zum gegenwärtigen Zeitpunkt kann man eine schriftliche Besuchserlaubnis im Büro der Güterverwaltung des Eigentümers, Graf Castelbarco Albani, in der Via Mazza 12 in Pesaro,

Seite 51: *Oben links:* Portal-Detail der früheren Kirche San Domenico in Pesaro: Statue des Namenspatrons der Kirche (um 1300).
Oben rechts: Türklopfer der Villa Imperiale in Pesaro.
Unten: Blick in den untersten Hof der sogenannten „Hängenden Gärten" der Villa Imperiale.

Seite 52: Alte und moderne Keramik.
Oben links: Großplastik der anbetenden Madonna von Francesco Xanti Avelli aus der Cantina Metaurense (Fano), Stadtmuseum von Pesaro.
Oben rechts: Moderne Keramik nach alten Mustern: Die „Rose von Pesaro" aus der Offizin Effeenne.
Unten: Keramikteller aus Urbino (17. Jh.).

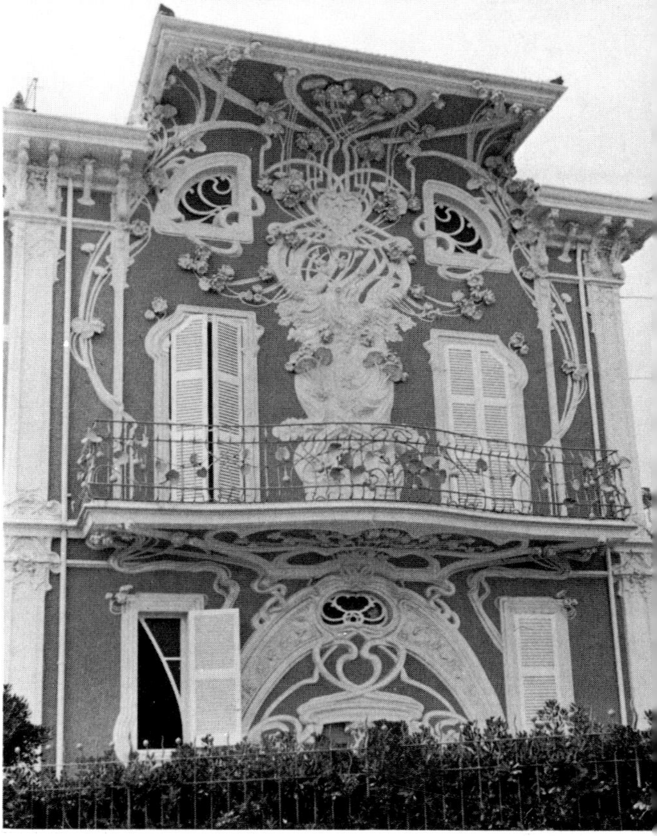
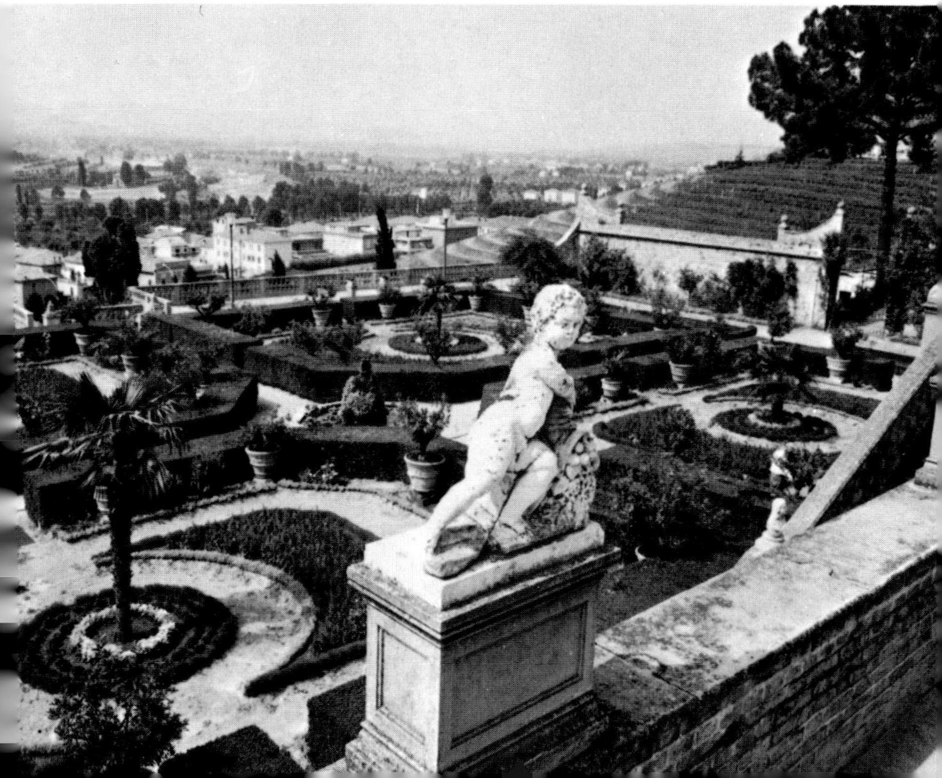

beantragen — noch einfacher aber wendet man sich an den Kurdirektor Dr. Giuseppe Nicolini, der die Erlaubnis des Grafen Albani besitzt, Besucher durch die weitläufigen Räume des Schlosses zu führen.

Schon bei der Auffahrt zeigt sich, in welch herrlicher Lage dieses prachtvolle Jagdschloß errichtet wurde. An einem sanften Abhang, der unmittelbar dort, wo das Schloß steht, in eine schroffe Steilwand übergeht — das Gelände mußte aus diesem Grunde beim Bau zum Teil abgetragen werden — liegt der Bau wie eine Aussichtsterrasse da. Der Blick reicht weit über das Tal des Foglia-Flusses bis auf den gegenüberliegenden Hang des Monte Ardicio mit dem kleinen Ort Novilara. Unterhalb des Schlosses breiten sich Felder und Weingärten aus, hinter dem Jagdsitz liegt das reichbewaldete Revier des Eigentümers, ein riesiges Areal, das über die Hügelkuppe führt, heute von der Aussichtsstraße S. Bartolo durchschnitten wird und danach unmittelbar ans Meer reicht. Wenn sich für den Besucher der Schlagbaum, der die Privatstraße sperrt, gehoben und kurz danach das Gittertor geöffnet hat, fährt er an einem Bambuswäldchen vorbei durch einen Wildpark. Überrascht sieht er, daß diese Villa in Wirklichkeit aus zwei Gebäuden besteht, die durch einen überdachten Brückenbogen miteinander verbunden sind. Die Villa Imperiale — der Überlieferung nach soll Kaiser Friedrich III. auf seinem Zug zur Kaiserkrönung in Rom hier Station gemacht haben — besteht aus einer kastellartigen Villa aus dem 15. Jahrhundert,

Seite 53: *Oben:* Ein Jugendstil-Bau am Badestrand von Pesaro: die Villa Ruggeri.
Unten: Die Villa Caprile in Pesaro (1640) ist ihrer Gartenanlagen und Wasserspiele wegen berühmt.

Seite 54: *Oben:* Gradara: Nur eine Luftaufnahme kann die Großartigkeit der Festungsanlage zeigen.
Unten: Das Innere Schloß von Gradara war durch eine weitere Zugbrücke gesichert.

einer Mischung zwischen Jagdschloß und befestigtem Ansitz, sowie einem eleganten, großräumig angelegten Renaissancebau, der in sich einen Garten in drei Geschossen umschließt. Die Brücke verbindet beide Gebäude.

Der Baugeschichte nach wurde die Villa 1468/69 von einem unbekannten Architekten für Alessandro Sforza errichtet. In einem bekannten Kunstführer fand ich den Satz, daß „Kaiser Friedrich III. auf seiner Reise zur Krönung nach Rom 1469 den Grundstein gelegt hatte". Das kann nicht zutreffen. Friedrich III., der erste Habsburger, der in Rom gekrönt wurde, zog auf Rat seines berühmten Geheimschreibers, des Gelehrten, Humanisten und späteren Papstes Enea Silvio Piccolomini nach Rom, wo er von Papst Nikolaus V. im Mai 1452 die lombardische Krone empfing und gleichzeitig mit Leonore von Portugal vermählt wurde. Im März dieses Jahres 1452 soll der Habsburger Gast der Herren von Pesaro, der Sforza, gewesen sein. Das würde bedeuten, daß schon vor der heutigen Villa ein Schloßbau, möglicherweise noch aus der Zeit der Malatesta, vorhanden gewesen wäre. Doch hat der Kaiser sicherlich nicht den Grundstein gelegt. Der Bau aus dem Jahr 1469 ist quadratisch angelegt, den Innenhof umschließt ein Portikus. Als die zweite Villa angefügt wurde, überhöhte man den Turm, um die Proportionen auch optisch im Gleichgewicht zu halten. Die Dekorationen im Inneren des Gebäudes stammen von bedeutenden Künstlern: Girolamo Genga, Pierino del Vaga, Camillo Mantovano, Raffaello dal Colle, Bronzino, Dosso Dossi und seinem Bruder Battista.

Die Renaissancevilla wurde im Auftrag von Eleonora Gonzaga, der Gemahlin von Francesco Maria I. Della Rovere, Herzog von Urbino und Herr von Pesaro, errichtet. Die alte Sforza-Villa war 1517 schwer beschädigt worden. 1522 erhielt der Hofarchitekt Girolamo Genga den Befehl, das Schloß instand zu setzen. Gleichzeitig bat der Herzog von Urbino den Grafen Baldassare Castiglione, ihm einen Brief zur Verfügung zu stellen, den Raffael kurz vor seinem

Tode geschrieben hatte. Dieser Brief enthielt eine genaue Skizze der Villa Madama in Rom. Das deutet darauf hin, daß der Herzog die Erneuerung des Schlosses als Renaissancevilla plante. Herzog Francesco war ein gewaltiger Kriegsherr und als Befehlshaber päpstlicher Truppen, aber auch als venezianischer Generalkapitän ständig unterwegs. So war es seine Gattin Eleonora, die den Neubau vorantrieb. Das ist auch aus dem rührenden Schriftband zu ersehen, das sich an der Außenfront der Renaissancevilla entlangzieht: „Für Francesco Maria, Herzog über die Länder am Metaurus, hat seine Gemahlin Eleonora zu seiner Rückkehr aus den Kriegen diese Villa erbaut, als Zeichen der Liebe, als Belohnung für Hitze und Staub, für Wachen und Mühen, damit in einer Zeit der Ruhe der Genius des Krieges für ihn noch größeren Ruhm und reicheren Lohn bereiten möge." Verfasser dieser Inschrift war Kardinal Pietro Bembo, hochberühmter Humanist, den Papst Paul III. gegen den Widerstand vieler Reformer zur Kardinalswürde erhoben hatte. Bembo war ein Mentor Raffaels, groß geworden in der prachtliebenden Zeit des Papstes Leo X., des früheren Giovanni de'Medici. Von Kardinal Bembo ist auch ein Brief an die Herzogin Eleonora aus dem Jahr 1543 erhalten, in dem es heißt: „Ich habe der Villa Imperiale Eurer Excellenz zu meinem großen Vergnügen einen Besuch abgestattet, zum einen, weil ich sie so sehr zu sehen wünschte, zum anderen, weil sie mir mit großer Klugheit und wahrhafter Erkenntnis künstlerischer Gesetzmäßigkeiten errichtet zu sein scheint, auch mit vielen Motiven aus der Antike und schön ersonnenen Einfällen. In diesem allem übertrifft sie alle anderen Neubauten, die ich gesehen habe. Ich beglückwünsche Euer Gnaden dazu von ganzem Herzen, denn sicher, mein Schwätzer Genga ist ein großer und begabter Architekt, der alle Erwartungen weit übertroffen hat."

Nach außen hin gibt sich die Villa abweisend. Riesige Bronzetürklopfer sind das erste Detail, das dem Besucher auffällt: drachenartige Gebilde, verbunden mit einem Kopf und einer Schlange. Hinter dem Eingang öffnet sich ein stiller, schlichter Hof mit einem rundbogigen Portikus, einem von Säulen getragenen Vorbau, und einer eleganten Loggia. Der Blick fällt auf einen Ziehbrunnen, den das Wappen der Sforza schmückt. Die Räume zu ebener Erde kann man nur durch moderne Glastüren und Fenster betrachten, der Eigentümer hat sie sich zur persönlichen Verwendung vorbehalten. Antikes Mobiliar, eine Bibliothek, dazu stets frische Blumen auf den Tischen: all dies bietet einen zauberhaften Anblick, so als wären diese Räume ständig bewohnt — und doch kommt Graf Albani nur selten hierher.

Im Piano Nobile liegen acht prachtvolle Empfangszimmer, die dennoch sehr intim gestaltet sind, mit Bedacht darauf, daß in diesem Jagdschloß nichts zu große Dimensionen annimmt. Die Einrichtung — Tische, Stühle, Truhen, Bänke, Kandelaber, italienische Keramik, Plastiken, Gläser — ist von unschätzbarem Wert, jedes Stück eine kostbare Antiquität.

Im Saal des Eides, der Sala del Giuramento, sehen wir Deckenfresken von Girolamo Genga: Herzog Francesco Maria Della Rovere empfängt hoch zu Roß den Treueid seiner Soldaten. Es ist spanische Miliz, die er aus venezianischen Diensten übernimmt, um mit ihnen sein Herzogtum Urbino von den Truppen Papst Leos X. zurückzugewinnen. Die Wandfresken zeigen von Putten zurückgeraffte Vorhänge, gemalt von Pierino del Vaga, die den Blick in idealisierte Landschaften von Camillo Mantovano freigeben.

Die anschließende Sala dei Cariatidi ist von Giovanni de Luteri — genannt Dosso Dossi — und seinem Bruder Battista ausgemalt. Manche Kunsthistoriker wollen aber auch hier die Handschrift Girolamo Gengas erkennen. Die Putten in den vier Ecken des Raumes werden dem Florentiner Bronzino zugeschrieben, der durch sein Porträt des Herzogs Guidobald II. von Montefeltro bekannt ist. Die Karyatiden, nach denen der Saal seinen Namen hat, tragen eine Pergola.

In Anlehnung an die Daphne-Legende wachsen diese Frauengestalten aus Lorbeerbäumen und gehen wieder in solche über. Aus den Zweigen, die aus Köpfen und Armen sprießen, ist die Pergola gebildet. Der Durchblick öffnet sich in eine weite Landschaft, am wolkenbehangenen Himmel schwirren Putten, zwei davon halten Schriftbänder, auf die sie gerade die Namen Eleonora und Francesco Maria schreiben. An den Bändern der Pergola hängen Musikinstrumente, was auf die einstmalige Verwendung des Raumes schließen läßt. Pergola und Pflanzen werden übrigens Camillo Mantovano zugewiesen. Natürlich sehen wir auch in diesem Raum eine Darstellung Herzog Francesco Marias: er ist Führer eines Militärzuges.

Die Camera dei Semibusti, so genannt nach überaus plastisch gemalten Büsten in perspektivischen girlandengeschmückten Nischen, zeigt die Krönung Karls V. Auch hier finden wir eine Abbildung des Herzogs Della Rovere. Die folgenden Räume zeigen stets Bilder aus dem Leben Francesco Marias: Kardinal Alidosi verleiht ihm die Zeichen eines Feldherrn der Kirche, Papst Julius II. übergibt ihm das kirchliche Lehen, der venezianische Doge Andrea Gritti ernennt ihn zum Generalkapitän seiner Republik. Ein kleines Studierzimmer preist die Segnungen des Friedens (eine Nymphe verbrennt einen römischen Lederharnisch). Eine Wandnische führt zu einer schmalen, niedrigen Tür: der Eingang für die Hofnarren, Zwerge, die an einem Renaissancehof nicht fehlen durften. In der Camera degli Armorini, einem zauberhaften Raum mit Jasminlauben, Girlanden und Lorbeerzweigen, kann man Medaillons mit Porträts der Familie Della Rovere sehen. Große Landschaftsdarstellungen von Battista de Luteri schmücken den Speisesaal, dessen Architekturrahmen von Girolamo Genga stammt und dessen Grisaillen — Grau in Grau gemalte, also in einer Farbe gehaltene, sehr plastisch wirkende Figuren — Francesco Marzocchi geschaffen hat. Die Decke in diesem Raum ist in venezianischem Stil gehalten, sie zeigt

Embleme und Initialen der Della Rovere in den Wappen-
farben Blau und Rot. Die Kassettierung ist nicht aus Holz,
wie man vermuten würde, sondern aus gepreßtem Papier-
maché.

Es würde zu weit führen, jedes einzelne Wandbild dieser
Säle zu beschreiben. Bei einem einzigen Besuch kann man
kaum mehr als einen flüchtigen Eindruck erhaschen. Der
Vergleich scheint berechtigt, daß die Fresken urbinatischer
Keramik gleichen, jenen Tellern mit reichhaltigem Schmuck,
wo ein tragendes Mittelbild von vielfältigem Dekor, von
Putten und Rankenwerk, umschlossen wird.

Als im Jahr 1700 der aus Urbino stammende Kardinal
Gian Francesco Albani — nunmehr Clemens XI. — den
päpstlichen Thron bestieg (das Haus Albani hatte eine ganze
Reihe von Kardinälen gestellt), erwarb die Familie Albani
die Villa Imperiale, die heute noch in ihrem Besitz ist. Ein
Raum der Villa zeigt ein großes Porträt des Papstes sowie
eine ganze Galerie von Purpurträgern. Der Papst hatte sich
nämlich von seinen Kurienkardinälen je ein Porträt erbeten
(es sieht so aus, als hätte er auch das Format angegeben,
denn alle Bildnisse sind gleich groß), und die Eminenzen
folgten geschmeichelt seinem Wunsch.

Der zweite Teil der Villa, um das Jahr 1530 begonnen
und um 1534 vollendet, ist vom Altbau über den Brückenbogen zu erreichen. Hat schon die Freskenausschmückung
der alten Sforza-Villa den Eindruck erweckt, der Garten
setze sich durch die vielen Landschaftsbildnisse, gemalten
Girlanden, Blumen und farbenfrohen Laubengänge im Inneren des Hauses fort, so wird dieser Eindruck in der Renaissancevilla noch verstärkt. Sie umschließt drei überein-
andergelagerte sogenannte hängende Gärten, die durch die
Berglage der Villa möglich wurden, aber starke Unter-
mauerungen erforderten. Dadurch entstanden große unterirdische Räumlichkeiten, von denen man nicht weiß, ob
sie als Soldatenquartiere, Depots oder einfach als Wagen-
remisen und Scheunen dienten.

Vom Brückenbogen aus gelangt man in einen reich mit Nischen gegliederten Innenhof. Die Nischen enthalten Amphoren; in einer Grotte an der Längsseite, dem Eingang gegenüber, befand sich früher ein Brunnen. Der Hof besitzt eine fabelhafte Akustik. Die anschließende Loggia mit ihrem kassettierten Gewölbe wurde auch als Theaterbühne benutzt. In den Seitenflügeln führen Treppen in Rundtürmchen zu den beiden oberen Terrassen des Gartens. Die oberste schließt an einem Ende an den gewachsenen Berg an und ist am anderen durch eine Brüstung begrenzt, von der man einen herrlichen Rundblick, aber auch die Sicht in den versunkenen Hof — wie er bei römischen Bauten als Atrium üblich war — und auf das alte Sforzabauwerk genießen kann. Auf dieser oberen Terrasse spenden selbst in glühender Sonnenhitze steinerne Pavillons, durch deren Rundbogen die Luft streicht, kühlenden Schatten. Der Renaissanceteil der Villa Imperiale wurde im 19. Jahrhundert vernachlässigt, die Gärten verwilderten. Heute — obwohl das Schloß wieder überaus gepflegt wird — sehen wir bloß einen bescheidenen Abglanz seiner einstigen Herrlichkeit. Den Sünden der Vergangenheit fiel ein Großteil der Orangen-, Zitronen- und Myrthenhaine zum Opfer. Zahlreiche Pinien, Zypressen, Blumenrabatten und Wildgehege sind verschwunden. Dennoch zählt dieser Bau zu den besonderen Kostbarkeiten italienischer, ja abendländischer Architektur.

Ein Kleinod in der Hügelkette rings um Pesaro ist das Bergdorf Novilara, das zwar zur Gemeinde Pesaro zählt und dennoch eine ganz andere Welt zu sein scheint. Das gewaltige Sammelwerk „Beschreibung und Kontrafaktur der vornehmsten Städte der Welt", das der Kölner Stiftsdechant Georg Braun von 1572 an gemeinsam mit den Kupferstechern Simon Novellanus und Franz Hogenberg in sechs Teilen mit dreihundertsiebzig Tafeln veröffentlichte, zeigt auch eine Darstellung von Pesaro; im Hügelland bizarr aufragend

eine Burg „Neuilar Castello", also Novilara, ein Holzschnitt
nach einer Zeichnung des holländischen Malers Georg
Hufnagel. Im 18. Jahrhundert legte der Franzose Pierre
Mortier diese Drucke neu auf. (Gelegentlich findet man
auch einzelne Ansichten in Antiquariaten.)

Das Buch, ein Standardwerk des 16. Jahrhunderts, bedeutete ein bisher noch nicht dagewesenes Vorhaben.
Der fleißige Domherr, der sich wiederholt gegen den Vorwurf verteidigen mußte, seine so weltliche Schriftstellerei
sei nicht mit seinem geistlichen Beruf zu vereinen, konterte
mit berühmten Beispielen aus der Geschichte und der ent-
waffnenden Feststellung, seine natürliche Neigung zu schönen Figuren und heiteren Gemälden reize und entzücke ihn.
Schwerer wog der Vorwurf, daß diese Städtebilder im
Kriegsfall Feinden für ihre Angriffspläne dienen könnten —
was gerade auf die Ansicht von Pesaro und Novilara zu-
trifft, denn Sarazenen und Türken versuchten immer wieder an den Mittelmeergestaden zu landen. Georg Braun entgegnete, daß der Hauptfeind, „die blutdürstigen Türken,
welche keine geschnittenen oder gemalten Bilder leiden, das
Buch nimmer, wie hohen Nutz es ihnen auch bringen
könnte, zulassen werden". Dem Domherrn wurden zahlreiche Bilder und Zeichnungen eingesandt, die als Vorlage
für die Städteansichten dienten, und Braun führt im Vor-
wort seines Werkes eine ganze Reihe Namen an, darunter
Georg Hufnagel, Abraham Ortelius, der eine der besten
Landkarten Italiens schuf, und Cornelius Caymox. Die
ersten Teile des Mammutwerkes waren sehr schnell vergriffen, was den geistlichen Herrn im nächsten Teil zur
listigen Vorrede veranlaßte: „Es werden auch wohl etliche
sein, welche noch etlicher Städtebeschreibung in diesem
Buch nicht finden. Denn welcher wird nicht, alsbald er das
Städtebuch auftut, am allererst seine väterliche und Geburtsstadt suchen? Die wird man zum Teil im ersten, zum
Teil in diesem anderen Buch finden. Welche aber mangeln,
dieselbigen sind entweder durch Nachlässigkeit oder sonst,

daß man der Unkosten hat wollen verschonen, ausgelassen, besonders darum ist solches geschehen, damit das Buch nicht zu groß würde und, wann mans zu teuer einkaufen müßte, der Liebhaber der Historie davon abgeschreckt würde. Welcher aber sein väterlich und Geburtsstadt in diesen zweien Büchern nicht findet, will ich denselben freundlich gebeten haben, er lasse dieselbe nach dem Leben abmalen und sende sie mir zu, will ich solche durch den kunstreichen Franciscum Hogenberg artig reißen lassen und mit ehrlicher Meinung in das erste und in dies andere Buch einsetzen oder sonst für das dritte Buch behalten." Braun, ein schlauer Organisator, sicherte damit den Absatz seines Werkes. Wer allerdings heute die darin vorgegebene Silhouette von Novilara sucht, wird dies vergeblich tun. Dabei hat Hufnagel sicher nicht übertrieben, denn in den Geschichtswerken wird Novilara als „Castello di Pesaro", Festung von Pesaro, bezeichnet. Schon in einem Dokument aus dem Jahr 1175 wird von einer „burgum Novellarie" gesprochen.

Novilara ist als Keimzelle der Stadt Pesaro anzusehen. Etwa auf halbem Weg zwischen Pesaro und dem ungefähr zehn Kilometer vom Stadtkern entfernten Novilara wurden bei Ausgrabungen in der Nähe der alten Kirche San Nicola im Jahr 1860 bedeutende Funde picenischer und etruskischer Kultur getätigt. Im Jahr 1866 wurden unterhalb des Kastells weitere picenische Tomben freigelegt. In den Jahren 1892/93 nahm man neuerliche Ausgrabungen vor, und in den letzten Jahren wurden beim Durchstich für die Autobahn weitere Funde gemacht. Die bedeutendsten, darunter die berühmten Figuren- und Inschriftenstelen, wurden im Museo Oliveriano in Pesaro, im Nationalmuseum der Marken in Ancona und im Museum Pigorini in Rom untergebracht.

Die Fahrt nach Novilara zeigt ein überaus fruchtbares Land: Pfirsiche, Weinreben, prachtvoll knorrige Olivenbäume; hügelauf, hügelab führt der Weg schließlich durch eine Senke und dann steil aufwärts nach Novilara, einem kleinen Ort, der von mächtigen Mauern umgeben ist. Ein riesiger rechteckiger Torturm zeigt noch die Schlitze für die einstmalige Zugbrücke, die das Kastell völlig abriegeln konnte. Die Bauten stammen aus der Regierungszeit Guidobalds II. Della Rovere. Der Ort selbst bietet einen bescheidenen Anblick. Vom Kastell ist mit Ausnahme einiger Säulenreste von der Loggia des Turmes, die inmitten des Ortes an einer Mauer aufgeschüttet sind, nichts mehr geblieben. Zwei Kirchen und einige Dutzend Häuser, vorwiegend aus den Resten des alten Kastells erbaut, bilden den heutigen Ort. Die schmalen Straßen ziehen sich schnurgerade von Wall zu Wall. Die Einwohner wachen eifersüchtig darüber, daß das Ortsbild unverändert erhalten bleibt, daß kein Fremder zusieht. Sie sind stolz auf Novilara, dessen Namen sie von *nobile aria,* also von edler, guter Luft herleiten.

Ein Freund hatte mich zu sich nach Novilara geladen, wo er den Sommer über im Haus seiner Schwiegereltern lebt. Am Meer war es stickig und schwül gewesen, doch in Novilara wehte eine angenehm kühle Brise. Wir saßen zuerst vor dem Haus; Tisch und Stühle standen, so wie es dort üblich ist, auf der Straße. Als ein Auto daherkam — eines der wenigen Vehikel, die durch den Ort zur Garage fahren — mußte es anhalten. Der Fahrer stieg aus, half mit, den Weg für den Wagen freizumachen, dann stieg er ein, fuhr ein Stück, stoppte und kam zurück, um mit uns Tisch und Stühle wieder aufzustellen. Nach einem freundlichen Schwatz fuhr er endgültig davon. Inzwischen war die Stunde des Sonnenuntergangs herangekommen. Wir spazierten die Ortsmauer entlang rund um den Ort: welch ein Panorama! Vom dunkel werdenden Meer mit dem unendlichen Horizont, an dem schemenhaft der Monte Conero von Ancona mit den Blinklichtern für die Schiffahrt auftauchte, streifte der Blick über das wellige, fruchtbare Hügelland mit den kleinen Orten auf den Kuppen und den verstreut daliegen-

den einzelnen Gehöften und Gutshäusern, um weiterzuglei-
ten zum feurigen Sonnenball, der schon halb verdeckt war
durch die drei Gipfel des Zwergstaates San Marino, weiter
zum unverkennbaren Umriß der Festung San Leo, und
schließlich zurück zum Meer. Zu Füßen Novilaras schim-
merte das Lichtergewirr von Pesaro. Schmiedeeiserne Lam-
pen erhellten die Gassen, lautlos umschwirrt von zahllosen
Fledermäusen, die ihre bizarren Kurven zogen — ein Spiel,
von dem man die Augen nicht lassen konnte.

In Novilara gibt es keine Herberge und keine Fremdenzimmer; der Ort zeigt sich Touristen gegenüber abweisend.
Von der Terrasse des einzigen Restaurants innerhalb der
Stadtmauern genießt man einen wunderbaren Blick auf das
Meer. Hier versteht man, daß einer der großen Diplomaten
und Schriftsteller der Renaissance, Baldassare Castiglione,
der lange Jahre in urbinatischen Diensten stand, stolz auf
den Titel eines Conte di Novilara war, den ihm der Landes-
herr für seine Verdienste verliehen hatte.

Ungleich weniger stimmungsvoll, dafür aber für den Besucher attraktiver ist die Festung Gradara, die fünfzehn
Kilometer von Pesaro entfernt in Richtung Rimini liegt, fünf
Kilometer vom Strand von Gabice Mare und nur etwa drei
Kilometer von der Staatsstraße Adriatica. Gradara ist ein
guterhaltenes Beispiel der Festungsbaukunst im 14. Jahrhundert. Die ursprüngliche Festung auf dem Hügel entstand aus
einer kleinen Römerstadt. Die erste Burg wurde vermutlich
gegen Ende des 12. Jahrhunderts von der Familie Grifi, den
damaligen Herren von Gradara, errichtet und später von
den Malatesta ausgebaut. Im Zug der geschichtlichen Entwicklung des Landes wurden dann die Sforza und schließlich die Della Rovere Herren der Festung.

Gradara ist eine Burg in der Burg. Ein langer, hoher
Mauergürtel aus dem 14. Jahrhundert, zinnengekrönt, dahinter Laufstege, unterbrochen von trutzigen Türmen, um-

ziehen das ganze Städtchen Gradara, das weit in die Landschaft hinaus den Anblick einer massiven Festung bietet. Nur wenige Tore öffnen den Zugang. Auf der höchsten Erhebung des Hügels sitzt die Burg als eigentliche Festung, wieder mit einem eigenen Mauerkranz umgeben; sie wurde im 15. Jahrhundert erneuert, wobei Girolamo Genga im Hof Schlachtenszenen freskierte und Andrea della Robbia die Kapelle mit einer Terrakotta schmückte. Diese Burg ist in sich wiederum Festung: Zugbrücken, schmale Gänge, Zugänge über Leitern konnten den innersten Burgsitz noch immer gegen Angreifer sichern.

Wenn man Gradara von weitem sieht, ist man begeistert — dieses Gefühl wird aber beim Näherkommen geschmälert. Riesige Parkplätze außerhalb des Mauergürtels, ein Andenkenladen neben dem anderen, eine Gaststätte neben der anderen. Man darf sich jedoch nicht enttäuschen lassen. Die innere Burg, das heißt der Teil, der öffentlich zugänglich ist, lohnt die Mühe, beim Einlaß Schlange zu stehen. Nicht der gruseligen Folterkammern, sondern schon mehr der Wachtstube wegen, die plastisch ein Bild gibt, wie die Soldaten hausen mußten, welch gewaltiger Unterschied zwischen der dienenden und der herrschenden Schicht bestand. Die prunkvollen Räume in der Festung zeigen nämlich, daß auch eine Burg Behaglichkeit bieten konnte.

In einer kleinen Gemäldesammlung im Rathaus des Ortes hängt eine Madonna mit dem Kinde von Giovanni Santi, dem Vater Raffaels, und in der Kirche, zwischen der Burg und dem Ort gelegen, ein eindrucksvolles hölzernes Kruzifix aus dem 15. Jahrhundert. Je nachdem, von welcher Seite man das Gesicht des Heilands betrachtet, zeigt sich der leidende, der sterbende und der tote Christus.

Die „Hauptstraße" mit ihren vielen Läden bietet neben Andenkenkitsch manch hübsches Stück moderner oder Kopien alter urbinatischer Keramik; die „Antiquitäten", die feilgeboten werden, sind eine Mischung aus Ramsch — weil sich heute alles, was alt ist, verkaufen läßt —, mehr oder minder guten Kopien, wobei die minderen überwiegen, und plumpen Fälschungen.

Wenn man will, kann man auch noch das mittelalterliche Gradara erleben! Es ist ganz einfach: in eine der Seitengassen ausweichen, weg vom Fremdenstrom, der sich vom Parkplatz über das Haupttor zur inneren Festung zieht, und schon ist man in der alten Festung. Für ein paar Lire kann man übrigens auf den Laufweg der äußeren Umfassungsmauer steigen, und von dort auf die Plattform einzelner Wachtürme. So sieht man dann weit über das Land und versteht, warum gerade hier die Festung entstand; dreht man sich um, schweift der Blick über die Dächer von Gradara hin zum mächtigen Schloß. Die Fenster liegen wie Gucklöcher in dieser Mauer. Schießscharten und ein zinnenbekrönter Wehrgang auch als oberstes Geschoß, ein finster abweisendes Eingangstor mit breit ausgelegten Balken der Zugbrücke.

Hinter diesen Mauern soll sich eine blutige Tragödie abgespielt haben. Der Legende nach war Gradara der Schauplatz der leidenschaftlichen Liebe zweier Unglücklicher, Paolo und Francesca, die hier um 1285 gestorben sein sollen. Dante Alighieri hat sie im V. Gesang seiner „Göttlichen Komödie" verewigt. Die historische Sicherung des Geschehens ist schwer, doch hat Dante seine Verse wenige Jahre nach dem Ereignis geschrieben, und er lebte in der Heimatstadt Francescas, der Tochter des Herrn von Ravenna, Guido Polenta. Neben Dante haben sich vor allem Byron, D'Annunzio und Stephen Phillips mit dem klassischen Liebespaar beschäftigt, aber auch ungezählte andere Autoren.

Gradara mit seinem ersten, von ghibellinischen Zinnen gekrönten viereckigen Turm entstand zu der Zeit, als Pietro und Ridolfo dei Grifo das umliegende Gebiet der Herrschaft von Pesaro entrissen. Später besetzte Giovanni Malatesta da Verrucchio — genannt Centenario, der Hundertjährige — mit Hilfe päpstlicher Söldner die Festung, denn er hatte die strategische Bedeutung von Gradara erkannt, das zwischen der Romagna und den Marken, vor allem aber zwischen den stets miteinander streitenden Höfen von Rimini, Urbino und Pesaro lag. Er baute um den ursprünglichen Festungsturm, der heute noch Mittelpunkt des Kastells ist, das Schloß mit seinen Ummauerungen. Als Giovanni Malatesta starb, erbte sein erstgeborener Sohn Gianciotto — genannt Sciancato, der Hüftlahme oder Hinkende — die Festung. Die Hochzeit zwischen ihm und Francesca Polenta fand etwa um das Jahr 1275 statt, vielleicht um eine Urfehde zwischen den Familien Malatesta und Polenta zu beenden. Ob das Ganze nun eine politische Heirat war, die Guido Polenta aushandelte, ohne daß Francesca wußte, wen sie heiraten sollte, oder eine Trauung durch Stellvertretung, ist nicht bekannt.

Paolo Malatesta, der Bruder des Schloßherrn, war der Legende nach beauftragt, die schöne Francesca vom ravennatischen Hof nach Gradara zu geleiten. Die beiden jungen Leute verliebten sich auf den ersten Blick ineinander. Ein Führer über Gradara weiß es ganz genau, denn da heißt es wörtlich, mit viel Pathos und Schmalz: „Sicher ist jedoch, daß das Leben der Francesca, vermählt mit Gianciotto, dem Hüftlahmen, wirklich nicht glücklich sein mochte. Um diesen Hauch schwermütiger Poesie zu überwinden, den ihr das Meer in die idyllische Stille des Schlosses von Gradara zutrug — wo aber in den finsteren Nächten die verzweifelten Schreie der Gefangenen widerhallten, die in den Folterkammern des Schlosses unsäglich gemartert wurden — oder, vielleicht noch mehr wegen des natürlichen Abscheues für die gezwungene Berührung mit dem mißgestalteten Manne, den sie nicht liebte, verschloß sich Francesca in die Lektüre alter, famoser Liebesgeschichten. Ob sie Paolo schon liebte oder ob die Liebe für den anmutigen Schwager, der unter dem Namen ‚Der Schöne' in die Geschichte einging, in jenen düsteren Sälen des Schlosses, während ihrer grenzenlosen bedrückenden Einsamkeit aufkeimte, wird uns kein

Dichter je sagen können. Eines nur ist sicher: Paolo und Francesca liebten einander. Dante, in seinen Absichten der Reinste unter allen denen, die die unglückseligen Geliebten besungen haben, beschließt das rührende Idyll zwischen Paolo und Francesca mit einem Kusse, welchem der Gianciotto — durch die häufigen Besuche des Bruders argwöhnisch gemacht — mit der spitzen Klinge eines Dolches ein Ende setzte. In der stillen Einsamkeit des ehelichen Gemaches war Francesca neben Paolo gesessen und hatte mit ihm die Geschichte von der Liebe zwischen Lancelot und Ginevra gelesen. Plötzlich begegneten sich ihre Blicke. Francesca erzählt Dante bei ihrer Begegnung in der Hölle: ‚... zitternd küßte er mich auf den Mund.‘ Von diesem Augenblick an liebten sich die beiden Unglückseligen bis über das Leben hinaus ins Reich des ewigen Hasses und des Todes.“

Im V. Gesang der „Göttlichen Komödie“, der vom Abstieg zu jenem Kreis der Hölle kündet, wo die Wollüstigen büßen, erzählt Francesca:

„Wir lasen eines Tages zum Vergnügen
Von Lancelot, wie ihn die Liebe drängte;
Alleine waren wir und unverdächtig.
Mehrmals ließ unsre Augen schon verwirren
Dies Buch und unser Angesicht erblassen,
Doch eine Stelle hat uns überwältigt.
Als wir gelesen, daß in seiner Liebe
Er das ersehnte Antlitz küssen mußte,
Hat dieser, der mich niemals wird verlassen,
Mich auf den Mund geküßt mit tiefem Beben.
Verführer war das Buch und der’s geschrieben.
An jenem Tage lasen wir nicht weiter.“

Dante spricht in seinem Gesang aus der Hölle auch von Caina, das auf den harrt, der das Liebespaar getötet hat, nämlich auf Gianciotto Malatesta, der als Brudermörder in den nach Kain benannten Strafort in der untersten Hölle verdammt wird. Und die Geschichte, die das Pärchen mit glühenden Wangen las, handelte von Lancelot, jenem Ritter der Tafelrunde des Königs Artus, der Ginevra, die Frau des Königs liebte. Man muß wohl an diese Verse denken, wenn man das Hochzeitsgemach Francescas besucht, einen prunkvoll tapezierten und mit einer Holzdecke geschmückten Raum mit riesigem Kamin und überbreitem Himmelbett.

Gianciotto starb bald nach dem Liebespaar, dem er den Tod gegeben hatte, und da auch der nächstgeborene Bruder Malatestino nicht mehr unter den Lebenden weilte, fiel der Besitz an den jüngsten Sohn des Giovanni Malatesta, Pandolfo. Er baute die Festung in den Jahren 1307 bis 1324 fertig. Sein Erbe war Antico Malatesta, der den grausigen Beinamen Guastafamiglia, Familienverderber, führte, weil er pausenlos in blutigem Streit mit seinen Vettern, den Söhnen des Malatestino, stand. 1364 ging Gradara an seinen Sohn Pandolfo über, der zwar das Amt des Podestà, des Bürgermeisters von Pesaro, versah, sich aber statt für die Verwaltung viel mehr für die schönen Künste interessierte. Er war als Freund Petrarcas bekannt. Sein Sohn Malatesta de'Sonetti verwandelte die Festung in ein wohnliches Schloß: die freskengeschmückten Säle sahen einen Gentile da Fabriano, einen Jacopo da Imola und andere Berühmtheiten der Renaissance als Gäste.

Gerade in dieser Zeit wurde die Festung erobert. Malatesta de'Sonetti war auf Reisen, und sein Sohn Galeazzo er-

Seite 71: *Links:* Gradara: Soldatenfriedhof aus dem Zweiten Weltkrieg. *Rechts:* Detail der großen Christusfigur (15. Jh.) in der Kirche von Gradara.

Seite 72: *Oben:* Fano: Das Augustustor markiert den Endpunkt der Via Flaminia von Rom zur Adria. *Unten:* Römische Baukunst; Detail aus dem kleinen Tor der Stadtmauer von Fano.

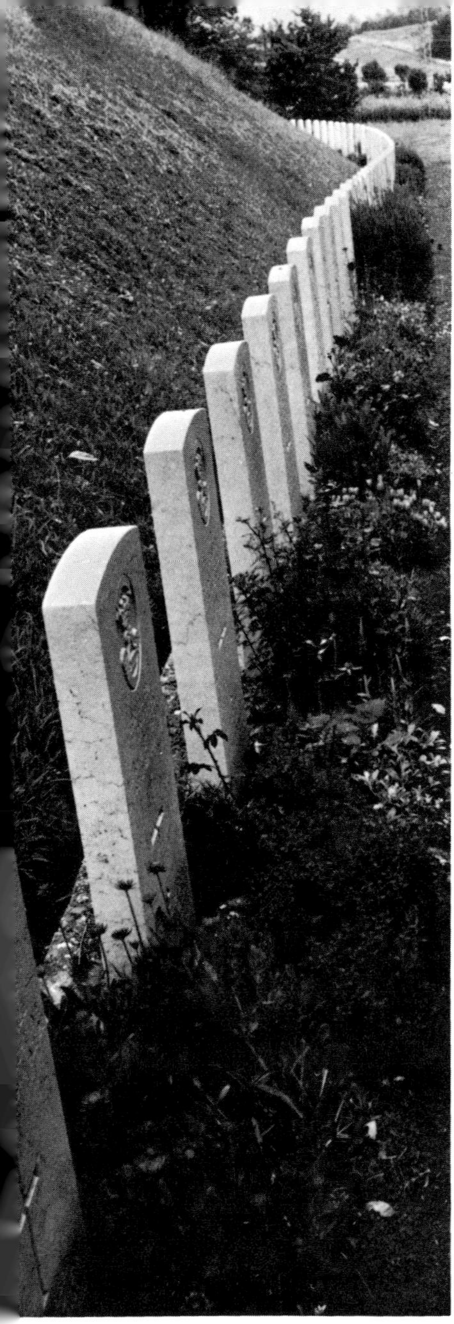

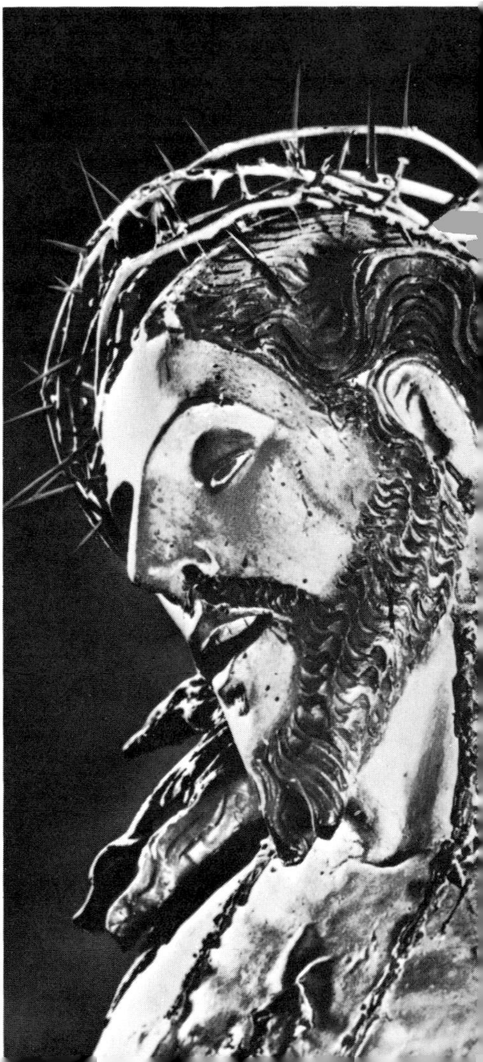

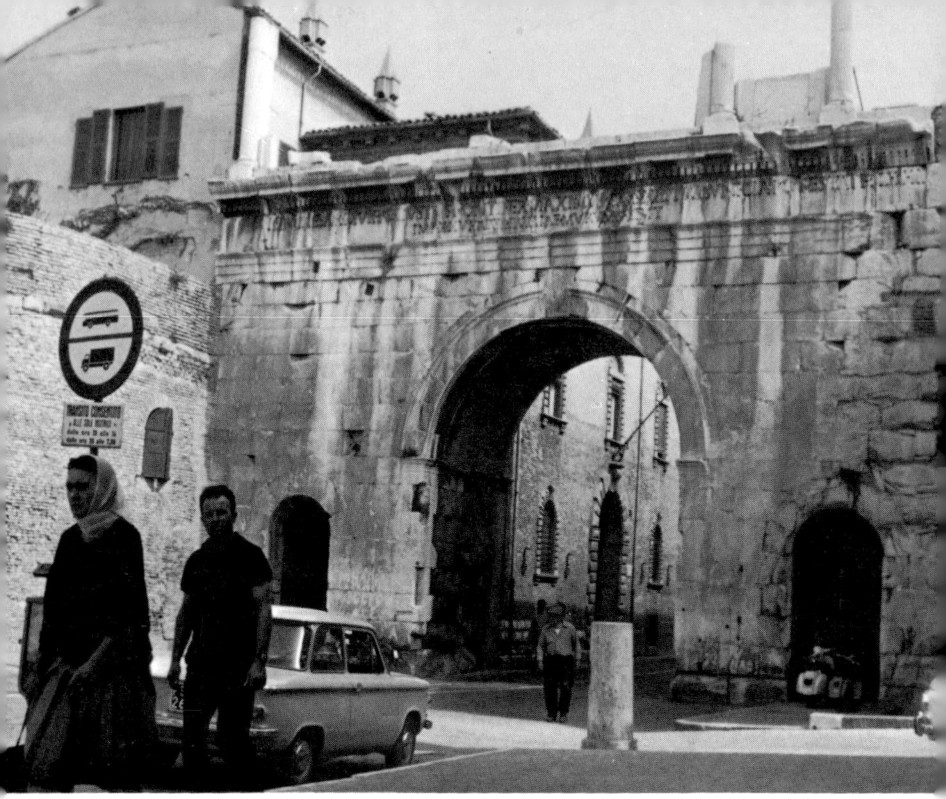

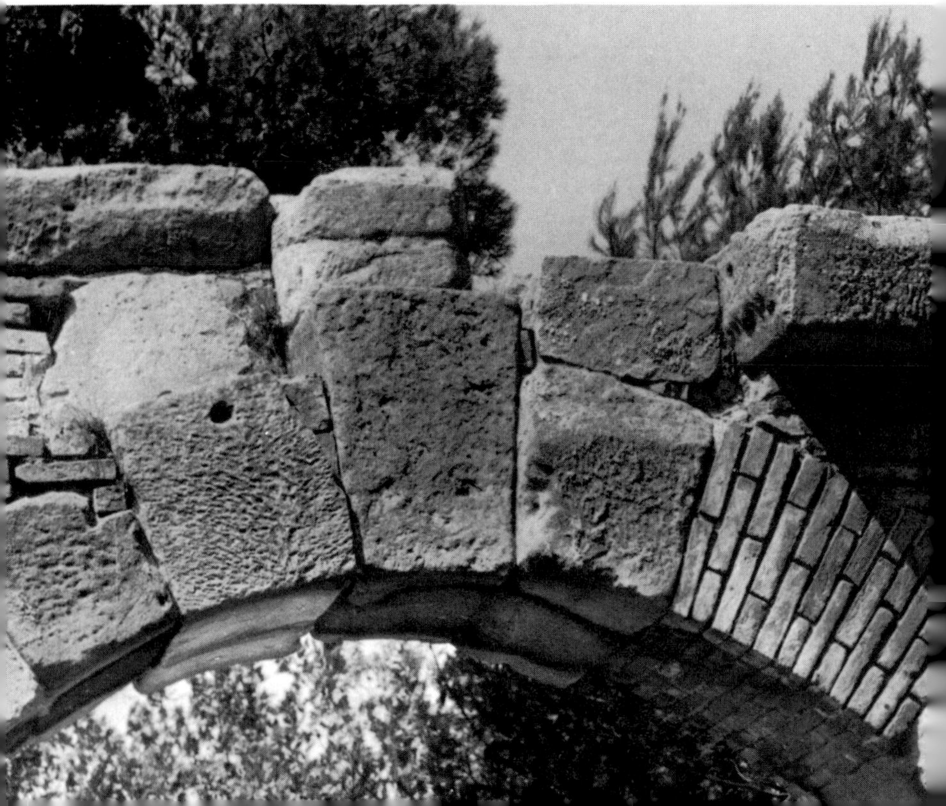

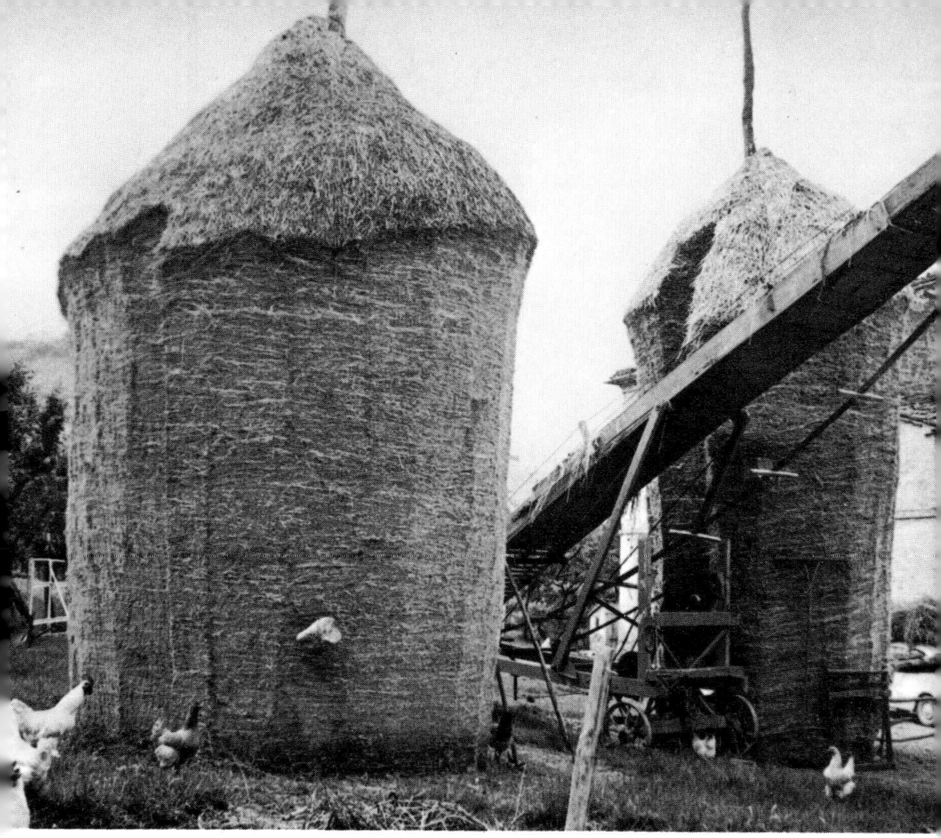

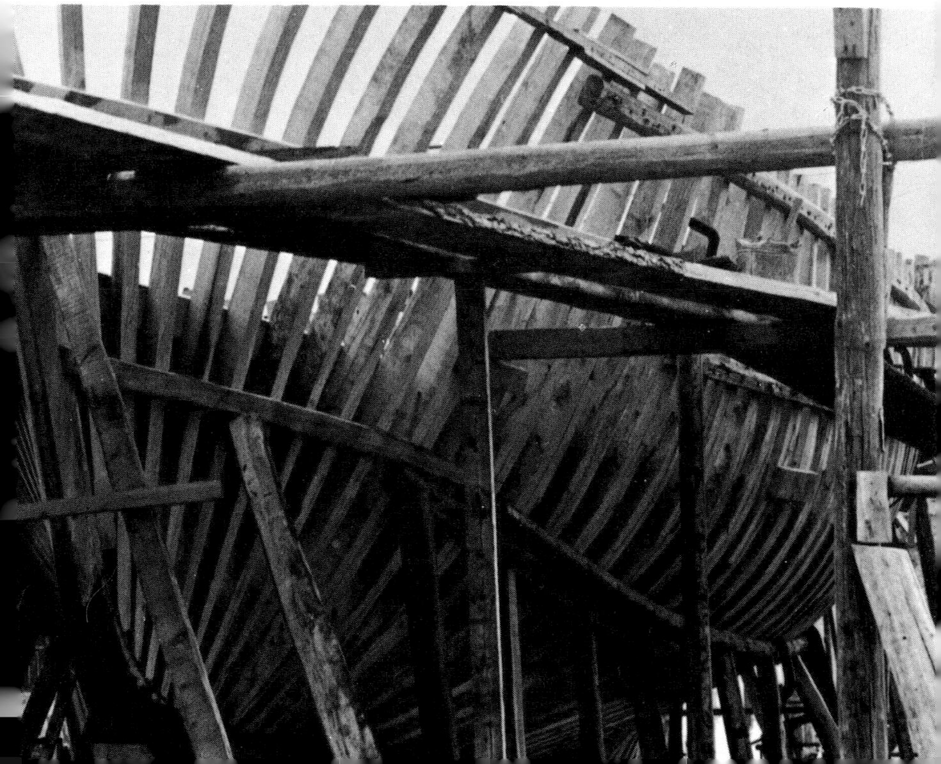

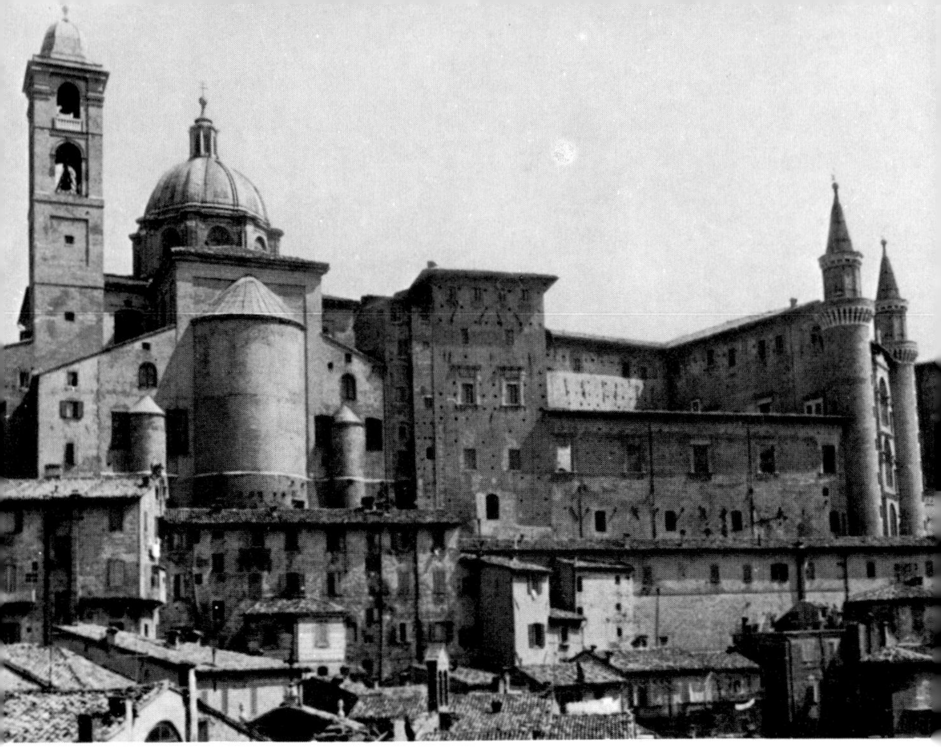

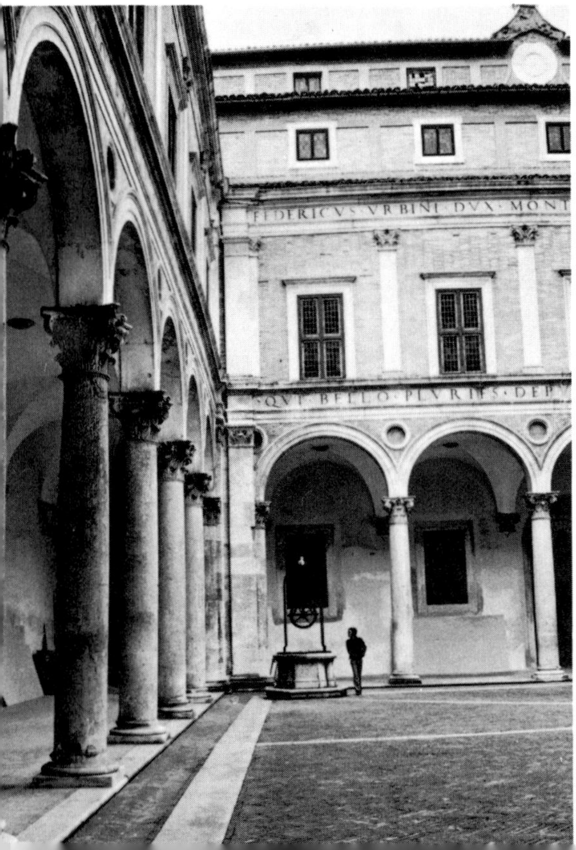
FEDERICVS·VRBINI·DVX·MONT
QVI·BELLO·PLVRIES·DEP

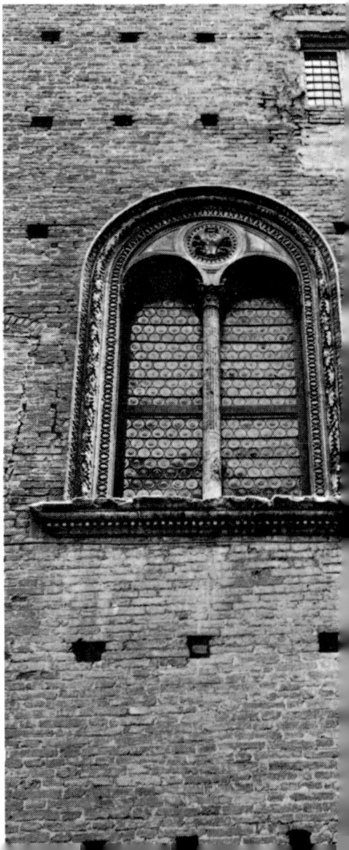

laubte dem mailändischen Condottiere Angelo della Pergola, mit seiner Truppe in der Festung zu biwakieren. Kaum aber waren die Soldaten in der Burg, begannen sie zu plündern und setzten Galeazzo gefangen. Der Herzog von Mailand selbst mußte eingreifen, um wieder Ordnung zu machen.

Nach den Malatesta wurden, wie schon gesagt, die Sforza, dann die Della Rovere Herren von Gradara. Später fiel es an den Heiligen Stuhl. Um 1773 ging es in privates Eigentum über.

Rund um den Festungsbereich liegen zahlreiche Lokale. Auch des Abends kommen Besucher, um die in Scheinwerferlicht getauchten Mauern der Festung zu betrachten. Im Sommer sind es vor allem Gäste aus Gabicce, einem Doppelort an der Grenze zur Emilia-Romagna. Gabicce Mare, ein moderner Hotelort, liegt an jener Stelle, wo sich einst die römische Brücke Valugola befand, deren Reste noch heute im Wasser zu sehen sind. Gabicce Monte, das antike Castellum Ligabitii, steht auf einem Hügel, der steil zum Meer abfällt, einem Ausläufer des Apennin.

Freunde führten mich in der Nähe von Gradara zu einem Restaurant, das nur Eingeweihten bekannt ist. Man muß den Weg erfragen, es wäre zu schwierig, die Zufahrt über die schmale Straße zu erklären. „La Casaccia" — das heißt soviel wie Bruchbude — sieht etwas verwegen aus. Es ist einer der ältesten Landsitze in der Umgebung von Gradara,

Seite 73: *Oben:* Diese Form der Strohschober ist überall in den Marken zu finden. Wenn Stroh gebraucht wird, schneidet man es rundherum ab.
Unten: Die Bootswerft von Fano baut auch heute noch in der alten Technik.
Seite 74: *Oben:* Urbino, Palazzo Ducale: Gesamtansicht.
Unten links: Innenhof — der eleganteste Arkadenhof der Renaissance.
Unten rechts: Die Fenster der Fassade lassen die Schönheit des Details erkennen.

auf einem Hügel mit altem Eichenbestand errichtet, und bietet einen wundervollen Blick auf die Festung. Über der Eingangstür des unscheinbaren alten, aus Steinen gemauerten Hauses ist ein gekrönter Wappenschild mit dem schwungvollen Buchstaben „E" zu sehen, das Eugenio Napoleon als Besitzer ausweist. Dieser Besitz war ein Teil der Apanage, die Napoleon Bonaparte seinem Patenkind Eugen Beauharnais, damals Vizekönig von Italien, im Jahr 1808 zugewiesen hat. Auch nach dem Sturz Napoleons blieb Eugen, der den Namen eines Herzogs von Leuchtenberg annahm, der Besitz erhalten, was ihm vom Wiener Kongreß 1815 bestätigt wurde. Natürlich war so ein ausländisches Besitztum — man hatte ohnedies die selbständige Republik San Marino in der Nähe — den Italienern ein Dorn im Auge. Im Jahr 1845 gelang es Papst Gregor XVI., dieses Gut dem Kirchenstaat einzuverleiben.

„La Casaccia" ist heute ein für seine exquisite Hausmannskost berühmtes Lokal. Die Spezialität des Hauses ist eine eigene Art von Tagliatelle, also Nudeln, mit Bohnen. Am Sonntag kommen Italiener aus den benachbarten Orten und Küstenstädten hierher und widmen sich, nach einem schnellen Blick auf die Festung am Horizont, die nächsten vier Stunden dem Essen.

Die Fahrt zurück zur Staatsstraße führt an einem jener erschütternden Plätze vorbei, wie sie gerade in den Marken so häufig zu finden sind, wo im Zweiten Weltkrieg um die sogenannte „Grüne Linie", die Gotenlinie, hart gekämpft wurde. Im Gradara War Cemetery, der am 21. September 1944 angelegt wurde, sind 1192 gefallene Briten, Australier, Kanadier, Südafrikaner, Belgier und Inder begraben. In Stufen übereinander angelegt, in der Mitte von einem steinernen Kreuz überhöht, findet man hier eine militärisch ausgerichtete Allee von Grabsteinen.

Jeder dieser gelblichen Sandsteine trägt das Wappen der

Einheit, den Dienstgrad, den Namen und das Alter des Gefallenen. Es sind zumeist junge Männer, die im Kampf um die Befreiung Europas von Faschismus und Nationalsozialismus ihr Leben lassen mußten.

Nachdem die westlichen Alliierten im Jahr 1944 bei Nettuno, zwischen Rom und dem Golf von Gaeta, am Tyrrhenischem Meer gelandet waren — in Sizilien war ihnen das schon im September 1943 gelungen —, versuchte der britische Feldmarschall Lord Alexander die Offensive trotz vieler Enttäuschungen und Rückschläge voranzutragen. Die deutschen Truppen hatten im Apennin eine Auffanglinie errichtet, die schon erwähnte Grüne Linie oder Gotenlinie. Churchill selbst gab den Befehl zu einer großen Herbstoffensive gegen die Gotenlinie. Der Stabschef Lord Alexanders, Harding, erarbeitete einen Plan, der auf einem überraschenden Stoß durch das Zentrum der deutschen Front auf dem Apennin beruhte. Doch der Befehlshaber der Achten Armee, Oliver Leese, bewog Lord Alexander, den Plan umzuwerfen und die Achte Armee heimlich an die Adriaküste zu verlegen. Wenn der deutsche Feldmarschall Kesselring auf diese Art gebunden war, sollte die Fünfte Armee vom Zentrum her in Richtung Bologna vorgehen. Hatte sich Kesselring dem neuen Angreifer gestellt, sollte die Achte Armee von Rimini aus in die Lombardische Tiefebene durchbrechen, wo die Panzer die bisher besten Entfaltungsmöglichkeiten seit der Landung in Italien haben würden.

Der Plan erhielt den Namen „Operation Olive". So ideal er schien: die Nachteile zeigten sich erst in der Durchführung. Es gab zwar für die Achte Armee kein Gebirge mehr, dafür aber unentwegt Flüsse, deren Überquerung den Vormarsch hemmte, während Kesselring die Nationalstraße Rimini-Bologna zur Verfügung stand.

Der Start der Offensive glückte, da die Verlegung des kanadischen I. Korps mit zwei Divisionen, des britischen V. Korps mit fünf Divisionen und des polnischen II. Korps von den Deutschen nicht entdeckt worden war. Als die Offensive am 25. August 1944 ihren Anfang nahm, dauerte es vier Tage — in denen die Front vom Metaurustal etwa sechzehn Kilometer bis zum Fluß Foglia vorgeschoben werden konnte —, bis die Deutschen entscheidend reagierten. Doch es war zu spät, die Alliierten gewannen bis zum 2. September weitere elf Kilometer: sie erreichten den Fluß Conca. Hier kam der britische Vormarsch zum Erliegen. Die deutschen Truppen erhielten Verstärkung, außerdem waren sie durch schwere Regenfälle begünstigt. Es wurde hart gekämpft. Die Kanadier erreichten zwar am 21. September Rimini und damit die Öffnung zur Poebene, doch setzten sich die Deutschen am Usofluß, dem Rubikon römischer Geschichte, fest. Und vor dem Po waren noch weitere dreizehn Flüsse zu überqueren. Die Westalliierten hatten allein bis zu diesem 21. September rund fünfhundert Panzer verloren. Infanterie-Regimenter bestanden vielfach nur noch dem Namen nach.

Winston Churchill, der britische Kriegspremier, war selbst an der Front in den Marken. In seinem Memoirenwerk „Der Zweite Weltkrieg", für das er den Literatur-Nobelpreis erhielt, schreibt er: „Am 24. August (1944) flog ich frühzeitig nach Siena ins Hauptquartier Alexanders zurück ... Am nächsten Nachmittag begaben wir uns im Flugzeug ins Hauptquartier der Achten Armee zu General Leese an der anderen Seite der Halbinsel. Ein wunderbares Panorama erstreckte sich in nördlicher Richtung von den uns zur Verfügung gestellten Zelten. Die nur dreißig Kilometer entfernte Adria blieb allerdings hinter dem Massiv des Monte Maggiore verborgen. Von Leese erfuhr ich, daß das den Angriff vorbereitende Sperrfeuer um Mitternacht beginnen sollte, und später konnten wir von unserem Standpunkt aus die lange Linie der fernen Mündungsblitze gut beobachten. Das rapide, unablässige Rollen der Kanonade erinnert mich an den Ersten Weltkrieg ... Alexander und ich brachen ungefähr um neun Uhr auf ... Zuerst erklomm unser Wagen eine hohe, vorspringende Bergspitze mit einem Dorf und einer Kirche. Die Einwohner, Männer und Frauen, kamen zu unserer Begrüßung aus der Tiefe ihrer Keller, denn der Ort war eben noch beschossen worden. Die einzige Straße war von Mauertrümmern bedeckt. Alexander erkundigte sich mit einem ein wenig schiefen Lächeln bei der uns umgebenden kleinen Gruppe, wann die Beschießung aufgehört habe. Und erhielt zur Antwort: ‚Vor ungefähr einer Viertelstunde.‘ Diese Bastion aus vergangenen Jahrhunderten gewährte einen grandiosen Ausblick, denn die ganze Länge der Offensivfront der Achten Armee lag ausgebreitet vor uns. Dennoch war, abgesehen von den Rauchwolken der sechs- bis siebentausend Meter entfernt da und dort krepierenden Granaten, nichts zu sehen. Nach kurzer Zeit meinte Alexander, es sei besser, nicht länger zu bleiben, denn solche Beobachtungspunkte würden naturgemäß beschossen und der Gegner könnte das Feuer wieder aufnehmen. Wir fuhren also vier bis fünf Kilometer weiter nach Westen, wo wir auf einem breiten Hügelhang lunchten; bei geringerer Wahrscheinlichkeit, Aufmerksamkeit zu erregen, hatten wir einen beinahe ebenso guten Blick wie von der Spitze.

Inzwischen waren, wie uns hierher gemeldet wurde, unsere Truppen zwei bis drei Kilometer über das Flüßchen Metauro hinaus vorgedrungen. Ich regte an, gleichfalls hinüberzugehen, denn dies war der Ort, wo Hasdrubals Niederlage das Schicksal Karthagos besiegelt hatte. Wir bestiegen also wieder die Autos und waren eine halbe Stunde später jenseits des Flusses auf einer durch wellige Olivenhaine führenden Straße. Nachdem wir von einem der im Kampf stehenden Bataillone einen Offizier als Führer erhalten hatten, fuhren wir weiter durch das von der Sonne hell gefleckte Gehölz, bis uns Gewehr- und Maschinengewehrfeuer anzeigte, daß wir uns der vordersten Kampflinie näherten... Hier konnte man in der Tat alles sehen, was zu sehen war. Ungefähr fünfhundert Meter von uns entfernt, schossen die Deutschen mit Gewehren und Maschinengewehren aus dem dichten Unterholz an der entfernten Talseite. Unsere Frontlinie verlief unterhalb von uns. Man schoß planlos und in Pausen. Dennoch bin ich in diesem Krieg bei keiner Gelegenheit dem Feind näher gewesen oder habe mehr Schüsse gehört."

Was sich in Churchills Bericht eher idyllisch anhört und was er als „ermutigenden Anfang" bezeichnete, wurde zu einem harten Ringen. Churchill aber war von seinem Frontbesuch so begeistert, daß er ein Telegramm an den US-Präsidenten sandte, um ihn zu informieren. Er wollte das amerikanische Interesse auf sein Projekt lenken, durch die Senke von Laibach in Richtung Wien vorzustoßen. In dem Telegramm hieß es: „... ich bin überzeugt, daß eine schlagkräftige Armee, die in vier bis fünf Wochen in Triest und Istrien einträfe, eine weit über den militärischen Rahmen hinausgehende Wirkung ausüben würde." Eine Hoffnung, die sich als vergeblich erwies, denn die Befreiung Italiens dauerte noch weitere acht Monate, der Vormarsch des rechten Flügels der Alliierten nach Wien mußte unterbleiben, und außer in Griechenland verfügten die Alliierten über keine militärischen Machtmittel zur Beeinflussung der Befreiung Südosteuropas. Vielleicht hätte die Weltgeschichte eine andere Wendung genommen, wären die Westalliierten vor den Sowjets in Südosteuropa gewesen.

Jedenfalls ist auch das ein Kapitel der Geschichte der Marken, einer Geschichte, die sehr wesentlich durch Kriege geschrieben worden ist.

Dort, wo Churchill auf dem Hügel Monte Maggiore, unweit des Metaurustales, Beobachtungsposten bezogen hatte, befindet sich heute eines jener berühmten Lokale, die nur Kennern zugänglich sind. „La Greppia" leitet seinen Namen, Krippe, davon her, daß es einstmals ein Stall war. Und die Gäste, die hier eifrig ihre hausgemachten Nudeln kauen, erwähnen höchstens nebenbei, daß Churchill ebenfalls in dieser Gegend seinen Lunch genommen habe.

FANO

Vom Monte Maggiore ist es nicht weit zur Via Flaminia, die Rom mit der Adria verbindet, und nur wenige Kilometer nach Fano, wo der massige Augustusbogen das Ziel der Römerstraße markiert.

Fano — das ist das Kürzel unserer Zeit für eine Stadt, die einst den stolzen Namen Fanum Fortunae Maritima trug. Plinius verwies ihren Ursprung in die Zeit des sagenhaften Volkes der Pelasger. Man weiß, daß dieser Ort an der Küste zuerst von Umbrern, dann von Etruskern und schließlich von Galliern bewohnt wurde. Genauere Unterlagen existieren nicht, auch nicht aus der Zeit, als Konsul Gaius Flaminius im Jahr 222 v. Chr. die nach ihm benannte Staatsstraße Via Flaminia erbauen ließ. Die erste schriftliche Quelle stammt von Julius Cäsar, der im „Bellum civile" vermerkt, er habe nach der Überschreitung des Rubikon auch Fanum von seinen Legionen besetzen lassen. Der Ort erlangte Bedeutung, als er zur Colonia Julia Fanestris wurde, zu einer Ansiedlung römischer Soldaten und Veteranen, und Augustus den Befehl zur Errichtung der riesigen Stadtmauer gab. Die Stadt widmete dem Kaiser zum Dank das Stadttor als Porta Honoraria, als Ehrenpforte.

Auf welcher Straße man auch nach Fano kommt — auf der Adriatica von Pesaro oder aus der entgegengesetzten Richtung von Ancona, ob von der Autobahn oder aus dem Hinterland —, immer passiert der Reisende das Augustus-Tor. Vorher aber trifft er noch auf die Reste der Stadtmauern aus der Herrschaftszeit der Malatesta; das römische Tor dahinter, sozusagen in zweiter Linie: ein mächtiger Bogen mit einer Mitteldurchfahrt und kleineren Durchgängen zu beiden Seiten. Der untere Teil besteht aus Travertinblöcken. Der obere Teil, ein Attikageschoß aus sieben von korinthischen Säulen getragenen Blendbogen, wurde im Jahr 1463 zerstört, als Federico von Montefeltro die Stadt belagerte und mit Kanonen beschoß. Wie das Tor ursprünglich ausgesehen hat, zeigt uns ein Relief an der Wand der benachbarten Kirche San Michele.

An das Tor schließen alte Gebäude an, die diesem Viertel einen malerischen Anstrich geben. Hervorzuheben sind die Kirche und die Loggia von San Michele. Das Portal der Kirche, ein Werk des Renaissancebaumeisters Bernardino di Pietro da Carona, und die Fassade mit Medaillons von Kaiser Maximilian I. und Papst Julius II., den Erzengeln Michael und Gabriel, der heiligen Jungfrau, der Geburt des Heilands und dem segnenden Gottvater lassen erahnen, wie wunderschön die Kirche einst war. Sie ist heute nicht mehr zugänglich. In der Fassade ist auch ein Block mit der Inschrift „Augusto" eingelassen, der zum Spruchband des Augustus-Tores gehörte.

Die Loggia von San Michele ist eine duftige Renaissance-Konstruktion von fünf Arkaden über eleganten Säulen. Auf dem Kapitell der dritten Säule und auf dem Wappen über der Tür hinter der Loggia ist jeweils der Augustusbogen, gleichzeitig Sinnbild der Stadt, wiedergegeben. Über der Loggia bemerkt man eine weitere offene Säulenloggia. Hier befand sich das Hospiz Monte di Pietà, Sitz einer kleinen Bruderschaft. Die Tür öffnet sich in einen hübschen Hof, die Rückseite des Gebäudes schließt an die römische Mauer an. Der Loggia gegenüber sehen wir den Palazzo del Cassero, der von der Wehrhaftigkeit seiner Besitzer zeugt.

Bevor wir die Stadt besichtigen, wollen wir einen Spaziergang an der Außenseite der römischen Stadtmauer mit ihren Rundtürmen unternehmen. Wir treten durch ein kleines Tor nahe einer Parkanlage, gegenüber dem Gefallenen-Denkmal. Bei diesem Tor kann man die Konstruktion aus kräftigen Sandsteinpfosten mit dem Schlußstein genau studieren. Nicht weit davon entfernt liegt die Festung Rocca Malatestiana, deren großer Eckturm, der Maschio, 1944 beim Rückzug der deutschen Truppen gesprengt wurde. 1438 hatte Sigismondo Malatesta zusammen mit dem Baumeister Mateo Nuti die Pläne für die Festung entworfen. Der äußere der beiden Mauergürtel ist rechteckig und besitzt starke Eckbastionen, der innere Mauergürtel zeigt einen trapezförmigen Grundriß. 1463 wurde in dieser Festung Roberto Malatesta von Federico von Montefeltro belagert und zur Unterzeichnung eines Friedensvertrages gezwungen, der das Ende der Malatesta-Herrschaft in Fano brachte.

Die Festung war noch mehrmals Zufluchtsstätte: 1477 bis 1480 verschanzten sich Francesco und Antonio Ordelaffi hier, um den Verfolgungen ihres Onkels Pino III., dem Herrscher über Forli, zu entgehen. Acht Jahre später suchte Caterina Sforza Riario hier Zuflucht, als sie von den Bürgern von Forli verjagt worden war. Der mazedonische Fürst Konstantin Komnenos flüchtete im 16. Jahrhundert zweimal in die Festung, als die Bürger von Fano ihm den Tod androhten. Der Grund dafür ist nicht bekannt. Vielleicht hatte der Fürst von Mazedonien den hübschen Frauen Fanos zuviel Aufmerksamkeit geschenkt? Die Rocca bot auch Garibaldi im Jahr 1848 Rast, als er mit seiner Legion auf dem Marsch nach Rom war — Pesaro hatte ihn abgewiesen. Später war die Festung Stadtgefängnis, bis es 1971 gelang, die letzten drei Häftlinge umzusiedeln. Nun steht sie zur Besichtigung frei und dient auch zu Ausstellungszwecken, wobei die alten Wehrgänge, Türme und Kasematten Experimentalkunst der allerjüngsten Avantgarde aufnehmen.

Von den Mauern der Festung schaut man auf den Kanalhafen, der sich wie ein Zeigefinger ins Meer erstreckt. Dieser „Portus Burghesius" aus dem 17. Jahrhundert bestand vermutlich schon in römischer Zeit, wurde 1421 neu angelegt, versandete jedoch wenige Jahrzehnte später, bis Papst Paul V. 1610 den Hafen wieder ausbaggern ließ.

Fano ist ein Paradies für den Urlauber. Von der Badezone aus kann er die Altstadt leicht erreichen, und hier ist immer etwas los: jeden Tag wird Markt gehalten. Es gibt einen Fisch-, Gemüse- und Obstmarkt — der Zwiebel- und Kleinviehmarkt hat einen eigenen Platz bei den römischen Mauern —, Schuhe, Strickwaren, Kleider, Spielwaren, Geschirr, Lederwaren, was das Herz begehrt. Dieser Markt wird auch außerhalb der Saison aufgebaut, denn er dient den Einheimischen. Und gerade das macht ihn so reizvoll.

Im Stadtinneren ist vom römischen Kern kaum noch etwas erhalten, Fano bietet das Bild einer mittelalterlichen Stadt, das nur aus einem Grund nicht einheitlich ist: es wurde sehr viel römischer Bauschutt verwendet. Das Forum des römischen Fanum wird im Stadtzentrum vermutet, wo die einzige Ampel der Altstadt blinkt und man im Sommer in einem kleinen Garten vor dem Schulhaus seinen Espresso trinken und die Augen auf Wanderschaft schicken kann. (An bestimmten Tagen wird hier der Vogelmarkt abgehalten, was dem Platz zusätzliche Attraktivität verleiht.) Fano besitzt jedoch bedeutende unterirdische römische Reste, die nur zum geringen Teil freigelegt sind. Die Grabungen können nicht fortgeführt werden, denn sie befinden sich unter einer Kirche aus dem 13. Jahrhundert, Sant'Agostino, die übrigens im Jahr 1944 durch eine Fliegerbombe die Inneneinrichtung verlor. Vor Sant'Agostino steht ein kleines Häuschen, das Ähnlichkeit mit dem gemauerten Wachhäuschen des standhaften Zinnsoldaten aus dem Märchen hat, jedoch mit einer Tür verschlossen ist. Wir stehen vor dem Eingang zur sogenannten Basilika des Vitruvius. Aus den Aufzeichnungen des Marcus Vitruvius Pollio, die überliefert sind, geht hervor, daß er eine riesige Basilika bauen ließ, die das Forum beherrschte und einem Jupitertempel gegenüberstand. Steigt man eine steile Treppe hinab, sieht man eine riesige, lange Mauer mit starken Strebepfeilern, aber kleinen Fenstern, und fächerförmig angeordnete kleine Arkaden. Jahrelang glaubte man, hier die Basilika des Vitruvius gefunden zu haben. In den letzten Jahren bezweifeln Archäologen die Zuschreibung. Das Gebäude hat sich bis heute nicht deuten lassen. Zu betreten ist die Grabungsstelle — den Schlüssel verwahrt der Museumskustode — nur mit einer speziellen Erlaubnis, da die Lichtleitungen ungesichert verlegt sind und die ganze Ausgrabung noch provisorischen Charakter hat.

Bei der Erneuerung des Domes — der unweit des Augustusbogens gelegen ist — wurde die römisch-christliche Periode besonders betont. Die einstige Basilika Santa Maria Maggiore aus dem 6. oder 7. Jahrhundert n. Chr. fiel im Jahr 1111 einem Feuer zum Opfer. Die heutige Basilika Santa Maria Assunta wurde von Magister Rainerius erbaut. Im Lauf der Zeit wurde sie mit wenig Kunstverständnis „verschönert", bis Cesare Selvelli 1928 den Putz sorgfältig abtragen ließ — zum Vorschein kam ein wunderschöner Bau aus Ziegeln und Sandstein. Das Eingangsportal mit dem Einlegemuster im Bogen zeigt den Einfluß der Cosmaten, einer römischen Künstlergruppe, die ursprünglich aus Süditalien kam. Ihre Bezeichnung rührt davon her, daß zahlreiche ihrer Mitglieder den Vornamen Cosmas trugen. Vom 12. bis 14. Jahrhundert schuf diese Gruppe eine Fülle meist ornamentaler Mosaikarbeiten an Fußböden, in Vorhallen, Kreuzgängen und an Portalen. Sie wirkten in der Emilia, ihr Einfluß reichte bis in die Marken.

Santa Maria Assunta, eine dreischiffige Hallenkirche, die im Zweiten Weltkrieg schwere Schäden davontrug — 1944 wurde auch der byzantinische Campanile gesprengt — wurde in Etappen wiederhergestellt und ist erst seit kurzer Zeit wieder öffentlich zugänglich. Ihre besondere Attraktion ist ein auf einem Sarkophag und anderen frühchristlich-römischen Funden aufgebauter Zentralaltar. Das Lesepult zeigt einen thronenden Christus. Im vorderen rechten Seitenschiff befindet sich oberhalb einer Bank ein Lichtschalter, der einen Spalt zwischen der Bank und der Mauer beleuchtet und den Blick in die tiefere Lage, auf eine römische Heizung, freigibt. Besonders hübsch die aus alten Fragmenten zusammengesetzte Kanzel: vier archaische säulentragende Löwen, das Geländer zeigt Reliefs mit der Anbetung der Heiligen Drei Könige, Mariä Verkündigung, die Flucht nach Ägypten und den Traum des heiligen Josef. Ein Bucranium mit Girlanden — ein Ochsenschädel als dekoratives Element — beweist den heidnischen Ursprung der Platten; wahrscheinlich handelte es sich um einen Votivaltar für die Manen. Die erste Kapelle rechts beherbergt ebenso wie die erste Kapelle links ein Gemälde, dessen Zuschreibung sehr umstritten ist. Rechts ein „Fall des heiligen Paulus", angeblich von Giorgio Vasari, links ein Porträt auf Schiefer, als dessen Schöpfer Anton van Dyck bezeichnet wird. Die dritte Kapelle rechts, die Capella Nolfi, enthält ein „Paradies" von Andrea Lilli aus Ancona, vor allem aber sechzehn Fresken mit Szenen aus dem Marienleben, die Domenico Zampieri, genannt Il Domenichino, von 1617 bis 1623 schuf. Il Domenichino, ein berühmter Meister aus Bologna, erklärte, er habe in Fano sein „irdisches Paradies" gefunden, denn seine Aufenthalte in Rom und Neapel wären die „Hölle" gewesen, wo ihm Rivalen das Leben schwer gemacht hätten.

Das römische Fanum, von den Goten im Kampf gegen die Byzantiner zerstört, wurde als Mitglied der Pentapolis — mit Rimini, Pesaro, Senigallia und Ancona — wieder aufgebaut und besaß in dieser Zeit das Recht, einen eigenen Herzog zu wählen. Mit den Langobarden kamen neue Kämpfe, die kein Ende nahmen. Fano fiel in das sich endlos drehende Kriegsrad: der byzantinische Exarch kämpfte gegen den Kaiser, der Kaiser gegen den Papst, der Papst gegen den Exarchen. Die Pentapolis blieb jahrhundertelang Zankapfel. Im Jahr 999 fiel Fano durch Schenkung Kaiser Ottos III. an Papst Syl-

vester II.; siebzig Jahre später machte Kaiser Heinrich IV.
seine Hoheitsrechte gegen Papst Gregor VII. geltend.

Die Bürgerschaft von Fano zog aus den vielen Kämpfen
ihre Konsequenzen: sie machte die Stadt frei und ernannte
eigene Konsuln. Das führte dazu, daß sich die Freie Stadt
in Parteien spaltete und die Machtkämpfe sich nun in die
Stadt verlagerten. Nach außen hin aber zeigte sie Stärke,
bekriegte das benachbarte Fossombrone und besaß soviel
Bedeutung, daß der venezianische Doge im Jahr 1140 nach
Fano kam, um einen Bündnisvertrag der Serenissima mit
der Freien Stadt zu schließen, der zweihundert Jahre hielt.

Fano hatte ein wechselvolles Geschick: es verbündete sich
mit Kaiser Friedrich Barbarossa gegen den lombardischen
Städtebund und Papst Alexander III., wurde später von
Kaiser Friedrich II. belagert und von König Manfred erobert. Natürlich blieb es auch vom Streit der Guelfen und
Ghibellinen nicht verschont, der in Fano in der Auseinandersetzung zwischen der guelfisch gesinnten Familie Cas-
sero und der ghibellinisch orientierten Familie Carignano
gipfelte. Selbst eine Hochzeit zwischen den Familien und
die Ermordung der „beiden Besten von Fano", nämlich des
Guido del Cassero und des Angiolello da Carignano, durch
Schergen des Malatestino dall'Occhio im Jahr 1304 auf dem
Meer bei Cattolica konnte die Familien nicht versöhnen.
Die Malatesta planten, die wichtigsten Edelleute der Stadt
zu ermorden und Fano so in ihren Besitz zu bringen. Durch
Verrat gefangen, wurde Cesanello del Cassero auf Befehl
Pandolfos I. von Malatesta enthauptet. Jetzt hätte sich der
venezianische Bündnisvertrag bewähren müssen. Doch auf
„Rat" des Papstes griff Venedig nicht ein, so daß Fano im
Jahr 1339 das Haus Malatesta als Herrscher anerkennen
mußte. Stürmische Zeiten folgten. Gegen Ende des 14. Jahrhunderts herrschte dann allgemeine Zufriedenheit unter der
Bevölkerung: Pandolfo III. hielt ständig Hof in der Stadt
und berief Künstler aus der Lombardei und Venezien. 1463
entriß Federico von Urbino die Stadt den Malatesta und

stellte sie unter die Libertas Ecclesiastica, die Freiheit der Beherrschung durch die Kirche.

Aber die Gouverneure des Papstes hatten in Fano wenig Glück: Paolo Cybo, ein Nepote Papst Innozenz III., wurde bei einem Volksaufstand im Jahr 1498 getötet. Nach dem Fall der Borgia — Cesare Borgia war 1501 zum „Vicarius Perpetuus" ernannt worden — kam es in der Stadt zu blutigen Vergeltungsmaßnahmen. Und der mazedonische Fürst Konstantin Komnenos, der 1516 Gouverneur von Fano wurde, mußte — wie berichtet — in die Rocca flüchten, weil ihn die Stadtbevölkerung lynchen wollte. Er legte sein Amt 1526 freiwillig zurück. Ihm folgten die Medici, die Fano im Namen des Papstes verwalteten.

Einer der päpstlichen Statthalter in Fano war dann selbst Vater eines Papstes: Am 24. Februar 1536 wurde dem aus florentinischem Geschlecht stammenden Sylvestro Aldobrandini ein Sohn geboren, den er Ippolito nannte — der spätere Papst Clemens VIII. Ippolito hatte es nicht leicht, denn sein Vater mußte sieben Söhne erziehen, und so war der Jüngling zunächst als Schreiber in einer Bank in Fano tätig, bevor er in Padua und Perugia ein Jurastudium absolvieren konnte. Er trat in päpstlichen Dienst, wurde im Jahr 1583 Kardinal, 1586 Großpönitentiar der Kirche, also oberster Verwalter des Bußsakraments, und 1588 Legat in Polen, wo er sich den Ruf eines so klugen Diplomaten erwarb, daß er seither als papabile — als möglicher Anwärter auf den Heiligen Stuhl — galt. In seine Regierungszeit (1592—1605) fällt als eines der wichtigsten Ereignisse der Friedensschluß zwischen Heinrich IV. von Frankreich und Philipp III. von Spanien, der sein Werk war, aber auch die Hinrichtung des Ex-dominikaners Giordano Bruno, der den Boden der Kirche verlassen hatte, indem er die Göttlichkeit Christi und die Dreifaltigkeit in Zweifel zog.

Die Herrschaft des Kirchenstaates endete in der napoleonischen Zeit: Fano wurde der Römischen Republik angegliedert. Am 16. Juni 1859 proklamierte Fano den Anschluß der Stadt an das Königreich Italien. Die päpstlichen Truppen kehrten zwar wieder, doch ein Jahr später wurde die Vereinigung mit dem italienischen Königreich endgültig vollzogen.

Fano ist reich an Kunstschätzen. Bei einem Bummel durch die Stadt öffnen sich stets neue Blicke auf köstliche und kostbare Details: sei es, daß ein Tischler in einer aufgelassenen romanischen Kirche seine Werkstatt aufgeschlagen hat, oder daß man plötzlich vor der prachtvollen Fassade der Kirche San Francesco steht, deren Portalwand Grabdenkmäler der Malatesta trägt. Rechts das Grabmal Pandolfos III., ein schwarzer, schlichter Sarkophag mit mächtigem Sockel, errichtet von seinem unehelichen Sohn Sigismondo. Links das Grabmal von Paola Bianca, der Gattin Pandolfos III. Die schöne Tote ist auf einem mit Heiligenfiguren geschmückten Sarkophag liegend dargestellt. Das Grabmal, ein Werk des Venezianers Filippo di Domenico, befand sich ursprünglich im Chor der Kirche und wurde 1659 an der Außenwand angebracht. Links davon an der Schmalwand ein wesentlich schlichterer Grabstein aus rotem Veroneser Marmor, der dem Hofarzt der Malatesta, Bonetto da Castelfranco, gewidmet ist. Das Portal der Kirche, durch ein Eisengitter abgesichert, ist immer geschlossen. Ich versuchte, links neben der Kirche, durch eine Tür Einlaß zu erhalten, an der ein Schild verkündet, daß hier eine Gemeindedienststelle untergebracht ist. Ich stand auch sofort in der Kirche — und blickte in den Himmel. Bei einem Erdbeben im Jahr 1930 war die gesamte Dachkonstruktion eingestürzt, nur die Umfassungsmauern blieben zum Glück erhalten. Das Kircheninnere ist städtischer Bauhof, eine Werkstatt mit Essen und Hämmern, der Rauch kann ungehindert abziehen — ein Freiluftunternehmen.

Zentrum der Stadtbesichtigung ist die Piazza XX (venti) Settembre mit ihrem hübschen Brunnen, der Fontana della

Fortuna aus der 2. Hälfte des 16. Jahrhunderts. Die bezaubernde kleine Statue der Brunnengöttin ist eine Zementkopie; das bronzene Original von Donnino Ambrosii steht im Museum. Nicht weit vom Brunnen sehen wir die kleine Kirche San Silvestro, deren Barockfassade, ein Werk des Steinmetzen Maestro Filippo, jedoch deutliche Erneuerungen erkennen läßt. Auch das Kircheninnere wurde nach einer Kriegszerstörung völlig neu gestaltet. Alt ist nur die Madonna della Piazza (1606) des Römers Giovanni Baglioni.

Der Platz selbst wird beherrscht vom klobigen Palazzo della Ragione aus dem 13. Jahrhundert. Der Turm des Palazzos wurde erst nach dem Zweiten Weltkrieg errichtet — der alte war beim Rückzug von deutschen Truppen gesprengt worden. Ursprünglich stand das Gebäude völlig frei. Wie bei den gotischen Palästen der Lombardei wurde das Erdgeschoß von einer großen dreifachen Säulenhalle und das Obergeschoß von einem riesigen, freskengeschmückten Saal gebildet. Der untere Teil des Palastes aus Stein mit Simswerk an den Fenstern hebt sich deutlich vom oberen Teil, der aus Ziegeln aufgemauert wurde, ab. Das den Palazzo abschließende obere Gesims mit sogenannten Guelfenzinnen wurde erst im vorigen Jahrhundert aufgesetzt. Über dem Mittelbogen der Fassade ein Triptychon in einem Renaissancerahmen: es zeigt die Schutzheiligen von Fano, drei Bischöfe. An der Beseitigung der Kriegsschäden wird noch immer gearbeitet, vor allem will man das im Palazzo untergebrachte Teatro della Fortuna erneuern.

Rechts vom Palazzo della Ragione führt ein Renaissancebogen in den großen Komplex der Case Malatestiane, der

Links: Der Herzogspalast von Urbino bleibt stets die überragende Kulisse.

Oben rechts: Ansicht von Urbino. Aus: Braun, Beschreibung der vornehmsten Städte der Welt, Bd. IV, 1582.

Unten rechts: Ansicht von Urbino. Aus: Braun, Beschreibung der vornehmsten Städte der Welt, Bd. IV, 1582.

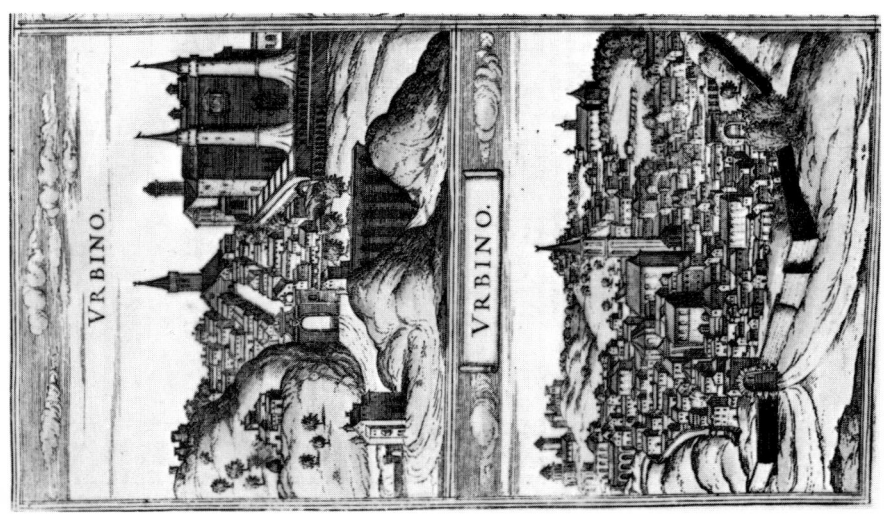

Malatesta-Paläste, einem wahren Gebäude-Konglomerat. In dem dem Platz zugewandten Teil hat die Sparkasse von Fano ihren Sitz, deren Säle noch die alten Kreuzgewölbe aufweisen (einer zeigt eine Kreuzdecke aus dem 16. Jahrhundert); ein Kellergeschoß birgt das Fragment eines römischen Mosaiks mit der Darstellung von Meerestieren. Ein großes Tor öffnet den Blick auf einen bezaubernden Innenhof und den eigentlichen Palazzo Malatestiano auf der gegenüberliegenden Hofseite. Auch hier sind zwei Bauperioden zu erkennen: am linken, älteren Teil erheben sich über einem großen Portikus, dessen schlanke Steinsäulen an den Kapitellen die vierblättrige Malatesta-Rose zeigen, zweibogige Fenster. Dieser Teil stammt aus den Jahren 1413 bis 1421. Der rechte Teil mit einer eindrucksvollen Loggia, die Sansovino zugeschrieben wird, trägt die Jahreszahl 1544 und den in Stein gemeißelten Namen des Papstes Paul III. Eine weite Freitreppe führt in das Obergeschoß, wo in vierzehn Sälen das Städtische Museum untergebracht ist. Es hat eine bedeutende archäologische Abteilung mit römischen Statuen, Grabsteinen, Götterbildern, Inschriften und einem großen Panthermosaik. Der Interessierte findet eine reichhaltige Münz-, aber auch eine Theaterabteilung, Erinnerungen an die Zeit des Risorgimento, einen kleinen Saal für die Werke des Bildhauers Adolfo Apolloni (1855 bis 1923), der aus Fano stammte. Die mehr als hundert Gemälde der Pinakothek geben einen Überblick über bolognesische und venezianische Malschulen, besonders aber über Künstler der Marken. Namen wie Giovanni Santi, Bartolomeo und Pompeo Morganti, Domenichino, Antonio Viviani oder Guercino

Urbino, Palazzo Ducale: Details.
Links oben: Kamin im „Appartamento della Jole".
Rechts oben: Prunkvolle Steinmetzarbeiten an der Fassade.
Unten: Perspektivische Darstellung auf einer der kostbar intarsierten Holztüren.

weisen auf den Rang der Sammlung hin. Eine eigene Geschichte hat das Schutzengelbild von Giovanni Francesco Barbieri, genannt Il Guercino (1591—1666). Der Meister malte das Bild im Auftrag der Familie Nolfi für eine Kapelle der Kirche St. Agostino. Robert Browning wurde bei seinem Aufenthalt in Fano durch dieses Werk zu einem Gedicht inspiriert. Und zur bleibenden Erinnerung daran gründete Professor William Lyon Phelps von der Universität New Haven 1912 einen eigenen „Fano-Club".

Im großen Innenhof der Case Malatestiane — im Sommer werden hier Konzerte und Theateraufführungen veranstaltet — stehen antike Säulenreste, ferner die bei der Sprengung des Campanile abgestürzte Glocke und riesige Anker von Schiffen des 17. Jahrhunderts.

Tritt man durch die Vorhalle der Sparkasse wieder auf den Hauptplatz und geht rechts durch den schmalen Renaissancebogen zwischen dem Malatestapalast und dem Palazzo Ragione hindurch, öffnet sich ein Platz, auf dem neben der Fischhalle der tägliche Markt abgehalten wird und der in die schmale Via Montevecchio mündet. In dieser schmalen Gasse findet man nach wenigen Schritten zur linken Hand einen der schönsten Profanbauten des 18. Jahrhunderts in den Marken, den aus rötlichem Backstein erbauten Palazzo Montevecchio von Andrea Vici. Das Treppenhaus im linken Flügel zeigt ein Deckengemälde und Statuen; der Atriumhof enthält eine bezaubernde Brunnengrotte mit einer Neptungruppe.

Eine von außen völlig unscheinbare, schmucklose Kirchenfassade führt in eine der schönsten Barockkirchen der Marken, San Pietro in Valle. Sie wurde zu Beginn des 17. Jahrhunderts von Giovanni Maria Pazzaia nach Plänen von Giovanni Battista Cavagna errichtet; die achteckige Kuppel fügte später der Römer Girolama Caccia hinzu. Das Dekkenbild von Antonio Viviani zeigt Szenen aus dem Leben des heiligen Petrus. Am linken Kuppelpfeiler eine Holzbüste des heiligen Petrus, die Daniele da Volterra zugeschrieben wird. Der Kopf selbst ist aus Bronze — er stammt aus römischer Zeit und wurde im Tiber gefunden. Auch die Gemälde der Kirche haben meist die Petruslegende zum Inhalt. So sehen wir unter anderem die Schlüsselübergabe an Petrus, eine Kopie des Gemäldes von Guido Reni, die Carlo Magini angefertigt hat. Das Original wurde von napoleonischen Soldaten als Kriegsbeute verschleppt und dem Pariser Louvre einverleibt. Das Riesengemälde mit einer Höhe von über 3,40 Meter hängt heute im Rigaud-Museum in Perpignan. Die erste Seitenkapelle links enthält eine Verkündigung von Guido Reni aus der Zeit um 1620. Sie erinnert an die berühmtere Verkündigung, die Reni für die Kapelle im Quirinal zu Rom malte.

Nicht weit von San Pietro in Valle finden wir die Biblioteca Federiciana, sehenswert wegen des Stadt- und Staatsarchivs, der Wappen und Inschriften im Treppenhaus, der Bücherschränke in der Aula Magna und zwei Globen von Vincenzo Coronelli aus dem Jahr 1688. Begründer dieser Bibliothek war Abt Domenico Federici aus Bargni (1633—1720), der in Wien lange Zeit als Hofdichter und Sekretär der Hofkanzlei wirkte, später kaiserlicher Resident in Venedig war und sich schließlich in Fano zur Ruhe setzte. Diese Bibliothek erinnert daran, daß Fano zu jenen Städten gehört, die in der Frühzeit des Buchdrucks Rang und Namen besaßen. Hier waren zu Beginn des 16. Jahrhunderts die Druckwerkstätten von Girolamo Soncino und Gregorio Gregori, der 1514 den ersten italienischen Druck mit arabischen Lettern fertigte.

Ein Spaziergang führt von der Bibliothek zur Bastion von Sangallo. Diese große Befestigung wurde auf Befehl Papst Julius' III. im Jahr 1550 von Antonio Luca da Sangallo errichtet und zeigt das Wappen des Papstes. Auf der dem Meer zugewandten Seite — wo sich heute der Bahnhof von Fano befindet — schließt sich ein Teil der Stadtmauer aus päpstlicher Zeit an. Wo heute Bahngeleise laufen, befand sich in römischer Zeit schon der Meeresstrand. Die heutige moderne Badestadt steht auf Schwemmland.

Die Mauern von Fano bergen eine reiche Zahl von Sehenswürdigkeiten. Dazu gehört auch die Basilika San Paterniano, um die Mitte des 16. Jahrhunderts errichtet und dem Schutzheiligen der Stadt geweiht. Die Planung der Basilika und des Klosters wird Jacopo Sansovino zugeschrieben. Rechts vom Presbyterium die Kapelle des Heiligen, die Kuppel wurde von Antonio Vivaldi mit Putten ausgemalt. Durch eine Seitentür unter dem geschnitzten Chor kann man den Kreuzgang mit seinen schlanken steinernen Säulen betreten. Eine andere Kirche, Santa Maria Nuova, 1519 den Minoriten zugewiesen, zeigt ein reich dekoriertes Portal; das Kircheninnere wurde 1708 völlig renoviert. Hier finden wir eines der schönsten Bilder von Giovanni Santi — Raffaels Vater —, den „Besuch der heiligen Elisabeth", aber auch eine Verkündigung, eine Pietà und eine thronende Madonna mit dem Kind und Heiligen von Pietro Perugino. Der Chor zeigt Intarsien der Sienesen Antonio und Andrea Barili aus dem Jahr 1489.

Heute ist es nahezu vergessen, daß Fano eine von den Patriziern Guido und Vicenzo Nolfi im Jahr 1680 gestiftete Universität besaß, die Università Nolfi, an der Rechtswissenschaften und Medizin gelehrt wurden. 1729 erteilte Papst Benedikt XIII. der Universität das Recht, für diese Fächer, aber auch für das Studium der Philosophie den Doktortitel zu verleihen. 1731 bestätigte Kaiser Karl VI. das Recht und stellte die Doktoren aus Fano denen jeder anderen „Universität in Deutschland, Italien, Spanien und Frankreich" gleich. Die Studienreform Papst Leos XII. im Jahr 1824 bedeutete das Ende der kleinen Universität. Nur der Palazzo Nolfi erinnert noch daran.

Man würde aber Fano Unrecht tun, stellte man die Stadt nur vom Ernst der Geschichte überschattet dar. Die Bewohner leben gern und lustig. Das zeigt sich an seinem bunten Fischereihafen und manifestiert sich zweimal jährlich ausdrucksstark beim Karneval. Den Karneval von Fano gibt es nicht nur im Winter, sondern auch Mitte August, wenn ganz Italien Ferien macht. Wochenlang wird in den einzelnen Stadtteilen gesägt, gehämmert, geleimt, gepinselt. Es gilt, jeweils einen der großen Karnevalswagen zu bauen, wobei der Phantasie keine Grenzen gesetzt sind. Die einzelnen Stadtteile stellen je einen Wagen, und alles fiebert dem Tag entgegen, an dem der beste Karnevalswagen prämiiert wird. Wenn sich dann endlich der lange Zug in Bewegung setzt, umdrängen ihn Tausende Menschen, denn von den Wagen herab wird tonnenweise Konfekt in die begeisterte Menge geworfen. Die Tamariskenbäume entlang der Straße werden mehr zerzaust, als es der Sturmwind vom Meer je vermag. Flinke Knaben klettern hinauf, Väter prügeln einander, Mädchen kneifen in Waden und zerren einander an den Haaren, um der Süßigkeiten habhaft zu werden, die an den schlanken Zweigen hängenbleiben. Gierige Finger, die auf dem Boden nach Konfekt grapschen, werden blaugetreten, und ein Gutteil des Zuckerwerks bleibt zermalmt auf der sandigen Straße und den Seitenwegen liegen. Später wird musiziert, man schenkt Wein aus, in Buden gibt es Spezialitäten aus der Stadt und den Dörfern der Umgebung. Mitte August wird auch drei Tage lang ein Jahrmarkt abgehalten, der den täglichen Markt verblassen läßt. Der Großteil der Innenstadt wird dann zum Marktplatz, zu einem Rummelplatz, wo es von der Eistüte bis zu Antiquitäten, vom Sonnenhut bis zum Orientteppich, vom blühenden Kitsch bis zur kleinen Kostbarkeit alles nur Erdenkliche zu kaufen gibt. Man trifft Ausländer, die jährlich um diese Zeit in Fano Urlaub machen — nur des Marktes wegen. Aber im Grund ist der Jahrmarkt ein Fest der Einheimischen und zieht vor allem die Bewohner der umliegenden Orte an.

Die Umgebung von Fano ist nicht nur einen Ausflug wert. Ich bin auf vielen Routen quer durch das Land gefahren und wüßte nicht, welche besonders hervorzuheben sei. Ich kann nur versuchen, einen breiten Überblick zu geben, und zugleich dem Besucher raten, auf Entdeckungsreisen abseits der Straßen und Wege zu gehen.

In unmittelbarer Stadtnähe, drei Kilometer entfernt, liegt an der Metaurusbrücke eine kleine Wallfahrtskirche, das „Santuario del Ponte Metauro". Es handelt sich um eine kleine Kirche mit Kreuzrippen am Ende eines engen Schiffs mit einem Tonnengewölbe. Das Fresko des Letzten Abendmahls aus der Schule des Pietro da Rimini stammt aus dem 14. Jahrhundert. Das Fragment eines Freskos aus der Schule des Giovanni Santi aus dem 15. Jahrhundert zeigt eine Jungfrau Maria mit dem heiligen Rochus.

Ein breit hingelagertes, weithin sichtbares Kloster liegt auf dem Monte Giove. Der Name weist auf einen alten Jupitertempel hin, doch ist diese Annahme durch die Archäologie nicht bestätigt. Der Berg ist von Kamaldulensermönchen besiedelt, die 1523 das Kloster Eremo di Monte Giove errichteten. Die Kamaldulenser sind ein beschaulicher Eremitenorden, die nach der Benediktinerregel leben. Gegründet wurde der Orden um das Jahr 1000; sein Name leitet sich von der 1012 entstandenen Einsiedlerkolonie von Camaldoli her, dem Stammkloster und Mittelpunkt des Ordens in der Toscana. Die Kirche des Klosters wurde 1741 nach den Plänen von Gianfranceso Bonamici umgebaut. In ihrem achteckigen Inneren erheben sich vier Stuckstatuen des Bolognesen Paolo Sarti, die Heiligen Benedikt, Scholastica, Pier Damiano und Bonifatius, und eine Marmorfigur des Venezianers Antonio Corradini, der heilige Romuald. Gianandrea Lazzarini schuf das Bild des Hauptaltars: Christi Verklärung.

Hier ist es notwendig, gleich von einem zweiten Kloster des Kamaldulenserordens zu sprechen, das mit dem Auto über das Cesano-Tal leicht zu erreichen ist. Das Kloster liegt hoch im Apennin, etwa sechzig Kilometer von Fano entfernt. Sechshundert Meter über dem Meeresspiegel bauten die Kamaldulenser ihr gewaltiges Kloster Fonte Avellana, mit einem Glockenturm aus dem 15. Jahrhundert. Die ältesten Teile des Klosters, besonders die Krypta, stammen aus dem 11. Jahrhundert. Der Klosterbau und die dazugehörigen Wirtschaftsgebäude sind das einzige Menschenwerk in dieser immergrünen Berglandschaft. Wochentags herrscht völlige Ruhe, nur sonntags ist Trubel, denn da ziehen Italiener aus der ganzen Gegend, vor allem katholische Jugendgruppen, zur Abtei, um die Männer in den weißen Habiten zu besuchen, die gastfreundlich die Tore öffnen, um die Menschen zu speisen. Der Gästetrakt außerhalb der Klausur birgt ein riesiges romanisches Refektorium, einen Bau aus rohen Steinen, in dem lange, schwere Eichentische und Stühle stehen. Geschäftig eilen die Mönche umher, stellen große Krüge mit quellfrischem Wasser auf den Tisch — eine Kostbarkeit in Italien —, dazu riesige Körbe mit frischem Brot. Dann gibt es für alle Suppe; für besondere Gäste gelegentlich auch herzhaften Schinken. Nicht zu vergessen der selbstgebraute Kamaldulenserlikör. Die Klausur darf nur von Männern betreten werden. Da, wie in so vielen Klöstern, zahlreiche Mönchszellen leerstehen, vermieten die Patres für ein lächerliches Entgelt diese Zellen an Männer, die sich zur Besinnung zurückziehen wollen. Ein sozialdemokratischer Freund erzählte mir, daß er sich hier jedes Jahr zwei Wochen einmiete, ganz einfach um nachzudenken. In dem großen Schweigen, das ihn in diesem Kloster umfängt, kann er den Streß eines ganzen Jahres abschütteln und Urlaub vom Ich machen. Um die Mönche nicht zu kränken, macht er freiwillig die religiösen Übungen mit, selbst das Gebet zu nächtlicher Stunde.

Dante hat das Kloster in seiner „Göttlichen Komödie" gerühmt:

„Zwischen Italiens Küsten ragen Felsen,
Nicht allzuweit entfernt von deiner Heimat,
So hoch, daß Donner unter ihnen hallen.

Sie tragen einen Gipfel, der heißt Catria;
An dessen Fuß liegt eine heilige Klause,
Die pflegt dem Gottesdienst nur zu gehören."
Also begann er seine dritte Rede
und sagte weiter dann: „An diesem Orte
Bin ich so stark in Gottes Dienst geworden,
Daß nur mit Speisen vom Olivenöle
Ich Hitz und Kälte leicht ertragen konnte,
Zufrieden in beschaulichem Gedanken.
Einst brachte jenes Kloster diesen Himmeln
Gar reiche Ernte; heute ist es öde;
Das wird sich zeitig offenbaren müssen.
Dort nannte man mich Petrus Damianus,
Und Petrus Peccator hieß ich im Hause
Der Lieben Frau am Adriagestade...
            („Paradies", Vers 106 bis 123)

In dieser Szene kommt Petrus Damiani zu Dante und erklärt ihm auf seine Frage das Strahlen des göttlichen Lichts und die Unergründlichkeit des göttlichen Ratschlusses. Der erwähnte Monte Catria ist vom Kloster aus zu erreichen, und der Mönch, den Dante zitiert, war der heilige Petrus; er nannte sich nach seinem Bruder, der ihm das Theologiestudium ermöglicht hatte, Damiani. Mönchische Demut veranlaßte Damiani, sich später Peccator, Petrus der Sünder, zu nennen. Petrus Damiani, 1007 in Ravenna geboren, wurde 1037 Mönch, 1058 Kardinalbischof von Ostia und starb 1072 in Faenza. Sein Ruf als Theologe war bedeutend, durch ihn wurde das Kloster Santa Croce di Fonte Avellana zu einem Zentrum kirchlicher Erneuerung.

Es war die Zeit des Ringens zwischen Kaiser- und Papsttum um die Frage der universalen und geistigen Vormachtstellung und der Überordnung der einen oder anderen Macht. Dieser Streit verlagerte sich immer mehr auf den Boden Italiens und wurde als territorialer Machtkampf um die Apenninenhalbinsel ausgetragen. Ein Kampf, der die

Marken stark geprägt hat. Die Entchristlichung des Alltags-
lebens und der religiös-moralische Verfall hatte zu einer
Gegenbewegung geführt, die das Volk und den Klerus bis
zum Papst selbst zu reformieren versuchte. Sie kam aus
Unteritalien über Rom in den Norden und wurde hauptsächlich vom griechischen Mönchtum getragen. Die lateinische Kirche Italiens fand ihren Erneuerer im heiligen
Romuald, dem Gründer des Kamaldulenserordens. Der Kreis
um Petrus Damiani und sein Kloster Fonte Avellana kämpfte
vor allem gegen die Verleihung von Kirchenämtern durch
Laienhand; diese Usance nannte man nach dem Zauberer
Simon, der dem Apostel Petrus seine Geistesgaben abkaufen
wollte, Simonie. Der Kampf galt der kaisertreuen Partei
und den Absichten Heinrichs III., dem daran gelegen war,
daß die Reform der Kirche gemeinsam mit dem Reich
durchgeführt werde, damit der weltliche Einfluß in der
Kirche erhalten bleibe. Könige, Fürsten und reiche Grund-
herren hatten Kirchen gestiftet, die von ihnen auch als
Eigentum verwaltet wurden. Der Geistliche empfing seine
Kirche aus der Hand des jeweiligen Grundherrn in Form
der Investitur, das heißt der Einsetzung durch Überreichen
eines Sinnbildes, das der weltlichen Belehnung mit irgend-
einem Gut gleichkam. Daß damit weite Teile der Kirche
zu weltlichen Zwecken, ja Geschäften, mißbraucht werden
konnten und auch mißbraucht wurden, ist historisch belegt.
Das Verbot des Verkaufs oder der Vergabe kirchlicher
Ämter durch eine Synode traf den deutschen König besonders hart. Solange Bischöfe und Äbte nämlich der Huldi-
gungspflicht oblagen, waren sie auch dem König zum persönlichen Dienst und zur Heeresfolge mit ihren Truppen
verpflichtet. Fiel die Investitur weg, war der Kaiser, der
zugleich die langobardische Königskrone in Italien trug,
so gut wie machtlos. Der Boden für den Investiturstreit und
seine verheerenden Folgen war bereitet.
    Im Jahr 1972 feierte das Kloster Fonte Avellana den
900. Todestag von Kardinal Damiani. Zu diesem Anlaß

waren der Chor und das Orchester der „Cappella Musicale"
von S. Ruffino aus Assisi zu Gast, die Gesänge zu Ehren
des heiligen Petrus Damiani von Claudio Monteverdi und
ein Damiani gewidmetes Oratorium vom Leiter des Orche-
sters, Pater Albino Varotti, zu Gehör brachten. Das Oratorium, dem Verse von Dante zugrunde liegen, erlebte an
diesem Tag seine Uraufführung. Zu der schlichten Feier-
stunde waren Bauern, Jugendliche und sonntägliche Gäste
aus der Umgebung gekommen. Ihnen allen war die unge-
brochene Musikalität der Italiener zu eigen; sie applau-
dierten trotz des geweihten Ortes und jubelten dem Pater
zu, der die Musik zu Ehren „ihres" Heiligen geschrieben
hatte. Pater Albino war überglücklich, er mußte sich die
Tränen vom Gesicht wischen; für ihn als Musikschöpfer
und Priester hatte die Uraufführung seines Werkes an
diesem Ort eine ganz besondere Bedeutung.

Fonte Avellana — das ist eines der großen Erlebnisse.
Bei einem Besuch sollte man allerdings warme Kleidung
nicht vergessen, denn wenn man am Abend aus den schüt-
zenden Mauern tritt, ist es selbst im Hochsommer auf dieser
Höhe des Apennin empfindlich kühl.

Vom Gipfel des Monte Catria aus, den man mit dem
Auto erreichen kann, hat man einen weiten Rundblick auf
die Adria, landeinwärts auf den Trasimenischen See, südlich
zum Massiv des Gran Sasso und nördlich zu den drei
Spitzen von San Marino.

Auf dem Weg nach Fano zurück liegen eine Reihe be-
sichtigenswerter Orte, die ich nur kurz streifen möchte:
Frontone, mit einer mittelalterlichen Burg, die den Grundriß eines Schiffsbugs aufweist. (Eine gastronomische Spezialität des Ortes ist zur Jagdzeit das „Coniglio in Porchetta", ein auf besondere Art zubereitetes Kaninchen.)
Pergola ist eine kleine Stadt, die 1230 von Auswanderern
aus Gubbio gegründet wurde. Im Mittelalter begehrter

Handelsplatz, war Pergola im Risorgimento ein Mittelpunkt der Kämpfe; der Ort wurde sogar mit der „Goldenen Verdienstmedaille" ausgezeichnet. Das aus dem 18. Jahrhundert stammende Rathaus enthält ein Terrakotta-Relief von Della Robbia und ein Gemälde von Federico Barocci. Der Dom und die mittelalterliche Burg lohnen den Aufenthalt.

San Lorenzo in Campo wiederum ist ein kleiner Weiler, der sich um eine romanische Abtei versammelt, die aus den Steinen von Suasa, einer von Alerichs Goten im Jahr 409 zerstörten Stadt, erbaut wurde.

Fratte Rosa, in wenigen Kilometern Entfernung auf einem Berg gelegen, ist durch sein buntglasiertes Tongeschirr bekannt.

Orciano, dessen Ursprung auf einen Janustempel zurückgehen soll, ist bemerkenswert durch den Malatestaturm und die Kirche Santa Maria Novella, mit einem Portal von Raffael. Zur Gemeinde gehört auch Montebello mit einem Schloß aus dem 16. Jahrhundert, das Guidobald II. aus dem Hause Rovere erbaute.

Mondavio war päpstliches Vikariat, zu dessen Einzugsbereich vierundzwanzig Schlösser gehörten. Zeitweise stand es im Besitz der Malatesta von Fano, dann wieder der Kirche, schließlich des Herzogtums Urbino und wurde 1631 endgültig dem Kirchenstaat eingegliedert. Die Mauern dieses päpstlichen Schlosses sind besonders wuchtig, man kann so richtig sehen, wie wehrhaft der Kirchenstaat war — oder sein mußte, denn er hatte es nicht leicht, seinen weltlichen Besitz zu verteidigen. Der Bau der Festung von Mondavio wurde 1482 von Francesco di Giorgio Martini begonnen und niemals vollendet. Ein Turm dieser Festung ist heute Schauburg; man kann hier Leben und Treiben der mittelalterlichen Zeit zu ebener Erde und im ersten Stock — also bei Gesinde und Herrschaft — an lebensgroßen Figuren betrachten. Im Rathaus des Ortes finden wir eine Madonna mit Kind aus der Schule von Fabriano. In einem kleinen Kreuzgang verkaufen im Sommer Kunstgewerbler ihre Erzeugnisse, in erster Linie Flechtarbeiten aus Weiden und Bambus; bodenständige Handwerkskunst.

Wiederum nur wenige Kilometer, und man ist in Corinaldo, das schon zur Provinz Ancona gehört. Der Ort wurde durch die heilige Maria Goretti berühmt, die im Jahr 1902 als Zwölfjährige den Verwundungen, die sie bei einem Sittlichkeitsattentat erlitten hatte, erlegen war. Sie wurde 1947 selig- und 1950 heiliggesprochen. Man kann zur Problematik der Heiligsprechung stehen, wie man will — der Besuch ihres Eltern- und Geburtshauses ist rührend: ein ärmliches, aber sauberes Zuhause. Das kleine Häuschen ist blumengeschmückt, denn der Ort ist stolz auf seine kleine Heilige.

UNTERWEGS IN DER PROVINZ PESARO-URBINO

Eine Informationsfahrt durch die Provinz Pesaro-Urbino führt immer vom Meer zum Apennin, von der Hitze in die erfrischende Kühle der Bergwelt, die großen Flüsse entlang: das Cesano-Tal haben wir schon kennengelernt, nun bleiben die Flüsse Metauro, Foglia, Conca, Marecchia und Burano. Die Via Flaminia folgt von Acqualagna bis Cantiano dem Tal des Burano, der sich zwischen Steilwänden durchwindet; sie erschließt ein Berggebiet, das seines Höhenklimas wegen zu einem wichtigen Erholungszentrum wurde. Eine Straße führt auf den Monte Petrano (1163 m), eine andere auf den Monte Nerone (über 1500 m) und schließlich eine auf den Monte Catria (1701 m). Berühmt ist der Monte Petrano mit seiner riesigen Hochebene, denn auf seinen Wiesen wachsen köstliche Erdbeeren. Zum Dank feiern die glücklichen Beerensammler jedes Jahr im Juni ein Erdbeerfest.

An Stelle der kleinen Stadt Cagli stand früher einmal eine Römersiedlung. Abseits der modernen Autostraße liegt der Ponte Mallio, ein Brückenbogen aus sechsundzwanzig riesigen Keilsteinen, vermutlich aus der Zeit des Augustus. Die Rampen der Zufahrtswege, große Steinblöcke, sind noch zu erkennen. Cagli liegt am Zusammenfluß des Burano mit dem Bosso und wurde im 13. Jahrhundert auf den Resten der römischen Ansiedlung errichtet. Wuchtig, ja klotzig, steht der Torrione della Rocca da, ein einzelner Burgfried, der letzte erhaltene Teil einer 1481 von Francesco di Giorgio errichteten Festung, die schon 1502 zerstört wurde. Die Stadt in ihrer Gesamtheit bietet auch heute noch einen mittelalterlichen Anblick. Das Zentrum bildet die Piazza Giacomo Matteotti mit einem Brunnen und dem Rathaus, das Herzog Federico von Montefeltro erbauen ließ. Die

Teile des alten Baues aus dem Jahr 1289 sind in der Fassade deutlich erkennbar. Die Fassade selbst stammt aus der zweiten Hälfte des 15. Jahrhunderts. Im Atrium finden wir ein Marienfresko von Giovanni Santi. Der Dom von Cagli, bei einem Erdbeben zerstört, wurde 1790 neu erbaut. Auch hier hat man bei der Fassade und einem Portal Teile des alten Baues verwendet. San Domenico, eine große romanische Saalkirche, zeigt ein Portal von Bramante, im Inneren am zweiten Altar links ein Marienfresko von Giovanni Santi. Ein weiteres Fresko des Meisters über einem Grab aus dem Jahr 1481 zeigt Christus im Grabe. In der Krypta wurden Fresken aus der Schule Baroccis freigelegt. Zu erwähnen sind noch die Kirchen San Angelo — deren Hochaltar ein Hauptwerk von Timoteo Viti aus dem Jahr 1518 besitzt — und die kleine Chiesetta della Misericordia, ein 1933 restaurierter romanischer Bau, dessen Fassade ein Fresko der Schutzmantelmadonna aus dem 14. Jahrhundert sowie eine zauberhafte Terrakottagruppe aus dem 15. Jahrhundert aufweist, gleichfalls eine Madonna, unter deren breitem Schutzmantel die Figuren des Volkes säuberlich nach Männern und Frauen geteilt sind. Eine weitere Sehenswürdigkeit ist das Teatro Comunale, mit seiner verblichenen Eleganz ein typischer Opernbau des ausgehenden 19. Jahrhunderts. Der Schnürboden, dessen Wände Plakate großer Aufführungen zieren, zeigt heute noch, mit welch einfachen maschinellen Vorrichtungen man damals zu verblüffenden Ergebnissen kam. In diesem Theater verbrachte ich einen köstlichen Abend: das schönste Mädchen der Marken sollte gewählt werden. Doch diese Wahl verlief ganz anders als unsere Mißwahlen mit immer spärlicher werdenden Bikinis. Hier wurde, wie mir die Veranstalter ausdrücklich versicherten, nach vielen Vorentscheidungen in den einzelnen Gebieten der Provinz jenes Mädchen erwählt, das auf Grund seiner häuslichen Fertigkeiten und geistvollen Antworten in einem Frage-Antwort-Spiel, nicht aber wegen irgendwelcher idealen Körpermaße den Preis verdiente. Es war ein ganz großer Tag, besser gesagt, Abend, und er dauerte bis in die frühen Morgenstunden. Meine Freunde wollten mich zum Mitglied der Jury machen, die um einen Tisch auf der Bühne des Theaters saß. Als hinter mir eine Kapelle mit trommelfellmordender Lautstärke zu spielen begann, bat ich dringend, mich der so ehrenvollen Aufgabe entschlagen zu dürfen, und rettete mich in eine der Logen, wo der Lärm halbwegs erträglich war. Überdies konnte ich von hier aus den Schauplatz besser überblicken. Prominente Persönlichkeiten aus Politik und Bürokratie waren feierlich in den Saal geleitet worden und hatten nach langem Händeschütteln und großen Begrüßungszeremonien Platz genommen. Eine freudig erregte Zuschauerschar füllte das Haus, auf der Bühne wurde zwischen den einzelnen Wertungsgängen getanzt. Die Kandidatinnen, die ihren Auftritt sichtlich auskosteten, bewegten sich mit südländischer, beinahe feierlicher Eleganz. Und obwohl für diese Mißwahl Häuslichkeit und geistige Brillanz entscheidend waren, hatte man keineswegs darauf verzichtet, den Zuschauern eine Augenweide zu bieten. Jedes der um die Siegespalme kämpfenden Mädchen war eine Schönheit. Eine davon, schwarzhaarig, mit feurigen Augen und ausgeprägten Formen, wirkte so selbstbewußt, als hätte sie den Preis schon in der Tasche — und sie gewann ihn auch. Jedes der Mädchen hatte versucht, sich möglichst vorteilhaft zu präsentieren: das reichte von der originalen Tracht — spitzenübersät und kunstvoll bestickt — bis zum Abendkleid. Wie wohltuend war ihr Anblick im Vergleich zu den üblichen Busenschauen! Am Höhepunkt des Abends überreichte eine hübsche Jugoslawin in Landestracht — sie stammte aus einer der Badeprovinzen Istriens — die Siegeskrone. Sie war in ihrer Provinz Siegerin im gleichen Wettbewerb geworden und verbrachte auf Einladung der Fremdenverkehrsorganisation ihren Urlaub in der Provinz Pesaro; ihre italienische Kollegin fuhr nun nach Istrien.

Diese Mißwahl war der Auftakt einer sehr erfolgreichen

Fremdenverkehrskampagne. Die Idee stammte vom Präsidenten der staatlichen Fremdenverkehrs-Organisation in Pesaro, Guido Fabbri. Geboten wird ein kombinierter Urlaub, genannt „Sieben und sieben", der eine Woche in der italienischen Provinz und eine weitere Woche Urlaub an istrischen Küstengebieten vorsieht, die man nach einer Schiffsfahrt über die Adria erreicht.

Die nächste Rast halten wir im zehn Kilometer entfernten Cantiano, dem letzten Dorf an dieser Straße nach Rom innerhalb der Grenzen der Provinz: von hier führen Wiesenhänge hinüber in die umbrische Landschaft. Auch in Cantiano kann man Paläste alter Adelsfamilien und Kirchen mit Gemälden von Perugino und Brandani besichtigen. Der Ort ist berühmt, weil es hier auf dem Rost gebratene Forellen gibt, die mit Zitronenscheiben bedeckt serviert werden. Zur Karfreitags-Prozession, der sogenannten Turba, kommen viele Besucher. Sie wird noch genauso wie im Mittelalter durchgeführt, als die Bruderschaft der Disciplinati durch den Ort zog.

Die Via Flaminia, die Staatsstraße Nr. 3, die durch das Tal des Candigliano führt, verläßt bei der Straßenkreuzung in Talmazzo das Metaurustal und folgt dem Candigliano in den wildromantischen Durchgang der Furlo-Schlucht. Der Tunnel wurde schon im Jahr 76 n. Chr. unter Kaiser Vespasian geschlagen. Die Straße berührt die einsame Wallfahrtskirche del Pelingo und die Klosterkirche San Vincenzo del Furlo. Es lohnt, stehenzubleiben und den Klosterbau aus dem 10. Jahrhundert zu besichtigen, vor allem die schon im 6. Jahrhundert erbaute Krypta. In diesem Kloster lebten

Oben links: Urbino, Oratorio di San Giovanni Battista (1440 bis 1416): Fresko.
Unten links: Terrakotta von Luca della Robbia, um 1450, aus der Lünette von S. Domenico, heute im Museum des Palazzo Ducale.
Rechts: Unverfälschtes Mittelalter in Urbino.

im 11. Jahrhundert zeitweilig die späteren Heiligen Romuald und Petrus Damiani. Die Einrichtung der Kirche ist karg, Steinbänke laufen die Wände entlang, wenige Blumen schmücken den Altar, an dem gelegentlich Messe gelesen wird. Ab und zu findet hier eine Hochzeit statt: man verspricht sich von dem Wallfahrtsort besonderen Segen. Eine Inschrift auf dem Architrav des Portals erinnert daran, daß im Jahr 1271 die Kirche in ihrer heutigen Form erneuert wurde — zu einer Zeit, als nach dem Tod Papst Klemens IV. der Heilige Stuhl vakant war und nach dem Tod Kaiser Konrads IV. ein Interregnum herrschte. Wenige Schritte von der Kirche kann man die Reste einer römischen Brücke erkennen, die offenbar nur selten Besucher anzieht, denn meist muß man den Weg durch Rankengewirr und Gestrüpp suchen, die hier üppig wuchern.

Der Fluß Metaurus entspringt auf der Alpe della Luna. Daß eine so geschichtsträchtige Wasserader vom Mondberg kommt, mag Zufall sein, doch das Omen ist bezeichnend. Bei unseren Wanderungen kamen wir schon wiederholt durch das Metaurustal: der Fluß ist mit seinen 115 Kilometern der längste und berühmteste der Provinz, sein Einzugsgebiet umfaßt 1.400 Quadratkilometer. Den Unterlauf begleitet, wie schon erwähnt, die Via Flaminia, an seinen Ufern liegen wichtige Orte wie Fossombrone, Fermignano, Urbania oder S. Angelo in Vado. Es lohnt sich, aufs Geratewohl Abstecher zu unternehmen, denn dieses Hügelland bietet Schlösser und Kirchen, Geschichte und Kunst in zauberhaften Beispielen.

Oben: Urbino: Geburtshaus Raffaels.
Unten links: Das bezaubernde Fresko im Geburtshaus Raffaels gilt als Jugendwerk des Meisters.
Unten rechts: Auf diesem Stein hat schon der kleine Raffael seine Farben gerieben.

Zwei Orte, die ihre Gründung auf die Schlacht am Metaurus zurückführen, sind Saltara und das etwas höher gelegene Cartoceto. In Saltara, dessen Name sich aus Saltus aeris, eherner Wald, herleitet, siedelten Karthager, die des Kriegführens müde sich hier ihrer ehernen Waffen entledigten, um in Frieden zu leben. Das Dorf wird von einer mittelalterlichen Burg beherrscht, zu der hundertsechzig Stufen hinaufführen. Die erste urkundliche Erwähnung aus dem Jahr 1156 weist die Burg als Besitz der Abtei S. Paterniano von Fano aus. 1270 fiel sie in die Hände der Malatesta von Rimini, 1473 wurde sie Eigentum des Herzogs Federico von Montefeltro.

Seine Blütezeit erlebte Saltara unter den Malatesta. Einige Kirchen — SS. Sacramento, S. Pier Celestino — besitzen wertvolle Barockbilder, ein Fresko wird Giovanni Antonio da Pesaro (1462—1511) zugeschrieben, ein Abendmahlbild stammt aus der Schule von Barocci. Santa Lucia besitzt ein Altarbild aus der Schule des Perugino. Der Bürgerturm aus dem 15. Jahrhundert beherrscht den ganzen Ort. Innerhalb des Mauergürtels stehen Adelspaläste und das Rathaus, in dem ein Gekreuzigter zu sehen ist, eine typische Arbeit der Marken. Nahe dem Ort finden wir die Wallfahrtskirche della Villa, ein Bau von Prospero Selvelli aus dem Jahr 1795, und die Kirche San Francesco in Rovereto mit Fresken aus dem 15. Jahrhundert.

Nach drei Kilometern erreichen wir Cartoceto, das von seinem Rathaus mit dem malerischen Uhrturm beherrscht wird. Das Gebäude lehnt sich an eine hochaufragende, von einer Kapernstaude überwucherte Mauer. Eine Loggia wölbt sich über der Toreinfahrt, dann folgen ein vorspringendes Stockwerk und ein kurzer Uhrturm, der von einem schlankeren Glockenturm überhöht wird. 1572 wurde Cartoceto von einem Erdbeben heimgesucht, dem viele alte Bauten zum Opfer fielen, darunter auch die 1351 vom Grafen Astorgio di Duraforte erbaute Burg. Der Ort besitzt auch ein kleines Theater, das Teatro del trionfo, mit einem bezaubernden Vorhang von Romolo Liverani. Die Kapitelkirche, eine Gründung des 15. Jahrhunderts, wurde 1835 völlig neu erbaut. In einer kleinen Kapelle hat eine Madonna mit dem Kinde aus dem ursprünglichen Bau des 15. Jahrhunderts Aufstellung gefunden. Außerhalb des Ortes liegen auf einem Hügel das Kloster und die achteckige Kirche der Padri Agostiniani, in der Gemälde von Pietro Tedeschi aus dem 18. Jahrhundert hängen. Die alte Pfarrkirche, heute Friedhofskirche, weist ein Fresko aus dem 15. Jahrhundert auf. Mosaiken, die im Lauf der Jahrzehnte freigelegt wurden, befinden sich heute im Museum in Ancona. Das neue Rathaus befindet sich heute in einem Neubau am Rand des Ortes.

Cartoceto — ein Ort ohne Bedeutung, und doch ein typischer Flecken der alten Region Marken, mit den offenen, einfachen und zugleich stolzen Menschen, die sich ihren freien Blick bewahrt haben. Die Erinnerung gilt aber auch der Landschaft, an der sich das Auge nicht sattsehen kann: knorrige Olivenbäume, Weinhänge, Tabak, weite Felder, die auf die Hügel hinaufklettern, durchsetzt von Eichen- und Zypressengruppen. Hügelkuppe um Hügelkuppe reiht sich zu einer Kette, und die malerischen Ortschaften, die immer wieder hoch oben auftauchen, zeigen die Sehnsucht der Menschen, aus den Niederungen in die Höhe zu steigen, aus Angst vor den römischen Legionen oder auch ganz einfach, um dem Himmel näher zu sein.

Gemeinsam mit meiner Familie spazierte ich eines Tages durch den alten, malerischen Ort, in dem die Zeit stehengeblieben zu sein schien, übersah man die Fernsehantennen auf den Dächern. Wir wurden von einem stolzen Gastgeber geleitet, den wir der Aktion „Turisti a Casa nostra" verdankten. Wir hatten uns angemeldet und waren mit einer kleinen Autokolonne von Fano in das Hügelland gefahren; so lernten wir Cartoceto kennen.

Im Rathaus begrüßte der Bürgermeister die Gäste, Kinder überreichten Blumengebinde, dann wurden die einzelnen

Familien ihren Gastgebern vorgestellt. Nur Kinder und Männer im Sonntagsstaat waren gekommen, die Frauen hatten zu Hause alle Hände voll zu tun, um das Mahl vorzubereiten. Mit italienischen Sitten vertraut, war ich entsprechend gekleidet. Doch ich sah Touristen, die sich ihrer saloppen Kleidung wegen vorerst einmal reichlich unbehaglich fühlten. Und die Sprachschwierigkeiten! In unserer Gesellschaft befanden sich Belgier, Franzosen, Engländer und Deutsche, und kaum einer von ihnen konnte mehr als „buon giorno" sagen, während unsere Gastgeber ausnahmslos nur italienisch sprachen. So mußten wir uns auf Gesten beschränken — wahrscheinlich sahen wir aus wie eine Gruppe von Taubstummen auf einem Ausflug. Doch es ging recht gut. Man lächelte einander zu, und irgendwie klappte die Verständigung.

Wir begannen mit einem Rundgang durch den Ort, denn unsere Gastgeber wollten gesehen und gebührend bewundert werden. Das Gastrecht ist im Süden noch immer etwas Besonderes; Einladungen bei einer italienischen Familie sind selten, ja sogar eine jahrelange Bekanntschaft bedeutet noch nicht, daß man „a casa nostra" gebeten wird. Diese Vergünstigung wird nur einem wirklichen Freund gewährt, und deshalb war die Idee, Touristen in italienische Häuser zu führen, ein kleiner, aber überaus sympathischer Beitrag zum besseren Verständnis der Völker. Die Gastgeber luden uns übrigens freiwillig und ohne jedes Entgelt ein.

Die Hausfrau hatte schon Tage vorher mit den Vorbereitungen begonnen. Wir saßen mehr als drei Stunden bei Tisch und wurden regelrecht gemästet. Unser Gastgeber war ein Bauer, mit Glücksgütern nicht übermäßig gesegnet. Er zeigte mir stolz seine kleine Weinpresse, wo er seinen eigenen Wein kelterte, der wie Öl durch die Kehle rann. Das Haus war eher ärmlich, man sah, wie hart die Familie arbeitete, um ihr tägliches Brot zu verdienen. Das blumengeschmückte Wohnzimmer war einfach ausgestattet; ein Hochzeitsfoto und ein Gruppenbild, das eine erschreckend große Sippe zeigte, waren der ganze Wandschmuck. Den Ehrenplatz an der Tafel hatte selbstverständlich die Nona inne, die Großmutter, die während des Essens hin und wieder einschlummerte und dann plötzlich mit scharfer Zunge ein Enkelkind zurechtwies, vor allem, als sich eines der Mädchen mit dem Messer den Unterarm kratzen wollte.

Die Familie hatte drei Kinder. Die älteste Tochter arbeitete in einer Druckerei, sie war zwanzig und von einer fast zerbrechlichen Schönheit, die an klassische Vorbilder erinnerte. Dieses einfache Mädchen bewegte sich mit einer Eleganz und Sicherheit, wie sie nur angeboren sein können. Ihre jüngere Schwester, die später eine „maestra", also Lehrerin, werden sollte, wirkte tolpatschig wie ein Fohlen, Hände und Füße schienen zu lang, sie wußte nicht, wohin damit. Als Intellektuelle der Familie erwies sie sich jedoch als lebhafte Gesprächspartnerin. Der Sohn, jüngstes Kind und männlicher Erbe, wurde offensichtlich verhätschelt und verzogen; er war reichlich dünn geraten und vom Wunschbild seines Namens, Massimo, weit entfernt. Als mein eigener Sohn, damals sieben Jahre alt, hörte, der andere sei älter, trug er schnell eine kleine Kraftprobe mit Massimo aus, um befriedigt festzustellen, den verhaue er leicht. Dafür himmelte meine damals zehnjährige Tochter die älteste Tochter des Hauses ob ihrer langen Haare und ihres grazilen Aussehens an.

Nur die Hausfrau, die Mutter, war kaum zu sehen. Sie schuftete. Mit hochrotem Gesicht und aufgelöstem Haar schleppte sie unentwegt neue Töpfe, neue Platten, einen Gang nach dem anderen heran; viel Öl, viel Fleisch, viel Spaghetti, viel Wein, ein typisch italienisches Festessen. Sogar der Hausherr mußte zwischendurch ein Schläfchen halten, so müde machte dieses stundenlange Mahl. Unentwegt wurden wir gebeten zuzugreifen. Ablehnung wäre unmöglich, ja beleidigend gewesen — überdies schmeckte es so gut, daß wir uns nicht bitten ließen. Nach dem Kaffee gab es dann einen wichtigen Spaziergang: die Felder unseres Gast-

gebers waren zu besichtigen. Stolz zeigt er seine Olivenbäume, Artischocken, Bohnenpflanzungen und Getreidefelder.
Als sich unsere Gesellschaft am Hauptplatz versammelte,
um einen Abschiedstrunk zu nehmen, sahen alle müde und
erschöpft aus: von den Anstrengungen und Freuden des
Kennenlernens, und vom vielen Essen.
Was geblieben ist? Die Erinnerung an einen wunderschönen Tag und der Einblick in das Leben einer Durch-
schnittsfamilie, deren Sorgen und Wünschen wir ein paar
Stunden lang teilen durften.
Nur wenige Kilometer von Cartoceto entfernt liegt der
langgestreckte mittelalterliche Ort Mombaroccio, interessant
vor allem durch die Stadtmauer aus dem 15. Jahrhundert;
die Porta Maggiore und die Porta Marina führen in das
Innere. Der Ort gewährt auf der einen Seite den Blick auf
das Meer, auf der anderen Seite sieht man die mit Lärchen
und Kastanien bewachsene, von einem Campanile gekrönte
Höhe. In einem kleinen Kloster, das 1223 vom heiligen
Franziskus gegründet worden sein soll, fanden wiederholt
Künstler Zuflucht. So komponierte während des Zweiten
Weltkrieges Zandonai in einer der Zellen sein letztes Werk,
den „Kuß".
Wenn wir aus dem Hügelland ins Metaurustal zurück-
kehren, erreichen wir bald die kleine Stadt Fossombrone,
das römische Forum Sempronii — so genannt nach Gaius
Sempronius Gracchus, der als Tribun im Jahr 124 v. Chr.
dem römischen Dorf das Stadtrecht verliehen hat. Nach der
Zerstörung durch die Langobarden wurde die Stadt neuer-
lich aufgebaut, und wie man aus den zahlreichen Palästen
ersieht, blühte bald der Wohlstand. Neben dem Palazzo
Comunale aus dem 16. Jahrhundert ist vor allem der
Palazzo Vescovile, der Bischofspalast, mit einem Kreuzi-
gungsfresko von Viti (1493) in der Kapelle sehenswert. Der
Palazzo Albani ist wegen der Stuckarbeiten Brandanis in
der Kapelle des Kardinals Giulio Della Rovere bekannt.
Der im späten 18. Jahrhundert renovierte Dom mit einem

unterirdischen Betraum zeigt eine in der Sakristei einge-
mauerte Altarwand von Domenico Rosselli (etwa 1480), eine
thronende Maria mit dem Kind über den Wolken; Petrus,
Paulus und zwei Bischöfe bilden die Staffage. Die Tafel ist
aus grauem Stein, dürfte aber ursprünglich bemalt gewesen
sein. Die Piazza Mazzini mit der Corte Bassa — dem tief-
gelegenen Schloß — und der elegante Palazzo Cattabeni
sind Beispiele des Reichtums der alten Handelsstadt. An der
Berglehne oberhalb der Stadt erhebt sich die Corte Alte,
Residenz der Herzoge von Urbino. Das Schloß, einst eine
wehrhafte Anlage aus dem 13. Jahrhundert, wurde von
Luciano Laurana erweitert; die herzogliche Loggia stammt
von Francesco di Giorgio Martini. Wenn man das im Schloß
untergebrachte Museum und die Pinakothek Vernarecci besuchen will, ist es angebracht, den Mesner des Doms nach
den Öffnungszeiten zu fragen, er besitzt die Schlüsselgewalt.
Neben einer hübschen Bildergalerie gibt es eine bedeutsame
Sammlung von Zeichnungen, darunter ein Skizzenbuch von
Giulio Romano und Miniaturen aus einem Psalter des
15. Jahrhunderts. Der Theatersaal mit der perspektivischen
Bemalung steht ebenfalls zur Besichtigung offen. Falls der
Besucher dann noch nicht müde ist, kann er zum Gipfel
hinansteigen, wo im Hof der Ruine einer Malatesta-Burg
Fresken in einer Kapelle zu sehen sind. Auch ein Besuch
des kleinen Ortes S. Ippolito lohnt. Hier wird Marmor gebrochen und gleich verarbeitet, vor allem zu Altären, auf
die man in dieser Gegend immer wieder stößt.

Fermignano, im Jahr 69 n. Chr. zum Schutz der Via
Flaminia gegründet, wird zum ersten Mal von Tacitus erwähnt. Die breit ausladende behäbige römische Brücke mit
dem massigen quadratischen Wachturm ist heute noch be-
gehbar. In der unmittelbaren Nachbarschaft des Wachturms
sind Spaghettifabriken und Wollspinnereien angesiedelt. Fermignano erhebt den Anspruch, Geburtsort Bramantes zu sein
— und streitet sich darum mit Urbino. Vermutlich aber stammt
der Renaissance-Architekt aus einem kleinen Weiler zwi-

schen den beiden Städten. Fermignano hatte immer schon strategische Bedeutung: für die Römer, die Goten, die Byzantiner — Belisar kämpfte hier im Jahr 538 —, die Langobarden und in späterer Zeit die Österreicher. Weiter geht es nach dem zwölf Kilometer entfernten Urbania. Das ursprüngliche Castel della Ripe wurde durch die Ghibellinen von Urbino zerstört, 1277 als Castel Durante neu gegründet. Als Papst Urban VIII. aus der Familie Barberini 1636 dem Ort das Stadtrecht verlieh, nahm das Munizipium als sichtbaren Ausdruck der Dankbarkeit den Namen Urbania an. In der Renaissance zog höfischer Glanz in die Stadt ein, denn der Herzog von Urbino bewohnte wiederholt das weitläufige, am Metaurus liegende Schloß, das im 14. Jahrhundert von der Familie Brancaleoni errichtet worden war. Federico von Montefeltro ließ es von Francesco di Giorgio Martini und später von Girolamo Genga umbauen und erweitern. Von der Stadt her wirkt das Schloß unansehnlich, desto imposanter aber von der Flußseite. Es besitzt ein sehenswertes Museum, eine Pinakothek mit Gemälden von Barocci, Zuccaro, Guerrieri und Peruzzini und eine beachtliche Bibliothek mit 25.000 Bänden. Die Sammlungen enthalten etwa 4000 Stiche, 1000 Handzeichnungen bedeutender Meister, 1.400 Bücher des 16. Jahrhunderts, 51 Inkunabeln und Pergament-Manuskripte, vor allem aber eine alte Landkarte und zwei Globen von Mercatore. In Urbania, wo man diese Kostbarkeiten als „schäbigen Rest" bezeichnet, ist man auf Rom noch immer nicht gut zu sprechen: die Stadt mußte im Jahr 1667 über 13.000 Bände an die römische Biblioteca Alessandrina abgeben. Weitere Sehenswürdigkeiten sind das aus dem 16. Jahrhundert stammende Rathaus sowie die Chiesa del Crocifisso mit einer Kreuzigung auf dem Hochaltar und einem Marienbild von Federico Barocci in der rechten Kapelle. Wenn man die Kirche betritt, findet man rechts das Grab des 1631 verstorbenen letzten Herzogs von Urbino, Francesco Maria II. Della Rovere. Das Oratorium Corpus Domini, im 14. Jahrhundert errichtet und ein Jahrhundert später erneuert, hat Raffaello del Colle mit Fresken ausgeschmückt. Auf dem linken Altar kopierte er mit einem Fresko der Heiligen Familie seinen berühmten Namensvetter Raffael; für Franz I. von Frankreich malte er die Heilige Familie, die heute im Louvre hängt. Der Dom von Urbania ging aus dem um das Jahr 1000 gegründeten Kloster St. Christophorus hervor und bewahrt heute noch eine Reliquie des Heiligen in einer Henkelvase von Pollaiolo. Zum Fest des Namenspatrons am 25. Juli wird dieses Reliquiar in feierlicher Prozession durch die Stadt getragen. Der Dom, in dem Augustinus Chigi, ein Bruder Papst Alexanders II., bestattet ist, wurde in der Renaissance umgebaut und in der Barockzeit erneuert. Etwas skuril mutet die Chiesetta dei Marti an, eine Totenkirche, in der Mumien von einem alten Friedhof aufbewahrt werden. Urbania war übrigens in alten Zeiten, als es noch den Namen Castel Durante trug, für seine Keramiken berühmt; die heutigen Produkte reichen an die große Vergangenheit leider nicht mehr heran. Hochgerühmt hingegen ist „Porchettina di chiocciole", eine kulinarische Spezialität, die jedoch nicht, wie man aus dem Namen schließen könnte, aus Schweinefleisch, sondern aus Schnecken bereitet wird.

Wenige Kilometer außerhalb der Stadt liegt das elegante Jagdschloß des urbinatischen Hofes, der Barco.

Sant' Angelo in Vado — so klein der Ort mit seinen kaum fünftausend Einwohnern auch ist, so hat er doch auf eine alte und reiche Geschichte zurückzublicken: er ist das römische Tifernum Metaurense, das nach der Zerstörung durch die Goten wieder aufgebaut und nach dem Erzengel Michael benannt wurde. Der Ort, 350 Meter über dem Meeresspiegel am Ufer des Metaurus gelegen, war Mittelpunkt der alten Provinz Massa Trabaria, in der Holz geschlägert, zum Tiber gebracht und nach Rom geflößt wurde, um als Bauholz zu dienen. Es war ein wildes Land, in dem Köhler ihrem Handwerk nachgingen, aus dem köstliche Trüffeln kamen — und noch immer kommen (im Hochsommer feiert man ihnen zu Ehren ein berühmtes Fest). Hier blühte auch das Kunsthandwerk: Leder- und Holzarbeiten, Stoffspielzeug und Keramiken. Der mittelalterliche Stadtkern von Sant' Angelo in Vado lagert sich um einen kleinen Platz, dessen Zentrum der gotische Palazzo della Ragione mit seinem mächtigen Turm ist. Der Dom wurde im 17. Jahrhundert erneuert, der Palazzo Ridarelli-Nardini jedoch ist ein originalgotischer Bau aus dem 15. Jahrhundert. Außerhalb der Stadtmauern liegt die Kirche Santa Maria dei Servi, eine wahre Schatzkammer, mit geschnitzten Altären — frommen Stiftungen der Zünfte aus dem 14. Jahrhundert — Gemälden, Skulpturen und Terrakotten. In der Stadt selbst wird dem Besucher ein weißer Stein im Straßenpflaster gezeigt, der Schandstein, wo bankrotte Kaufleute zur Schau gestellt wurden.

Nur sieben Kilometer weiter gelangt man in das Dorf Mercatello, das — einst als Schutz der Grenze gegen Umbrien erbaut — unverändert sein mittelalterliches Ortsbild beahrt hat. Ein kleines Museum, ein Palazzo, einige Kirchen, darunter die Wallfahrtskirche mit dem Geburtshaus der heiligen Veronika Giuliani.

Fährt der Besucher schließlich flußaufwärts, gelangt er nach Borgo Pace, wo sich Auro und Meta zum Metaurus vereinigen. Lamoli, das letzte Dorf innerhalb der Provinz, inmitten von Wäldern gelegen, ist fast völlig unbekannt, trotz seiner rein romanischen Benediktinerabtei, die hervorragend restauriert wurde. Ein traumverlorener Ort, der einen unvergeßlichen Eindruck hinterläßt: es gelingt selten, einen so unverfälschten Bau in einer so unverfälschten Umgebung zu finden.

Die Straße führt weiter zum Erholungsort Fonte degli Abeti und auf den 1.049 Meter hohen Paß Bocca Trabaria, der den Blick über das Tibertal öffnet.

URBINO UND DAS MONTEFELTRO

Eine der verschwiegensten Landschaften Italiens, dort versteckt, wo die Apenninischen Grenzen der drei Regionen keinen Raum übrigzulassen scheinen — so beschreibt Paolo Volponi das Montefeltro, den nördlichsten Landflecken der Marken, eingebettet zwischen den Bergen der Toscana und den südlichen Hügeln der Romagna. Das Montefeltro genau abzugrenzen, ist gar nicht leicht: Dieses historische Gebiet ist keine Verwaltungseinheit oder ein geographisch begrenztes Land. Und die Grenzen des Montefeltro waren im Lauf der Jahrhunderte nie fest gewesen, sondern abhängig davon, wieviel Macht den Herrschern dieser traumverlorenen Gegend gegeben war.

Auch heute ist das Montefeltro kein Industrieland. Ackerbau und Viehzucht herrschen vor. Der Fremdenverkehr zeigt schüchterne Ansätze: Rings um den Monte Carpegna, den höchsten Berg (1415 m) des Montefeltro, haben sich Hotels und Pensionen angesiedelt, in denen meist italienische Gäste wohnen — im Sommer solche, die der Hitze des Südens entfliehen, im Winter Schigäste aus Inneritalien. Der Ort Carpegna hat große Bedeutung für das Montefeltro, denn er trägt den Namen des ältesten feltrinischen Geschlechts, der Grafen und Fürsten von Carpegna. Diesem Haus entsprossen die beiden großen Geschlechter, die jahrhundertelang nicht nur die Geschichte der gesamten Region beeinflußten, sondern sich in blutigen Kämpfen das Gebiet streitig machten: die Malatesta und die Montefeltro.

Die Grafen von Carpegna ließen sich diesen Feudalbesitz schon im Jahr 962 von Otto I. bestätigen; sie wurden 1484 von Papst Innozenz VIII. neuerlich eingesetzt. Der Fürstenpalast ist ein grandioses Bauwerk, 1675 begonnen, mit einem feierlichen Portal, zu dem eine Stiege mit zwei Rampen führt. Elegant wie das Äußere des Schlosses sind auch die Räumlichkeiten. Guidobald Falconieri, Fürst von Carpegna, der im Sommer in diesem Schloß residiert und die übrige Zeit des Jahres in seinem römischen Palazzo wohnt, führte mich durch die Zimmerflucht. Lässig wies er auf die Gemälde, die von der europäischen Verknüpfung dieser Adelsfamilie künden: das bayrische und sächsische Königshaus; ein englischer Herzog; Colbert, der staatspolitische und volkswirtschaftliche Reformator Frankreichs. (Der Sohn eines Tuchhändlers, zum Marquis de Seignelay erhoben, hatte eine Tochter aus dem Fürstenhaus von Carpegna zur Frau.) Kostbar ist die Bibliothek des Schlosses; vor allem im Familienarchiv findet man ungehobene Schätze; der Fürst sprach auch von Briefen berühmter deutscher Altertumsforscher.

Wer das Montefeltro bereist, dem wird diese Landschaft unvergeßlich bleiben. Die Straßen winden sich kurvenreich durch die Hügellandschaft, vorbei an weiten Feldern mit Weizen, Mais, Tabak oder Klee, an Weiden mit Rinder- und Schafherden, an Hängen voll edler Weinreben, durchbrochen immer wieder von kleinen Wäldern. Stets in Sichtweite krönen Ortschaften die Hügelkuppen: Orte, die ihren mittelalterlichen Charakter völlig bewahrt haben. Und in den Ausläufern dieser Hügelkette, gegen Norden zu, wo das Land flacher wird und in die Romagna übergeht, dort wird das Montefeltro am schroffsten. Inselgleich ragen bizarre Felsgruppen, ja Felsnadeln aus der Ebene. Drei Felskuppen am Horizont sind das Charakteristikum der Zwergrepublik San Marino. Vor ihnen erhebt sich ein Felsblock, auf dem — wie eine Katze, die auf den Sprung lauert — die gewaltige Festung von San Leo hockt, stolz, abweisend und zugleich eine unerhörte Drohung ausstrahlend.

So ist das Montefeltro voller Gegensätze. Eine liebliche, heitere Landschaft, der die Menschen harte Akzente verliehen haben: graue Türme und Mauern. Die Bewohner dieses Landes, durch das zahllose Kriegsheere zogen, entwickelten sich zu kämpferischen Naturen, allen voran die Mitglieder der Familie Montefeltro: Die Landschaft gab einem Geschlecht den Namen, und dieses Geschlecht machte den Namen unsterblich. Antonio von Montefeltro erhielt zum Dank dafür, daß er im Jahr 1155 in Rom einen gegen Kaiser Friedrich Barbarossa inszenierten Aufstand niedergeschlagen hatte, die Grafenkrone und Urbino zum Lehen. Später unterwarf er auch Gubbio seiner Herrschaft. Er stand auf seiten der Ghibellinen, blieb also dem deutschen Kaiser treu. Seine Nachfahren teilten diese Haltung. Aus diesem Grund verbannte Dante in seiner „Göttlichen Komödie" Guido von Montefeltro zu den Büßern in die Hölle, dort, wo die Feinde des Papstes schmoren. Und Guido bittet Dante, der da unverhofft die Hölle besucht, um Auskunft über sein Land:

> „Wenn du in diese blinde Welt soeben
> Herabgefallen aus dem schönen Lande
> Italien, wo ich meine Schuld begangen,
> Sag, ob Romagna Krieg hat oder Frieden,
> Denn ich war aus den Bergen bei Urbino
> Und bei dem Joch, aus dem der Tiber herkommt."
> ("Die Hölle", 27. Gesang, 25—30)

Offiziell war Urbino immer ein Teil des Kirchenstaates, doch war es der Familie Montefeltro als Lehen gegeben und besaß weitgehende Selbstständigkeit.

In der Renaissance hing das Schicksal der Fürstenhöfe von Macht und Ansehen ihrer Herrscher ab. Im 15. Jahrhundert verlieh Papst Eugen IV. die Herzogswürde an Oddantonio von Montefeltro. Dieser, ein begabter junger Mann, der jedoch ein reichlich ausschweifendes Leben führte und von einer Schar von Tunichtguten umgeben war, wurde im Jahr 1444 ermordet. Verschwörungen, Intrigen und Gewalttaten bestimmten das Leben in Urbino. Im Lande selbst stritten kleine Feudalherren untereinander.

In Sorge wegen der ständigen Unruhen hatten die Bürger
von Urbino Federico von Montefeltro nach dem Tode seines
Halbbruders gerufen und ihm die Herrschaft angeboten.
Federico, unehelich in Gubbio geboren, aber von seinem
Vater legitimiert, war Berufssoldat, Söldnerführer. Im Kampf
hatte er einen Hieb auf die Nase bekommen, die seither
einen Knick, einen waagrechten Rücken besaß, wie die
Porträts des Herzogs zeigen. Auf seinen Bildnissen wendet
er dem Maler nur eine Seite zu — kein Wunder, denn bei
einem andern Kampf wurde ihm auch ein Auge ausge-
schlagen.

Die Bürger Urbinos waren vorsichtige Leute: So sehr es
sie nach einer starken Hand verlangte, so sehr mißtrauten
sie ihr. Als Federico hoch zu Roß vor den Toren der Stadt
erschien, empfing ihn eine Abordnung der Bürgerschaft, die
ihm zwanzig Wahlkapitel aufzwang, Privilegien verschiedenster Art, Steuerbefreiung, Amnestie und dergleichen
mehr. Der neue Herr des Montefeltro war diplomatisch genug, alles feierlich zu versprechen, doch nur das zu halten,
was er als brauchbar erkannte. Er besaß die stärkste Truppe
im Montefeltro, vierhundert Lanzenträger, mit denen er im
Sold des Herzogs von Mailand stand. Zu dieser Zeit war
Federico einer der berühmtesten Feldherrn Italiens. Schon
als Knabe hatte er gegen Sigismondo Malatesta von Rimini
gekämpft und war gegen Gattamelata, den Condottiere der
Republik Venedig, zu Felde gezogen. Er war ein Mann,
der den Kampf liebte und viele Ehren einheimste: Papst
Sixtus IV. ernennt ihn zum Gonfaloniere, zum Bannerträger
der Kirche; der König von Neapel macht ihn zum Träger
des Hermelinordens; der König von England verleiht ihm
den Hosenbandorden; er wurde weltberühmt, als ihn ein
persischer Gesandter besuchte. Federico hatte als Fünfzehn-
jähriger Gentile Brancaleoni geheiratet, da die Ehe jedoch
kinderlos blieb, ging seine Gemahlin in ein Kloster, wo sie
1457 starb. Zwei Jahre danach heiratete der siebenundvier-
zigjährige Herzog die erst dreizehnjährige Battista Sforza

von Pesaro. Battista schenkte ihrem Gemahl sechs Töchter, ehe sie den heißersehnten Erben Guidobaldo gebar. Er kostete sie das Leben. Federico lebte im Feldlager, als er die Nachricht vom Tod seiner Frau erhielt. Er selbst starb Jahrzehnte später an einer tückischen Krankheit, im Kreis seiner Kampfgefährten.

Federico, der Soldat, verwirklichte an seinem Hof in Urbino inmitten der harmonischen Landschaft des Montefeltro das Ideal wahrer Harmonie. Seine Residenz wurde zu einem Mittelpunkt der Renaissance. Die Stadt Florenz schenkte dem Condottiere einen Ehrenhelm, doch ihm gelüstete es nicht mehr nach militärischem Ruhm, er zeigte sich als Freund der schönen Künste. In dem Palast, den Luciano Laurana im Jahr 1468 für ihn und seinen fünfhundert Köpfe zählenden Hofstaat erbaut hatte, ließ er seinen Namenszug an den Decken der Gemächer, an fast jeder Tür, jedem Fenster anbringen. Auf der Treppe ist heute noch sein Standbild zu sehen: der Feldherr, Fürst, Philosoph, Baumeister, Verehrer der Künste, der sich auch als Dichter versuchte. Ein Mann, der in sich das Bild des Renaissancemenschen verewigt sah. Die Umwelt erkannte dies — aber er selbst wußte es auch.

Wenn Federico von seinem Palazzo aus auf die benachbarten Hügelketten mit den dunklen Wänden der Zypressen schaute, wenn er auf den Loggien wandelte — der Palazzo besitzt deren gleich drei — so konnte er weit über das Land hinaus, in den eleganten Innenhof oder den Platz zur Stadt blicken, wo seine Bürger vorbeieilten, die ihn verehrten, weil er Urbino zu einem lebendigen geistigen Zentrum gemacht hatte. Der Herzog rekrutierte die Jugend des Landes, machte sie zu Söldnern und ließ sie viele Dukaten verdienen — der Tod war Schicksal und zählte nicht. Er schuf eine Kriegsschule, die nicht nur hervorragende Truppen ausbildete — Federico vermietete sie an mächtige und gut zahlende Herren und gewann daraus für sich und zum Aufbau seines Landes riesige Summen —, sondern auch berühmte Heerführer hervorbrachte. Darunter waren Gian Giacomo Trivulzio, unter Ludwig XIII. Marschall von Frankreich, und Cola di Monforte, der Generalissimus Karls des Kühnen. Federico Montefeltro hatte auf dem europäischen Söldnermarkt fast eine Monopolstellung. Und er erreichte für sich, seinen Hof und damit auch für sein Land, was alle ersehnten: Frieden. Die Bewohner des Montefeltro lebten auf einer ruhigen Insel, abseits der Kriegsschauplätze, und Federicos Söldner, die in die Welt hinauszogen und dank ihrer guten Ausbildung meist siegreich waren, verkündeten überall des Herzogs Ruhm.

Da Federico sein Geld als Heerführer und durch seine Truppen verdiente, konnte er sein Land ohne große Steuerlasten regieren. Er hielt jeden Morgen öffentliche Audienz für jedermann, der ihn sprechen wollte; nachmittags hielt er in lateinischer Sprache Gerichtssitzung. Er konnte es sich erlauben, unbewaffnet und unbegleitet durch seine Stadt zu gehen, während in anderen Städten die Familienfehden ein Opfer nach dem anderen forderten, Adelspaläste zu Zwingburgen und Festungen ausgebaut wurden, deren Türme immer höher wuchsen, um den Feind zu übertrumpfen. Typische Beispiele dafür sind San Gimignano in der Toscana und Ascoli Piceno in den Marken. Urbino hingegen bietet den Anblick einer harmonisch gewachsenen Stadt, deren Bürger miteinander in Frieden lebten. Bedauernswert waren in diesen Zeiten nur die Landbewohner.

Seite 127: *Oben:* Raffael selbst scheint auf dem Scheitel der steil ansteigenden Straße, an der sein Geburtshaus liegt, zu stehen. Dieser photographische Effekt entsteht, wenn man sich bei der Aufnahme niederkauert — dann verschwindet der Sockel des Denkmals.
Unten: Abendstimmung über der Herzogsstadt des Montefeltro.
Seite 128: *Oben:* Das Herzogsschloß von Urbania, dem ehemaligen Castel Durante.
Unten: Barco, das Jagdschloß des Hofs von Urbino, in der Nähe von Urbania.

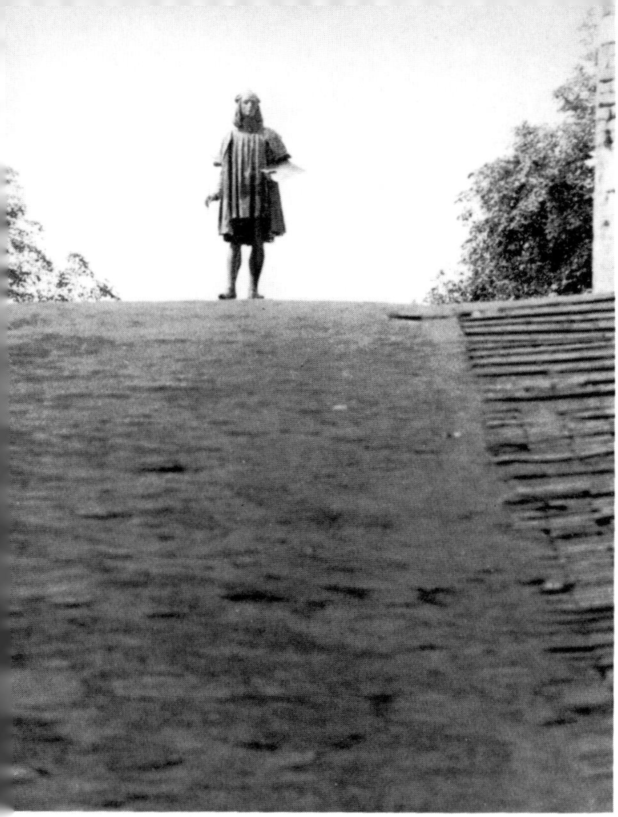

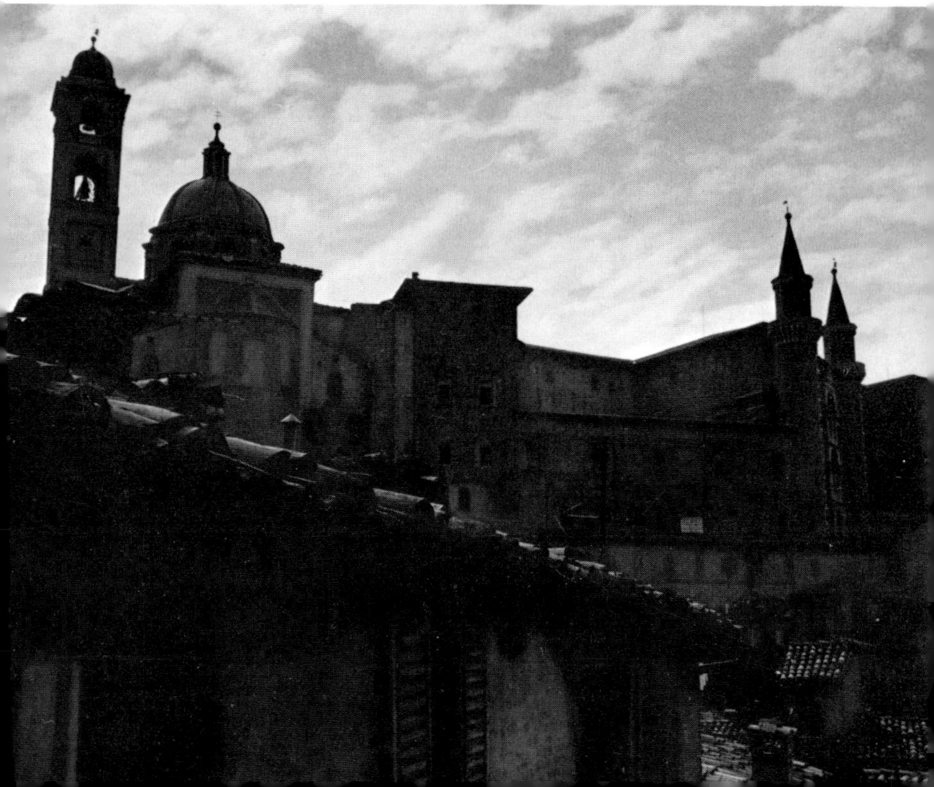

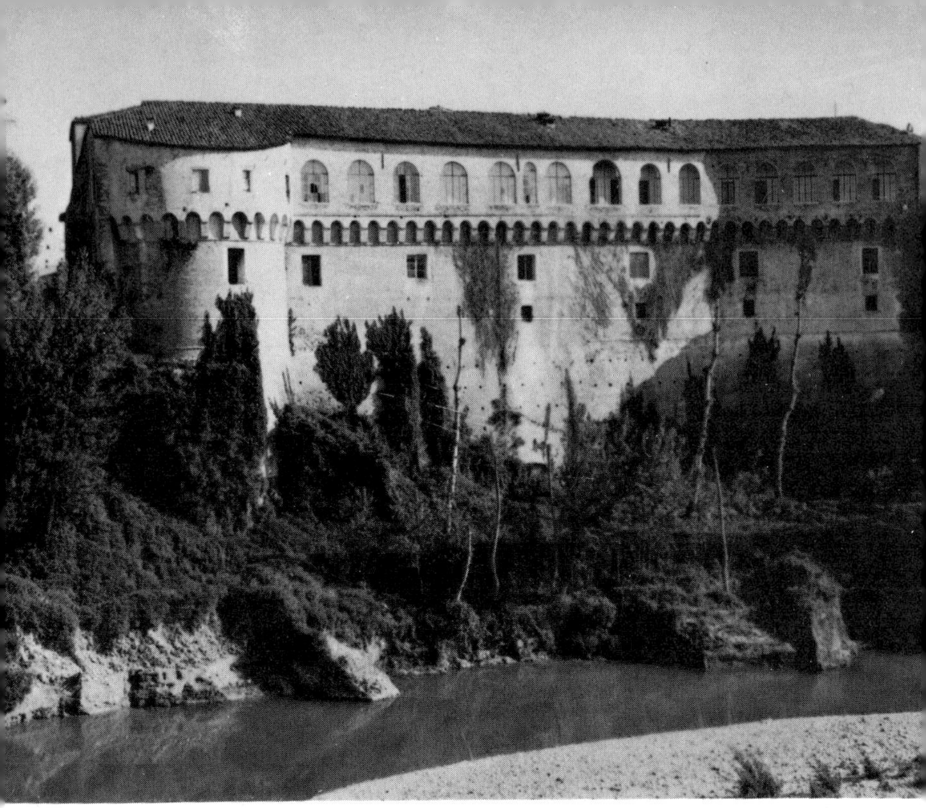

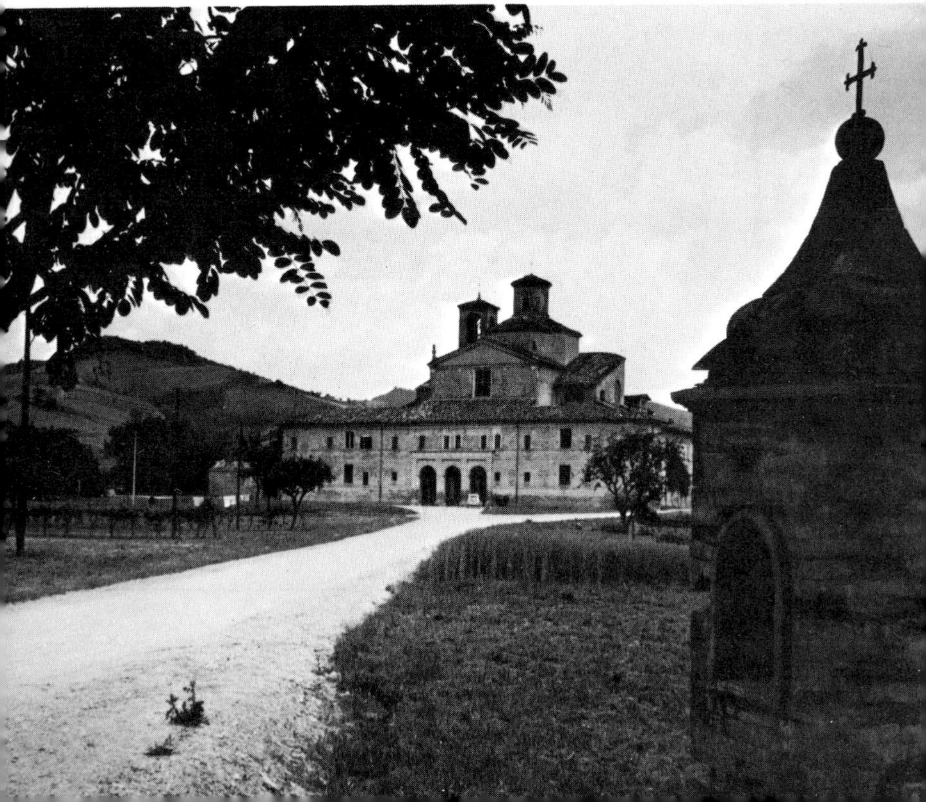

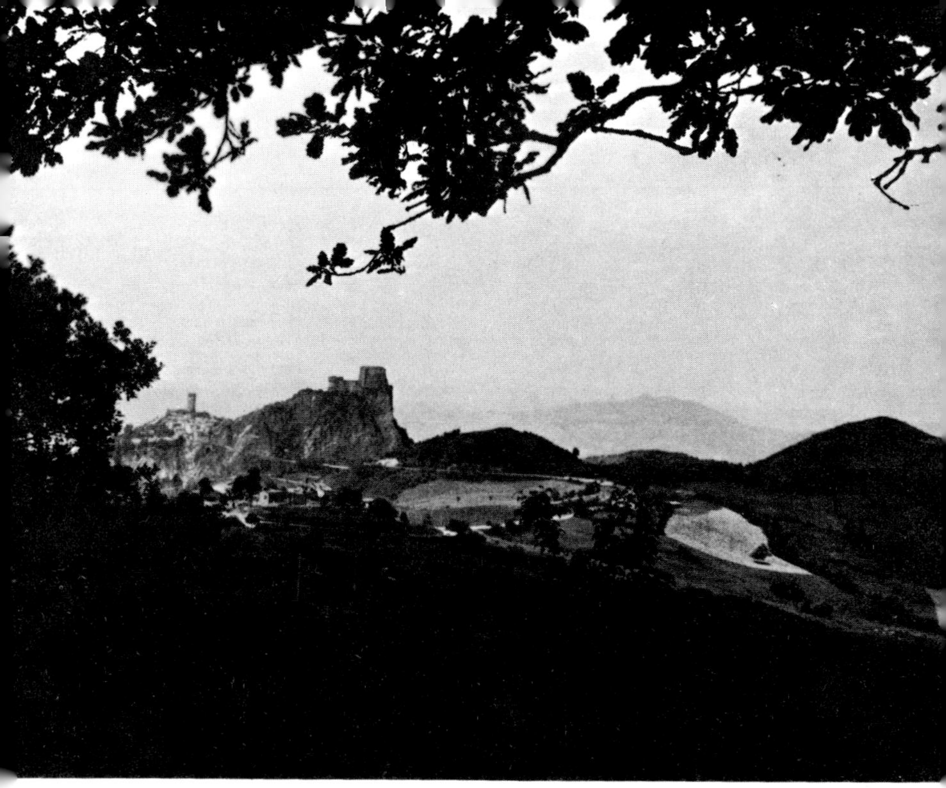

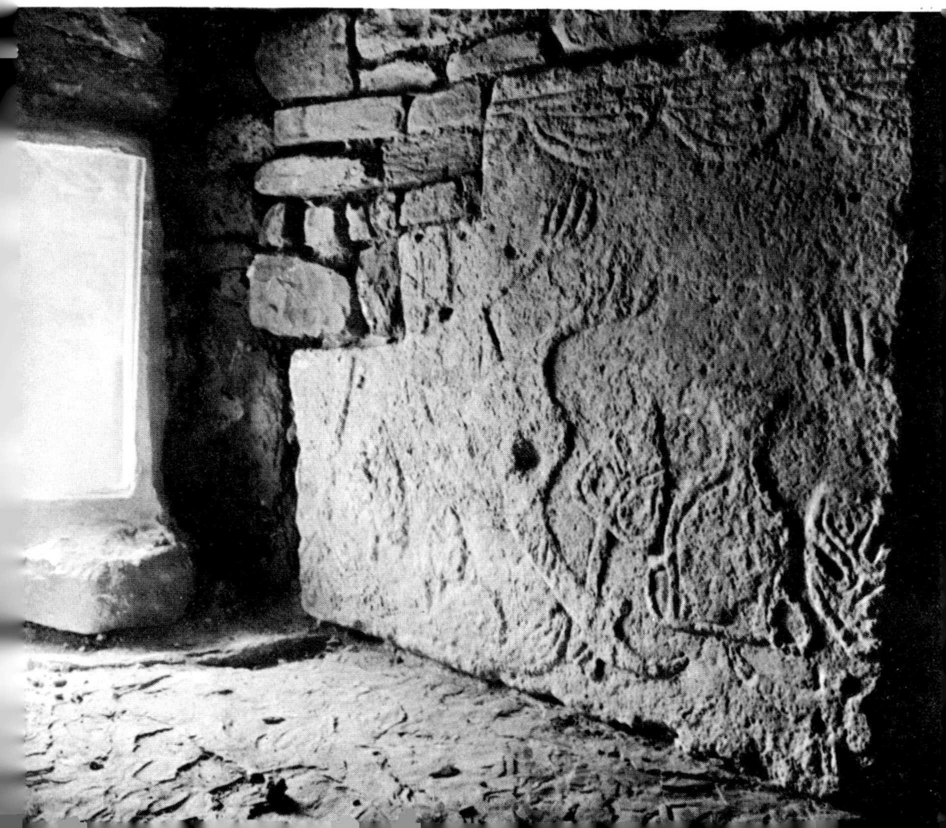

Die hin- und herwogenden Kämpfe in den umliegenden Städten gingen zu Lasten der Bauern; ihre Felder wurden vernichtet, ihre Gehöfte gebrandschatzt. Sie zahlten die Zeche für die Rauflust der Adelsfamilien.

Im Jahr 1444 hatte Federico von Montefeltro den Herzogsthron von Urbino bestiegen, 1482 starb er. In den achtunddreißig Jahren seiner Regierungszeit wurde Urbino, wie Zeitgenossen sagten, zur schönsten Stadt der Welt, die dem Vorbild der „idealen Stadt" nacheiferte. Baldassare Castiglione sollte Federico als das „Licht Italiens" feiern. Der Herzog führte das Leben eines Renaissancefürsten. Sein Reich war klein, aber seine Hofhaltung entsprach der eines großen Monarchen. Wenn Federico im offenen Saal tafelte, wurde aus den Werken des großen römischen Chronisten Livius vorgelesen; nur während der Fastenzeit gab es Lesungen aus Andachtsbüchern. Nachmittags pflegte Federico eine Vorlesung oder Diskussion über ein Gebiet des Altertums zu hören, um dann zum Kloster der Clarissen zu spazieren, wo er am Sprechgitter mit der Oberin über heilige Fragen disputierte. Abends leitete er gern selbst die Leibesübungen der jungen Höflinge auf der Wiese bei San Francesco. Er war so leutselig, daß immer wieder, wenn er durch die Straßen ging, Menschen niederknieten und ausriefen: „Dio to mantenga, Signore!" — „Der Herrgott soll dich erhalten, Herr!"

Seite 129: *Oben:* Die steil aufragende Silhouette der Bergfestung von San Leo.
Unten: Steinplatten mit frühchristlichen Symbolen in der Fensterlaibung der hinteren Krypta der Pieve, der Pfarrkirche Madonna dell'Assunta, lassen vermuten, daß sich hier die erste Kapelle des heiligen Leo befand.
Seite 130: *Oben links:* Festung von San Leo: hinter dem Fenster dieser Zelle starb Graf Cagliostro.
Unten links: Weihwasserbecken im Dom von San Leo.
Rechts: Der freistehende romanische Campanile des Doms zu San Leo.

Die herzogliche Tafel war reich bestückt mit den Kostbarkeiten der Manufakturen von Urbino: Majolikaschüs-
seln, auf denen man Landschaften, Figuren, Blattwerk und
Ornamente sehen kann. Dazu kam kostbares Silber, aber
auch venezianisches Glas, all das in Räumen, die mit kunst-
vollen Tapisserien geschmückt waren. Mit dem Herzog zu
speisen bedeutete ein Gaumenfest. Es gab köstliches Weiß-
brot, die Minestrone — der italienische Suppentopf mit
Fleisch, Gemüsen und würzigen Kräutern — fehlte nicht,
aber auch nicht der Reis, den die Spanier nach Oberitalien gebracht hatten. Später, in der ersten Hälfte des
16. Jahrhunderts, kannte man am Hof von Urbino auch
schon Mais, den Pizarro aus Amerika gebracht hatte und
der, gemahlen und zu Polenta verarbeitet, rasch die
italienische Tafel erobern sollte. Man aß Biskuit, Nudeln
und Makkaroni, und während in Mitteleuropa Gemüse noch
weithin unbekannt war, gab es in Urbino, wie an den anderen italienischen Höfen, bereits eine große Auswahl verschiedenster Gemüse, deren Heilwirkung man erkannt hatte.
So wurde zum Beispiel vom Kraut gesagt, es bekämpfe den
Haarausfall und fördere die Produktion von Muttermilch.
Kraut, Kohl, Küchenkräuter, Wurzelgewächse, Zwiebeln
und Bohnen wurden damals so wie heute gegessen. Ärzte
und Feinschmecker empfahlen als Vorgericht die Melone,
entweder mit Zucker oder mit Pfeffer und Salz angerichtet.
Als Appetitmacher wurden Maulbeeren, Kirschen, Erd-
beeren, Pflaumen, Pfirsiche und Aprikosen gereicht, als
Verdauungshilfe nach dem Essen Äpfel, Birnen, Mispeln,
Nüsse, Mandeln und Pistazien.

Der Fleischgenuß unterschied sich nicht sehr von dem
des Mittelalters, jedoch zog man das Fleisch junger Tiere
vor, vor allem das zarte weiße Fleisch, das besser sei als
das „schwarze", das die Verdauung belaste und dem man
böse Einflüsse auf den Charakter eines Menschen zuschrieb.
Wild war eine Speise für die Herren, die das Jagdprivileg
besaßen, aber nicht nur sich, sondern auch ihr Gefolge

damit versorgten. Gänse, Enten, Fasane, Rebhühner und Wachteln kamen in ausgeklügelter Zubereitung auf die Tafel, besondere Leckerbissen waren Kraniche, Schwäne, Störche und — nachdem die Kunst, Geflügel zu kastrieren, bekanntgeworden war — auch Poularden und Kapaune. Besondere Bedeutung erlangte zu jener Zeit die Zitrone, die als Heilmittel gegen die Pest angesehen wurde. Die Künstler unter den Köchen modellierten aus buntgefärbtem Zukker riesige Dekorationsstücke für große Gelage. Zu jeder Mahlzeit wurde getrunken. Dichter und Philosophen priesen den Wein als Geschenk des Dionysos, Ärzte lobten seine Heilwirkung, andere sahen ihn einfach als Gottesgabe an. Zu den einzelnen Gängen trank man große Mengen leichten Weines, zum Nachtisch folgten die schweren Sorten; Liköre aus Klöstern und Apotheken begannen den „Markt" zu erobern.

Triebfeder dieser kulinarischen Orgien war das Verlangen, dem raffinierten Luxus der römischen Kaiser nachzueifern. Man feierte jetzt die Massenfeste des Mittelalters nur noch zu besonderen Gelegenheiten, denn sie paßten nicht mehr zu dem verfeinerten Lebensstil des Renaissancemenschen. Federico liebte es, Gäste um sich zu versammeln, doch er wählte sie sorgfältig aus und bevorzugte einen kleinen Kreis. Es wurde Mode, runde Tische aufzustellen, deren Platten kostbar eingelegt waren und die zudem noch prunkvoll gedeckt wurden. Die Serviette wurde nach jedem Gang erneuert — ein Brauch, der in nördlicheren Gefilden so wie die Verwendung der Gabel noch lange nicht Fuß fassen konnte. Die Gabel und vor allem der langstielige Löffel kamen in Mode, und daran waren die Halskrausen schuld, die es unmöglich machten, die Suppe direkt aus der Schale zu schlürfen.

Die Mode war ein Kapitel für sich. Man trug lange Schleppen, Brokatgewänder mit Goldfransen und Goldbesatz, buntfarbene Gewänder — beispielsweise zwei verschiedene Farben für Beinkleider oder Strümpfe —, hermelingefütterte weite Ärmel. Ranken, Vögel, Drachen, Blumen und Wappen waren in die kostbaren Stoffe gewirkt, und die Prunksucht nahm so überhand, daß einzelne Fürstentümer und Städte Italiens Gesetze gegen den Luxus erließen. Die Damenmoden wechselten so rasch wie heute. Der florentinische Bürger Franco Sacchetti beschreibt in seinen „Novellen" die Moden und Umgangsformen jener Zeit, die natürlich nicht nur für Florenz galten, sondern auch für die anderen Renaissancehöfe, die sich ja immer wieder am florentinischen Vorbild orientierten. Der Autor sagte über den Wechsel der Mode: „Sah man nicht einst die Frauen so tief ausgeschnitten gehen, daß sie bis unter die Achselhöhlen entblößt waren und dann machten sie einen Sprung und erhöhten die Kragen bis an die Ohren: beide Moden gehen über das rechte Maß hinaus." Oder: „Und hat es jemals eine häßlichere, ungeschicktere und unzweckmäßigere Mode gegeben als ihre Ärmel, die man eher große Säcke nennen könnte? Keine vermag ein Glas oder einen Bissen vom Tisch zu nehmen, ohne den Ärmel und das Tischtuch durch die Gläser, die sie umwirft, zu beschmutzen." Weiter: „Die Frauen gehen in Kappen und Mänteln. Die meisten Mädchen, die noch keine Mäntel tragen, haben das Hinterhaupthaar halblang wie die Männer. Sie brauchen nur noch die Hosen anzunehmen, und sie haben sich alles angeeignet." Voll Entrüstung: „Diese Kleider sind jedoch anständig, da sie in ihnen die Brüste nicht zeigen. Aber sie haben andere unehrbare Gewänder, die Ciprianae genannt werden... Diese haben einen so weiten Brustausschnitt, daß sie die Brüste sehen lassen und es so aussieht, als wollten diese aus dem Ausschnitt herauskommen." Es gab Kleiderordnungen, Verbote und Gebote. Der Jesuit Alberti schrieb sogar eine Dissertation mit dem Titel „Kann eine Frau, die ihren Busen zeigt, von ihrem Beichtvater zur Beichte zugelassen werden?" Er kommt zu dem praktischen Schluß, der Beichtvater sei berechtigt, sein Beichtkind dann zuzulassen, wenn die Mode es diesem vorschreibe, so zu erscheinen; denn in keinem heiligen Text sei es verboten, diesen Teil des Körpers sehen zu lassen, der die Scham nicht mehr verletze als irgendein anderer.

Männer trugen kurze weite, oder auch kurze enge Gewänder, wie Sacchetti sagte, „und zwar sind letztere so kurz, daß sie das halbe Gesäß zeigen und die Schamteile hervortreten lassen". Aber das war natürlich die Kleidung junger Gecken.

Gefährlich scheint die Schuhmode gewesen zu sein: man liebte Schnabelschuhe. Aus Ancona ist eine eigene Verordnung bekannt, daß bei Sockelschuhen die Höhe der Sohlen nicht über einen Fuß hinausgehen dürfe. Der höchste bekannte Schuh dieser Zeit, der allerdings aus Venedig stammt und im Museum von Cluny aufbewahrt wird, zeigt eine Höhe von vierzig Zentimetern. Es muß in einer Stadt wie Urbino, wo steile Wege bergauf und bergab führen, unbequem gewesen sein, mit solchen Schuhen zu laufen. Allerdings wurden jene vornehmen Damen, die sich diesen Luxus leisten konnten, ja ohnehin meist in Sänften getragen. Als Lucrezia Borgia zu Besuch nach Urbino kam, besaß sie Kleider, von denen ein einziges die Summe von 20.000 Dukaten gekostet hatte. Ein Hut wurde auf 10.000 Dukaten geschätzt.

Baldassare Castiglione hat in seinem Werk über den Hofmann, „Il Cortegiano", sehr charakteristisch über die Tracht jener Zeit gesprochen und damit schon jene Periode des urbinatischen Hofes geschildert, in der es züchtig und humanistisch zugegangen ist. Er schrieb:

„Lassen wir aber jetzt das Benehmen gegen die Fürsten und wenden wir uns zum Verkehre mit Gleichgestellten und nicht viel höheren oder geringeren; auch ihm müssen wir unsere Aufmerksamkeit schenken, haben wir doch viel mehr mit unseresgleichen zu tun als mit Fürsten. Da gibt es nun Laffen, die sich, wenn sie sich auch in der Gesellschaft ihres allerbesten Freundes befinden, sofort wenn jemand eintritt, der etwas besser gekleidet ist, an diesen heranmachen, ihn jedoch wieder stehenlassen, wenn ein noch besser angezogener kommt. Und wenn der Fürst über die Straße geht, in die Kirche oder an einen anderen öffentlichen Ort, so bahnen sie sich mit dem Ellbogen einen Weg durch die Menge, um nur an seine Seite zu gelangen; wenn sie ihm auch nichts zu sagen haben, müssen sie doch mit ihm sprechen, reden ein langes und breites und lachen, ohne daß Hände und Kopf zur Ruhe kommen, als ob es sich um weiß Gott was Wichtiges handelte, damit das Volk sehe, wie hoch sie in Gunst stehen. Weil aber solche Leute niemand der Rede würdigen als die Fürsten, will ich auch nicht, daß wir sie würdigen, von ihnen zu reden.

,Ich möchte aber doch', sagte der Magnificio Juliano, ,da Ihr, Messer Federico, einmal jene Leute erwähnt habt, die nur mit gut gekleideten Menschen verkehren wollen, daß Ihr uns zeigtet, wie sich der Hofmann kleiden muß, und welche Tracht ihm am besten ziemt, hauptsächlich, nach welcher Mode er sich zu richten hat, deren wir jetzt eine große Mannigfaltigkeit sehen, indem sich der eine französisch, der andere spanisch, der dritte wie ein Deutscher kleidet, ja es Leute gibt, die sich nach türkischer Art tragen, und sich der eine den Bart stehen läßt, der andere nicht. Es wäre daher gut, aus dieser Verwirrung das Beste auswählen zu können.' ,Eine bestimmte Regel über den Anzug', antwortete Messer Federico, ,kann ich wahrscheinlich nicht geben, höchstens die, daß man sich nach dem Gebrauche der Mehrheit richten soll; weil er aber, wie Ihr sagt, ein so verschiedener ist, und es der Italiener liebt, sich nach fremder Weise zu kleiden, glaube ich, daß sich jeder anziehen kann, wie er will. Ich weiß aber nicht, welchem Verhängnis es zuzuschreiben ist, daß Italien nicht mehr wie einst eine italienische Tracht hat; denn obwohl die neue Mode nun die alte Tracht äußerst unelegant erscheinen läßt, ist die alte Tracht doch vielleicht ein Zeichen der Freiheit gewesen, so wie die neue eine Vorbereitung der Knechtschaft, die sich, wie mir scheint, recht augenfällig erfüllt hat. Wie man lesen kann, ließ Darius das Jahr, bevor er mit Alexander zu kämpfen hatte, das persische Schwert, das er an der Seite trug, nach dem Muster des mazedonischen umarbeiten, was die Wahrsager dahin deuteten, daß der, nach dessen Art Darius das persische Schwert geändert hatte, über Persien herrschen werde. Ähnlich haben wir auch die italienische Tracht gegen eine fremde vertauscht, und mich dünkt, das habe bedeutet, daß alle die, nach deren Art wir unsere Tracht geändert haben, kommen würden, um uns zu unterwerfen. Und es ist nur allzu genau eingetroffen: denn es gibt kein Volk, dessen Beute wir nicht gewesen wären, und obwohl es nicht mehr viel zu plündern gibt, fährt man doch mit Plündern fort. Ich will aber nicht, daß wir auf ein so trübseliges Thema näher eingehen; es wird besser sein, von der Kleidung unseres Hofmanns zu sprechen. Ist sie nicht ungebräuchlich, und ist sie seinem Berufe angemessen, kann sie sein wie immer, wenn sie nur ihren Träger befriedigt. Ich für meine Person sähe es freilich gerne, wenn sie in keiner Hinsicht besonders auffiele und weder allzu weit wie manchmal die der Franzosen, noch allzu enge wie die der Deutschen wäre, sondern sich im italienischen Mittelmaße hielte, die eine wie die andere verbessernd und mäßigend. Es gefällt mir auch besser, wenn sie nach Ernst und Würde zielt, als nach Eitelkeit: daher dünken mich schwarze Kleider schöner als alle anderen, und wenn sie schon nicht schwarz sind, sollten sie nach meiner Meinung in dunklen Farben gehalten sein. Dies gilt natürlich nur für den gewöhnlichen Anzug, da es außer allem Zweifel steht, daß zu den Waffen besser helle und heitere Farben stehen, ebenso schmucke, ausgezackte und prunkvolle Gewänder. Desgleichen auch bei öffentlichen Festen, Spielen und Maskeraden, und zwar deshalb, weil die Buntheit eine gewisse Lebendigkeit und Fröhlichkeit hervorbringt, die recht gut zu den Waffen wie auch zur Festesfreude stimmt; im übrigen aber soll das Kleid ruhig sein wie das des Spaniers, da das Äußere oft einen Schluß auf das Innere des Menschen zuläßt.' Hier bemerkte Messer Cesare Gonzaga: ‚Das würde mich wenig kümmern; wenn der Edelmann etwas taugt, wird die Kleidung seinen Wert weder steigern noch schmälern.' "

Der Hof von Urbino wurde durch Baldassare Castiglione als Hohe Schule verfeinerter Geselligkeit unsterblich gemacht. Er hat die Gespräche seines Hofmannes bewußt in den Kreis der von ihm verehrten und hochgebildeten Herzogin — gemeint war Elisabetta Gonzaga — verlegt. Das ist kein Zufall. In der Renaissance war die Frau der höheren Gesellschaftsschicht dem Mann gleichgestellt. Sie genoß dieselbe Bildung; literarischen und philosophischen Unterricht ließ man Töchtern und Söhnen gleichermaßen zuteil werden, und so entwickelte sich das Streben nach individueller Verwirklichung bei den Frauen höherer Stände auf ähnliche Weise wie bei den Männern, während man außerhalb Italiens gebildete und selbständig denkende Frauen nur sehr selten traf. Es wäre falsch, von Emanzipation zu sprechen; man betrachtete es einfach als selbstverständlich, daß eine Frau von Stand nicht nur schön, tugendhaft und fromm, sondern auch gut erzogen sein sollte, also ein harmonisches Ganzes bildete. Dieses harmonische Ganze drückte sich auch in der Sprache der gebildeten Kreise aus. Zu den Kennzeichen eines Renaissancehofes gehörte es, die Sprache in Wort und Schrift mit Achtung zu behandeln, mit Geist und Sorgfalt, „reich an Fülle wie ein köstlicher Garten, voll Blumen und Früchten", wie Jacob Burckhardt in seinem Werk „Die Kultur der Renaissance in Italien" sagt.

An einem Hof wie Urbino mußte auch die Liebe als besondere Pflanze gedeihen. Man eiferte Platon nach, doch hatte der griechische Philosoph die Schönheit einst nur im Körper des Mannes gesehen und sie erst spät in der gesamten menschlichen Gattung entdeckt. Von der Gattung führte sein Weg zur Betrachtung der Seele und der Erkenntnis, die einzig wahrhaftige Schönheit sei die der Seele, die geistige Schönheit. Der erste Platoniker Italiens, Ficinus, paßte diese Erkenntnis dem Leben an, wenn er sagte: „Es gibt zwei Arten von Liebe: die eine ist dem Himmel entwachsen und lebt in geistigen, überirdischen Gefühlen, die andere, von Jupiter geboren, dient der Freude der Erde und sorgt für die Fortpflanzung des Menschengeschlechts." In dieser Philosophie hatte die fromme Frau genauso Platz wie die geistvolle Kurtisane...

Federico von Montefeltro weilte am liebsten in den Räumen seiner Bibliothek oder in seinem Studiolo, einem kleinen Kabinett, dessen kostbar intarsierte Wandtäfelungen Darstellungen von Heiligen, Landschaften, Büchern, Harnischen, Mandolinen in perspektiver Manier zeigen — man glaubt sie zu greifen. Über diesen Holztäfelungen brachte der Herzog die Bildnisse jener achtundzwanzig berühmten Männer an, denen er sich geistesverwandt fühlte. Er war nicht unbescheiden, der Herzog. Vierzehn dieser Porträts berühmter Männer hängen heute im Louvre, die anderen sind in einem der Säle des Herzogspalastes zu sehen. In seinem Studiolo führte der Fürst gelehrte Gespräche mit Dichtern, Künstlern und Humanisten. Er hielt mehr von der Geschichte als von der Philosophie, schätzte Aristoteles mehr als Platon, liebte die Klassiker, las aber auch die Kirchenväter und Scholastiker.

Vierzehn Jahre lang hielt Federico dreißig Kopisten an seinem Hof, die so lange griechische und lateinische Manuskripte abschrieben, bis seine Bibliothek neben der des Vatikans die größte in Italien war. Er teilte die Meinung seines Bibliothekars Vespasiano da Pisticci, eine Bibliothek dürfe kein gedrucktes Buch enthalten, denn das Buch sei eine Einheit aus Schrift, Illumination — also zeichnerische Ausgestaltung, Illustration und Farbigkeit der Initialen — und Einband. So wurde jedes Buch auf Pergament geschrieben, mit Miniaturen versehen, in karmesinfarbenes Leder gebunden und mit silbernen Schließen versehen. Später

ging diese Bibliothek, deren wertvollstes Stück die zwei-
bändige Urbino-Bibel ist, in den Besitz des Vatikans über
und ist heute ein besonderes Prunkstück des Vatikan-
Museums.

Guidobaldo von Montefeltro, der Sohn Federicos, versuchte dem Vater nachzueifern. Während eines Feldzuges
erkrankte er und war von da an meist leidend. 1488
heiratete er die gleichfalls kränkelnde Elisabetta Gonzaga,
die, so scheint es, mit Erleichterung feststellte, daß ihr
Gatte impotent war. Die Herzogin hatte es aber gar nicht
leicht, ihre Jungfräulichkeit zu bewahren. Der venezianische
Abenteurer Aretino bedrängte sie und sagte, von Elisabetta
abgewiesen, die Herzogin habe das Antlitz eines Engels,
jedoch das Herz einer Schlange. Der berühmte Humanist
Kardinal Pietro Bembo, der Ferrara verlassen mußte, suchte
bei ihr vergeblich Ersatz für Lucrezia Borgia — um sich
dann damit zu begnügen, die Reinheit ihrer Sitten zu
preisen. Und auch Castiglione verliebte sich in seine Herrin.

Am Hof Elisabettas lebte eine ausgesprochene Schönheit,
die junge Witwe Emilia Pia, die mit einem der unehelichen
Brüder Guidobaldos vermählt gewesen war. Ihr gab, so
berichtet der „Cortegiano", die Herzogin als Stellvertreterin
den Vorsitz über die Diskussion, die Emilia Pia mit schalk-
hafter Anmut leitete — aber auch sie widerstand allen Ver-
lockungen. Eine andere Verwandte, Margherita Gonzaga,
uneheliche Tochter des Markgrafen Francesco von Mantua,
überaus heiter und sehr hübsch, verdrehte allen Männern
den Kopf. Eine uneheliche Schwester Guidobaldos, Con-
stanza Fregosa, glänzte durch ihre Klugheit, Belesenheit
und ihre literarischen Ambitionen.

Den geistvollen Runden, die sich zu abendlichem Ge-
spräch versammelten, gehörten neben Bembo, dem humani-
stischen Kirchenfürsten und großen Freund der Frauen, von
Castiglione „gentiluomo galante e bello" genannt, auch
Castiglione, dessen Jugendfreund Cesare Gonzaga und Graf
Ludovico Canossa an, die durch Witz und Bildung hervor-

stachen. Der „Hofmann" war als Buch überaus erfolgreich; bis zum Ende des Jahrhunderts erschienen allein mehr als vierzig italienische Ausgaben, überdies wurde er ins Deutsche, Französische und Spanische übersetzt. Castiglione zeichnet darin das Idealbild eines Hofes, dessen Muster, was Sitte und Gesinnung anlangt, der Hof von Urbino war. Dennoch entwirft Castiglione das Bild einer recht freizügigen Lebensart. Eheliche Treue war verlangt, solange die Frau dem Mann gefiel. Zumindest inoffiziell wurde der Frau die gleiche Freiheit zuerkannt wie dem Mann, nur der „decoro" — das Gesicht — mußte gewahrt bleiben. Dem Ideal der Schönheit entsprechend, mußte eine Fürstin von einem Kreis ausgesucht schöner Hofdamen umgeben sein. Daß diese im ständigen Kampf mit der männlichen Umwelt lagen, ist wohl verständlich. Sie waren den mannigfachsten Verführungskünsten ausgesetzt. Ein zeitgenössischer Chronist, Prato, nannte diese Damen „alquante ministre di Venere", also zum Teil Priesterinnen der Venus, die sich eines ziemlich vorwitzigen und freien Tones befleißigten. Isabella Gonzaga, die Markgräfin von Mantua, hatte zwei Hofdamen, die in Gegenwart ihrer Herrin einen Brief an deren zehnjährigen Sohn Federigo schrieben — Federigo weilte bei seiner Schwester Leonora, die knapp vor der Entbindung stand, am Hof von Urbino — und darin hieß es: „Madama Alda küßt Eurer Herrlichkeit die Hand. Die Nocenzia und ich, Brogna, küssen die Schenkel und jenen Teil, der am meisten daran gefällt. Wir bitten Eure Herrlichkeit, Sie möge den Leib der Frau Herzogin berühren und uns der Frau Herzogin und ihrem Kleinen empfehlen."

Als sich Cesare Borgia im November 1502 mit einer Armee gegen Urbino wandte und das Herzogtum als Lehen der Kirche für den Papst zurückforderte, mußte Herzog Guidobaldo mit seiner Frau fliehen. Es war keine Zeit mehr, eine schlagkräftige Truppe aufzustellen. Über Città di Castello floh er an den Hof von Mantua. Da Cesare Borgia jedoch mit Vergeltung drohte und Guidobaldo Mantua nicht gefährden wollte, suchte er Schutz in Venedig. Als einige Monate später der Borgia-Papst Alexander V. an Malaria starb, erhob sich das Volk von Urbino, vertrieb die päpstlichen Truppen und holte Guidobaldo zurück. Der Herzog adoptierte seinen Neffen Francesco Della Rovere und ernannte ihn zu seinem Erben — ein kluger Schachzug, denn Francesco war der Enkel des nunmehrigen Papstes Julius II., der sich hütete, Urbino zu behelligen.

Dieser Neffe und Papstenkel war ein typischer Nepote. In den Kämpfen des Papstes mit Bologna wurde ihm eine Armee anvertraut. Die von Papst Julius II. vertriebene Herrscherfamilie Bentivogli kehrte jedoch mit französischer Hilfe zurück, und die päpstliche Armee wurde geschlagen. Kardinal Alidosi berichtete dem Papst, sein Neffe Francesco Maria Della Rovere sei allein an der Niederlage schuld. Julius II., so wird berichtet, rief wütend aus: „Wenn der Herzog in meine Hände kommt, lasse ich ihn vierteilen!" Francesco rächte sich: Er erstach Kardinal Alidosi und ritt fröhlich nach Urbino in seine Residenz. Im folgenden Prozeß bewies Francesco, daß der Kardinal ein Verräter und mit den Franzosen verbündet gewesen war, worauf der Papst seinen Neffen wiederum in Ehren aufnahm. Im Jahr 1516 ernannte jedoch ein anderer Papst, Leo X., seinen Neffen Lorenzo II. von Medici, der bei der Vertreibung der Medici aus Florenz als Wickelkind nach Urbino gebracht und von Guidobaldo und Elisabetta wie ein eigener Sohn aufgenommen worden war, zum Herzog von Urbino. Gleichzeitig erklärte Leo X. den bisherigen Herzog Francesco in Acht und Bann — obwohl er selbst, damals noch Kardinal, den Freispruch beim Prozeß unterzeichnet hatte. Elisabetta reiste nach Rom und warf sich dem Heiligen Vater zu Füßen. Es half nichts: sie selbst, Francesco und dessen Gattin mußten in die Verbannung nach Mantua fliehen. Nach dem Tod Leos X. im Jahr 1521 setzte Hadrian VI. Francesco Maria Della Rovere jedoch wieder als Herzog von Urbino ein.

Vieles von der Pracht ist verschwunden, doch wir sind dankbar für das, was blieb. Der italienische Journalist Pinin Carpi sagte treffend: „Wie Venedig im Wasser entstanden ist, indem es den Boden bildete, auf dem es steht, so ist Urbino über der Leere entstanden. Auf seinem Hügel sind in fortschreitenden Kreisen die Häuser, die Terrassen, die Gärten, die Straßen und Gassen ringsum auf Erdaufschüttungen gestellt, die von Mauern und Strebepfeilern gestützt sind. Man braucht nur von der Höhe des Herzogspalastes die Komposition der Dächer der Stadt zu beobachten, die fächerförmig, braunrosa getönt, in ein harmonisches Mosaik gefügt sind, um gewahr zu werden, daß sie nicht zufällig entstanden sind. Es ist nicht die Idealstadt Federicos, aber trotzdem eine in jenen Jahren gebaute Stadt. Die Häuser, alle aus Backsteinen — die ihr Ausmaß bestimmen, als ob sie das konstante Modul der ganzen Stadt wären — sind, obwohl in der Mehrzahl schmucklos, von klassischer Harmonie... Der Hauptplatz ist der belebteste Punkt von Urbino; er wimmelt von sorglosen und ungezwungenen Studenten, moderne Bürger einer fortschrittlichen Metropole. Es ist auch der am besten beleuchtete Punkt am Abend, wenn aus den großen Fenstern der Bars das Licht auf den Platz strömt. Der Rest der Stadt aber ist überaus still und ruhig und zum größten Teil von den lieblosen Beleuchtungskörpern unserer Zeit verschont geblieben. Die Straßen sind eng und die Häuser klein; da und dort, auf Eisenarme gestützt, heben sich wie Schilder viele kleine Lichtkugeln ab, die die Form alter Petroleumlampen haben und auf die dunklen Backsteine ein altertümliches Licht werfen, ohne das Dunkel zu vergewaltigen. In Urbino fühlt man sich vielleicht nie so in eine lang vergangene Zeit versunken wie bei Nacht...“

Als Besucher sollte man auch eine Nacht in Urbino verbringen. Tagsüber ziehen Scharen von Touristen durch die Stadt, besichtigen den Palazzo, den Dom, die Museen, das Geburtshaus Raffaels; nachmittags, wenn es kühler wird, bevölkern die Bewohner der Stadt selbst die Straßen. Es sind vor allem Studenten der kleinen Universität und während des Sommers in- und ausländische Studenten der Sommerhochschule, die Kurse für italienische Sprache, italienische Kultur und Kunst, aber auch für Zeichnen oder druckgraphische Arbeiten besuchen. Die Jugend gibt der Stadt eine heitere Note. Am Abend aber wird es in Urbino still — hörbar still. Die Schritte eines einsamen Wanderers hallen in den engen Gassen wider. Wenn sich die Türme in den nachtschwarzen Himmel recken, kann man über Mauern und Gärten hinweg immer wieder neue zauberhafte Ausblicke zum Palazzo finden oder Details entdecken, die durch das fahle Licht einer Straßenlaterne plastisch hervortreten. Vor allem aber sollte man Urbino als Gesamtkunstwerk betrachten und Stück für Stück besuchen, denn nur so wird die Großartigkeit der Renaissancestadt in stets neuer Form sichtbar.

Urbino wurde auf zwei nebeneinanderliegenden Hügeln erbaut, daher der Name Urbs bina, Doppelstadt. In der Mulde zwischen beiden Hügeln befindet sich die Piazza della Repubblica, von alters her der Platz, der für den Reisenden den Eintritt in die Stadt bedeutet. Der alte Baedeker, das Standardreisewerk des 19. Jahrhunderts, verzeichnet: „Von Pesaro aus ist am leichtesten der Ausflug nach Urbino zu machen: Diligenza 2mal tägl. hinauf in 5, hinab in 4 St. für 4 fr. — Die Straße führt anfangs im Thal der Foglia, welche bei Pesaro das Meer erreicht, aufwärts über unbedeutende Ortschaften. Halbwegs das Wirtshaus ‚del Cappone‘, wo Pferdewechsel. Weiter Moline. Zuletzt in Windungen ansteigend nach Urbino. R. oben erblickt man den herzogl. Palast, mit drei Loggien zwischen runden Thürmen. Die Diligenza hält in der 1. von Arcaden eingefaßten Straße, wo ein Café und das Gasthaus.“
Die Geschichte dieser Doppelstadt begann nicht erst mit

der Familie Montefeltro. Urbino war ein römisches Munizipium, wurde im Mittelalter von den Byzantinern unterworfen, gehörte zum Exarchat von Ravenna und mit Fossombrone, Cagli, Gubbio und Iesi zur Pentapolis. Die
Langobarden unter Luitprand unterwarfen die Stadt, die
durch die karolingische Schenkung schließlich unter Kirchenherrschaft kam. Als die Familien Montefeltro und Della
Rovere ausstarben, fiel das Herzogtum im Jahr 1631 an
den Heiligen Stuhl zurück und bildete mit Pesaro zusammen
ein apostolisch-päpstliches Hoheitsgebiet, das 1860 als Provinz Pesaro-Urbino in das neue Königreich Italien eingegliedert wurde.
Als Federico von Montefeltro an die Macht kam, bildete
der Palast des Grafen Antonio — heute Sitz der Universität
am Ende des langgestreckten Platzes vor der gesamten
Palastanlage — den Herzogssitz. Federico kaufte benachbarte Häuser auf und nahm Umbauten vor; der Architekt
dieses Vorhabens war vermutlich Maso di Bartolomeo aus
Florenz, von dem das Portal der dem Herzogspalast gegenüberliegenden Kirche S. Domenico stammt. Im ältesten Teil
des Ostflügels des Palastes sind Strukturen dieses Umbaues
noch erkennbar. Die Aufgabe, den alten Palast und den
Zubau zu verbinden und daraus eine weitläufige Palastanlage zu schaffen, erhielt der dalmatinische Baumeister
Luciano Laurana, der 1466 bis 1467 die Planungsarbeiten
durchführte und 1468 mit der Ausführung begann. Als
Laurana Urbino im Jahr 1472 verließ, war das Gesamtwerk
noch nicht vollendet. Von ihm stammen der Westflügel, der
prachtvolle Palastteil unmittelbar vor der Kirche S. Domenico, der die Prunkstiege enthält, und der herrliche Renaissancehof. Nach Laurana waren die wichtigsten Baumeister
der Sienese Francesco di Giorgio Martini und der Florentiner Baccio Pontelli. Zur Ausschmückung des Palastes
kamen Künstler von überall her: Ambrogio Barocci aus
Mailand, Domenico Rosselli aus Pistoia, Francesco di
Simone Ferrucci aus Fiesole; der Flame Justus van Gent

führte die Technik der Ölmalerei ein, hier wirkten die Maler Piero della Francesca, Pedro Berruguete, Timoteo Viti und Giovanni Santi, der Vater Raffaels.

Harmonie und Eleganz kennzeichnen den Palast, der kein Bollwerk mehr war, keine Schutzmauern besaß, sondern anders als die mittelalterlichen Festungen große Fenster, weit geöffnete Portale, Gärten und Loggien erhielt. Obwohl es mehrere Bauphasen gegeben hatte, ist die Proportion des Palastes ausgewogen. Die technische Leistung ist nicht zu übersehen: die ganze Palastanlage steht auf einem Hang, der besondere Stützmauern, Verstrebungen, Gewölbe und Bögen verlangte, um die Spannung zu halten. Der Palazzo ist so festgefügt, daß bis heute wenige der an anderen Bauwerken aus dieser Zeit häufig verwendeten eisernen Klammern angebracht werden mußten. Von weitem sieht der Besucher Urbinos zwei schlanke, hohe Türme, die drei übereinanderliegende Loggien flankieren und gleichzeitig Stützpfeiler des gewaltigen Bauwerks sind. Das Dach wird vom Wappenadler der Montefeltro gekrönt, und dieses Zeichen kehrt überall im Palast wieder. Laurana hat den Palast so „komponiert", daß durch eine sogenannte Flügelfassade ein Platz vor dem Hauptportal geschaffen wurde — also ein Platz vor dem Platz —, der dem Bau die notwendige elegante Note verleiht. Der untere Teil der Fassade ist mit glatten Quadersteinen verkleidet, und diese Verkleidung hätte sich eigentlich über die gesamte Fassade fortsetzen sollen. Früher war die Verkleidung höher als heute, doch wurden die Steine in der Verfallszeit Urbinos von baulustigen Bürgern weggerissen.

Bevor wir den Palast betreten, verweilen wir ein wenig auf dem Vorplatz und lassen uns auf der Bank nieder, die

Seite 147: *Oben:* Die schneebedeckten Hänge der Monti Sibillini.
Unten: Die romantische Badebucht von Numana Alta bei Ancona.
Seite 148: Die Bibliothek, eine Felsformation am „Ellbogen" von Ancona.

146

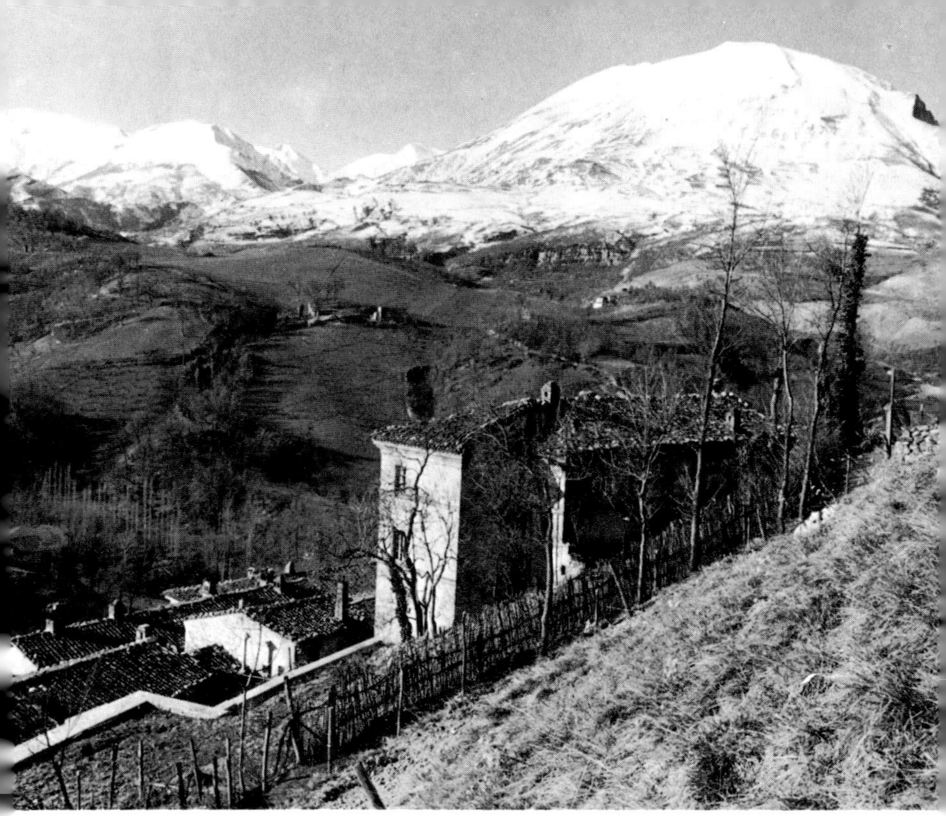

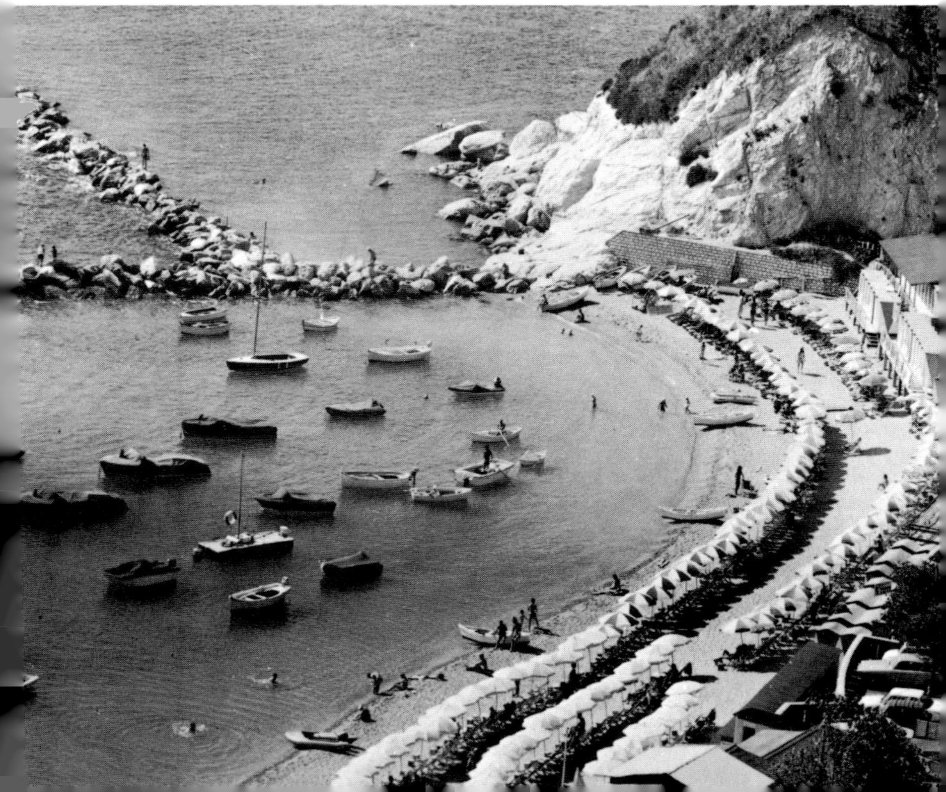

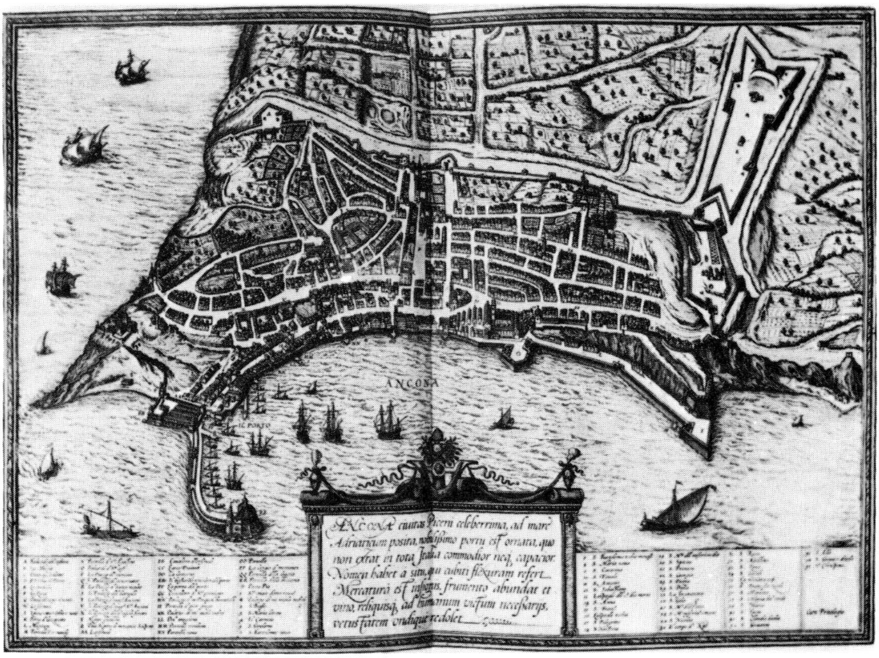
ANCONA
IL PORTO
ANCONA civitas Piceni celeberrima, ad mare
Adriaticum posita, nobilissimo portu est ornata, quo
non extat in tota Italia commodior neq, capacior.
Nomen habet a situ, qui cubiti flexuram refert.
Mercatura est insignis, frumento abundat et
vino, reliquisq, ad humanum usum necessarijs,
vetus fatum undique redolet

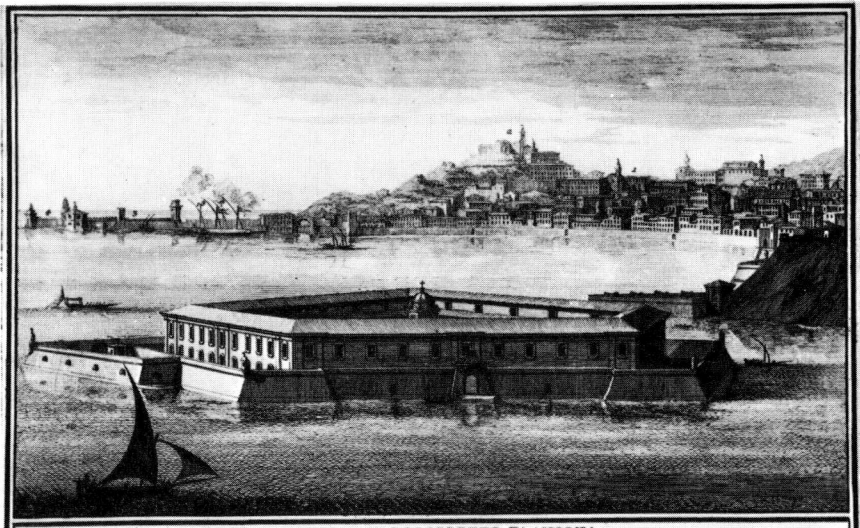

PROSPETTO DEL LAZZERETTO D' ANCONA
Architettura di Luigi Vanvitelli
1. Città d' Ancona. 2. Monte S. Ciriaco. 3. Braccio vecchio del Porto 4. Braccio nuovo del d.° Porto
Giuseppe Vasi incise
In Roma nella Calcografia della Rev. Cam. Ap.lica a Piè di Marmo
27

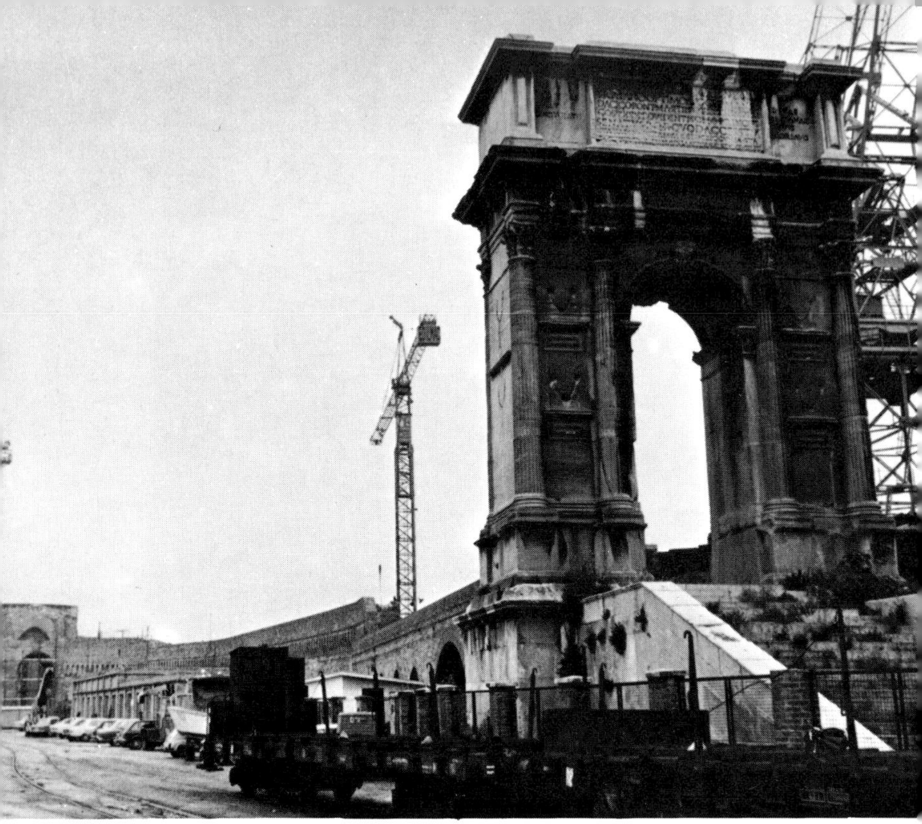

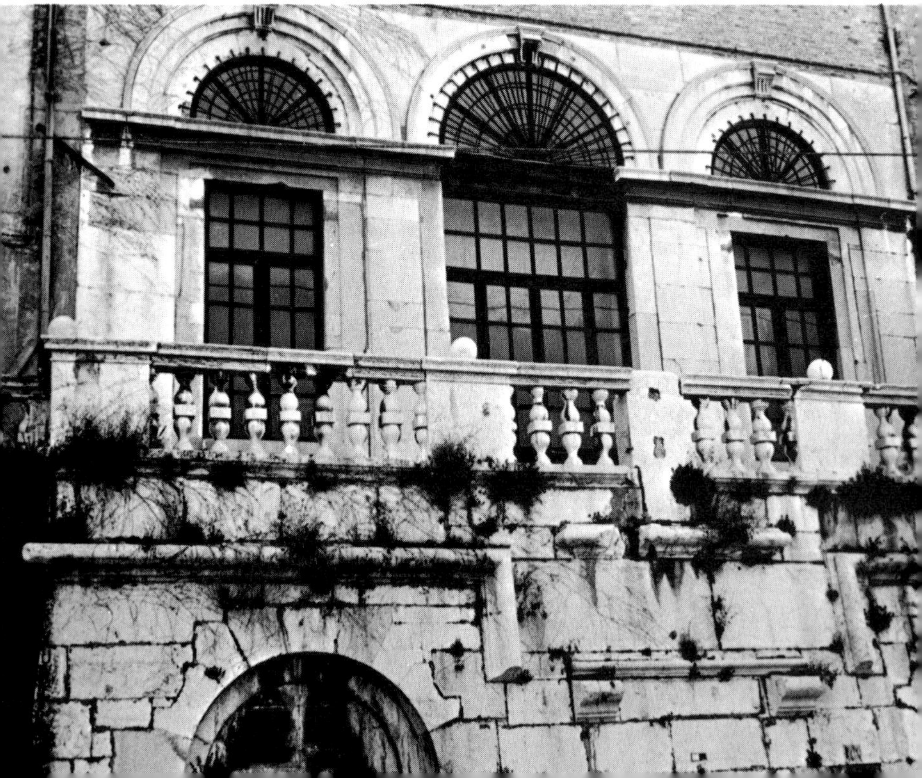

an der Basis der Front dieser „Flügelfassade" entlangläuft. Es findet sich immer ein sonniger, gemütlicher Platz. Stimmengewirr surrt: lebhafte Italiener, die es zur eigenen Vergangenheit zieht, die Urbino genauso bestaunen wie die Fremden; umhertollende Kinder; das Sprachenbabel der Touristen. Schließt man die Augen und fühlt mit den Händen den glatten, kühlen, profilierten Stein, so ist es gar nicht schwer zu träumen. Zu träumen von der Pracht der Vergangenheit, als die Wache aufzog, die rechter Hand in den Räumen des Torbogens ihre Stube hatte, und als die Schritte der Soldaten auf den großquadrigen Steinen des Platzes widerhallten: soundsoviel Schritt vorwärts, Kehrtwendung, soundsoviel Schritt zurück. Wie plötzlich eine Stimme Kommandos gerufen haben mag und die Menschen zwischen dem Palast und dem Dom am anderen Ende des Platzes still verharrten, auf die Knie sanken und dem Herrscher zujubelten, der leutselig durch die Menge ging. War er vorbei, begann das geschäftige Treiben von neuem, eilten Boten, Handwerker und Bauern, die Gemüse und Fleisch anlieferten, zu den Nebenpforten, um die riesige Hofhaltung zu versorgen. Der Hof war nicht nur das Zentrum, er war auch Quelle des Wohlstandes für die Bürger der Stadt und die Bauern der Umgebung. Von weither kamen Gesellen gewandert, um dem Hof ihre besondere Fertigkeit anzubieten, denn man wußte, hier war eine freigebige Hand, hier lebte ein Herrscher, der Verständnis für Qualität und Schönheit besaß und auch das Volk leben ließ.

Sehen wir uns auf dem Platz um. Details von berau-

Seite 149: *Oben:* Ansicht von Ancona. Aus: Braun, Beschreibung der vornehmsten Städte der Welt, Bd. I, 1572.
Unten: Ancona: Ansicht des Hafens. Stich von Giuseppe Vari (18. Jh.).
Seite 150: *Oben:* Ancona: Im Gewirr des Hafens von heute steht der Trajansbogen.
Unten: Der Balkon der „Loggia dei Mercanti", von dem aus die Handelsherren mit den Kauffahrern und Schiffseignern feilschten.

schender Schönheit: die steinernen Fensterumrandungen, die elegante Gliederung, die herrlichen Eckpilaster, Blütengirlanden von zauberhafter Anmut, Rosetten, der Fries, der die Fenster verbindet. Nicht übersehen sollte man das Basrelief gleich oberhalb der Sitzbank an der Fassade der Eingangstore — genau: unmittelbar rechts neben dem ersten Tor von der Fassadenkante des Platzes her gesehen —, das eine Kriegsmaschine nach einer Zeichnung von Francesco di Giorgio Martini zeigt.

Der Besuch des Palazzos ist ein Erlebnis, auch wenn das Mobiliar fehlt und vieles von der ursprünglichen Schönheit verlorengegangen ist. Anders als in vielen italienischen Bauwerken jener Zeit, bei deren Bau man hauptsächlich auf großgestaltete Vorhallen, Prunkstiegen und Gemächer Wert legte, den Komfort jedoch völlig außer acht ließ, findet man in diesem Palast, durch die Anordnung der Wohnräume, eine intime, wohnliche Atmosphäre.

Im Palazzo werden ständig Restaurierungsarbeiten vorgenommen. Bei meinen zahlreichen Besuchen ist es mir nie gelungen, sämtliche öffentlich zugänglichen Räume gleichzeitig zu besichtigen, denn jedemal war ein anderer Saal gesperrt. Und man hat großartige Arbeit geleistet. Als der Palazzo im Jahr 1631 Sitz des päpstlichen Statthalters wurde, begann der Verfall. Zuerst verschwand das Mobiliar, dann wurden die Bildwerke aus dem Studiolo und dem kleinen Musentempel weggebracht — sie sind teilweise zurückgekehrt —, und 1657 schaffte man die Bibliothek Federicos in den Vatikan. Auch viele der so wunderschönen intarsierten Türen wurden entfernt. Man verstand den Wert nicht, wollte mit der Zeit gehen und erfreute sich an glatten, gesichtslosen Füllungen.

Als der Kirchenstaat im 19. Jahrhundert zerfiel, hatte Urbino vorerst keinen Platz im neuen italienischen Königreich: der Palazzo wurde vernachlässigt, ja zum Steinbruch. Jedermann holte, was er brauchte: ein Kapitell, eine Tür, einen Kamin und was es sonst noch in einer so weitläufigen

Anlage gab. Später wurde im Erdgeschoß ein Gefängnis eingerichtet. Als im *piano nobile,* also im Herrschaftstrakt, im ersten Stock Büros installiert wurden, hörten die Diebereien zwar auf, aber die Bürokraten breiteten sich immer mehr aus, bis sie auch das hölzerne Renaissancetheater herausrissen und in Büroräume verwandelten.

Doch stets gab es Rufer, die von der Schönheit Urbinos kündeten und dafür arbeiteten, zu retten, was noch zu retten war. Und so gelang es 1881, dem Palazzo mit der Errichtung des „Istituto Statale d'Arte di Urbino" eine neue Bestimmung zu geben. Im Jahr 1912 begann man mit Restaurierungsarbeiten, um im ersten Stock unter der Leitung von Lionello Venturi die „Galleria Nazionale delle Marche" zu schaffen, die Nationalgalerie der Marken, die heute ein reichhaltiges Museum ist. Vielleicht ist es gut, hier anzumerken, was für die meisten Museen des Landes gilt: die Öffnungszeiten unterscheiden sich im Winter und im Sommer. Im Winter (vom 1. Oktober bis 15. April) ist die Galerie der Lichtverhältnisse wegen über die Mittagszeit geöffnet, während im Sommer zwischen 13 und 15 Uhr Siesta gehalten wird.

Ein Tonnengewölbe führt durch das Eingangstor des Palastes und einen langen Gang — nochmals sei auf das mächtige reichornamentierte Portal hingewiesen und auf den Fries aus Tuffstein, der oberhalb des Portals verläuft — in den Ehrenhof. Die Räume rechts vom Eingang waren, wie schon gesagt, Wachstuben, links ging es in die Bibliothek des Herzogs. Heute ist hier das Staatsarchiv untergebracht. Die Decke zeigt noch den ursprünglichen Schmuck, den Adler der Montefeltro, der das Familienwappen hält und von einem Cherubinen- und Strahlenkranz umgeben ist.

Das Wappen und die Embleme des Herzogs Federico werden uns immer wieder begegnen. Schon die Friese der fünf Eingangsportale zeigen seine Initialen: FE DUX. Medaillons mit den Anfangsbuchstaben F. C. wechseln mit solchen ab, die die Buchstaben F. D. zeigen — beide gelten demsel-

ben Mann, nur ist es einmal der Graf — Federico Conte —,
dann der Herzog — Federico Duca. Manchmal ist das C
entfernt und durch ein D überdeckt worden, wie heute noch
zu erkennen ist. Der Bastard, der da Herrscher des Montefeltro wurde, ließ seine Initialen anbringen, wo immer es
möglich war. Als er 1474 die Herzogswürde erlangte, wurden vor allem die Decken des Palastes mit den neuen Initialen geschmückt, man findet sie aber auch an Kaminen, auf
Türen, an den Querbalken der Fenster.

Der erste Absatz der monumentalen Freitreppe zeigt
ebenfalls das herzogliche Wappen: im Mittelpunkt in stili-
sierter Form die päpstlichen Schlüssel, gekrönt von der
Tiara, oben der Hosenband- und der Hermelinorden; unten
eine explodierende Granate und der Strauß als heraldische
Symbole des kriegerischen Gewerbes.

Auf dem zweiten Treppenabsatz steht in einer Nische
eine Statue Federicos, von Girolamo Campagna Anfang des
17. Jahrhunderts gemeißelt. Sie wurde vom letzten urbinatischen Herzog, Francesco Maria II., zum Gedenken an den
Vorfahren aufgestellt.

Nach einem weiteren Treppenabsatz beginnt der *piano
nobile* und damit auch der Gang durch die Saalfluchten des
Palastes. Auf diesem dritten Treppenabsatz angelangt, steht
der Besucher vor der „Tür des Krieges", deren steinerne
Einfassung, ein Werk Ambrogio Baroccis, Kriegsembleme
aufweist. Die Intarsien der Tür zeigen den „Triumph der
Tugenden".

Rechter Hand von der Prunkstiege gelangt man in den
oberen Bogengang, der von der Säulenhalle des Ehrenhofes
getragen wird. Es ist zu empfehlen, diesen Hof, das Hauptwerk Lauranas, zu besichtigen, ehe man die Prunkstiege betritt. Laurana hat den Komplex so komponiert, daß der Hof
zum Mittelpunkt des Palastes wurde. Wie man sagt, ist er
der musikalischste Raum des Gebäudes. Er scheint quadratisch, doch ist das eine der typischen Spielereien der Renaissance — die Seitenarkaden haben eine Bogenöffnung

mehr. Die Fläche ist mit Backsteinen belegt. Ein besonderer Akzent ist durch einen Brunnen gesetzt, der bescheiden in die Ecke des Hofes gerückt wurde. Die Arkaden zeigen Säulen mit reich ornamentierten Kapitellen, darüber Rundbögen. Zwischen den einzelnen Säulenbogen sieht man kreisrunde Verzierungen, die blinden Fenstern ähneln. Darüber ein eleganter Bogengang mit reichverzierter Fassade. In späterer Zeit wurden zwei Aufbauten durchgeführt, die die Proportion des Hofes zwar etwas verzerren, seiner Schönheit letztlich aber wenig anhaben können. Die Inschrift auf dem oberen Gebälkfries, die rings um den Hof läuft, besagt: „Federico, Herzog von Urbino, Graf von Montefeltro und Castel Durante, Bannerträger der Heiligen Römischen Kirche und Haupt der Italischen Liga, erbaute diesen Palast von Grund auf, zu seinem und seiner Nachkommen Ruhm." Der untere Fries trägt die Worte: „Er zog mehrmals in den Krieg, kämpfte in sechs Schlachten, schlug achtmal den Feind und blieb Sieger in allen Kämpfen, er mehrte seine Macht. Im Frieden übertrafen und schmückten Gerechtigkeit, Milde, Freigebigkeit, Frömmigkeit seine Siege."
Der Rundgang durch den *piano nobile* und damit durch das Nationalmuseum der Marken — ein zweites Nationalmuseum befindet sich in Ancona — beginnt im riesigen Thronsaal. Das Wort „riesig" ist angebracht: der Saal ist fünfunddreißig Meter lang, fünfzehn Meter breit und in der Scheitelhöhe achtzehn Meter hoch. Die gewölbte Decke, deren Zwickel auf Kapitellen ruhen, erinnert an ein im Wind gebauschtes Segel. Hier wurde des öfteren Geschichte gemacht. Schon beim ersten Blick fällt der venezianische Löwe auf, der hoch oben an der Schmalseite des Saales prangt. Er hält ein aufgeschlagenes Buch, das die Worte zeigt: „Pax tibi Marcem, evangelista meus" — „Friede sei mit Dir, mein Evangelist Markus." Dieses aufgeschlagene Buch ist ein Hinweis auf das kriegerische Venedig: Wenn der Löwe ein geschlossenes Buch unter seinen Tatzen hielt oder ohne Buch dargestellt war, bedeutete das Frieden. Wo

das Buch aber aufgeschlagen ist, steht es gleichbedeutend für Krieg. Der Löwe ist ein Hinweis auf Herzog Guidobaldo, den Sohn Federicos, der venezianischer Heerführer war... Sieben große Gobelins, die das Wappen Kardinal Mazarins tragen, schmücken die Wände des Saales. Es sind Kopien jener Bildteppiche, die nach Kartons von Raffael für die Sixtinische Kapelle in Rom gearbeitet wurden. Die „Manufacture des Gobelins" fertigte nach den Vorlagen Raffaels mehrere Stücke der gesamten Serie an, dabei gibt es Abweichungen in Farbe und Form, das Kennzeichen der Handarbeit. Die sieben Gobelins von Urbino stammen aus dem königlichen Palast in Mailand und wurden von Kardinal Mazarin in Auftrag gegeben. Sie sind von L. Februe signiert und zeigen Episoden aus dem Leben der Apostel.

Im Thronsaal finden sich an der Decke und an den Kaminen wieder die Initialen des Herzogs. Die rechte Tür in der dem Eingang gegenüberliegenden Ecke des Thronsaales führt in die Wohngemächer der Herzogin, und zwar zuerst in den Tanzsaal, auch Saal der Abendgesellschaften genannt. Hier ist es Zeit, sich an den „Hofmann", das Buch Baldassare Castigliones, zu erinnern, denn in diesem Saal, der dem Thronsaal sehr ähnlich, aber kleiner ist und sehr elegante steinerne Dekorationselemente von Francesco di Simone Ferucci besitzt, versammelte sich der höfische Kreis zu seinen abendlichen Gesprächen. Hier saß Castiglione seiner Herrin Elisabetta Gonzaga zu Füßen.

Es würde zu weit führen, die Bildwerke des Museums einzeln aufzuzählen; das gilt für alle Räume des Palastes. So möchte ich, bevor ich den Rundgang fortsetze, nur einige bedeutsame Künstler herausgreifen. Da ist an erster Stelle Raffael zu nennen, der im Audienzsaal mit dem Bildnis einer *gentildonna,* das heißt einer Edeldame, genannt „La Muta", vertreten ist. Das Abendlicht scheint auf die Dame zu fallen, jener rosig-gelblich-fahle Sonnenstrahl, der die Linien so weich zeichnet. „La Muta" ist eine ernste Dame, überaus geschmackvoll gekleidet, schulterfrei, mit den pludrigen Ärmeln der damaligen Mode, ein Kreuz an einer langen Kordel um den Hals, die schlanken Finger mit Ringen geschmückt. Die Augen schauen wissend, ernst und doch lebhaft. Man versteht, daß in jener Zeit die Damen der Adelskreise durchaus gleichberechtigte Partner bei Gesprächen sein konnten, denn sie waren gebildet — etwas, das im übrigen Europa durchaus nicht selbstverständlich war.

Ein Museumsdiener bemerkte, daß ich lange vor diesem Gemälde stand. Er kam zu mir und erzählte, wie stolz man in Urbino sei, nun wieder ein Gemälde Raffaels zu besitzen. Das sei, so flüsterte er, ein Geschenk des Duce für faschistisches Wohlverhalten der Stadt. So sei eben Raffael wieder in seine Heimatstadt gekommen...

Das Museum besitzt Werke von Carlo Crivelli, Pietro Alemanno, Lorenzo d'Alessandro und B. Giacomo della Marca — alles Künstler aus den Marken —, der Venezianer Alvise Vivarini, Giovanni Mansueti, Giovanni Bellini und Tizian sowie Werke von Piero della Francesca. Ein ganzer Raum ist Giovanni Santi, dem Vater Raffaels, gewidmet, ein anderer Raffaels erstem Lehrer, Timoteo Viti.

Zu dem kleinen Vestibül, das an den Gesellschaftssaal anschließt, hatte die Herzogin einen eigenen Zugang von der Piazza her. Sie konnte also durchaus ein Eigenleben führen. Die Intarsien der Tür zur Wendeltreppe zeigen das Einhorn als Symbol der Keuschheit, drei Spitzsäulen als Symbol der erlangten Tugend, die Eiche als Symbol langen Lebens und die unvermeidliche explodierende Granate, das Attribut des Hausherrn. Der Rundgang führt durch eine andere Tür in den Saal der Herzogin. Ambrogio Barocci schuf die Dekorationen an Gesimsen und Türumrandungen; am Kamin und an der Decke zeigt ein Stuckornament von Francesco di Simone spielende Putten mit Girlanden und Bändern. Neben dem Fenster ist eine Inschrift angebracht, so wie etwa Verliebte ihre Initialen in Baumrinde ritzen. Dieses menschliche Detail in einem so vollkommenen Palast erinnert an Vittoria Farnese, die Braut des Herzogs Guibaldo II.: „Am 30. Ja-

nuar 1548 kam die sehr geehrte Frau Vittoria, Herzogin von
Urbino, zum ersten Mal nach Urbino, um 22 Uhr."
Die Tür im angrenzenden Schlafzimmer zeigt perspektivische Häuserfronten. In diesem und im vorhergehenden
Raum sind Werke der Marken ausgestellt. Besonders hervorzuheben sind das Triptychon „Stillende Madonna" aus
dem 15. Jahrhundert, eine Kreuzigung von Girolamo di Giovanni von Camerino, Kruzifixe aus der Schule von Rimini,
ein Triptychon „Krönung der Jungfrau" von einem an-
onymen Meister, genannt „Meister der Krönung von Urbino".
Ein Polyptychon — ein Altar mit mehreren Flügeln und
Tafelbildern —, die „Madonna mit Kind und Heiligen und
Begebenheiten aus dem Leben Christi" (1345), ist das Hauptwerk des Giovanni Baronzio aus der Schule von Rimini.
Dem Schlafzimmer folgen zwei kleine Kammern: die
rechte Tür führt in das Gebetszimmer, von dem aus eine
direkte Verbindung zum Dom bestand. Im Jahr 1918 wurde
eine aus dem 16. Jahrhundert stammende Stuckdecke des
urbinatischen Bildhauers Federico Brandani aus dem Palazzo Corboli in das Gebetszimmer gebracht, die nicht in
diesen betont schlichten Raum paßt. Hier hängt auch eine
„Thronende Madonna", ein Tafelbild auf Goldgrund, datiert
1372, an der Thronstufe signiert von Allegretto Nuzi da
Fabriano, dem Meister der Schule von Fabriano, der auch
Lehrer von Gentile war. Die linke Tür des Schlafzimmers
öffnet sich in die Garderobe, von der eine heute verschlos-
sene Tür und ein Gang entlang des sogenannten „Hängenden Gartens" direkt zur Wohnung des Herzogs führten:
der „eheliche Privatweg".
Um in die Herzogsräume zu gelangen, muß man umkeh-
ren und bis zum Thronsaal zurückgehen. Vom Saal der
Abendgesellschaft aus ist der riesige „Hängende Garten" zu
sehen, eigentlich eine Dachterrasse, die ihres früheren Blu-
menschmucks beraubt ist. Vom Thronsaal aus führt die
Tür in den „Saal der Engel", so genannt nach den Putten
auf dem Querbalken des Kamins von Domenico Rosselli

— für mich der schönste Saal des Palastes. Der Engelfries hat einen blau polychromierten Hintergrund, Haare, Flügel und Musikinstrumente der Engel sind goldfarben. Es sind fröhliche Geschöpfe, kleine dralle Figuren mit kecken Nasen, mit kleinen Bäuchlein, die da Flöte oder Dudelsack blasen. Von einem Stuhl, der direkt vor dem Kamin stand, sah ich mir die zauberhaften Figürchen, die eine so unverhofft heitere Note in diesen eleganten Saal bringen, lange und genau an. Dann wanderten meine Blicke weiter zu den Putten, die an den Ecken des Kamins oberhalb des Gesimses stehen. Auch auf dem gemauerten Rauchabzug des Kamins sieht man Putten, die das herzogliche Wappen in Händen halten. Die reich gegliederte Decke wird von Konsolen mit prachtvoller Ornamentik gestützt. An den Wänden hängen fünf flämische Wandteppiche aus der Serie „Die Vermehrung der Tiere nach der Sintflut" (16. Jahrhundert). Dieser Engelssaal hat sozusagen eine Verteilerfunktion und besitzt deshalb eine ganze Reihe von Türen. Rechts vom Kamin, also der Eingangstür gegenüber, gelangt man in das Appartement des Herzogs, links vom Kamin geht es zum Audienzsaal; die gegenüberliegende Tür führt in den Thronsaal, und die der Fensterwand gegenüberliegende Tür öffnet den Gästetrakt. Verweilen Sie hier, lassen Sie jede einzelne Tür als Gesamtkunstwerk auf sich wirken: die eleganten steinernen Portale, reich ziseliert, und darüber wunderschöne Friese und Lünetten, die in ihrer Mitte geflügelte Muscheln tragen, wohl venezianischer Herkunft. Die Türen selbst, die schönsten des ganzen Palastes, zeigen Holzintarsien in seltener Vollkommenheit. Apollo und Athene, Sinnbilder der Kunst und der Weisheit, sind nach Zeichnungen von Sandro Botticelli gefertigt. Im unteren Teil der Eingangstür zum Thronsaal sehen wir Landschaftsbilder und perspektivische Ansichten von Monumentalbauten, wahrscheinlich nach Zeichnungen der Baumeister Laurana, Francesco di Giorgio und Pontelli. Im Fries oberhalb der Tür befinden sich Kopfbilder des Herzogs Federico und seines Sohnes Guidobaldo.

Die Tür zum Schlafzimmer des Herzogs zeigt die Götter Mars und Herkules, gleichfalls nach Zeichnungen von Botticelli, die beiden anderen Türen den Triumph des Lebens, der Tugend und der Liebe nach Francesco di Giorgio zugeschriebenen Zeichnungen sowie verschiedene Stilleben in perspektivischen, halboffenen Schränkchen. Die zum Gästetrakt führende Tür zeigt auf der Außenseite eine Darstellung der sieben freien Künste. Alle diese Säle erhalten durch einen braunroten Kachelboden optische Wärme.

Im Schlafgemach des Herzogs sehen wir wieder einen Kamin von Rosselli, mit reicher Ornamentik, doch aus ungefärbeltem Stein. Neben dem Kamin ist das für den *genius loci* wohl wichtigste Bild zu sehen: das Porträt des Herzogs von Pietro Berruguete. Wir sehen Federico gemeinsam mit seinem Söhnchen Guidobaldo, das sich auf das rechte Knie des Herzogs stützt. Federico sitzt am Lesepult, er trägt die Rüstung des Bannerherrn der Kirche, darüber den roten Mantel des Hermelinordens, natürlich fehlt auch der Hosenbandorden nicht. Den Kampfhelm hat er neben sich auf den Boden gestellt. Auf einer Konsole steht eine gemmengeschmückte Mitra, ein Geschenk des Schahs von Persien. Das Gemälde sollte vom humanistischen Eifer des Herzogs künden — und so ist er in das Studium eines Buches vertieft, das er in seinen hocherhobenen Händen hält. Das Bild war ursprünglich für das Studiolo bestimmt.

In den Andenkenläden von Urbino fällt besonders ein schmales, langes Bild auf, das eine ganze Szenenfolge zeigt und in mehr oder minder guter Reproduktion in verschiedenen Preislagen zu kaufen ist. Das Original hängt im Schlafzimmer des Herzogs: eine Predella von Paolo Uccello aus der Mitte des 15. Jahrhunderts, die in sechs Teilen das Hostienwunder, die „Entheiligung der Hostie", darstellt. Es sind bunte und farbkräftige Bilder, in denen ein — man ist versucht zu sagen naiver — Maler der Frührenaissance mit perspektivischen Mitteln eine mittelalterliche Sage in sehr ausdrucksstarken Szenen dargestellt hat. Von links zeigen

die Bilder: 1. Eine Frau gibt einem Kaufmann eine geweihte Hostie. 2. Voller Mißachtung wirft der Mann die
Hostie ins Feuer, sie fängt zu bluten an, das Blut fließt über
den Boden bis hinaus auf die Straße, so daß die Leute her-
beilaufen. 3. Zur Sühne wird eine Prozession abgehalten.
4. Die Frau wird zum Tod durch Erhängen verurteilt. 5. Der
Kaufmann und seine Familie werden zum Tod auf dem
Scheiterhaufen bestimmt. 6. Engel und Dämonen streiten
um die Seele der Frau, während ihre Leiche auf einer Bahre
liegt.

Im Schlafzimmer des Herzogs hängt aber noch ein weiteres wichtiges Gemälde: „Die Kommunion der Apostel",
ein Tafelbild von Justus van Gent — das erste Bild, das
dieser Meister in Urbino malte. Es zeigt Christus als Priester mit seinen Jüngern. Im Hintergrund ist der Gesandte
des Schahs von Persien zu sehen (rechts), neben ihm, im
gleichen Gewande, Herzog Federico, außerdem Hofleute
und Klein-Guidobaldo auf den Armen der Amme. Federico
ist deutlich an seiner Hakennase zu erkennen und daran, daß
er ja stets nur sein Profil sehen ließ.

An das Schlafzimmer des Herzogs schließt die Garderobe
an. In einer Nische dieser Garderobe, die früher ein Wasser-
becken beinhaltete, befindet sich heute ein Tafelbild von
Piero della Francesca, „La Flagellazione", „Die Geißelung".
1938 wurde dieses Hauptwerk des Quattrocento aus der
Domsakristei hierher gebracht. Es ist wegen seiner perspektivischen Komposition und seiner auch heute noch leuch-
tenden Farben berühmt. Im Vordergrund rechts steht eine
Gruppe von drei Männern, die linke Bildseite zeigt einen
Architekturraum, hintereinandergereihte Säulen mit einer
kastenartigen Decke. Dies, zusammen mit den Seitenfronten
und dem Plattenboden, ergibt die perspektivische Zentrie-
rung auf den an eine griechische Säule gebundenen Christus,
der gegeißelt wird. Die „Geißelung" ist eines der ersten
signierten Werke Piero della Francescas, um das nach wie
vor ein Streit der Kunsthistoriker entbrannt ist. Es geht um

die Frage, wie die beiden Teile des Bildes, also die Dreiergruppe der miteinander sprechenden Männer und die Geißelung, in Zusammenhang stehen. Die drei Männer sind sicher nicht nur Staffage. Manche Gelehrte meinen, die mittlere der drei Personen sei Herzog Oddantonio mit zwei Ratgebern, die ihn auf den schlechten Pfad geführt hatten, so daß es zur Verschwörung gegen den Fürsten und zu seiner Ermordung kam. Dann wäre, so meinen jene Gelehrten folgerichtig, das Bild wahrscheinlich von seinem Nachfolger Federico als Memento in Auftrag gegeben und bald nach dem Jahr 1444 gemalt worden. Eine andere Expertengruppe vertritt die Meinung, das Gemälde sei eine allegorische Darstellung, wobei Christus die Kirche symbolisiere. Ihr drohe Gefahr — Konstantinopel war 1453 gefallen —, und die ernsten Männer im Vordergrund diskutierten über diese Gefahr, in der die Kirche schwebe, wobei der linke Mann, der als einziger bärtig ist und einen Hut trägt, in seinem purpurnen Umhang als Kaiser Johannes Palaeologus gedeutet wird. Diese Interpretation wird auch durch die Architekturteile erhärtet; das Entstehungsjahr fiele dann in den Zeitraum zwischen 1453 und 1460.

Gleichfalls von Piero della Francesca stammt die „Jungfrau von Senigallia", so genannt, weil das Gemälde aus dieser Stadt kommt. Es ist zwischen 1472 und 1475 entstanden. Im Vergleich beider Bildwerke ist die spätere Entstehungszeit deutlich erkennbar, wenngleich auch hier auf die perspektivische Note — der Blick durch eine Tür im Hintergrund — nicht verzichtet wird. Die Gesichter sind jedoch viel ausdrucksvoller. Die bescheiden gekleidete Madonna ist von herbem Liebreiz, das Jesuskind auf ihren Armen ein kräftiges, durchaus diesseitiges Kind, so wie unzählige Bambini in den Marken. Um den Hals trägt es eine rote Korallenkette, an der ein kleiner Korallenast hängt, ein traditionelles, auch heute noch gebräuchliches Symbol. Es bedeutet Schutz gegen den „bösen Blick". Maria und das Kind sind von zwei sehr strengen Engeln flankiert, die jede Lieblichkeit vermissen lassen, in Kleidung, Gesichtern und Händen Mädchen der Marken — jedoch mit einem rätselhaften Blick in die Ferne. Ein weiteres bedeutendes Gemälde hängt in der herzoglichen Garderobe: eine „ideale Stadt", ein Traum reiner Architektur. Im Zentrum eines Platzes, der durch die Häuserfluchten perspektivisch als Quadrat gefaßt ist, steht ein säulenbewehrter Rundbau. Dieses Gemälde aus dem 15. Jahrhundert wurde in den letzten Jahren — wie viele der hier vertretenen Werke — restauriert und lange Zeit Piero della Francesca zugeschrieben, bis andere Forschungen es Mitgliedern seiner Bottega, nämlich Francesco di Giorgio Martini oder, noch wahrscheinlicher, Fra Carnevale zuordneten. Ursprünglich gehörte es zu einer Serie von drei Werken, die offensichtlich dem Palast und seinen architektonischen Prinzipien verbunden waren. Heute hängt eines davon im Friedrichsmuseum in Berlin und das andere in der Kollektion Walters in Baltimore.

Der Weg durch den Palast führt nun in einen fast geheimnisvollen Teil, nämlich in die „Cappella del Perdone" — die Kapelle der Vergebung — und in das Tempelchen der Musen. Die Besonderheit zeigt sich schon daran, daß man in diese nur werktags geöffneten Räume zusätzlich Eintritt zahlen muß. Durch einen schmalen Durchlaß gelangt man in den Turm, dessen Wendeltreppe aus dreihundert Stufen besteht, die einander selbst stützen. Der „normale" Besucherweg führt von der Garderobe über die Wendeltreppe ein Stockwerk tiefer. Von hier aus konnte man durch eine heute zugemauerte Tür in den Garten gelangen. Eine zweite Tür öffnet sich zu einer winzigen Kapelle. Um sie zu betreten, ist ein wohlkalkulierter Bückling vonnöten. Ein lateinisches Distichon über der Tür sagt: „Wer reinen Herzens diese heilige Schwelle überschreitet, gelangt in die glänzenden Reiche des ewigen Himmels." Portal, Altar und Wandbekleidung der Kapelle — praktisch nur eine Nische — sind aus Marmor, der nirgendwo sonst im Palast verwendet wurde. Die Kostbarkeit der Ausstattung ist dem Inhalt angemessen: hier war Platz für heilige Reliquien. Wer in dieser „Kapelle der Vergebung" betete, erhielt einen von Papst Sixtus IV. speziell erteilten Ablaß.

Nur eine Scheidewand trennt die Kapelle vom unmittelbar danebenliegenden Musentempel. Das ist kennzeichnend für die Renaissancehumanisten, die das Christliche und das Heidnische nebeneinander betrachteten, sozusagen zwei Heiligtümer, zwei Tempel schufen, einer Gott geweiht und der andere den Musen gewidmet — nein, gleichfalls geweiht. Im Vorraum hebt eine Inschrift dieses Nebeneinander hervor, wenn es heißt: „Zwei kleine Tempel siehst Du hier in nahem Abstand vereinigt, der eine den Musen geweiht, der andere Gott". Der Musentempel ist jeden Schmuckes beraubt, nur noch leblose Hülle. Die Bildnisse Apollos, Athenes und der neun Musen befinden sich zum Großteil in der Galleria Corsini in Florenz.

Wenn man die Treppen wieder emporsteigt, kommt man in das in mystisches Halbdunkel getauchte Studiolo, das Studierzimmer. Es ist wohl kein Zufall, daß es genau ein Stockwerk über den beiden Tempeln liegt und so den gleichen Grundriß wie diese aufweist, der durch die Lage der Räume an der Außenfront zwischen den beiden schlanken Türmen vorgegeben ist. Nach Betrachtungen im Gottes- und Musenreich kam der Herzog in seine eigene humanistische Welt, wo er meditieren und seinem Traum vom vollkommenen Menschsein nachhängen konnte. Pontelli und Botticelli schufen dieses Studiolo zu Ehren des Fürsten. Die Wände sind übermannshoch vertäfelt, mit Intarsien, die ihresgleichen suchen. Träger der Einlegearbeit sind Türen von Wandschränken — und die Intarsien täuschen in geradezu teuflischer Perfektion ihrerseits geöffnete Wandschränke vor. Neben den Schränken glaubt man Nischen mit Figuren zu erblicken — gleichfalls Einlegearbeiten.

Wenn man das Studiolo betritt, erkennt man in der ersten Nische links die Hoffnung, in der nächsten den Herzog selbst, bekleidet — wie könnte es anders sein in einem solchen

Raum — mit einer Toga, rechts davon die Liebe, gefolgt vom Glauben. Rechts vom Wandpfeiler befindet sich ein herausklappbarer Sitz für den Herzog. Es scheint Abstellborde zu geben, auf denen eine Laute liegt, Früchte abgelegt sind, man sieht ein kleines Clavichord, ein Käfig mit zwei Papageien scheint auf der äußeren Fensterbank eines geöffneten Fensters zu stehen. Dieser Käfig ist auf einem Fensterladen eingelegt, so daß der Herzog die Außenwelt abschließen konnte — und dennoch eine gedachte Außenwelt vor sich hatte. Die prachtvolle kassettierte Decke ist mit den Emblemen aus dem Wappen und einer Umschrift versehen: „Federico von Montefeltro, Herzog von Urbino, Graf von Montefeltro und Castel Durante, Oberster Heerführer des Durchlauchtigsten Königs von Sizilien, Bannerträger der Heiligen Römischen Kirche: 1476." Zwischen der Holztäfelung und der Kassettendecke hingen einst in doppelter Reihe achtundzwanzig Porträts berühmter Männer. Diese Gemälde wurden aus Urbino verschleppt, und nur vierzehn davon kehrten zurück und sind nun einige Räume weiter, im „Saal der berühmten Männer", ausgestellt, die anderen vierzehn hängen im Louvre. Das Studiolo war jahrelang für Besucher gesperrt: die Intarsien mußten vom Holzwurm befreit und gänzlich restauriert werden. In mühevoller Arbeit wurde jedes einzelne Wurmloch verschlossen, Sprünge und Risse mußten von der Rückseite her durch sorgfältiges Verleimen und Verschrauben von Paneelen ausgebessert werden, und dazu war es notwendig, die Vertäfelung zu zerlegen. Heute präsentiert sich die Wandvertäfelung wieder in ihrer ursprünglichen Schönheit.

Im Sommer 1973 fand im Herzogspalast von Urbino eine jener Veranstaltungen statt, die mit Recht die Bezeichnung „Jahrhundertausstellung" tragen. Initiatoren waren die Generaldirektion für Antiquitäten und Schöne Künste sowie die Verwaltung der Kunstgalerien und Kunstwerke in den Marken. Unter dem Titel „Restauri nelle Marche" wurden sämtliche transportablen Werke, die in den vergangenen

Jahren restauriert worden waren, in einer Kollektivschau gezeigt, bevor sie in Kirchen, Museen und Sammlungen zurückkehrten. Große Photomontagen demonstrierten die Restaurierungsarbeiten in Kirchen, Palästen usw. Der fast 850 Seiten starke Katalog dieser Ausstellung mit zahlreichen hervorragenden Abbildungen sei jedem Interessierten — solange der Vorrat reicht, wird der Katalog in Urbino verkauft — empfohlen.

Dem Studiolo vorgelagert ist eine Loggia, von der man einen weiten Rundblick über die Hügellandschaft hat. Vom Studiolo selbst führt eine Tür in eine kleine Kapelle mit reichen Stuckarbeiten von Federico Brandani. Die Bilder in der Altarnische, eine Immaculata und Heilige, stammen von Federico Zuccaro. Von dieser Kapelle des Herzogs Guidobaldo II. kann man gleichfalls die Loggia betreten.

Den Audienzsaal schmückt ein herrlicher Kamin von Domenico Rosselli mit Putten und Girlanden sowie einem prunkvollen Wappenadler. Die hohen Türen sind von feinziselierten Steinen eingefaßt. In diesem Saal steht auf einer Staffelei das schon beschriebene Gemälde „La Muta", die Stumme, so genannt, weil man nicht weiß, wen das Bildnis darstellt.

Über den Engelssaal geht die Führung in den Gästetrakt. Er umfaßt eine wahre Flucht von Zimmern. Ein Hof wie Urbino hatte immer Gäste: Dichter, Fürsten, Kardinäle, wie den herzhaften Bembo oder Bibbiena, aber auch Leute wie Aretino, den venezianischen Spötter. Die Räume sind schlichter gehalten und leiten ihre Bezeichnung meist nicht von ihrer Bestimmung, sondern von den dort ausgestellten Bildern her. Da ist der schon genannte „Saal der berühmten

S. Maria di Porto Nuovo bei Ancona: eines der größten Erlebnisse einer Reise durch die Marken.
Oben links: Detail der romanischen Abtei.
Oben rechts: Vom Kircheninneren fällt der Blick direkt auf das Meer.
Unten: Bestechende Einfachheit der dreigeteilten Fassade.

EUGENIO MARCONI
STURANI PIETRO
PALADINI ELENA ved STURANI
LA PATRIZIA NOSTRA
MARCHETTI AUGUSTO
MARIANNA PAOLETTI in BARTOLUCCI
DUBBINI FRANCESCO
GINEVRA GIAMPIERI ved. DUBBINI
NATALE BIONDI

Männer": Cicero, Hippokrates, Homer, Bartolo da Sassoferrato, Euklid, Boethius, Moses, Petrarca, Ambrosius, der
heilige Gregor, Salomon, Albertus Magnus, Pius II., Duns
Scotus. Die Gemälde stammen von Justus van Gent, dem
der Spanier Pedro Berruguete zur Hand ging. Als die Bilder
im 17. Jahrhundert verschleppt wurden, beschnitt man sie
und zerstörte dadurch die Aufschriften; die Namen der ab-
gebildeten Personen blieben jedoch erhalten. Der folgende
„Saal der Apostel" zeigt vor allem Tafelbilder von Giovanni
Santi, dem Vater Raffaels. Das nächste, kleinere Zimmer
mit weiteren Werken dieses Meisters wird „Saal des Königs
von England" genannt: König Jakob III. Stuart hielt sich
während seiner Verbannung zweimal hier auf. Im Saal des
Timoteo Viti finden wir Gemälde dieses urbinatischen Künstlers, darunter ein Tafelbild, das die Stifter Herzog Guidobaldo und den Erzbischof Arrivabene von Urbino in Anbetung der Heiligen Thomas und Martin zeigt. Von diesem
Saal führt eine Tür in den südlichen Palastteil, und zwar
in vier Räume, von denen zwei nach dem „Hof des Pas-
quino" geöffnet sind, der baulich unvollendet blieb. Hier hätte
das Mausoleum der Herrscherfamilie entstehen sollen, das
aber schließlich außerhalb der Stadt errichtet wurde.

Die Führung bringt uns nun zu einer Keramiksammlung
und zu Steinreliefs, den ursprünglichen Rückenlehnen der
Steinbank entlang der Eingangsfassade des Palastes. Nach
dieser Sammlung folgen die vier Säle des „Appartamento
della Jole". Wir befinden uns nun im Ostflügel des Palastes
und damit im ältesten Teil, der schon bestanden hatte, als
Luciano Laurana die Gesamtplanung entwickelte. Die wun-

Oben: In der Gegend von Ancona werden auf den Friedhöfen immer
mehr Hochgräber aus Beton errichtet. Der Sarg wird sozusagen in
eine Lade geschoben, dann wird die Öffnung vermauert und mit einer
Marmortafel verschlossen.
Unten: Die „moderne" Keramik bringt auch Produkte zweifelhaften
Geschmacks auf den Markt.

derschönen Räume besitzen herrlich gearbeitete Fenster, die jeweils durch eine kleine Säule unterteilt sind. Hier fallen besonders die kleinen, beidseitig in den Fensternischen angebrachten Sitze auf, von denen aus man das Leben auf der Piazza beobachten konnte. Im zweiten Saal ist der Alkoven des Herzogs zu bewundern, ein kastenartiger, mit Profilen geschmückter und bemalter Holzbau, in dem das Bett stand. Solche „Verschläge" waren üblich; man konnte ihn mit einem Vorhang verschließen und so in den riesigen, kalten Räumen mit einem Kohlebecken einen Hauch von Wärme und Gemütlichkeit schaffen. Das Bett wurde 1912, völlig zerschlagen, unter Gerümpel im Palast gefunden und wieder aufgestellt. Der Nebenraum, im alten Palast wahrscheinlich der Audienzsaal, weist Freskenreste auf, die 1939 entdeckt wurden. Übrigens war kein anderer Raum des Palastes mit Fresken ausgemalt. Der folgende Saal der Jole ist der letzte, der im *piano Nobile* zu besichtigen ist. Herkules und seine Geliebte Jole, die Tochter des Eurytos zu Euchalia, tragen das Gebälk des Kamins, auf dem ein Steinrelief den Triumph des Bacchus zeigt. Flügelputten und Adler vervollständigen das Greco da Fiesole zugeschriebene Werk.

Im Ostflügel des Obergeschosses wurden neun Säle als Galerie eingerichtet: hier sind Gemälde italienischer Meister aus dem 16. bis zum 19. Jahrhundert zu sehen.

Was wäre Herzog Federico für ein Renaissancefürst gewesen, hätte er nicht auch eine Kirche gebaut? Der Dom, der unmittelbar an den Palast anschließt und die Piazza Duca Federico begrenzt, ist aber augenscheinlich ein neueres Bauwerk. Was war geschehen? Herzog Federico ließ 1478 nach einem Plan von Francesco di Giorgio Martini eine Kirche erbauen, und zwar an einem geweihten Ort, an der Stelle einer seit langem bestehenden Marienkirche, die nach dem Jahr 1000 in den Rang einer Kathedrale erhoben worden war. Als der Herzog starb, war seine Domkirche noch im Bau. Sie wurde 1534 geweiht, die Kuppel selbst entstand erst 1604. Eine Inschrift auf dem Gesims im Mittelschiff sagt, Federico habe den Bau begonnen, Francesco Maria della Rovere ihn beendet. Im Jahr 1787 gab es ein großes Erdbeben, zwei Jahre später stürzte die Kuppel in die Kirche. Giuseppe Valadier begann die Kirche im Auftrag des Kirchenstaates zu renovieren; um dem Zeitgeschmack Rechnung zu tragen, beseitigte er jedoch weitgehend die vorhandene Bausubstanz. Erst 1802 hat Camillo Morigia aus Ravenna die Domfassade im klassizistischen Stil fertiggestellt. Er schuf auch die Freitreppe mit den Figuren und brachte Statuen des heiligen Augustinus, des Glaubens, der Hoffnung, der Liebe und des heiligen Johannes Chrysostomos an. Der auf alten Mauerteilen errichtete Campanile stammt aus den ersten Jahren des 18. Jahrhunderts. Die Cappella della Concezione unter der Orgelempore, neben dem Eingang zur alten Sakristei, gehörte noch zum alten Dom und wurde 1516 errichtet. Über dem Altar sieht man das Fragment eines Freskos aus dem 13. Jahrhundert, eine Maria mit dem Kinde, das einzige Stück aus der Kathedrale des Mittelalters. An den Bildwerken des Domes sind hervorzuheben: am ersten Altar rechts eine Petrusstatue aus dem Jahr 1692 von Girolamo Ghirlanda aus Fano, am nächsten Altar die „Übertragung des heiligen Hauses nach Loreto", ein Werk von Claudio Ridolfi, genannt Veronese. Das Martyrium des heiligen Sebastian und die heilige Cäcilie sind frühe Werke von Federico Barocci. In der Sakramentskapelle, links vom Chor, hängt das letzte bekannte Gemälde Baroccis, ein Heiliges Abendmahl. Das Bild wurde beim Einsturz der Kuppel beschädigt, aber mehrfach ganz ausgezeichnet restauriert. Barocci, 1526 in Urbino geboren und 1612 hier gestorben, schulte sich an Correggio, wie das Spiel der Farben und des Lichts zeigt, ging aber in der Linienführung einen Schritt weiter.

Vom rechten Querschiff aus führt der Weg in die Sakristei und damit in das Museo Albani. Es beinhaltet hervorragende Fresken des 14. Jahrhunderts, die aus der Kirche S. Domenico stammen, Keramiken und Terrakotten, zahlreiche gut gehängte Bilder, vor allem aber Schätze kirchlicher Kunst. Die Sakristeieinrichtung, große Nußbaumschränke, allein ist sehenswert. In diesen Schränken sind prachtvolle Meßgewänder ausgestellt sowie ein aus dem Kloster S. Michele in Murano stammendes, mit Bergkristallen besetztes Kreuzpartikelreliquiar aus dem 12. Jahrhundert. Die riesige türkische Fahne mit eingewebten Koransätzen eroberte Hauptmann Federico Veterani aus Urbino in der Schlacht bei Lippa 1695. Prunkstück des letzten und baulich schönsten Saals ist das große bronzene Lesepult, vermutlich eine flämische oder rheinländische Arbeit. Dieses Pult soll Herzog Federico bei der Erstürmung der Stadt Volterra erbeutet haben.

Die Eintrittskarte zum Diözesanmuseum ermächtigt auch zum Besuch der Krypta. Ein Sakristan oder Chorjunge führen den Besucher aus dem Dom heraus, an der linken Domseite entlang zu einem Portal aus künstlich geformten Steinen. Dieser „Grottenstil" gibt der um das Jahr 1530 erbauten Krypta auch den Namen „Oratorio della Grotta". Eine Treppe führt tief unter die Erde. Von einem Korridor zweigen vier aneinandergereihte Kapellen ab; die zweite davon, im Jahr 1794 von Valadier umgebaut, ist im klassizistischen Stil gehalten. In dieser Kapelle hängt das Holzkreuz, das im Dom beim Kuppeleinsturz verschüttet und dann völlig unversehrt in den Trümmern wiedergefunden wurde. Der Sohn des letzten Herzogs von Urbino, der 1623 ermordete Federigo Ubaldo, liegt in der Mitte der Kapelle begraben. Die Geschichte des Herzogstums begann mit einem Mord und endete mit einem Mord...

In der dritten Kapelle befindet sich ein Meisterwerk des Florentiner Bildhauers Giovanni Bandini del Opera (1540 bis 1599), ein erschütternder toter Christus. Die Figur der vor dem liegenden Heiland betenden Maria ist von einem Schüler hinzugefügt worden. Herzog Francesco Maria II. Della Rovere ließ diesen Christus für sich anfertigen, doch widmete er das Denkmal dann seinem ermordeten Sohn.

Die letzte Kapelle diente seit 1611 als Oratorium für die „Bruderschaft der Grotte", wie die Gemeinschaft für wohltätige Zwecke und Totenbruderschaft nach ihrem Versammlungsort bald hieß. Die Kapelle beinhaltet einen Kalvarienberg.

Der langgezogene Platz vor dem Herzogspalast, die Piazza Duca Federico, geht in die Piazza Rinascimento über, die bis zum Dom führt. Dieser schräge Platz fällt vom Palastende zur Mulde der Stadt steil ab. Vor der Ostfassade des Palazzo Ducale steht ein von Kardinal Annibale Albani im Jahr 1737 gespendeter ägyptischer Obelisk. Die fünf Blöcke aus rötlichem Granit kommen aus dem gleichen Isis-Tempel wie der Obelisk auf der Piazza Minerva in Rom. Der Stifter hat sich an der Spitze des Obelisken, der ein Kreuz trägt, mit seinem Wappen verewigen lassen. Die Hieroglyphen künden vom Lob eines Gottes Hofra, passen aber nicht genau zueinander, denn man hat einfach Stücke verschiedener Obelisken aufeinandergetürmt.

Gegenüber dem Palazzo Ducale erhebt sich die Kirche San Domenico, im 14. Jahrhundert als gotische Kirche von den Dominikanern, die noch zu Zeiten des Ordensstifters nach Urbino gekommen waren, errichtet. Im 15. Jahrhundert wurde von dem Florentiner Maso di Bartolomeo ein prachtvolles Renaissanceportal angefügt. Schlanke korinthische Säulen tragen einen Aufbau mit Giebel, in dessen Dreiecksfeld Gottvater thront. Die Lünette enthielt eine der schönsten Terrakotten, die jemals gefertigt wurden. Sie stammt von Luca della Robbia, aus der Zeit um 1450, und zeigt in Weiß und Blau Maria mit dem Kind sowie den heiligen Dominikus, Petrus den Märtyrer, Thomas von Aquin und Albertus Magnus. Vor wenigen Jahren befand sich die Terrakotta noch an Ort und Stelle, doch dann zerbrach sie plötzlich; nach der Restaurierung wurde sie im Museum des Palazzos aufgestellt. Ob sie wieder an ihren angestammten Platz zurückkehrt, vermag ich nicht zu sagen. Die Kirche selbst, die im 18. Jahrhundert völlig umgebaut wurde, wird seit Jahren restauriert, um ihr das ursprüngliche Gesicht wiederzugeben. Vor dem Portal ist auf den Treppensockeln das Wappen der Familie Albani angebracht: „Monti", übereinandergestellte Berge.

Auf dem Platz befinden sich verschiedene Andenkengeschäfte, die auch Antiquitäten führen, und hier kann es hin und wieder gelingen, ein Stück älterer urbinatischer Majolika oder zumindest eine Scherbe, wenn auch zu Spitzenpreisen, zu erstehen. Die Geschäfte sind in altehrwürdigen Häusern untergebracht. An Portalen und Fassaden sieht man häufig Wappen und andere Verzierungen, wie überall in Urbino. Der Besucher muß nur offenen Auges durch die Gassen gehen, dann wird er viele anmutige Details entdecken.

Die Straße führt abwärts zum Hauptplatz, der so recht zum Verweilen einlädt, um das geschäftige Treiben vor allem der Studenten zu beobachten. Man darf nicht vergessen, daß die Stadt eine Universität besitzt, wenngleich boshafte Zungen behaupten, es gäbe manchmal mehr Professoren als Hörer. Neben der Universität gibt es auch ein Institut für Buchkunst, das in jenen ebenerdigen Teilen des Herzogspalasts untergebracht ist, die einstmals das Theater, den Bankettsaal und das Gewächshaus beherbergten. Dieses Institut genießt internationalen Ruf und zieht Schüler aus ganz Europa an. Jährliche Wettbewerbe und Ausstellungen zeugen von der Lebendigkeit dieser hohen Kunst.

In einem Hutgeschäft entlang der Straße vom Palazzo zum Hauptplatz werden schnabelförmige Hüte in verschiedenen Farben angeboten. Es sind Hüte der einzelnen Fakultäten; Altrosa ist die Farbe der Philosophie, Messingnägel an der Krempe bezeichnen die Zahl der Studienjahre und den akademischen Grad des Trägers. Es gibt einen akademischen Festtag, an dem die Stadt überquillt von jungen Leuten mit verschiedenen schnabelförmigen Hüten.

Urbino besitzt auch eine Reihe hervorragender Eßlokale. An einem solchen Restaurant, zu dem einige Stufen hinabführen, kommt man vorbei, wenn man den Wegweisern zum „Oratorio di San Giovanni Battista" folgt. Man könnte das Lokal übersehen, doch ich hatte einen kundigen Führer zur Seite, einen gutgelaunten, lebhaften älteren Herrn, den ich in Urbino kennengelernt hatte; er ist Professor an der Universität, wo er das Sommersemester verbringt, im Winter liest er an einer römischen Universität. Er hatte sich erbötig gemacht, mir Details von Urbino zu zeigen und mich zu führen. Ich lernte durch ihn manches kennen, was ich noch nicht wußte, vor allem aber Eßlokale, denn darüber war der liebenswürdige Herr am allerbesten informiert. Exquisite Küche und ausgewählte Weine sind seine Spezialität — durchaus humanistische Eigenschaften, die der urbinatische Römer in höchster Vollendung kultiviert hat.

Knapp nach der Piazza della Repubblica biegt man linker Hand in eine sehr schmale Gasse ein, die Via Barocci — man muß darauf achten, nicht die erste, steil abfallende Straße hinunterzugehen, denn die führt aus der Stadt hinaus —, und am Ende dieser Gasse, auf einem kleinen Platz, liegt das „Oratorio di San Giovanni Battista", das man bei einem Aufenthalt in Urbino unbedingt besichtigen sollte. Im Jahr 1365 stimmte das Laterankapitel der Errichtung des Oratoriums in dem hier befindlichen Krankenhaus zu. Der Bau war im Jahr 1400 vollendet, die Fresken an den Wänden entstanden bis 1416. Die neugotische Fassade läßt nicht ahnen, was einen erwartet. Wenn die Pförtnerin auf das Klingeln hin geöffnet hat, tritt man durch eine Seitenpforte in das Oratorium. Es ist mit einer Holzdecke überdacht, die einem Schiffsrumpf gleicht. Die Wände des Bethauses sind über und über mit Fresken der Brüder Lorenzo und Jacopo Salimbeni aus San Severino geschmückt. An den Seitenwänden sehen wir jeweils in zwei Reihen die Lebensgeschichte Johannes des Täufers — an der linken Wand, vom Eingang aus, ist auch Federico von Montefeltro dargestellt, und zwar in der Szene, da der abgeschlagene Kopf des Johannes zu Herodes gebracht wird. Die dem Eingang gegenüberliegende Wand trägt ein riesiges Fresko mit der Kreuzigung Christi. Im Gesicht des kleinen Teufels über dem bösen Schächer glitzern die Augen: sie sind aus Glas eingelegt. Dieselben glitzernden Augen zeigt auch ein Engelchen bei der Taufe Christi an der rechten Seite. Die farbenprächtigen, großartig erhaltenen Fresken sind — über den Wert der künstlerischen Arbeit hinaus — historische und volkskundliche Zeugen. Einige Lire Trinkgeld öffnen die Schleusen der Beredsamkeit der Pförtnerin. Wer sie nicht versteht, bekommt von ihr in Deutsch, Englisch oder Französisch, wie er es wünscht, eine maschinegeschriebene Erklärung in die Hand gedrückt: ein Führer, der die Szenen der Fresken erläutert. Und wen die freundliche Dame ins Herz schließt, den führt sie in die Sakristei, von deren Fenster es wohl den schönsten Blick auf den Herzogspalast gibt, den Urbino zu bieten hat.

Die Pförtnerin führt den Besucher auch gern zum „Oratorio di San Giuseppe", einige Häuser weiter in derselben Straße, Via Barocci 42. Dieses Bethaus enthält eine Weihnachtskrippe, eine Stuckarbeit des Urbinaten Federico Brandani aus dem 16. Jahrhundert. Die lebensgroßen Figuren stehen in einem Raum, dessen Wände mit Flachreliefs bedeckt sind, die ideale Landschaften und Festungen zeigen und um die Stuck wie Tropfstein wuchert. Diese Grotte war Vorbild für die Grotta grande des Giardino Boboli in Florenz.

Daß in einer Stadt, deren Land an Umbrien schließt, auch Franziskaner siedeln, ist eine Selbstverständlichkeit. Assisi ist eben nicht weit. Der Tradition nach sollen die Minderbrüder schon 1228 nach Urbino gekommen sein; dokumentarisch sind sie seit 1254 auf dem Hügel S. Sergio nachgewiesen. Die Kirche San Francesco an der Ecke der Piazza della Repubblica wurde in der zweiten Hälfte des 14. Jahrhunderts erbaut. Ursprünglich war diese Konventkirche mit einer fünfbogigen Säulenvorhalle zweischiffig angelegt: einem Hauptschiff war ein rechtes Seitenschiff mit sieben Kapellen angegliedert. Um 1740 wurde ein weiteres Seitenschiff angesetzt, wodurch das Hauptschiff zum echten Mittelschiff wurde; das Kircheninnere hat Luigi Vanvitelli klassizistisch umgestaltet. In der Kirche sind die Eltern Raffaels und die Maler Timoteo Viti und Federico Barocci bestattet. Das wichtigste Bild ist ein Werk Baroccis, ein heiliger Franziskus, dem Christus erscheint. Barocci schuf es im Jahr 1567, übermalte es aber 1581 und veränderte es so sehr, daß er schließlich den Kopf des Heiligen, um ihn noch vollendeter zu schaffen, auf Papier malte und dieses auf die Leinwand klebte — ein erschütterndes Zeichen, wie sehr ein Künstler nach Ausdruck ringen kann und wie er sein Werk zu verbessern sucht. Zwei Bilder im Querschiff, nämlich „Die Taufe des Centurio Cornelius durch Petrus" von Andrea Procaccini und „Die Taufe des Processus und Marcian durch Petrus" von Passeri sind wichtig, weil sie die Vorlagen für Mosaiken im Petersdom zu Rom bildeten. Durch die Sakristei im linken Seitenschiff gelangt man in die Cappella Albani, einem früheren Kapitelsaal, deren Altar aus einem frühchristlichen Sarkophag (3. Jahrhundert) mit einem Relief des Guten Hirten besteht. Diesen Sarkophag brachte Kardinal Albani aus Rom nach Urbino. In der Kapelle steht auch eine Büste Papst Clemens XI.; in der Alabastervase darunter sind die Eingeweide des Papstes bestattet.

In der Via Raffaello finden wir die Kirche San Sergio, an deren Stelle sich früher der alte Dom befand. Die Kirche gleicht einem oströmisch-byzantinischen Haus. Im einschiffigen Kircheninneren wurde ein frühchristliches Taufbecken gefunden.

Die Kirche Santa Chiara, die jetzt als Vorhalle zum Bürgerspital dient, wurde von Herzog Federico oft besucht; hier sind auch die Angehörigen der Familie Della Rovere begraben.

Der Herzogspalast beherrscht Urbino so sehr, daß seine mächtige Fassade stets ins Bild tritt, sobald sich irgendwo ein Durchblick öffnet. Jacob Burckhardt sagt in seinem „Cicerone", daß dieser Bau Luciano Lauranas „gleich nach seiner Vollendung von den Italienern als das Muster eines Herrschersitzes gepriesen wurde und noch heute in seiner Art ein Unikum ist". An dieser Leistung wird verständlich, daß Laurana der Lehrer des 1444 in der Umgebung von Urbino geborenen Baumeisters und Malers Bramante wurde, des Begründers der klassischen Architektur der italienischen Hochrenaissance. Er begann seine Laufbahn als Maler, lernte das Baumeisterhandwerk bei Laurana und wirkte ab 1476 in Mailand, wo er das Kloster Sant'Ambrogio, die Kuppel der Sakristei von Santa Maria della Grazie und die Kirche Santa Maria presso San Satiro baute. Seine im Austausch mit Leonardo da Vinci entwickelten Zentralbaupläne machten in Oberitalien Schule. 1499 war Bramante in Rom; zuerst betätigte er sich als Maler, doch als ihm Oliviero Caraffa den Bau des Kreuzganges für das Kloster Santa Maria della Pace anvertraute, errang er die Gönnerschaft des Papstes Alexander VI. Dieser engagierte ihn als zweiten Baumeister für die Arbeiten am Brunnen vor der Kirche Santa Maria in Trastevere und auf dem Petersplatz (diese Bauten sind heute durch andere Werke ersetzt). Bramante errichtete eine Reihe von Palästen und arbeitete an der Kirche San Lorenzo in Damaso mit. Er vervollkommnete seinen eigenen Stil am Studium der Form und Technik antiker Bauten. Der berühmte kleine Rundtempel im Hof von S. Pietro in Montorio in Rom wirkt wie die größere Ausführung des Bildes der „idealen Stadt". Im Palastbau führte Bramante eine monumentale Wandsäulenordnung über Rustikasockel ein. Papst Julius II. hatte beschlossen, die alte Basilika von St. Peter völlig neu zu erbauen, und veranstaltete einen Wettbewerb, den Bramante gewann. Er plante St. Peter als quadratischen Zentralbau mit einer Rundkuppel über einem griechischen Kreuz und nahm den

Bau 1506 in Angriff. Vorher schon hatte er wesentliche Teile des Vatikanpalastes errichtet und dabei dem Papst geraten, Michelangelo die Ausschmückung der Sixtinischen Kapelle zu übertragen. Das war kein reiner Freundschaftsdienst; Bramante hoffte vielmehr, daß Michelangelo, den er in erster Linie als Bildhauer betrachtete, bei der Freskenmalerei Schiffbruch erleiden würde. So verdankt die Nachwelt der Mißgunst, die zwischen zwei Künstlern herrschte, eines der größten Kunstwerke der Menschheit.

Bramante holte aber auch Raffael nach Rom. Der Maler und Biograph Giorgio Vasari berichtete über Raffaels Berufung von Florenz nach Rom: „Sein Fortgehen war durch Bramante von Urbino veranlaßt, welcher damals im Dienste Papst Julius' II. stand. Er war mit Raffael entfernt verwandt und sein Landsmann, deshalb schrieb er ihm: er hätte seinetwegen mit dem Papst unterhandelt, der einige Zimmer habe neu erbauen lassen, in denen er seine Stärke in der Kunst zeigen könne." Diese Verwandtschaft Bramantes mit Raffael Santi ist nur in dem zeitgenössischen Werk Vasaris zu finden und sonst in keiner Weise bestätigt. Dennoch war es einleuchtend, daß Bramante gern einen jungen Landsmann an seiner Seite sehen wollte, als Stütze am intriganten Papsthof, wo die Künstler versuchten, einander im unentwegten Buhlen um die Gunst des Herrn auszustechen. Als Bramante am 11. März 1514 starb, war Raffaels Stern so steil aufgegangen, daß er die Bauleitung des Petersdomes erhielt.

Raffaels Geburtshaus steht in Urbino, in der heute nach ihm benannten Straße. In allen Beschreibungen ist zu lesen, es sei ein bescheidenes und einfaches Handwerkerhaus aus dem 15. Jahrhundert. Dem stimme ich nicht zu. Ich finde, daß dieses große Haus, ein durch die Vereinigung zweier Häuser entstandener eleganter Backwerkbau mit wunderschönen, streng ornamentierten Fenstern, vielmehr ein Wohnhaus des gehobenen Lebensstils und damit eines angesehenen Bürgers war. Man darf nicht vergessen, daß die gesellschaftliche Oberschicht sich nur auf die geistige Elite und den Adel beschränkte. Ihnen nahekommen konnten bestenfalls Künstler, die aber immer eine Stufe unterhalb dieser Kreise standen. Einige wenige wurden umbuhlt — doch auch für sie galten unüberwindbare Grenzen. Raffaels Vater, Giovanni Santi, war in seiner Heimatstadt ein überaus geachteter Mann, der seinem Herzog entscheidend half, den Traum seines Herrschaftssitzes in Wirklichkeit umzusetzen. Giovanni Santi war nicht der beste Maler am urbinatischen Hof, aber er gehörte zu jener Gruppe von Künstlern, die stetig arbeiteten und immer gleichbleibende Qualität garantierten. So hatte er auch ständig Arbeit, konnte den Aufträgen allein gar nicht nachkommen und richtete sich eine eigene Bottega ein.

Das Raffael-Haus steht in einer sehr steilen Straße. Es konnte 1873 auf Anregung des Grafen Gherardi durch kräftige Unterstützung von Morris Moore angekauft werden und ist Eigentum der in dem Haus etablierten Accademia Raffaello. Eine lateinische Inschrift an der Hausfassade besagt: „Die göttliche Macht spielt mit den menschlichen Dingen und pflegt oft das Größte in engen Schranken einzuschließen." Nun, so eng waren die Schranken nicht, denn es war ein durchaus weitläufiges Haus, in dem am 6. April 1483, einem Karfreitag, dem Giovanni Santi und der Maria Ciarla ein Sohn geboren wurde. Raffael war klein, hatte eine schwache Konstitution, aber eine ungeheure Anpassungsfähigkeit und war ein liebenswürdiger und hübscher Knabe. Seine Kindheit verlief nicht glücklich, denn die Mutter starb sehr bald, und als Elfjähriger verlor er auch den Vater.

Ein Besuch im Geburtshaus zeigt ein typisches Bürgerhaus der Epoche. Im talwärts gelegenen Teil befanden sich die Werkstatt, die Bottega, und wohl damals schon ein Raum zur Schaustellung von Gemälden. Heute finden wir dort eine Kunstgalerie. Der obere Teil des Hauses ist in der ursprünglichen Form erhalten geblieben, besser gesagt wiederhergestellt worden. Das große Zimmer im ersten Stock enthält einen schönen Kamin aus dem 16. Jahrhundert; die hölzerne Kassettendecke stammt aus dem 15. Jahrhundert. Die Bilder sind jedoch Kopien. Im Zimmer links daneben kann man zwei Zeichnungen von Bramante bewundern sowie Gemälde von Orlando dei Merlini und Justus van Gent. Rechts geht es in einen einfachen Raum, der Überlieferung nach das Geburtszimmer Raffaels. Hier hängt eine Handzeichnung Raffaels, die „Errettung des Moses" und eine aus dem 16. Jahrhundert stammende Kopie der „Madonna mit der Nelke" — das Original Raffaels ist verlorengegangen —, vor allem aber ein Fresko, eine Madonna oder Mutter mit Kind, das früher Giovanni Santi zugeschrieben, durch neuere Forschungen jedoch als Kindheitswerk Raffaels erkannt wurde.

Im Gästezimmer soll im Jahr 1469 Piero della Francesca gewohnt haben. In einer Diele hängt das Basrelief einer Madonna mit dem Kind, das angeblich aus dem Geburtshaus Bramantes stammt. Die Küche mit dem Kamin aus dem 15. Jahrhundert samt dem riesigen Bratspieß und dem Küchenzubehör der Zeit gibt der Gedenkstätte eine familiäre Note.

Eine sehr reizvolle zweibogige Loggia öffnet sich auf einen kleinen Hof, in dem der Stein steht, auf dem die Gesellen des Giovanni Santi Farben gerieben haben. Hier hat wohl auch der kleine Raffael seine ersten Materialstudien gemacht.

Im zweiten Stock des Hauses ist heute die Raffael-Akademie untergebracht. Neben Büchern, die sich mit Raffael-Themen befassen, sind verschiedene Kunstgegenstände, Geschenke an die Akademie und an das Geburtshaus, ein Gipsabdruck der Totenmaske Raffaels sowie verschiedene Gemälde aus dem 15. und 16. Jahrhundert ausgestellt.

Raffael muß schon als kleiner Junge mit den Malstudien begonnen haben, denn Giovanni Santi erkannte frühzeitig, daß er seinem Kind nichts mehr lehren konnte. Er gab ihn in die Werkstatt des Timoteo Viti, der sich gerade in Urbino niedergelassen hatte. Raffael konnte in Urbino die Malweisen verschiedenster Meister studieren. Betrachtet man den „Hofmann" Castigliones, so führt in dieser Schöngeistigkeit eine direkte Linie zu Raffael. Es wurde eingewendet, Raffael besitze nicht die gedankliche Tiefe eines Leonardo da Vinci und nicht die kraftvolle Faszination der Visionen Michelangelos, doch meiner Meinung nach verwirklichte er besser als alle anderen das Ideal seiner Zeit. Er besaß die Fähigkeit, alles aufzunehmen, was er sah, und fruchtbar zu entwickeln. So entstand jene unglaubliche Leichtigkeit seiner malerischen Technik, sein unverwechselbarer Rhythmus und sein Gefühl für Proportion. Das Ergebnis war vollendete Harmonie. Das hat schon Giorgio Vasari erkannt, als er in der überarbeiteten zweiten Ausgabe seiner „Lebensbeschreibungen" meinte: „Raffael hat die Natur der Welt geschenkt, als sie, die von Michelangelos Kunst überwunden war, durch Kunst und Gesittung zugleich überwunden werden wollte. Und in der Tat, da der größte Teil der Künstler, die bisher gelebt hatten, von der Natur etwas Fremdartiges und Wildes übernahmen, das ihnen nicht nur einen abstrakten und bizarren Charakter verlieh, sondern zudem noch in ihren Werken den Schatten und das Dunkel der Laster stärker hervortreten ließ als das Licht und den Glanz der Tugenden, die den Menschen unsterblich machen: so war es wohl billig, daß bei Raffael die kostbaren Vorzüge des Herzens erstrahlten, begleitet von so viel Anmut, Fleiß, Schönheit, Bescheidenheit und edlem Anstand, daß er auch das schlimmste Laster und jeden noch so großen Fehler zu verdecken vermocht hätte." Das ist nun auch wieder idealisiert — es erinnert an Castiglione.

Urbino wurde Raffael bald zu eng. Man kann kaum annehmen, daß Raffaels Vater selbst den Knaben zu Pietro Vannucci, genannt Perugino, nach Perugia gebracht hat, denn er starb schon 1494. Die Übersiedlung muß jedoch in den darauffolgenden sechs Jahren vor sich gegangen sein, denn aus einer Notariatsurkunde geht hervor, daß Raffael am 13. Mai 1500 nicht mehr in Urbino wohnte. Im Gegenteil, ein Dokument vom 10. Dezember 1500 bezeichnete Raffael bereits als Magister, der gemeinsam mit einem urbinatischen Schüler Giovanni Santis namens Evangelista di Pian di Meleto — dem Testamentsvollstrecker Giovanni Santis — beauftragt wurde, für Città di Castello ein Altarbild zu malen. Die Kunsthistoriker nehmen heute das Jahr 1495 als Datum der Übersiedlung Raffaels nach Perugia an: Gemälde aus der Werkstatt Peruginos, die in den beiden Folgejahren entstanden, sollen schon die Handschrift Raffaels tragen. Ich sage bewußt sollen, denn das alles sind Kombinationen, die gültig niemals zu erhärten sind. In Perugia hatte Raffael die Möglichkeit zur Entfaltung. Er lernte viel von Perugino, er kopierte — aber auf seine persönliche Art. Das beste Beispiel ist die „Vermählung der Jungfrau Maria" — „Sposalizio" —, ein Werk Peruginos und seiner Schule aus den Jahren 1503 bis 1504. Raffael kopierte das Bild im Jahr 1504, er gab jedoch den Personen viel mehr Beweglichkeit und Anmut, außerdem vertauschte er sie und stellte, anders als Perugino, Maria an die rechte Seite des Hohenpriesters. Noch im selben Jahr muß Raffael in Florenz gewesen sein. Dort lernte er Michelangelo und Leonardo kennen. Die ersten Bilder aus dieser Zeit waren „Der Traum des Ritters" und „Die drei Grazien". Er versuchte, seine Szenen in eine poetische Landschaft zu stellen. Er beobachtete die Umwelt, er schuf neue Tiefen und überwand die psychologische Barriere, den Madonnen abstrakte Frömmigkeit zu geben, indem er sie in irdischer, menschlicher Schönheit, in konkreter Gegenwart, in duftigen Farben darstellte.

Zwischen 1504 und 1508 kam Raffael sowohl nach Perugia als auch nach Urbino. Und als ihm Florenz buchstäblich zu eng wurde, kam die Berufung an den päpstlichen Hof. Bald berichtete Vasari, daß Raffael den Auftrag erhalten hatte, an der Dekoration eines Wohnraumes für Julius II.

zu arbeiten, der als Bibliothek bestimmt war und später den Namen „Stanza della Segnatura" erhielt, weil dort vor allem Gnadenakte gesiegelt wurden. „...daß Raffael dadurch ein volles Zeugnis von sich gab und erkennen ließ, er wolle unbestreitbar vor allen, welche den Pinsel hielten, das Feld behaupten. Außerdem schmückte er dies Werk durch eine schöne Perspektive und eine Menge Gestalten, daß seine feine und anmutige Manier Papst Julius so sehr gefiel, daß er die Bilder aller anderen, der alten wie der modernen Meister abschlagen ließ, um Raffael allein vor allen den Vorzug zu geben." In den Wohnräumen Julius' II., der die Zimmerflucht erbauen ließ, weil er nicht in die Borgia-Gemächer einziehen wollte, gab es immerhin Fresken von Piero della Francesca, Bartolomeo della Gatta, Luca Signorelli, Bramantino, Perugino, Sodoma, Baldassare Peruzzi und Lorenzo Lotto...

Leo X., der Nachfolger von Julius II., bezeigte Raffael ebensoviel Gunst. Seit 1513 arbeitete Raffael auch am Bau der Peterskirche mit, zwei Jahre später wurde er erster Architekt von St. Peter und 1516 Aufseher und Konservator der antiken Gebäude in Rom und der Ausgrabungen. Um ihn hatte sich eine Schar von mehr als fünfzig Schülern versammelt, denn er konnte nicht nur die Aufträge kaum bewältigen, sondern setzte auch die künstlerischen Idealvorstellungen der Renaissance am vollkommensten um. In dieser Epoche großer wirtschaftlicher und sozialer Spannungen, heftiger und blutiger Fehden sowie zügelloser Ausschweifungen war der Humanismus bestrebt, Harmonie und philosophischen Frieden zu schaffen, um so, wie in der Musik, die gegenseitigen Spannungen aufeinander abzustimmen. Die vollkommene Einheit wurde allein in Gott gefunden, der Mensch jedoch wurde Mittelpunkt der Betrachtungen,

Oben: Ansicht von San Marino um 1700.
Unten: Fermignano: Die unverändert erhaltene römische Brücke.

SANCTVS MARINVS. Italicè S. MARINO.

Ville de l'Etat de l'Eglise dans le Duché d'Vrbin

SANCTI MARINI SVB VRBIVM.

Basse Ville. a Amsterdam chez Pierre Mortier Sur Profile.

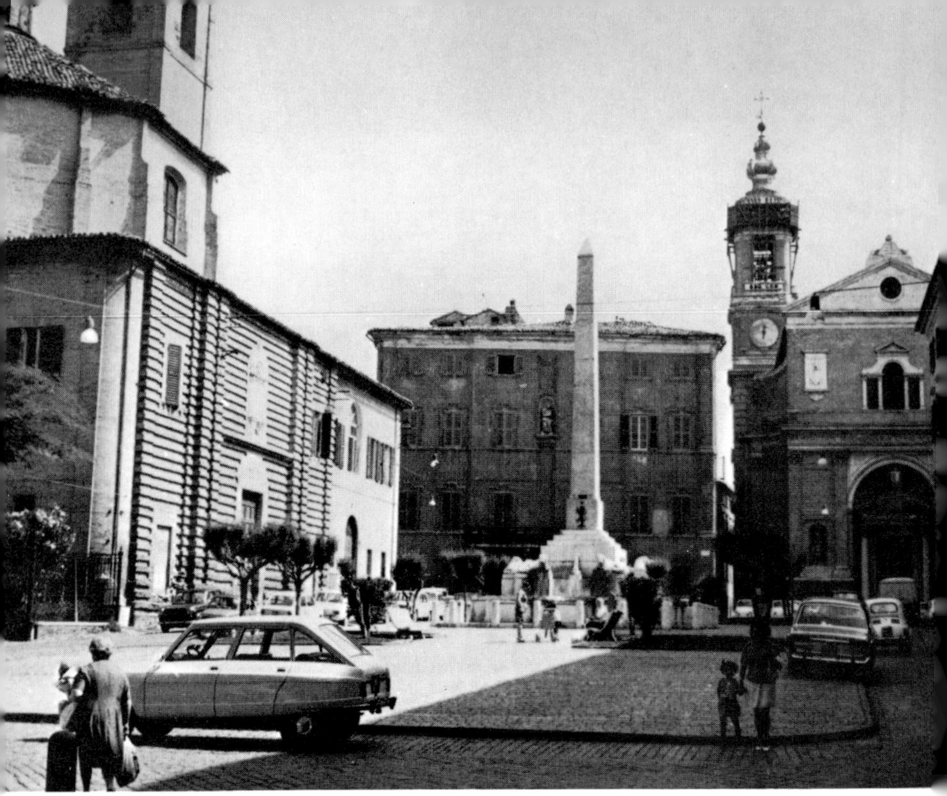

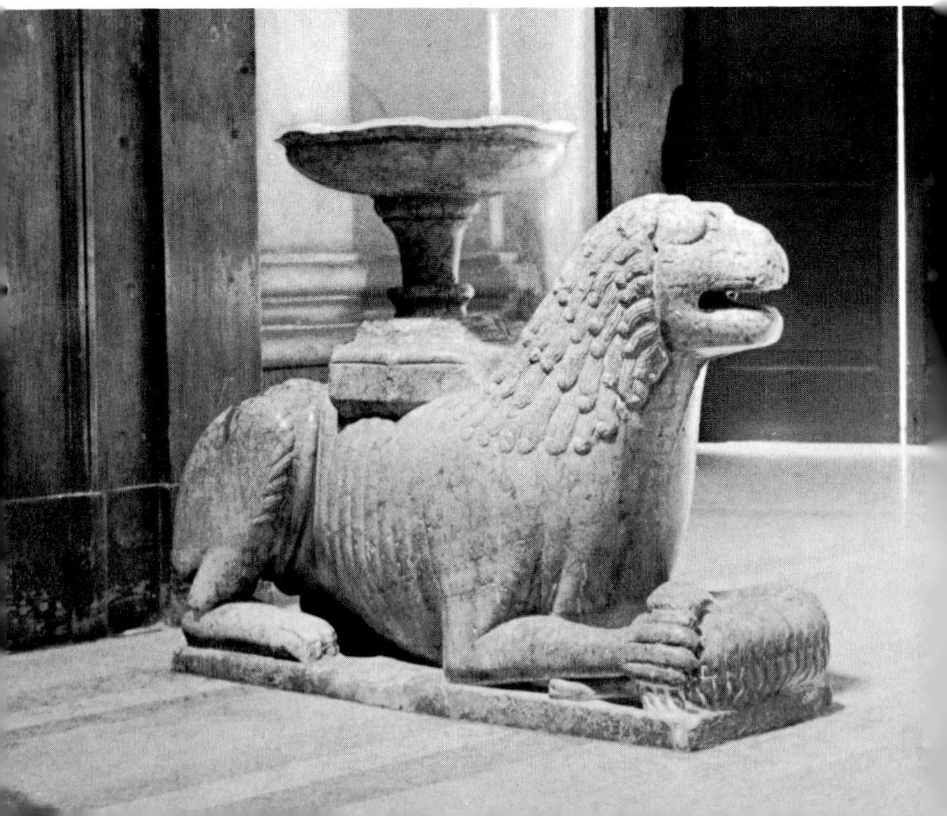

er sollte in Selbstbesinnung mit der Ordnung dieser Welt in den Kosmos des Ewigen gestellt werden. Eine platonisierend-christliche Philosophie führte in eine Art Ekstase, die aber nach einem für alle geltenden Maßstab harmonisch blieb und so zu einem Ganzen wurde, zu einer Einheit, soweit diese in der irdischen, der menschlichen Welt, durchführbar war. Gerade die Gemälde Raffaels setzen diese Sprache der Humanisten in Bilder um: die menschliche Schönheit unter dem Motto christlichen Glaubens in der Einheit mit dem antiken Erbe darzustellen.

In manchen Epochen ist Raffael als süßlicher Madonnenmaler abgetan worden. Gewiß waren viele der Madonnen, vor allem aus der Jugendzeit, Übungen für größere Werke und auch dazu bestimmt, den Lebensunterhalt des jungen Mannes zu sichern (sie wurden ihm aus den Händen gerissen), dennoch arteten sie nie zur Routine aus, sondern blieben jede für sich ein lebendiges und strahlendes Meisterwerk.

Die Legende berichtet, Raffael sei ein begnadeter Liebhaber gewesen. Er habe die ihm zugedachte Nichte des Kardinals Bibbiena nicht geheiratet, sondern es vorgezogen, mit einer wunderschönen Geliebten in seinem Palazzo zu leben. Diese Geliebte stand vermutlich Modell für die schöne Nackte der Galerie Barberini in Rom, aber auch für die „Donna velata" im Palazzo Pitti in Florenz.

Mit Urbino blieb Raffael in — wenn auch loser — Verbindung. Für Herzog Guidobald malte er zwei Madonnen, er schuf das großartige Porträt Baldassare Castigliones, des Verfassers des „Cortegiano", der ihm Freund war und später seine Grabinschrift verfaßte.

Oben: Auf diesem Platz vor dem Dom in Jesi wurde Kaiser Friedrich II. geboren.
Unten: Jesi: Einer der ehemaligen Portallöwen aus rotem Veroneser Marmor von Giorgio da Como, heute Weihwasserbecken im Dom.

187

Raffael starb siebenunddreißigjährig in Rom, binnen einer Woche von einer Krankheit hinweggerafft. Er fand seine letzte Ruhestätte im Pantheon. Vasari schrieb: „Wohl konnte die Malerei, als dieser edle Künstler starb, ebenfalls sterben. Denn als er die Augen schloß, blieb sie fast blind zurück." Urbino setzte dem unvergänglichen Künstler ein Denkmal. Luigi Belli aus Turin schuf 1897 das Denkmal, das stilwidrig auf der kleinen Piazza unmittelbar vor dem Herzogspalast aufgestellt wurde. Erst vor einem knappen Jahrzehnt übersiedelte es auf das Belvedere von Urbino am Ende der Via Raffaello, wo es nun richtig zur Geltung kommt. Geht man vom Geburtshaus die steile Straße hinauf, kommt das Denkmal bald in Sicht, wobei sich die Möglichkeit für ein köstliches Photo bietet: bückt man sich, so sieht es aus, als ob die Figur Raffaels unmittelbar auf dem Pflaster am Ende der Straße stehe. Die Figur hebt sich gegen den Himmel ab. Wenige Schritte weiter, und der gewaltige Sockel des Denkmals wird sichtbar.

Nun aber heißt es Abschied nehmen von Urbino. Man sollte nicht versäumen, zwei Kilometer von der Stadt entfernt einen Hügel hinaufzufahren, auf dem sich der Friedhof erstreckt. Hier haben Herzog Federico, sein Sohn Guidobaldo und dessen Gemahlin Elisabetta Gonzaga ihre letzte Ruhestätte gefunden.

Das Kloster S. Bernardino degli Zoccolanti, ein 1425 gegründeter Konvent, wird von manchen Experten Bramante zugeschrieben, doch dürfte es ein Werk des von Bramante beeinflußten Francesco di Giorgio Martini sein, der lebenslang Kontakt zu Bramante hatte. Man stößt zuerst linker Hand auf die im 13. Jahrhundert gegründete ehemalige Kirche S. Donato mit Freskenresten aus dem 15. und 16. Jahrhundert im Inneren sowie dem im Boden eingelassenen Grabstein des Grafen Guidantonio Montefeltro. An die Kirche schließt ein kleiner Kreuzgang mit kurzen Pfeilerstützen, ein frühes urbinatisches Werk. Der Kreuzgang ist etwas verkommen, in braunen Töpfen stehen halbverblühte Blumen — aber die fast unwirkliche Ruhe, die in diesem kleinen Bauwerk herrscht, schafft eine dichte Atmosphäre. Ein Tor öffnet sich zum Garten und zu den Feldern des Konventes mit einer alten Brunnenanlage. An den Kreuzgang schließt die Kirche S. Bernardino an, ein strenger, betont einfacher Raum. Die Grabkammer selbst liegt unter der Kirchenmitte. Die barocken Grabdenkmäler aus schwarzem Marmor, die der letzte Herzog von Urbino 1620 stiftete, erinnern jeden Besucher eindringlich daran, daß hier die beiden größten Herrscher des Renaissancehofes begraben sind. Auch diese schlichte Begräbnisstätte ist der folgerichtige Abschluß gelebter Renaissance: die Vollendung in Gott, die des menschlichen Beiwerks nicht mehr bedarf.

Man ist betroffen von solcher Größe, selbst wenn man es nicht wahrhaben will. Das zeigt sich erst, wenn man aus der Kirche heraustritt und ein dürftiges Wäldchen aus Pinien und anderen südlichen Gewächsen durchschreitet — und plötzlich noch einmal die ganze Kulisse von Urbino vor sich liegen sieht, eine jener wenigen Städte, die so unzerstört den Charakter der Zeit, in der sie erbaut wurden, erhalten haben. Der warme bräunliche Ton der Häuser und der Ziegeldächer, enge Gassen und Treppen, die nur einem Ziel dienen: sich freundlich und freudig dem Herzogspalast unterzuordnen, dem reinen Zentrum früher Renaissance.

ABSCHIED VOM MONTEFELTRO

Ein lückenloses Verzeichnis sehenswerter Orte des Montefeltro ist schwer zu erstellen. Jeder Ort hat Reizvolles zu bieten: ein Kastell, eine Kirche, ein unverfälscht mittelalterliches Stadtbild. Sind die Marken an sich reich an Entdeckungen, so blühen im Montefeltro die unbekannten Schönheiten, die Fülle der Details.

Es gibt eine ausgezeichnete Karte der „Provincia di Pesaro e Urbino" im Maßstab 1:150.000, nach der man das Land durchfahren und durchwandern kann. Eine Warnung: Wenn Sie diese Wanderung einmal machen, werden Sie immer wiederkommen, getrieben von dem Wunsch, noch mehr zu sehen. Ich habe versucht, die wichtigsten Orte in einer kurzen Zusammenstellung zu präsentieren.

Von Urbino aus ist es möglich, das Montefeltro in mehreren Routen zu befahren. Waren Sie noch nicht in Urbania, dann lohnt es, auf der ausgebauten Straße in Richtung Urbania (Herzogspalast) nach Sant' Angelo in Vado zu fahren und dort abzuzweigen in das Montefeltro. Wir besuchen nun vielfach Orte, die in keinem Kunstführer verzeichnet sind.

An der Einfahrt in das kleine Dorf Belforte al'Isauro steht seitlich ein riesiger Terrakotta-Tabernakel mit prachtvollen Reliefarbeiten. Ein Stein, ähnlich einem Mühlenrad, liegt als Betschemel davor. Diese Andachtstätte hat eine ähnliche Funktion wie die Wegkapellen bei uns auf dem Lande, aber sie ist ein ganz außergewöhnliches Kunstwerk. Das Dorf selbst hat hohe, mehrstöckige Häuser, die hier merkwürdig wirken, denn am Talboden wäre genügend Platz gewesen, sich auszubreiten. Der Gedanke liegt nahe, daß dieses Dorf gleichzeitig eine Festung, also eine Art Wehrdorf war.

Piandimeleto besitzt ein zinnengekröntes Schloß mit riesigen Stützmauern und Falltüren; erbaut wurde es um das Jahr 1480 von Francesco di Simone Ferrucci für den Grafen Oliva. Das Schloß zeigt große Säle, kraftvolle Portale, herrliche Kamine — und Hunderte von Wappen. Der Ort selbst, eine mittelalterliche Zitadelle, erhält seinen besonderen Reiz durch die einander rechtwinkelig schneidenden Gassen. An einzelnen Häusern sind noch die „Totentüren" zu sehen, enge und niedrige Bogentüren mit einer halbmeterhohen Schwelle. Durch diese Türen trug man die Toten hinaus; nach der Beerdigung wurden sie wieder zugemauert. Ein wunderschöner Spaziergang führt zum Franziskanerkloster Montefiorentino. An heißen Tagen nimmt man besser den Wagen, denn es ist eine Steigung von etwa dreihundert Metern zu bewältigen. Die Klosterkirche mit Fresken und einem Triptychon von Vivarini stammt aus dem 14. Jahrhundert. Etwas abseits davon liegt die Renaissancekapelle der Grafen Oliva; der Fußboden besteht zum Teil aus Majolikakacheln. In der Kapelle befinden sich zwei großartige Grabmäler von Ferrucci und ein Gemälde von Giovanni Santi, „Sacra Conversazione", signiert und mit der Jahreszahl 1489 datiert, eines der schönsten Gemälde des Meisters.

Von Piandimeleto nur einige Kilometer entfernt liegt Lunano, mit der Ruine des Schlosses der Ubaldini. Über den Ort Caprazzino, wo die Häuser sich regelrecht ineinander verkrallen, um sich der landschaftlichen Gegebenheit anzupassen, erreicht man Sassocorvaro. Die Festung von Sassocorvaro ist ein mächtiger, von Giorgio Martini errichteter Bau mit runden Türmen und konischen Mauern, die ein Erklimmen der Festung unmöglich machten. Sie wird gern mit einem Schiff verglichen, und zwar ihrer eigenartigen Form wegen, die nicht auf bloßen Bauwillen zurückzuführen ist, sondern auf ballistische Berechnungen. Sassocorvaro, ehemals Besitztum eines Condottiere und mit schönen Innenräumen ausgestattet, zählt zu den bedeutendsten Festungsbauten der Renaissance.

Von hier kann man nach Macerata Feltria in das innerste Montefeltro oder in Richtung Pesaro weiterfahren, aber auch, um eine Rundreise abzuschließen, nach Urbino zurückkehren. Wir wählen den Weg nach dem etwa zehn Kilometer entfernten Auditore, das seiner Glockengießerei wegen bekannt ist. Weiter geht es nach Tavoleto mit seinem prunkvollen Schloß, Sommersitz der Grafen Petrangolini. Tavoleto ist — nomen est omen — seiner guten Küche wegen bekannt. Von hier bringt uns eine kurze Fahrt zu einem Ort, der außerhalb der Provinzgrenzen liegt und verwaltungsmäßig zur Romagna gehört, nämlich zur Provinz Forli. Es wäre jedoch schade, Montefiore Conca, das auf einem typischen Hügel des Montefeltro liegt, zu übersehen. Der Ort, eine römische Gründung, von den Malatesta als Festung ausgebaut, gelangte nie unter die Herrschaft der Herren von Montefeltro und wurde schon im 16. Jahrhunderts Besitz des Kirchenstaates. Das Kastell stammt aus dem 14. Jahrhundert. Man glaubt in eine maurische Festung verschlagen worden zu sein: nackte, hoch aufragende riesige Mauerflächen, von einigen Fenstern und Schießscharten durchbrochen, ein Flachdach, das tiefer als die Mauerumrandung liegt, nur ein kurzer stumpfer Campanile ragt darüber empor. Eine völlig fremde Kulisse. Und davor staffeln sich stufenweise die Häuserreihen dieses Ortes, so als drängten sie schutzsuchend unter die Fittiche der hochragenden Festung.

Zurück in das Montefeltro: Monte Grimano, ein Heilbad, entstand auf dem römischen Mons Germanus. Die Ruinen der römischen Thermen von Montetassi bezeugen, daß die Heilkraft der alkalischen Eisen- und Jodsalzquellen zur Behandlung von Nieren- und Gallensteinen und Verdauungsleiden seit altersher bekannt ist. Das Kastell spielte in der Auseinandersetzung zwischen den Montefeltro und Malatesta eine große Rolle. Auf dem Stadtplatz erhebt sich ein Campanile aus dem 15. Jahrhundert.

Monte Cerignone: wiederum ein Hügel, der eine im

12. Jahrhundert von den Montefeltro erbaute gotische Burg trägt, die von den Malatesta erweitert und schließlich von Francesco di Giorgio Martini umgebaut wurde. Ein großes Schloß, eine Festungsanlage, wenige Häuser, ein Palazzo mit zauberhaften Fenstergittern — das ist der ganze Ort. Wenige Kilometer weiter Monte Faggiola: ein Dorf mit einer kleinen Loggia aus dem 15. Jahrhundert und einer Ruine, dem verfallenen Sitz des ghibellinischen Heerführers Uguccione. Es gibt unzählige Orte, die mit „Monte" beginnen, weil sie auf einem der Hügel dieser an Bergen so überreichen Landschaft liegen. Zwischen den Hügeln jedoch liegen — und das macht die Fahrt durch das Land so reizvoll — die sanften Linien der Felder, kleiner Wäldchen, Wiesen und Weinstöcke. Dann wieder trifft man auf höhere Berge und kahle Felsstöcke, die schroff abbrechen. Eigenartig aufgeschichtete Heu- und Strohschober, Bauerngehöfte beleben die Landschaft, in den Orten sieht man die Menschen ihr Gewerbe betreiben, wie sie es von den Vorvätern erlernten. Manch ein Handwerker hat seine Werkstatt auf der Straße aufgeschlagen, hin und wieder gibt es eine Töpferei, wo Krüge in seit Jahrhunderten gleichgebliebenen Formen gebrannt werden. Wären die Fernsehantennen nicht, könnte man glauben, die Zeit sei stillgestanden. Dennoch: wir sind auf einer Reise in die Vergangenheit.

Macerata Feltria — nicht zu verwechseln mit der Provinz Macerata — wurde im Mittelalter aus den Resten der römischen Stadt Pitinum Pisaurense erbaut. Das Kastell aus dem 13. Jahrhundert, der romanische Palazzo Comunale, die Kirche San Cassiano mit Fresken, ein Garten mit Grabsteinen aus heidnischer Zeit und der sogenannte Pelasgerbogen am Eingang des Ortes — das sind die Sehenswürdigkeiten.

Wie der Monte Carpegna, den wir schon kennengelernt haben, ist auch der Sasso di Simone — eine breitgelagerte und waldreiche Bergkuppe mit einem Felsstock — ein Ziel des Tourismus. Pennabilli wieder ist eine etruskische Gründung, entstanden durch die Vereinigung zweier Kastelle auf gegenüberliegenden Hügeln, dem Castello dei Billi, an dessen Stelle einstmals ein dem etruskischen Gott Bel gewidmeter Tempel stand, und dem Castello di Penna, wo sich Menschen angesiedelt hatten, die von den Goten aus ihren Siedlungen vertrieben worden waren. Auf beiden Bergkegeln sieht man Ruinen von Malatesta-Burgen. Die 1572 erbaute Kathedrale des Ortes wurde Sitz der Bischöfe von Montefeltro, Suffragane von Urbino. Der Hauptplatz des weitläufigen Ortes zeigt einen bescheidenen Laubengang; in der Chiesa San Cristoforo (11. Jahrhundert) ist ein wundertätiges Marienbild zu besichtigen. Über den Ort Ponte Messa gelangt man dann zur Pieve della Pantiera, einer Kirche, die auf den Resten eines alten Panthieron, das heißt eines allen Göttern geweihten Tempels, errichtet wurde.

Eine etwas weitere Fahrt führt an die Grenze der Provinz, in das einsame Dorf Casteldelci. Es ist von Kastanienwäldern umgeben, die diesen an sich strengen und abweisenden Ort sehr stimmungsvoll machen. Casteldelci hat Berühmtheit erlangt, denn in dem bescheidenen kleinen Kastell wurde der berühmte Ghibellinenführer Uguccione della Faggiola geboren. Angeblich soll Dante Gast des Condottiere gewesen sein. Vielleicht spielte der Dichter auf diese Begegnung an, als er den Vers schrieb: „Und seine Heimat liegt zwischen Feltro und Feltro." Ich gestehe, nicht deswegen in dieses seltsame Nest gekommen zu sein, sondern aus einem viel prosaischeren Grund: In Casteldelci wurde im Jahr 1952 ein Backofen streng nach mittelalterlichen Vorlagen errichtet. Einige Stufen führen in ein ausgemauertes Erdloch, das zum Backofen wurde, der Kamin ragt kaum heraus. Die eingeritzte Jahreszahl 1952 an der Stirnfront ist der einzige Beweis, daß dieser Ofen neu ist. Doch er funktioniert, und das Brot, das ihn verläßt, ist von unübertroffenem Wohlgeschmack.

Auf dem Weg zurück besuchten wir den kleinen Weiler Petrella Guidi, zu dem nur eine Staubstraße führt. Um einen zerfallenen Turm, überragt von einem kleinen, bescheidenen Campanile, sind einige Häuser gruppiert. Auch sie ragen hoch auf, zeigen sich nach außen abweisend und bieten ein vollkommen erhaltenes Stück Mittelalter. Wir kommen dann an S. Agata Feltria vorbei, mit der Rocca dei Fregosa, die im 16. Jahrhundert von Francesco di Giorgio Martini renoviert wurde. Der Ort wurde mehrmals durch Erdrutsche zerstört, er ist ständig gefährdet, und doch krallen die Menschen sich hier fest. Breite Stufen führen eine schnurgerade Gasse hinab, die inmitten der Felder endet. Der Ort besitzt sogar ein Theater, das Teatro Ariani, einst ein Adelssitz aus dem 19. Jahrhundert, heute Sitz der Gemeindeverwaltung. Das Theater wurde zum Kino umfunktioniert. Abseits des Ortes liegt inmitten eines Kastanienwaldes das Kloster Mont' Ercole. Die Gegend ist einer besonderen Käsesorte wegen berühmt.

Talamello war im 14. und 15. Jahrhundert Sitz der Bischöfe von Montefeltro. In der Friedhofskapelle sind farbenfreudige Fresken des Ferraresen Antonio Alberti aus dem Jahr 1427 erhalten. Im benachbarten Perticara, einst durch ein reiches Schwefelvorkommen ein blühender Bergwerksort, kann man ein Bergwerksmuseum besichtigen.

Unser Weg führt weiter nach Novafeltria, dem früheren Mercatino Marecchia, ein Name, der auf die wirtschaftliche Bedeutung hinwies. Auch heute ist der Ort Verwaltungssitz und Wirtschaftszentrum des inneren Montefeltro. Am Hauptplatz mit seinen hübschen Arkaden steht das Kirchlein Santa Marina aus dem 14. Jahrhundert, mit einem kleinen Campanile aus dem 17. Jahrhundert. Das Rathaus war früher Sommersitz der bolognesischen Grafen Segni.

Ich habe bewußt eine Route gewählt, die das Kostbarste bis zuletzt aufhebt: San Leo, für mich das größte Erlebnis der Marken!

Aus dem Hügelland führt eine kurvenreiche Straße in

eine Senke, und unvermittelt tritt ein mächtiger Bergkegel ins Bild, auf dem eine klotzige Burg thront. Als ich das erste Mal nach San Leo kam, blieb ich bei jeder Kurve stehen und stieg aus dem Wagen, um mir immer wieder den unvermutet aufgetauchten Felsenort anzuschauen. Er wirkt wie ein gewaltiges Dekorationsstück — und er wird großartiger, je näher man San Leo kommt. Ganz aus der Nähe verschwindet plötzlich die Rocca auf der Felsspitze aus der Sicht.

Früher gab es einen mühsamen Zugang über einen Saumweg, heute führt eine moderne Straße nach San Leo. Doch noch immer müssen Autobusse außerhalb des Ortes parken, weil das alte Stadttor zu schmal und niedrig für diese Ungetüme ist und die Hauptstraße zu wenig Spielraum bietet. Leider werden die Autos durch den Ort zu riesigen Parkplätzen am Fuß des Festungsberges dirigiert. Wenn man den Ort umfahren könnte, um diese Parkplätze zu erreichen, dann wäre San Leo noch um vieles schöner und erlebnisreicher. In der Hochsaison kann es nämlich passieren, daß ein nicht abreißender Autostrom gleich einer Schlange durch den Ort zieht. Gelingt es einmal, San Leo verkehrsfrei zu machen, dann wird das der traumverlorenste Flecken Erde, der vorstellbar ist. Aber San Leo ist auf jeden Fall ein überwältigendes Erlebnis. Mittelalter und Renaissance sind hier bestimmend; es gibt nur wenige Neubauten, die sich harmonisch in das alte Ortsbild fügen. Das kleine Haufendorf besitzt die vollkommenste vorromanische Kirche, ferner eine Hallenkirche aus der Zeit um 1200, Adelspaläste und eine der mächtigsten Festungsanlagen Italiens auf einem zweiten, jedoch viel höheren und steileren Hügel.

San Leo ist einer jener Flecken, die zwangsläufig Geschichtszentren werden mußten. Hier fand man Spuren von Völkern aus dem Neolithikum, aus der Bronze- und Eisenzeit. Die Römer bauten auf dem Mons Feretri — so genannt nach einem dem Jupiter Feretrius gewidmeten Tempel — eine Festung. Die Genesis der Ortsnamen ist klar: Mons

Feretrius, Montefeltro, Feltria, San Leone di Monte Feretro. Procopius hat San Leo schon als städtische Felsenfestung angeführt. Der Fels ist kristalliner Kalkstein, der vor Abermillionen von Jahren durch Bewegungen des Meeresgrundes hierhergeschoben wurde. Im 4. Jahrhundert soll der heilige Leo, der Namenspatron des Ortes, hier eine kleine Kirche errichtet haben. Die Legende berichtet, Kaiser Heinrich II. habe 1014 die Reliquien des Heiligen nach Deutschland bringen wollen. (Der Reliquiendiebstahl war zu dieser Zeit gang und gäbe; jeder Herrscher versuchte, soviel Reliquien wie möglich in seinen Besitz zu bringen, um damit seinem Hof Glanz zu geben.) In der Nähe von Ferrara sei es jedoch plötzlich nicht mehr möglich gewesen, die Reliquien von der Stelle zu bewegen, weder durch menschliche Kraft noch durch den Einsatz von Zugtieren. So blieben sie an jenem Ort, der auch heute nach ihnen benannt ist: San Leo di Voghenza.

Im Jahr 538 hat sich angeblich der Gotenkönig Witigo mit fünfhundert Mann in San Leo niedergelassen. Als dann der oströmische Feldherr Belisar die Goten besiegte, kam auch San Leo unter byzantinische Herrschaft. Seit Anfang des 7. Jahrhunderts stand der Ort unter römischer Kirchenherrschaft, wie eine Bulle Papst Gregors II. beweist, in welcher dieser dem Priester Lupicino das Kloster von San Leo übertrug. Später drangen die Langobarden in das Land ein und wurden durch den Franken Pippin wieder vertrieben, der auch San Leo der Kirche als Geschenk gab. Im 9. Jahrhundert ist ein Herzog Orso urkundlich nachgewiesen: sein Name wird in der Widmung des Ziboriums der Pfarrkirche genannt. Dieser Herzog von Orso verwaltete das Gebiet im Namen des Kaisers und des Papstes, er war auch gemeinsam mit Bischof Johann anwesend, als am 20. Februar 885 das Urteil über den Gebietsanspruch des Bischofs von Rimini auf die Abtei von San Marino gefällt wurde. Dieses Urteil, der „Placito Feretrano", ist die älteste Urkunde im Staatsarchiv der Republik von San Marino. Wie wir sehen werden, ist diese Urkunde nicht die erste und einzige Beziehung zu San Leo. Der heilige Leo, der das Land im 4. Jahrhundert christianisierte — 826 wurde San Leo bereits Bistum —, war ein dalmatinischer Steinmetz, der mit seinem Landsmann und Berufsgenossen San Marinus hierhergewandert war. Beide hatten sich auf zwei benachbarte Felsen zurückgezogen, um ihr Leben der Meditation zu widmen. Die Legende erzählt, beide hätten über Kilometer hinweg von Felsspitze zu Felsspitze Gespräche geführt und einander gegenseitig Hammer, Meißel und Kelle zugeworfen. Der moderne Fremdenverkehr hat ein Stückchen dieser Legende wiedergebracht: Besucher werden auf dem Luftweg ausgetauscht; ein Hubschrauber pendelt zwischen San Leo und San Marino, um eiligen Touristen den Besuch beider Stätten zu vermitteln.

Im italischen Reich König Berengars II. — dieser aus dem Germanischen kommende Name bedeutet soviel wie bärenstarker Speerkämpfer —, Markgraf von Ivria und 950 zum italischen König ernannt, spielte San Leo eine große Rolle. Als der Papst König Otto nach Rom rief und ihn am 12. Februar 962 zum Kaiser krönte, geschah dies zum Schutz der römischen Kirche. Denn Otto stellte einen Tag später die berühmte Urkunde aus, wonach dem Papst als Vikar des Apostels Petrus die Besitzungen und Rechte der römischen Kirche bestätigt wurden. Der Kaiser war Vogt und Schutzherr der Kirche. Dieses ottonische Privileg berief sich ausdrücklich auf die Schenkungen Pippins und Karls des Großen aus dem 8. Jahrhundert, aus denen ja der Kirchenstaat entstanden war. Otto wandte sich sofort der Bekämpfung König Berengars zu, um sich die italische Herrschaft zu sichern und gleichzeitig dem Papst die versprochene Rückgabe des Kirchenstaates zu ermöglichen. Als Berengar II. seinen Hof in Pavia verlassen mußte, suchte er Schutz in der Festung von San Leo. Gerade über diese Zeit gibt es eine hervorragende Geschichtsquelle aus der Feder des Bischofs Luidtprand von Cremona. Der Bischof entstammte einer langobardischen Familie, die im diplomati-

schen Dienst der italischen Könige Hugo und Berengar
stand. Er selbst wurde an der Hofschule von Pavia erzogen
und im Jahr 949 von Berengar als Gesandter nach Konstantinopel geschickt, entzweite sich jedoch mit seinem Herrn
und floh nach Deutschland zu König Otto. Dieser nahm den
Kenner der italischen Verhältnisse auf seinen Romzug
mit und verschaffte ihm zum Dank das Bistum Cremona.
Luidtprand diente Otto, der inzwischen zum Kaiser gekrönt worden war, auch als Dolmetscher und schrieb eine
„Historia Ottonis“.
Otto belagerte vom Mai bis September 963 König Berengar in San Leo. In dieser Zeit zeichnete und siegelte er
seine Schriften und Urkunden mit den Zusätzen „in monte
Feretri ad petram Sancti Leonis“ oder „in monte Feretrano
ad Sanctum Leonem“. Der Herrscher belehnte mit den um-
liegenden Ländereien die Herren von Carpegna, die damals
schon als mächtige Adelsherren galten, eine große politische
Rolle im Land spielten und sogar das Bistum innehatten.
Zu dieser Zeit nahmen die Herren von Montecopiolo den
Titel Grafen von Montefeltro an. Berengar wurde schließlich von den kaiserlichen Truppen überwältigt und in die
Verbannung nach Bamberg gebracht, wo er am 6. August
966 starb und ein königliches Begräbnis erhielt. Seine Witwe
Willa ging ins Kloster.
Dante sprach schon im IV. Gesang des Läuterungsberges
von der Schwierigkeit, San Leo zu bezwingen. Die Festung
galt als uneinnehmbar. Das kann jedoch nicht zutreffen:
Witigis hatte die Römer belagert und besiegt, Belisar die
Goten, dann kam Totila; Langobarden und Franken eroberten die Festung; Otto I., dann Cesare Borgia und
Lorenzo II. de Medici. San Leo war also ein häufig um-
kämpfter Ort. Als Cesare Borgia San Leo besetzte, gelang
ihm das nur durch Verrat; es heißt, ein Kommissar habe
des Nachts die Stadttore geöffnet. Kurze Zeit später ver-
jagten die Bewohner von San Leo Cesare Borgia und seine
Truppen. Bei einer neuerlichen Belagerung des Ortes schei-

terte er. Als Papst Leo X. seinen Neffen Lorenzo de Medici mit dem urbinatischen Herzogtum betraute, leistete San Leo als letzte Festung Widerstand. Der Truppenführer wandte jedoch eine List an. An der Westseite des Felsens, heute Piano del Monte genannt, wurde in einer stürmischen Nacht eine riesige Leiter gebaut und der Ort auf diese Weise eingenommen. Noch hielt sich die Festung, doch der Burgherr ergab sich, um das Leben der Frauen und Kinder zu schonen. Im Saal Leos X. im Palazzo Vecchio in Florenz hat Giorgio Vasari diese Belagerung in einem Gemälde festgehalten. Die sogenannte Feretranische Grafschaft mit dem Hauptort San Leo gehörte von 1517 bis 1527 zur Republik Florenz. Francesco Maria Della Rovere hatte sein Herzogtum zwar schon 1523 zurückerhalten — ausgenommen jedoch San Leo und Maiolo, die erst vier Jahre später folgten.

Als mit dem Tod des Della Rovere, des VI. und letzten Herzogs von Urbino, das Land unmittelbar in Kirchenbesitz überging, blieb San Leo ein wichtiger Ort des Montefeltro. Hier hatte ein eigener Gouverneur seinen Sitz, tagte das Provinzparlament, siedelten der Bannerherr und der Generalkommissar des Montefeltro.

Am 8. Dezember 1797 ging San Leo kampflos an General Dambrowski, den Befehlshaber einer polnischen Legion im Dienste der Zisalpinischen Republik von Napoleons Gnaden. Als am 13. Juli 1799 nach vierzigtägiger Belagerung die Franzosen die Waffen streckten, blieb eine österreichische Besatzung im Namen des Papstes bis 1807 in San Leo. Der Ort wurde 1808 zum Sitz des VIII. Kantons des Verwaltungsbezirkes Metauro und 1811 in den Verwaltungsdistrikt Rubicone eingegliedert. Als die napoleonischen Truppen 1815 das Land endgültig verlassen mußten, gelangte San Leo wieder in Besitz des Kirchenstaates. Die Festung wurde Staatsgefängnis und die Stadt selbst Garnisonssitz.

Die Stadtchronik verzeichnet San Leo stolz als Geburtsort von Kriegern, Staatsmännern, Dichtern und Gelehrten, aber auch des heiliggesprochenen Kapuzinerpredigers Matteo da

Montefeltro, wie mir ein Schriftsteller erzählte, der aus San Leo stammt und über seinen Geburtsort und die Geschichte dieser Stadt publiziert. Er erklärte mir heftig gestikulierend, wie wichtig gerade dieser Flecken Erde sei. Wir saßen auf der Piazza in Korbsesseln vor dem kleinen Café, das gleichzeitig Gastwirtschaft ist und die einzigen Fremdenbetten des Ortes besitzt. Erinnere ich mich richtig, so gibt es bloß sechs Fremdenzimmer in San Leo. Es lohnt jedoch, sich um ein Zimmer zu bemühen und einen Abend in der Stadt zu verbringen.

Mit dem Versinken der Sonne verschwinden auch alle Fremden. Die Silhouette der Festung wird grau, dann schwarz. Aus den wenigen Gaststätten des winzigen Städtchens dringt Stimmengewirr, die offenen Türen und Fenster werfen Lichtgevierte auf die Gassen. Ansonsten ist es still. Gerade die einfallende Dämmerung ist eine kostbare Zeit; die letzten Lichtstrahlen lassen die gedrungenen Formen der mittelalterlichen Bauwerke plastisch hervortreten, lautlos schwirren Fledermäuse um das Gemäuer. Wenn man nach einem Rundgang durch den Ort in die Taverne zurückkehrt, wird man in den Kreis der Einheimischen aufgenommen: willkommene Abwechslung und Anerkennung, eben mehr zu sein als bloß ein schaulustiger Tourist.

San Leo hat trotz der kriegerischen Vergangenheit seine mittelalterliche Bausubstanz erhalten, denn es war für jeden Eroberer zu wichtig, als daß er es zerstört hätte. Der Ort mit seinen grauen Mauern und gelblichen Fassaden ist sehr sauber, grüne oder braune Fensterläden und zahlreiche Blumenstöcke setzen freundliche Akzente. Und wieder gilt, wie so oftmals zuvor, daß hier derjenige Besucher auf seine Rechnung kommt, der die Liebe zum Detail in sich trägt. Man braucht sich nur zu einem Kaffee oder Aperitif vor dem Lokal auf der Piazza niederzulassen und die Augen offenzuhalten.

Da ist der Palazzo Medici, davor ein hübscher Brunnen und eine breite Ulme, die jene ersetzt, unter der einstmals der heilige Franziskus predigte. Der Medici-Palast ist heute Volksschule. An seiner Fassade trägt er das pästliche Wappen und die florentinische Lilie. Das Gemeindeamt ist im früheren Palazzo Roveresco untergebracht. Es stammt aus dem Anfang des 17. Jahrhunderts und trägt das Rovere-Wappen an der Fassade. Die Dokumente des Gemeindearchivs reichen bis ins 16. Jahrhundert zurück. Archäologische Funde und mittelalterliche Bauteile, aber auch ein Modell der Festung befinden sich im Rathaus, sind jedoch öffentlich kaum zugänglich.

Etwa zehn Meter von der Piazza entfernt steht an der Ecke der zur Festung führenden Gasse die kleine Kirche Madonna von Loreto, 1640 von der Gemeinde als Dank zur Errettung des Ortes bei einem Erdrutsch erbaut. Sehenswert das reiche Dekor der Apsis. An der rechten Seite der Piazza, bei der Via Michele Rosa, finden wir den Palazzo Nardini, früher im Besitz der Grafen Severini. Eine Marmortafel an der Fassade erinnert an ein großes Ereignis: Am 8. Mai 1213 predigte hier der heilige Franziskus: „Als Gast in diesem Hause erhielt er als Geschenk des Grafen Orlando Cattani di Chiusi den Monte della Verna."

An diesem 8. Mai 1213 feierte San Leo gerade ein Fest anläßlich der Belehnung des Buonconte di Montefeltro durch Friedrich II. Der hl. Franziskus war am Tage vorher nach San Leo gekommen. Er war mit seinem Gefährten Fra Leone unterwegs und hatte sich verirrt, denn damals war die ganze

Seite 203: Ein Stück der Stadtmauer von Jesi, die im 14. Jahrhundert auf römischen Resten errichtet wurde.
Seite 204: *Oben:* Der Dom von Osimo stammt aus dem 16. Jahrhundert, doch wurden Teile des ehemaligen romanischen Baus verwendet. Das Bild zeigt ein romanisches Tympanon in der Vorhalle des Doms.
Unten: An der Mauer des alten Stadtturms von Osimo sind Maße angebracht (links vom Eingang die Elle), so daß jeder seinen Einkauf kontrollieren konnte.

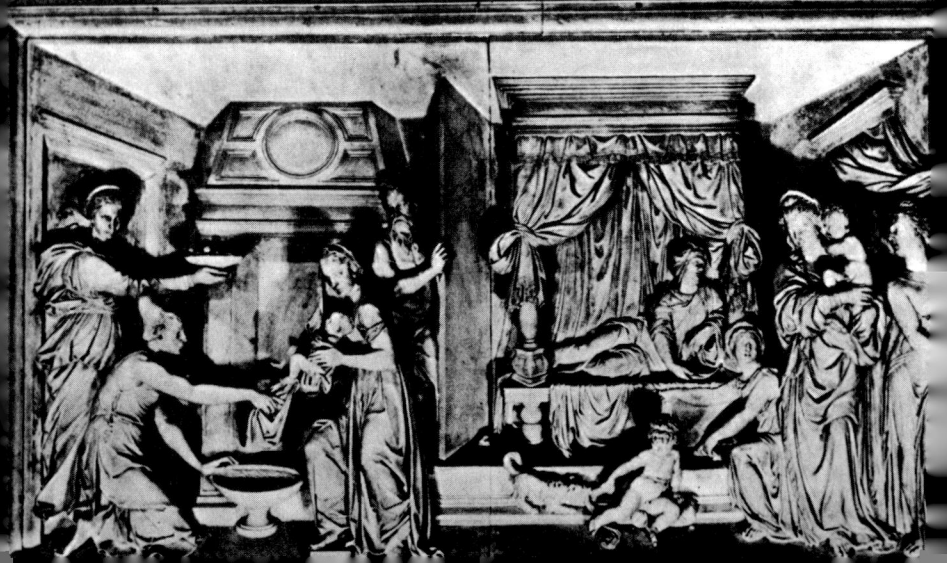

Gegend noch von dichten Wäldern bewachsen. Franziskus hatte zu Gott gebetet, und ein Licht wies ihm den Weg zu einer Hütte von Holzfällern und Hirten. Dort, wo ihm das Licht erschien, nördlich von San Leo, am Fuß des Monte Severino, baute er dann das Kloster S. Igne. Im Schatten der Ulme auf der Piazza hielt Franziskus eine Predigt über das Thema „So groß ist das Gute, das mich erwartet, daß jede Pein mir Freude ist". Unter den vielen adeligen Besuchern, die an der Belehnungsfeier teilnahmen, war auch Graf Orlando de Cattani, Pfalzgraf und Herr von Chiusi, der von der Predigt so beeindruckt war, daß er Franziskus den Monte della Verna in der Grafschaft Chiusi schenkte. Um die mündliche Schenkung zu fixieren, stellten die Söhne des Herzogs Orlando am 2. Juli 1274 eine Schenkungsurkunde aus. Das Gespräch, bei dem der Graf dem Heiligen den Berg schenkte, soll in einem Zimmer des Palazzo Nardini stattgefunden haben, heute eine oftmals umgestaltete, aber in ihrer Schlichtheit eindrucksvolle Kapelle. In ihrer Mitte steht ein Stumpf jener Ulme, unter welcher der Heilige predigte; die Ulme selbst befindet sich in der Kirche S. Igne. Der Monte Verna erlangte in der Geschichte des Franziskanerordens große Bedeutung: Während der Ordensstifter auf dem Berg weilte und dort ein Kloster errichtete, empfing er die Stigmata, die Wundmale Christi.

Die Predigt des Franziskus in San Leo hatte noch eine weitere Folge: an diesem Tag traten die Brüder Rolando

Seite 205: Im Baptisterium neben dem Dom von Osimo ist das Diözesanmuseum untergebracht. Prunkstück: das bronzene Taufbecken der Brüder Iacometti aus dem Jahr 1627.
Seite 206: *Oben:* Die Wallfahrtskirche von Loreto; links die Fassade des Apostolischen Palastes.
Unten: Das Relief an der Nordseite der Außenfront der Santa Casa im Dom von Loreto zeigt die Geburt Mariens. Zwei Künstler arbeiteten daran: die linke Szene schuf Raffaello da Montelupo, den rechten Reliefteil Baccio Bandinelli.

und Carlo di Montefeltro in den Orden der Minderbrüder von Assisi ein. Rolando wurde als Fra Landone im Jahr 1222 Bischof des Montefeltro. Im Lauf der Jahre nahmen noch viele feltrische Herren den Habit der Franziskaner. Dem Palazzo Nardini gegenüber liegt ein bescheidener kleiner Palast, heute Gemeindeeigentum. Nicht versäumt werden darf ein Besuch der Pfarrkirche zur Madonna dell'Assunta, genannt Pieve. Dieser ältesten Kirche im Montefeltro verlieh Papst Innozenz XI. 1682 den Titel „Maioris Ecclesiae Feretranae". Sie soll aus den Resten eines römischen Tempels und der ersten Kapelle des heiligen Leo erbaut worden sein. Die Entstehungszeit fällt in das achte, spätestens das neunte Jahrhundert; bei genauer Betrachtung sieht man, daß hier altes Baumaterial neuerlich verwendet wurde. Die Außenseite aus eisenfarbigem Sandstein ist fast schmucklos, nur über den Portalen werden durch Seitenleisten und Rundbögen Teile plastisch hervorgehoben. Diese Rundbögen sind in den Wölbungen durch weiße Steine und rote Ziegel farblich akzentuiert. Die Kirche ist dreischiffig, durch Säulen und Pilaster, die auf beiden Seiten je sieben Arkaden bilden, voneinander getrennt. Die Stützen wechseln unregelmäßig, es gibt einige frühchristliche Säulen und römische Kapitelle. Der Durchmesser der Säulen schwankt zwischen 42 und 51 Zentimeter, die Höhe der Säulen aber zwischen 1,34 und 2,36 Meter. Man sieht, daß Bauteile aus verschiedenen Perioden verwendet wurden. Über dem Altar — das ganze Presbyterium ist erhöht — ragt das Ziborium empor, vier Säulen mit byzantinischen Kapitellen, darüber ein zeltartiges Dach, versehen mit einer Inschrift des Stifters, Herzog Orso, der, so glaubt man, ein Herzog von Montefeltro war oder aber Herzog der Pentapolis.

Von den Seitenschiffen aus führen breite Stiegen in die Krypta unterhalb des Altarraumes. Im Hintergrund der Kirche befindet sich ebenfalls eine Krypta, wie man annimmt die erste Kapelle des heiligen Leo. In der inneren Fensterlaibung sind zwei Steinplatten mit frühchristlichen

Symbolen zu sehen. In dieser Krypta steht man auf dem nackten Fels, der die Kirche trägt. Der abfallende Fels ist auch der Grund dafür, daß die Pfarrkirche keine Vorderfassade hat.

Auf einer benachbarten Erhöhung liegt 'der um das Jahr 1200 auf den Ruinen eines Jupitertempels errichtete Dom. Der spätromanische Bau mit gotischen Elementen wurde aus hellgelbem Stein gebaut. Er hat keine Vorderfassade — aus demselben Grund wie die Pfarrkirche —, sondern ist nur durch ein seitliches Eingangstor zu betreten. Der Grundriß zeigt ein lateinisches Kreuz mit 'drei durch Pfeiler und Säulen voneinander getrennten Schiffen. Kapitelle, Konsolen und Karyatiden, aber auch manche Säulenbasis sind Kunstwerke für sich. Eine breite Treppe führt in den Chor; in der Apsis hängt ein großes Kreuz, das der Graf von Montefeltro in den ersten Jahren des 13. Jahrhunderts stiftete. Eine silberne Urne auf dem Altar enthält ein Stück des Hinterkopfknochens des heiligen Leo, die einzige in San Leo verbliebene Reliquie des Heiligen. Unter dem Altarraum liegt die überaus sehenswerte Krypta; die Kapitelle der drei Gewölberäume sind mit christlichen Symbolen verziert. In einer Nische der schmalen linken Treppe zur Krypta liegt der Deckel des einstmaligen Sarkophags des heiligen Leo. Die lateinische Inschrift läßt den Heiligen in der Ich-Form reden: „Sankt Leo, Priester, hier Pilger — während ich lebte, liebte ich dies, verkündigte ich dies, schrieb ich dies — alle danken wir immer dem Herrn — danken wir ihm — dies ist meine Ruhestätte für die Ewigkeit — hier werde ich wohnen, weil — ich sie erwählt habe, betet — betet immer den Herrn, betet immer den Herrn." Doch der Heilige wurde aus dieser Ruhestätte gerissen...

Neben dem Dom, etwas erhöht, steht frei der Campanile, zweiunddreißig Meter hoch, acht Meter im Geviert. Von den ursprünglich neun Glocken sind nur zwei erhalten geblieben.

Der Weg zu der in einer Höhe von 639 Metern liegenden

Festung ist mühsam. Sie hat eine Ausdehnung von rund eineinhalb Kilometer. Ein kräftiger Mauergürtel umschließt die Rocca, zwei Rundtürme wachen an der dem Ort zugekehrten Seite, denn hier bietet sich der leichteste Zugang. Früher gab es noch zwei Befestigungstürme auf der anderen Seite, die jedoch bei einem Erdrutsch weggebrochen sind. Das Bild Vasaris in Florenz zeigt noch alle Türme. Den Eindruck, den die Festung bietet, hat schon Kardinal Angelico Grimoard geschildert, als er 1371 das Vikariat Montefeltro beschrieb: „Es ist ein unbezwingbarer Ort, den man nur durch Aushungern, List oder Verrat erobern kann."

Eine Festung bestand schon aus Vorzeiten, Herzog Federico ließ sie jedoch im Jahr 1460 von Francesco di Giorgio Martini ausbauen, die Bollwerke anlegen und das Wohngebäude erstellen. Als San Leo mit dem übrigen Montefeltro 1631 unter die endgültige Herrschaft der Kirche kam, ging die militärische Bedeutung der Festung verloren. Sie wurde Staatsgefängnis, wie dann später, 1860 bis 1906, im italienischen Königreich. Bis 1915 war sie Unterkunft einer Strafkompanie. In diesem Gefängnis schmachteten ehemals napoleonische Funktionäre, dann mehrere Carbonari — politische Verschwörer —, Aufständische der Jahre 1831 und 1844/45. Der bedeutendste Gefangene war Graf Alessandro Cagliostro, recte Giuseppe Balsamo. Man kann seine Zelle, in die er von oben hinuntergelassen wurde, heute durch eine Tür besichtigen. Von der Falltür aus wurde er Tag und Nacht bewacht, das Essen in einem Korb zu ihm hinuntergelassen. Seine Zelle hatte nur ein kleines Fenster, der dicke Mauerschlupf war dreifach vergittert, so daß der Häftling dieses Gitter stets wie ein dreifaches Kreuz vor Augen hatte. Der einzige Blick in die Welt, der dem galanten Abenteurer geblieben war, ging auf die Kirche von San Leo.

Cagliostro, den man bald für einen Arzt, bald für einen Magier oder Propheten, dann für einen Philosophen, ein

Genie und einen Betrüger gehalten, stets aber als amüsanten, wenn auch gefährlichen Plauderer gekannt hatte, war durch seine alchimistischen Experimente in die Gunst des Großmeisters des Malteserordens gelangt. Mit dessen Empfehlungen ging er nach Rom, wo er Lorenza Feliciani heiratete. Seine Reisen führten ihn 1776 nach London und 1779 nach Kurland. Ein Jahr später wurde er aus Sankt Petersburg, wo er die Gunst der Zarin Katharina II. gewinnen wollte, ausgewiesen. Warschau, Straßburg waren wie London und Paris Stationen seines Lebens. Überall gelang es ihm, Eintritt in vornehme Kreise zu erlangen, denn man interessierte sich für seine Elixiere, Wunderkuren und spiritistischen Fähigkeiten. Er gewann Geld und Ansehen. In Paris, wo er die Gräfin Lamotte-Valois nach ihrer eigenen Aussage zur berühmten Halsbandaffäre angestiftet haben soll, wurde er schließlich 1786 in der Bastille inhaftiert und später ausgewiesen. Er lebte dann in Rom, wo er in der Villa Malta eine Freimaurerloge nach ägyptischem Ritus einrichtete. Am 27. Dezember 1789 wurde er verhaftet. Das Tribunal des Heiligen Offiziums verurteilte ihn am 7. April 1791 wegen Häresie zum Tode, Papst Pius VI. begnadigte ihn jedoch zu lebenslänglicher Kerkerhaft. So wurde Cagliostro am 21. April 1791 in die Festung San Leo eingeliefert. Nach mehr als vierjähriger Haft, die er ununterbrochen in seiner Zelle zugebracht hatte, starb er am 26. August 1795, vermutlich an einem Schlaganfall.

Der Totenschein, den das Pfarrarchiv bewahrt, wurde vom Erzpriester Don Luigi Marini ausgestellt und ist ein köstliches Zeitdokument. Er lautet: „Giuseppe Balsamo, genannt Graf von Cagliostro, aus Palermo, getauft, jedoch ungläubig, Häretiker, bekannt seines schlechten Rufes wegen, nachdem er in verschiedenen Ländern Europas die gottlose Lehre der ägyptischen Freimaurerei verbreitet hat, für die er mit spitzfindigen Täuschungen eine große Schar von Anhängern gewonnen hatte, geriet wiederholt in Widerwärtigkeiten, denen er sich jedesmal dank seiner tückischen

Schlauheit entzog. Endlich wurde er durch Urteil der Heiligen Inquisition zu lebenslänglichem Kerker in der Festung dieser Stadt verurteilt, in der Hoffnung, daß er sich bessere. Nachdem er mit starrer Hartnäckigkeit die Entbehrungen der im Laufe von vier Jahren, vier Monaten und fünf Tagen erlittenen Kerkerhaft ertragen hatte, starb er an einem plötzlichen Schlaganfall. So treue- und ruchlos wie sein Geist und sein Herz waren, nicht die geringste Reue zeiget, so stirbt er auch, ohne die Kommunion der Heiligen Mutter Kirche empfangen zu haben, von niemandem betrauert, im Alter von zweiundfünfzig Jahren, zwei Monaten und achtzehn Tagen. Er wurde unglücklich geboren, er lebte noch unglücklicher und starb auch im Unglück am 26. August des genannten Jahres um etwa 22 Uhr und 45 Minuten herum. Zu diesem Anlaß wurde eine öffentliche Bittandacht angesetzt, in der Hoffnung, daß der barmherzige Gott seinen Blick diesem unglücklichen Sünder zuwende. Als Häretiker, Exkommunizierter und verstockter Sünder wurde ihm die Bestattung nach kirchlichem Ritus verweigert. Der Leichnam wurde am äußersten Vorsprung des Felsens in Richtung gegen Osten beerdigt, an einer Stelle, die gleich weit von den zwei befestigten Vorpostenwerken absteht, die gemeinhin Palazzetto und Casino genannt werden, auf dem der Ehrwürdigen Apostolischen Kammer gehörenden Gelände, um 18 Uhr 15 des 28. August."

Cagliostro hat die Gedanken der Zeitgenossen noch lange bewegt. Einmal hieß es, er sei vergiftet worden, ein andermal, er sei entwischt, und in der Folge traten mehrfach Personen auf, die sich als Cagliostro ausgaben. Schiller und Goethe verwendeten Cagliostros Gestalt, ebenso Johann Strauß für eine Operette.

Die Festung von San Leo ist heute Schauburg. Im linken Rundturm sind eine Waffensammlung und einige Gemälde, im rechten Rondo Erinnerungsstücke aus dem Risorgimento, in den Räumen der herzoglichen Wohnung eine kleine Pinakothek untergebracht.

Die Bewohner von San Leo sind stolz auf den Spruch: „Es gibt nur einen einzigen Gott — einen einzigen Papst und eine einzige Festung von San Leo."

DIE REPUBLIK SAN MARINO

Die uralte Republik San Marino, 61 Quadratkilometer groß, mit kaum 20.000 Einwohnern, grenzt an San Leo und gehört geographisch in das Gebiet einbezogen, ist jedoch ein eigenes Staatsgebilde. Das Castellum San Marini, angeblich im 4. Jahrhundert vom heiligen Marinus gegründet, ist schon in der Pippinschen Schenkung 754 erwähnt. Im 13. und 14. Jahrhundert erlangte das Territorium seine endgültige Unabhängigkeit, die es durch zahlreiche Schutzverträge, zuerst mit den Herren von Montefeltro und von Urbino, dann mit dem Kirchenstaat und schließlich mit dem Königreich Italien und später der Republik Italien abgeschlossen hatte. Die winzige Republik besitzt als gesetzgebende Gewalt den Consiglio Grande e Generale — den Großen Rat —, dessen Verfassung auf den sogenannten „Leges Statutae" vom 8. Oktober 1600 beruht. Der Große Rat besteht aus sechzig Mitgliedern, die auf fünf Jahre gewählt sind, und übt als Kollegium die Funktion des Staatsoberhauptes aus. Als Exekutive wählt der Große Rat aus seiner Mitte den Staatsrat mit zehn Mitgliedern auf fünf Jahre und zwei sogenannte „Capitani Reggenti" auf jeweils sechs Monate, die dann Vorsitzende des Großen Rates, des Staatsrates und auch des „Rates der Zwölf" sind, dem die Verwaltungsgerichtsbarkeit und die zivilrechtliche Berufungsinstanz übertragen sind. Für diese Gerichtsbarkeit werden Richter mit fremder Nationalität bestellt. Das Zivilrecht beruht heute noch auf dem römischen und das Familienrecht auf kanonischem Recht; Nichtkatholiken wurde im Jahr 1953 die Zivilehe ermöglicht. In Zivil- und Strafsachen entscheiden Gesetzeskommissare in San Marino, die zweite Instanz ist ein Appellationsrichter in Rom, dritte und zugleich letzte Instanz ist der Rat der Zwölf. Um die Eigenständigkeit zu untermauern, beginnt die offizielle Zeitrechnung San Marinos nach dem gregorianischen Kalender mit dem Jahr 301, als der heilige Marinus seine Grotte auf dem Monte Titano bezogen haben soll.

Die Währung ist die italienische Lira, Staatssprache ist Italienisch. San Marino unterhält keine Streitkräfte, es gibt aber eine Volksmiliz, eine Bürgerwehr, in die einzutreten alle wehrfähigen Bürger zwischen dem 16. und 55. Lebensjahr verpflichtet sind. Der letzte Krieg San Marinos fand 1462 statt, als die Republik gemeinsam mit ihrem Verbündeten, Herzog Federico von Urbino, die Malatesta besiegte. Es gibt aber eine Polizeitruppe; schneeweiß gekleidet walten die Polizisten während des Sommers ihres Amtes, oft unter Baldachinen, weil die Sonne so stark herunterbrennt, und dirigieren den unaufhörlichen Fremdenstrom. Außerdem gibt es eine Palastwache, die in ihrer bunten Uniform ein wenig an die vatikanische Schweizergarde erinnert. Die Uniformen San Marinos stammen aber aus späterer Zeit.

Diese uralte Republik lebt vom Fremdenverkehr. Es gibt keine Einreise- und Zollformalitäten, ganz im Gegenteil, riesige Transparente begrüßen den Fremden, der nur dadurch weiß, daß er die Grenzen von San Marino überschritten hat. Neben dem Tourismus gibt es etwas Industrie und den Export von Wein, Wollwaren, Häuten und Bausteinen. Der Staat bezieht seine Einkünfte vor allem aus dem Verkauf von Briefmarken, der Tabak- und Einkommensteuer und aus einer Zollentschädigung, die der italienische Staat wegen der entfallenden Grenzformalitäten zahlt.

So mancher lächelt über diese älteste und kleinste Republik Europas, die eine Fläche von der ungefähren Größe des Starnberger Sees bei München einnimmt. Die Bewohner von San Marino haben jedoch ihre Freiheit unter schweren Opfern verteidigt, um dieses Gebilde selbständig zu erhalten. Und der Staat hat seine Pflicht, jedem Menschen Asyl zu gewähren, in vorbildlicher Weise eingehalten. Während des Zweiten Weltkrieges fanden hier mehr als 100.000 Flüchtlinge Unterschlupf. Im Juni 1944 erfolgte ein britischer Bombenangriff auf San Marino, der 63 Todesopfer forderte. Im September 1944 kamen deutsche Truppen auf ihrem Rückzug durch das Gebiet. Oberst Wedemeyer, der seine Truppe nicht anders in Sicherheit bringen konnte, bat jedoch formell um Erlaubnis, beschlagnahmte Autos, durchquerte den Staat und sandte die Autos zurück — mit Lebensmitteln bepackt. Nach dem Krieg erhielt er einen hohen Orden der Republik San Marino. Später kamen britische Truppen, die aber bald das Land verließen. Keinem der Flüchtlinge ist etwas geschehen. Schon während der italienischen Freiheitskämpfe hatten hier wiederholt Freischärler Zuflucht gefunden; 1849 nahm auch Garibaldi das Asylrecht in Anspruch, und die Republik konnte von den österreichischen Truppen sogar freien Abzug für ihn und seine Truppen aushandeln. Bevor dieser Vertrag zum Tragen kam, floh Garibaldi, der keine österreichische Geste annehmen wollte, seine Truppe aber konnte ungehindert abziehen. Gerade dieses Verhalten mag dazu beigetragen haben, daß das spätere Italien den Staat unangetastet ließ. Aber auch Napoleon respektierte die Republik, ja er bot San Marino sogar eine Vergrößerung des Staatsgebietes — und vier Kanonen an. Die Antwort auf dieses Angebot lautete: „Sagt dem General Bonaparte, daß wir seine Freundschaft dankbar anerkennen, sie genügt uns." Im Jahr 1851 rückten päpstliche Truppen in San Marino ein, das Land konnte aber seine Unabhängigkeit wiedererlangen.

Nach dem Zweiten Weltkrieg wollten Studenten der Universität Bologna mit einer Kolonne von Lastwagen nach San Marino fahren, um dort ein Königreich auszurufen. Königin sollte die Filmschauspielerin Silvana Pampanini werden, König der zweiundachtzigjährige italienische Senator Orlando. Viele glaubten an einen Scherz, andere aber nahmen die Sache ernst. Italienische Carabinieri stoppten die Kolonne jedenfalls rechtzeitig. 1950 kam es zu einer

Krise mit Italien: In San Marino war eine sozialistisch-kommunistische Regierung an die Macht gelangt, der die christdemokratische italienische Regierung naturgemäß nicht hold war. Als San Marino dazu noch ein Spielkasino errichtete und italienische Firmen aus Steuergründen nach San Marino abwanderten, verhängte Rom eine Blockade. Polizeitruppen riegelten die Zwergrepublik ab und verwehrten Touristen den Zutritt, wodurch San Marino wirtschaftlich in eine Zwangslage geriet. Es schloß das Kasino, wies die Scheinfirmen aus — und Italien hob die Blockade auf. 1957 kam es zu einer innenpolitischen Krise, als ein Mitglied der kommunistischen Partei zu den Christdemokraten wechselte, wodurch die Linke in die Minderheit geriet. Da nach dem Ungarnaufstand schon eine Reihe kommunistischer Abgeordneter abgefallen waren, kam es nun fast zu einer Art Bürgerkrieg, so daß Italien wiederum den Staat abriegelte, zwanzig Panzer und zwei Carabinieribataillone einsetzte, um das Gebiet zu zernieren. Die linke Regierung sandte sogar ein Telegramm an die UNO und bat um Entsendung einer Truppe der Vereinten Nationen. Italien hatte inzwischen die bürgerliche Gegenregierung von San Marino anerkannt. In San Marino aber einigten sich die Parteien untereinander, und seither gibt es wieder ein demokratisches Leben in der Bergrepublik.

Wer heute San Marino besucht, glaubt nicht mehr, daß die erste Menschengruppe, die sich auf dem Monte Titano selbständig machte, eine Schar von Männern war, die sich um ihr religiöses Oberhaupt Marinus versammelten. Heute blüht das „weltliche Geschäft". Wenn auch viel Zeremonien in diesem Staat althergebracht sind und die beiden Capitani bei ihrem Amtsantritt die alten Uniformen tragen und von ihren Vorgängern die Kette des Ritterordens von San Marino als Symbol der Macht erhalten, Exzellenz genannt werden und zwei Staatssekretäre zur Seite haben, nämlich einen für das Inland und für die Finanzen und den anderen für die Kontakte mit dem Ausland, so ist dieser Staat doch mit der Zeit gegangen. Man wußte Wohlstand unter das Volk zu bringen. Wenn man aus dem zum Teil bitter armen Montefeltro kommt, ist der Kontrast sehr deutlich zu bemerken: an den Häusern, an der wohlorganisierten Landwirtschaft — es gibt eine eigene landwirtschaftliche Fakultät zur Förderung des Agrarwesens —, besseren und größeren Autos, der Zahl der Fernsehantennen, der Kleidung der Menschen und vielem mehr. Die Muskateller- und Sangiovese-Weine San Marinos sind berühmt, in den zahllosen Andenkenläden sieht man die hochgeschichteten Geschenkpackungen mit Wein. Man findet auch Kunsthandwerk, sehr viel Kitsch neben hübschen Stücken. Die Sozialfürsorge ist gut organisiert, ebenso das Gesundheitswesen, aber auch Erziehung und Volksbildung, wie überhaupt Kultur in diesem Staat traditionsgemäß eine bedeutende Rolle spielt. Der Altmeister der römischen Geschichte, Theodor Mommsen, hat in späteren Jahren gemeint, seinen einzigen Lehrer habe er erst bei einer Italienreise getroffen, nämlich den gelehrten Eremiten Bartolomeo Borghesi in San Marino, einen Spezialisten für lateinische Inschriften. Bei diesem Gelehrten war auch der österreichische Erzherzog Ernst zu Gast, als er im Auftrag seines Kaisers einen offiziellen Besuch in San Marino machte. Der Erzherzog beteuerte vor dem Großen Rat, Österreich werde für alle Zeiten freundliche Gefühle für die Republik San Marino hegen. So bestanden beste Beziehungen zwischen San Marino und Österreich; Wien war nach Paris der zweite Ort, an den der kleine Freistaat einen ständigen diplomatischen Vertreter entsandte.

Für einen Besuch von San Marino bieten sich besonders der 3. September als Tag des Schutzpatrons San Marinos oder aber der 1. April und 1. Oktober an, die Tage, an denen die neuen Regenten eingesetzt werden. Da kommt die mittelalterliche Farbenpracht zur vollen Entfaltung. Ein Besuch lohnt auch in kleineren Orten der Republik, so vor allem in Serravalle, Domagnano und Borgomaggiore. Borgo ist ein Vorort von San Marino, von dem aus man die Stadt entweder mit der Seilbahn oder über die Autostraße erreichen kann. Man muß den Wagen auf den riesigen Parkplätzen am Rand der Stadt abstellen, denn San Marino könnte den modernen Autoverkehr gar nicht bewältigen.

Die Porta San Francesco war früher das einzige Stadttor von San Marino. Im 14. Jahrhundert errichtet, trägt sie die Wappen der Republik — San Marino wird gekennzeichnet durch die drei Burgen auf den drei Spitzen des Monte Titano, auf dem der Hauptort liegt — und des Herzogtums Montefeltro. San Marino war mit dem Herrschergeschlecht des Nachbarlandes ja in alter Freundschaft verbunden. Unmittelbar rechts neben dem Stadttor liegt die aus dem 14. Jahrhundert stammende Kirche des heiligen Franziskus mit einer Reihe bedeutender Gemälde. Von der Kirche führt die Straße zum Theater; im Palazzo Valloni sind eine Bibliothek, ein Museum, eine Gedächtnisstätte für Garibaldi und eine bekannte Sammlung von Gegenständen aus allen Erdteilen untergebracht. Eine Reihe sehenswerter Renaissancehäuser zeugen vom Alter der Stadt. Der Palazzo del Governo, der Regierungssitz, ist ein neugotischer Bau aus dem Jahr 1894, lohnt aber einen Besuch, der vor allem dem Audienzsaal mit seinen kostbaren Bildnissen, dem Saal des Großen Rates und dem Saal der Abstimmung gilt, wo die Wahl der beiden Capitani stattfindet. Die Basilica del Santo ist ein neoklassischer Bau aus dem Jahr 1838; neben dem Hauptaltar steht der alte Thron der Capitani Reggenti. Die Kirche San Pietro neben der Basilika hingegen reicht in ihren Anfängen bis in die Zeiten des heiligen Marinus zurück. Sie wurde jedoch wiederholt restauriert. Der älteste Teil ist offenkundig der Campanile aus dem 14. Jahrhundert.

Eine Fußwanderung führt zu den drei Burgen auf den Bergspitzen. Die Rocca, im 11. Jahrhundert errichtet, aber wiederholt renoviert und ausgebaut, heißt auch Guaita, ein Wort, das als Dialektausdruck für Wache, guardia, aber auch als Begriff für Weite, also für weiten Ausblick, interpretiert wird. Heute befindet sich hier das Staatsgefängnis — falls es einmal einen Häftling gibt. Im 13. Jahrhundert entstanden dann die beiden anderen Burgen, die Cesta oder Fratta und schließlich die Montale. In der Fratta ist ein Waffenmuseum untergebracht. Von der Spitze dieser Berge reicht an klaren Tagen die Aussicht über die Adria bis nach dem etwa zweihundertfünfzig Kilometer entfernten Dalmatien.

Der Spaziergang von Burg zu Burg und dann entlang der Fratta-Mauer in die Stadt zurück ist der vielen Steinstufen wegen etwas mühsam, aber ein romantischer Weg zwischen Gebüschen, Gräsern, Felszacken und südlichen Gewächsen, der immer wieder Blicke auf das Land und auf das blaue Meer freigibt. Er führt an einer Kapuzinerkirche aus dem 16. Jahrhundert vorbei, die dem heiligen Quirinus geweiht ist. Eine fünfbogige Halle ist der Kirche vorgeordnet, das Bild des Hauptaltars wird Taddeo Zuccaro aus Sant' Angelo in Vado bei Urbino zugeschrieben.

Eine Warnung ist angebracht: Besuchen Sie San Marino möglichst nicht am Sonntag, denn dann macht offensichtlich ganz Italien in der kleinen Republik Urlaub. Von weither kommen italienische Besucher, die nicht nur das „Ausland" besuchen, sondern in Scharen über die Restaurants und Geschäfte herfallen, um in ihrer Feiertagsstimmung die Lokale leer zu essen und die Geschäfte aufzukaufen. Der Rummel ist kaum noch erträglich. Aber vielleicht lieben Sie gerade solche Kaufhausstimmung?

Von San Marino sind es nur wenige Kilometer zur Autobahn, die uns in den südlicheren Teil der Marken bringt.

SENIGALLIA

Schon im 19. Jahrhundert vergnügten sich vornehme Badegäste am Strand von Senigallia, dem Badezentrum mit Tradition. Heute ist der mit dem Hafen verbundene historische Stadtkern von einer immer größer werdenden Neustadt umgeben, das Strandleben hat, vor allem am Abend, mondäne Züge angenommen.

Der Name Senigallia leitet sich von Sena Gallia her, also vom Stamm der gallischen Senonen, deren Führer Brennus in diesem Gebiet mit ihnen siedelte. Im Jahr 476 römischer Zeitrechnung, das ist 277 v. Chr., entstand hier eine römische Kolonie. Wie in die anderen Städte dieses Landstrichs kamen auch nach Senigallia Goten und Langobarden; die Herren von Malatesta und des Montefeltro stritten um ihren Besitz.

Senigallia war übrigens Schauplatz einer berüchtigten Blutnacht, und zwar zu jener Zeit, da Cesare Borgia den Herzog Guidobaldo aus Urbino vertrieben hatte. In der Stadt herrschte damals Giovanna von Montefeltro, die Schwester Guidobaldos, als Vormund ihres elfjährigen Sohnes Francesco Maria Della Rovere, des künftigen Erben von Urbino. Cesare Borgia hatte seine Condottieri entsandt, die Stadt zu belagern und den Erben in seine Gewalt zu bringen. Doch Giovanna war mit ihrem Sohn nach Venedig geflüchtet und hatte in Senigallia nur ihren Hauptmann Andrea Doria zurückgelassen. Die Stadt wurde von den Condottieri eingenommen. Sie ließen Cesare wissen, der Burgvogt Andrea Doria mache Schwierigkeiten, er weigere sich, die Schlüssel der Festung auszuliefern und wolle sie nur Cesare persönlich übergeben. In Wahrheit war Andrea Doria aber bereits aus der Stadt abgezogen, denn er hatte eingesehen, daß es unmöglich war, die Festung zu halten. Sein Name hatte immerhin so viel Gewicht, daß Cesare Borgia sich bereit erklärte, selbst in die Stadt zu kommen. Man spielte eine doppelte Intrige. Viele mit der Borgia-Herrschaft unzufriedene Condottieri hatten bei einer Zusammenkunft in einer Burg nahe dem Trasimenischen See versucht, eine Verschwörung zu organisieren. Zu den Verschworenen gehörten Guidobaldo von Montefeltro, ein halbes Dutzend Angehörige der berühmten Familie der Grafen und Fürsten Orsini, die Baglioni von Perugia, die Petrucci von Siena, die Bentivoglio von Bologna, dann Vitellozzo Vitelli, Oliverotto von Fermo und Varano von Camerino, um nur einige zu nennen. Die Herren dieser Zeit waren nicht zimperlich. Baglioni, ein Condottiere des Borgia, hatte auf dem Domplatz von Perugia seinen Verwandten, den Stadttyrannen, und dessen Parteigänger umgebracht, weil dieser kurz vorher seine gesamte ältere Verwandtschaft hatte über die Klinge springen lassen. Ein anderer Borgia-Condottiere, Oliverotto von Fermo, hatte sich in seiner Heimatstadt vom Stadtherrn, seinem Oheim, zu einem Gastmahl anläßlich seiner Erfolge als Krieger einladen lassen und dabei alle Männer, Frauen und Kinder — den Schwangeren ließ er sogar die Kinder aus dem Leib reißen — getötet. Er strebte selbst nach dem Amt des Stadtherrn und wollte durch die Bluttat vor künftigen Ansprüchen irgendwelcher überlebender Verwandter sicher sein.

Cesare Borgia wußte, daß man ihm in Senigallia eine Falle stellen wollte. Er kam, freundlich und fröhlich, umarmte am 31. Dezember des Jahres 1502 seine hervorragen-

Seite 223: Der Palazzo del Podestà in Fabriano ist der einzige rein
gotische Profanbau der Marken; davon der Stadtbrunnen.
Seite 224: *Oben links:* In der Cartiere Miliani wird für besondere
Zwecke das Papier noch mit den Geräten des Mittelalters hergestellt.
Oben rechts: Die Wachsvorlagen für kunstvolle Wasserzeichen werden
sorgfältig graviert.
Unten: Der Meister schöpft das Büttenpapier mit der Hand.

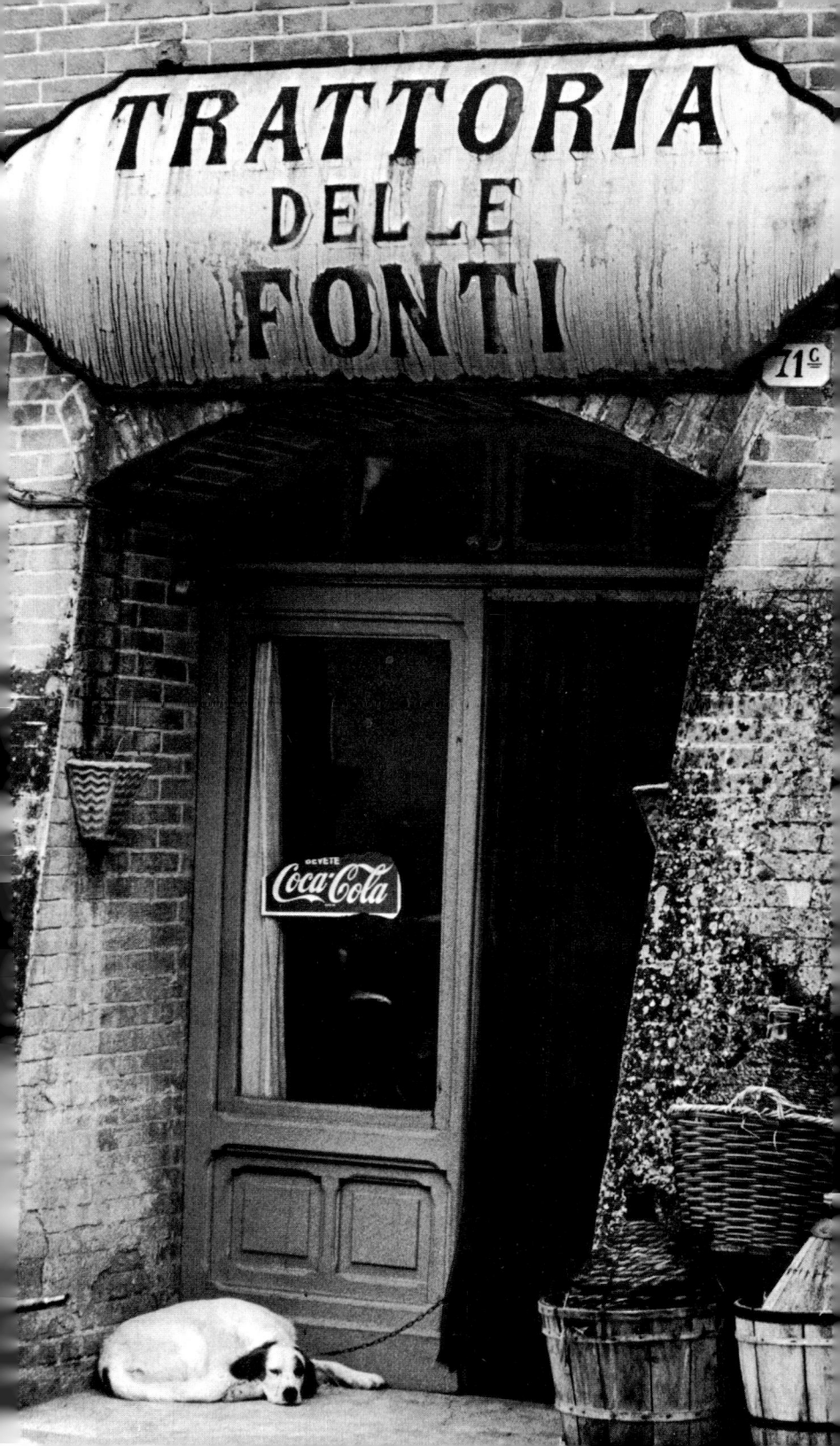

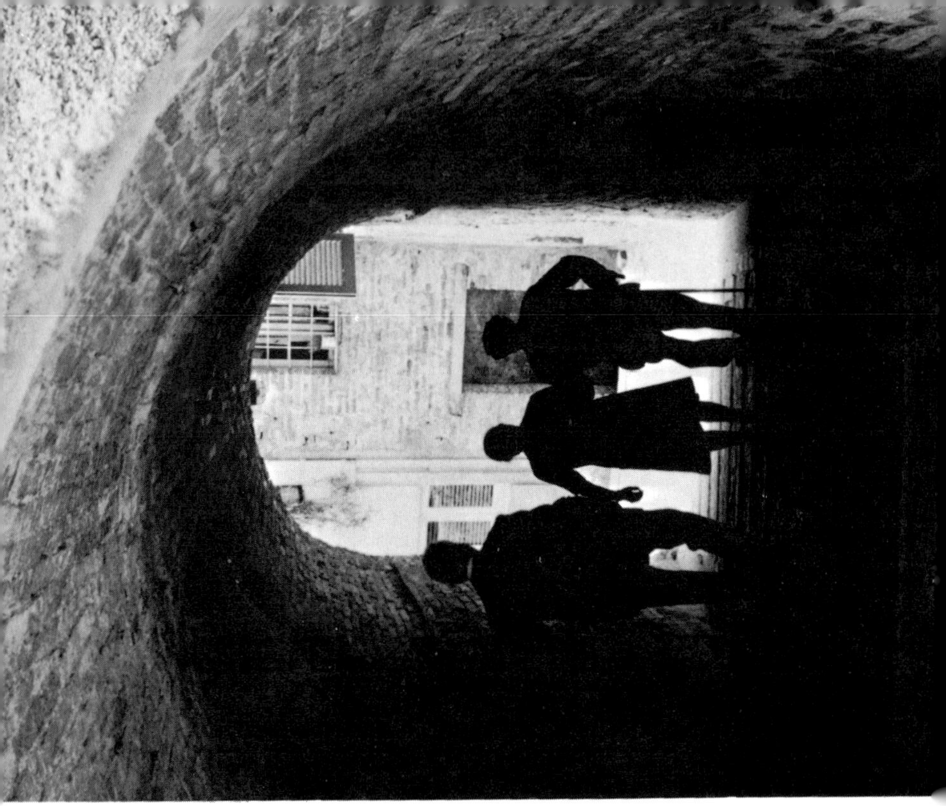

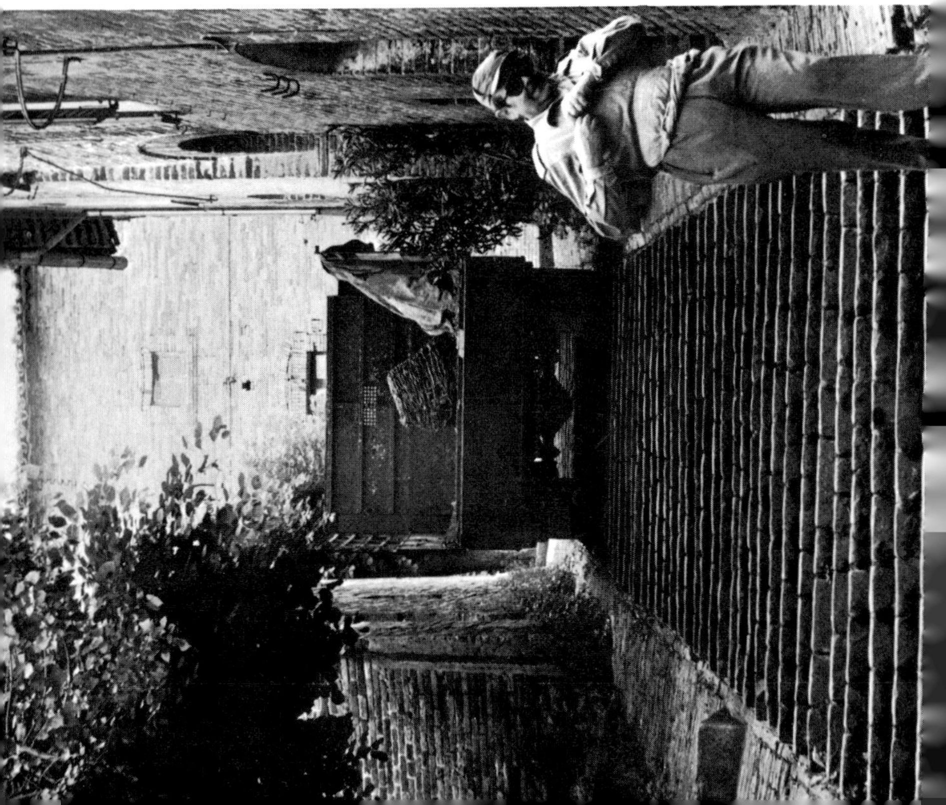

den Kapitäne Vitellozzo und Oliverotto und zwei Orsini-Brüder. Nur Baglioni schien die Sache nicht geheuer, er hatte sich krank gemeldet und nach Perugia zurückgezogen. Es gelang erst achtzehn Jahre später, den schlauen Fuchs nach Rom zu locken und ihn dort zu enthaupten. Die Condottieri waren sorglos, denn in den Vorstädten von Senigallia lagen ihre eigenen Truppen. Der Vorbote Cesares, Michelotto, hatte sogar selbst angeregt, die Herren sollten die Stadt einschließen. Cesares Leute sollten sich nur im unmittelbaren Stadtkern aufhalten, denn der Borgia wollte im Zentrum, im Palazzo des Edlen Bernardino di Parma, Wohnung nehmen. Nach der feierlichen Begrüßung lud Cesare seine Condottieri mit großer Liebenswürdigkeit ein, ihm bei seinem Einzug das Geleit zu geben. Vitellozzo und Oliverotto wollten ablehnen, doch die Orsini drängten, nicht unhöflich zu sein. Man kann sich vorstellen, wie den vier Condottieri zumute war, als sie sehen mußten, daß Cesares Leute sie einkreisten. Als sie in der Stadtmitte waren, wurden die Zugbrücken, die den Kern von Senigallia mit den Vorstädten verbanden, hochgezogen. Beim Palazzo Bernardini angekommen, bat Cesare seine Kriegsherren herzlich, mit ihm einzutreten, da er wichtige Dinge zu besprechen habe. Sie betraten den Empfangssaal, Cesare entschuldigte sich kurz — und kehrte nicht zurück. Die vier Kapitäne wurden von Mannen des Borgia umringt, Vitellozzo stieß einen Angreifer nieder, doch es war zu spät. Zur selben Zeit wurden die Truppen der Condottieri zum Teil niedergemacht, zerstreut oder in andere Dienste genommen. Oliverotto und Vitellozzo wurden auf zwei Stühlen, Rücken an

Seite 225: Diese Trattoria in Sarnano lädt zum Besuch ein. Man könnte glauben, hier sei die Zeit stehengeblieben.
Seite 226: *Links:* Schwierigkeiten der Bergstädte: In Sarnano quält sich ein Lastwagen die Stiegenstraße empor.
Rechts: Was romantisch aussieht, bedeutet ein mühevolles, lebenslanges Auf und Ab, so wie hier in dieser Gasse in Ripatransone.

Rücken sitzend, von Cesares Gefolgsmann Micheletto de Corella erdrosselt. Die beiden Orsini blieben in Haft, zwei Wochen später erlitten sie das gleiche Schicksal. Zu Machiavelli hatte Cesare Borgia einige Tage vorher gesagt: „Die Konstellation scheint mir dieses Jahr für Rebellen nicht günstig zu sein." Machiavelli feierte diese Tat auch als „bellissimo inganno", als die schönste aller Täuschungen. Frankreichs König Ludwig XII. versicherte dem Borgia, seine Handlungsweise sei der eines edlen Römers würdig, und die italienischen Fürsten überhäuften ihn mit Lobsprüchen. Cesare tat auch das Seine dazu, indem er überall verkündete, er sei nur einem Anschlag seiner Feinde zuvorgekommen.

Der Kern von Senigallia ist die Rocca, die Festung, Ende des 15. Jahrhunderts von Luciano Laurana und Baccio Pontelli — angeblich auf einem römischen Turm — erbaut. Den Platz vor der Festung schmückt ein Brunnen mit vier gußeisernen Löwen, der sogenannte Herzogsbrunnen. Der Palazzetto Baviera, ein schlichter Palast aus dem 15. Jahrhundert, besitzt Stuckdecken von Federico Brandani aus Urbino, die Szenen aus dem Alten Testament und der römischen Geschichte zeigen. Ein kleiner Portikushof mit einem Inschriftenlapidarium verbreitet einladende Stille. Die Kirche S. Martino (1740) ist zweier Gemälde wegen sehenswert: einer: „Anna Selbdritt" von Guercino (am zweiten Altar rechts) und einer „Sacra Conversazione" von Palma Giovane (dritter Altar links), gemalt nach Tizians „Pala di Ancona."
Das Zentrum von Senigallia wird von der Piazza mit dem Palazzo Municipale gebildet, einem kraftvoll-fröhlichen Bau des 17. Jahrhunderts, unter dessen Portikusfassade ein kleiner Brunnen den Torso eines herrlichen Neptuns, einem Fund der Antike, trägt. Knapp daneben die Chiesa della Croce, eine Saalkirche mit reichem Barockornament, deren Bau im Jahr 1576 von Gerolamo Marini begonnen, aber

erst 1608 fertiggestellt wurde. Am Hauptaltar eine „Grablegung" von Federico Barocci; auf dem Hintergrund des
Bildes ist der Palazzo Ducale von Urbino zu sehen.

Der Dom liegt an der langgestreckten Piazza Garibaldi,
die durch die Ausgewogenheit der Fassaden und Farben von
Hellbraun über ein lichtes Grau zu einem hellen Rot be-
sticht. Die byzantinische Kirche, die ursprünglich hier stand,
ließ Sigismondo Malatesta abreißen, weil er für seinen Kirchenbau in Rimini Marmor brauchte. Im Jahr 1790 wurde
mit dem Bau des heutigen Doms begonnen. Der Kapitelsaal
enthält den Sarkophag des heiligen Gaudenzius aus dem
7. Jahrhundert, der aus einem von der germanischen Königin Theodolinda gestifteten Kloster stammen soll.

Weiter führt uns der Spaziergang in das Hafenviertel,
dann in das alte Getto — als Handelsplatz hatte Senigallia
eine große Judengemeinde — zur Porta Lambertina und dem
fast kreisrunden Foro Annonario mit dem Markt aus dem
19. Jahrhundert.

In der Nähe des Rathauses — Via Buozzi und Ecke Via
Mastai — steht der Palazzo Mastai, einer von vielen unscheinbaren Adelspalästen. In ihm wurde am 13. Mai 1792
Giovanni Maria Graf Mastai-Ferretti geboren, der am 6. Juni
1846 als Pius IX. den päpstlichen Thron bestieg und bis
7. Februar 1878 regierte. Als der liberale und volkstümliche
Graf noch Erzbischof von Spoleto war, konnte er Louis
Napoleon und seiner Mutter, Königin Hortense, zur Flucht
in die Schweiz verhelfen. Der Kirchenfürst galt als Mann
mit politischem Verständnis, der für liberale Ideen eintrat,
was bei vielen konservativen Kräften ungern gesehen wurde.
Als Papst Gregor XVI. starb, war der Kirchenstaat in einer
schwierigen Lage. Aus dem Konklave ging Graf Mastai, der
den Namen Pius IX. annahm, als Oberhaupt der Kirche
hervor. Man hoffte, der Papst, der zwar vom göttlichen
Recht des Pontifikats über den Staat durchdrungen war,
könne durch seine liberale Haltung gerade mit der dies-
seitigen Welt zurechtkommen. Am 16. Juli 1846, zehn Tage

nach seiner Wahl, erließ Pius IX. eine Amnestie für politische Vergehen und kündigte weitere Reformen an. Ihm schwebte die Einigung Italiens unter der Kirchenherrschaft vor. Vorkämpfer einer solchen gesamtitalienischen Einigung, etwa Giuseppe Mazzini, waren begeistert. Doch der Papst fand aus dem Zwiespalt des Priesteramtes und des volksbeglückenden weltlichen Herrschers nicht heraus. Als sich Sardinien-Piemont und die von Österreich besetzten Provinzen Lombardei und Venedig gegen die Habsburgermonarchie erhoben, lehnte er es ab, Führer eines nationalen Krieges gegen Österreich zu sein. Der Großteil des italienischen Volkes, das seine Rolle als Papst, der zu vermitteln hatte, nicht erkannte, wandte sich gegen ihn und brandmarkte ihn als „eidbrüchigen Vaterlandsfeind". Am 24. November 1848 mußte Papst Pius IX. von Rom nach Gaeta auf neapolitanisches Gebiet fliehen — es war die letzte Flucht eines Papstes. Der Ausgang dieser Revolution ist bekannt. Vorerst siegte Österreich, die Franzosen intervenierten und besetzten Rom. Im April 1850 konnte der Papst wieder in seine Stadt einziehen. Pius IX., durch die Vorgänge erbittert, schlug eine absolutistische, ja reaktionäre politische Linie ein. Er stand der italienischen Einigung ablehnend gegenüber, wenn er sie auch nicht verhindern konnte, ebensowenig wie die Tatsache, daß der Piemontese Viktor Emanuel II. im Jahr 1861 den Titel eines „Königs von Italien" annahm. Garibaldis Truppen rückten in den Kirchenstaat ein und wurden nochmals von päpstlichen und französischen Truppen geschlagen. In dieser brisanten politischen Atmosphäre eröffnete Pius IX. am 8. Dezember 1869 das 20. Allgemeine Konzil, Vaticanum I. genannt, in dessen Verlauf das Dogma von der päpstlichen Unfehlbarkeit verkündet wurde. Am 20. September 1870 zogen die italienischen Truppen durch die Porta Pia in Rom ein, auf der Engelsburg ging als Zeichen der Kapitulation die weiße Fahne hoch. Der Kirchenstaat hatte aufgehört zu existieren.

Der Mann aus Senigallia, Pius IX., war praktisch ein

Gefangener; er zog sich in seine Gemächer im Vatikan zurück, wo er sechsundachtzigjährig starb, ohne jemals mehr einen Fuß in die römische Stadt gesetzt zu haben. Man hat diesen Mann verfemt, kritisiert, verlacht — und bemitleidet. Er selbst hat seine starre Haltung mit den Worten gekennzeichnet: „Ich bin der Stein, wohin ich falle, da bleibe ich liegen." Und doch sollte gerade aus dem weltlichen Verzicht eine neue Weltgeltung des Papsttums entstehen. Heute kann der Heilige Vater ohne Rücksicht auf territoriale Besitztümer als moralische Weltinstanz handeln.

Daran erinnert man sich bei der Besichtigung des Geburtshauses von Pius IX., das ein kleines Museum mit Kunstgegenständen, aber auch mit persönlichen Erinnerungen an den Papst und seine Familie enthält. Über dem Ganzen liegt ein Hauch der Vergessenheit. Die Sessel tragen Schonbezüge, die hölzernen Fenstergitter sind geschlossen und lassen das Licht nur gerastert einfallen. Man kann sich des Gedankens nicht erwehren, daß diese Stätte nicht sehr häufig besucht wird.

Außerhalb der Stadt Senigallia liegen das Kloster und der Konvent S. Maria delle Grazie, 1491 auf Befehl des Herzogs Giovanni Della Rovere, des Herrn von Senigallia, erbaut. Der Herzog hatte ein Gelübde abgelegt, das Kloster zu errichten, sollte ihm ein männlicher Erbe geboren werden. Als das geschah, beauftragte er Baccio Pontelli mit dem Bau, doch der Tod des Herzogs und die Wirren der Borgiazeit verhinderten die Ausführung. Erst Jahre später wurde der Plan in die Tat umgesetzt — doch je länger die Zeit verstrich, um so spärlicher kam das Geld. So wurde die Klosteranlage in mehreren Etappen errichtet, der Hauptbaumeister war Sabatino da Fabriano. Ein Teil blieb unvollendet. In der Klosterkirche hängt an der Wand hinter dem Hochaltar ein vermutlich 1489 oder 1490 entstandenes Tafelbild von Perugino, eine „Sacra Conversazione". Die Madonna mit dem Kind wird von Heiligen umringt, die Gestalt des heiligen Franziskus tritt besonders hervor.

Franziskus und seine Ordensbrüder haben in den Marken stets eine besondere Aufnahme gefunden. Nach dem Tod des Stifters im Oktober 1226 war es innerhalb des Ordens zum Armutsstreit gekommen. Der Großteil der Ordensmitglieder vertrat die Meinung, das von Franziskus vorgelebte ursprüngliche Ordensideal völliger Armut lasse sich nicht verwirklichen. Der Wortführer dieser Gruppe war einer der ersten Gefährten des Franziskus, Bruder Elias von Cortona, der als Ordensgeneral 1230 mit dem Bau der gewaltigen Basilica di San Francesco in Assisi begann, in der Giotto seinen berühmten Freskenzyklus malte. Die Gefährten der ersten Zeit waren entsetzt, denn der Monumentalbau bedeutete eine Absage an das franziskanische Erbe. Diese ersten Gefährten des Franziskus und die Stifterin des Klarissenordens, Clara Faverone, die mit ihren Mitschwestern in San Damiano lebte, dem von Franziskus gebauten Ursprungkloster, versuchten der allerersten Regel und dem Testament des Franziskus getreu zu leben. Sie kamen damit in Gegensatz zur Mehrheit der Ordensmitglieder und wurden regelrecht verfolgt. So zogen sie in Einsiedeleien in das umbrische Gebiet, aber auch in die Marken. Hier schlossen sich ihnen neue Ordensmitglieder an. Die Gefährten des Franziskus berichteten vom Leben des Heiligen und seinen Wundern. Etwa hundert Jahre nach seinem Tod wurde dieses mündliche Überlieferungsgut aufgezeichnet. Die „Fioretti di San Francesco" sind als Meisterwerke naiver Dichtung, als Legendensammlung, die Zeugnis des franziskanischen Urgeistes ablegt, in die Weltliteratur eingegangen, und damit auch die Marken, denn die Mark Ancona — damit ist die gesamte Region gemeint — spielt darin eine große Rolle. In der 42. Legende heißt es: „Wie der Himmel mit Sternen, war von altersher die Mark Ancona geschmückt mit heiligen und des Vorbilds würdigen Brüdern, die, Himmelslichtern gleich, den Orden des Heiligen Franziskus und die Welt durch ihr Beispiel und ihr Wort zierten und erleuchteten."

ANCONA

Betrachtet man die italienische Landkarte, den berühmten
Stiefel, dann bemerkt man an der adriatischen Seite nach
dem großen Bogen Triest—Venedig—Ravenna bei Ancona eine Art „Verdickung der Wade", einen Knick, nach
dem sich neuerlich ein sanfter Bogen öffnet, in dessen Mitte
Pescara liegt. Es folgen der Sporn und schließlich der Absatz des Stiefels.

Der Name Ancona — Ellbogen — kommt aus dem Griechischen und beschreibt die Lage der Stadt an diesem Knick,
wo die Berge bis ans Meer reichen. Bei Ancona ist es der
572 Meter hohe, von üppigem Buschwald bedeckte Monte
Conero. Hier gedeihen vor allem naturgeschützte Zwerg-
eichen und der Erdbeerbaum, lateinisch *arbutus unedo,*
griechisch *konaros* (vielleicht der Ursprung für die Bezeichnung Monte Conero). Der Erdbeerbaum gehört zu den
Heidegewächsen. Er wird drei bis sechs Meter hoch, besitzt
ledrige, glänzende, lorbeerähnliche immergrüne Blätter und
kleine, unscheinbare, glockenförmige Blüten. Er trägt eß-
bare rote Beeren, eben die „Erdbeeren". Diese hübschen
Früchte sind zuerst hellgrün, werden dann zitronengelb,
orangenfarben und, wenn sie ausgereift sind, karminrot.
Zum Buschwald des Monte Conero, einer Art Macchia, gehören wilde, mit Blüten übersäte Rosen, Wacholder, Ginster
und der üppig wuchernde Pistazien- oder Mastixstrauch, aus
dessen Rinde das Mastixharz gewonnen wird. Außerdem
gibt es wilde Ölbäume, Myrten und immergrünen Kreuz-
dorn: eine üppige Vegetation, die der Landschaft ihren
spezifischen Charakter gibt.

Im Schutz dieses kraftvollen Vorgebirges breitet sich die
einzige Großstadt der Marken mit mehr als hunderttausend

Einwohnern aus. Ancona besitzt einen seit altersher berühmten Hafen. Nirgends an der adriatischen Küste sind von der Natur ähnlich gute Vorbedingungen gegeben.

In Ancona versammelte Papst Pius II. die Schiffe zu seinem Kreuzzug. Der Sohn einer verarmten Adelsfamilie aus der Toscana, Enea Silvio Piccolomini, von Friedrich III. auf dem Reichstag zu Frankfurt 1442 zum Dichter gekrönt, wurde einige Jahre später Bischof von Triest und 1458 zum Papst gewählt. Nun rief er zum Kreuzzug gegen die immer weiter vordringenden Türken auf. Seine Ermahnungen stießen auf taube Ohren. Nur das politisch unmittelbar interessierte Venedig sagte den päpstlichen Truppen Hilfe zu, die anderen europäischen Mächte blieben in ihre eigenen Händel und Sorgen verstrickt. Pius II., der an schwerer Gicht litt, kam am 19. Juli 1464 selbst nach Ancona, da er glaubte, die christlichen Fürsten würden sich schämen, „wenn sie ihren Lehrer und Vater, den römischen Bischof, den Stellvertreter Christi, einen kranken, hinfälligen Greis, in den Krieg ziehen sehen". Als er in Ancona eintraf, fand er nur wenige Truppen, dafür aber einen Haufen mittelloses Gesindel ohne Waffen und ohne Geld vor. Auch die zugesagten venezianischen Schiffe lagen noch nicht im Hafen. Als sie Wochen später, Mitte August, nach zermürbendem Warten eintrafen, lag der Papst im Todeskampf. Bei der Nachricht von ihrer Ankunft stieß er mühsam hervor: „Bis auf diesen Tag hat mir die Flotte gefehlt, und jetzt muß ich der Flotte fehlen." Er starb am 15. August 1464 in Ancona in dem kleinen Palazzo neben dem Dom, die Stadt und den Hafen zu seinen Füßen. Ein Fresko von Pinturicchio, heute im Dom von Siena, zeigt den Papst auf dem Tragsitz, im Hintergrund den Dom von Ancona und den Hafen, in dem die venezianische Flotte vor Anker liegt. Der Doge Cristoforo Moro kniet zu Füßen des Heiligen Vaters. Das ist jedoch eine fromme Täuschung, denn als der Doge an Land kam, war der Papst bereits tot.

Wenn man einen Gesamteindruck von Ancona gewinnen

will, empfiehlt es sich, auf den Monte Guasco hinaufzufahren, der dem Monte Conero vorgelagert ist. Von hier
reicht der Blick weit hinaus auf das Meer und über die auf
mehreren Hügeln liegende Stadt. Er zeigt aber auch die un-
heilbaren Wunden, die der Zweite Weltkrieg Ancona geschlagen hat. Das Quartiere Guasco, das Viertel, das sich
dem Berghang vom Hafen zum Monte Guasco hinaufzieht,
wurde in hundertfünfundachtzig Bombenangriffen fast völlig
zerstört. Es grenzt an ein Wunder, daß unmittelbar im
Hafenbereich noch altehrwürdige Bauten erhalten blieben.
Ancona, der italienische Kriegshafen der Adria, war heiß
umkämpft. Um Venedig nicht zu gefährden, wurde das
Marinekommando aus dem venezianischen Arsenal hierher-
verlegt. 1944 zogen polnische Truppen, die an alliierter
Seite so weit von ihrer Heimat um die Befreiung ihres
Landes kämpften, unter großen Opfern in Ancona ein und
beendeten damit ein tragisches Kapitel dieser Stadt.

Wer Ancona besucht, stellt erschüttert fest, wie viele Bauwerke abgestützt oder gar völlig eingerüstet sind. Im Jahr
1972 gab es hier zwei schwere Erdbeben, eines davon, am
Abend des 14. Juni, dauerte genau fünfzehn Sekunden und
verzeichnete auf der internationalen Richterskala Stärke
sieben bis acht. Diese fünfzehn Sekunden versetzten die Stadt
in Schrecken und richteten schwere Schäden an. Man ging
unverzüglich an die Sicherungsarbeiten, doch wird es Jahre,
wenn nicht Jahrzehnte dauern, bis alle Schäden beseitigt
sind. Der Besucher muß also damit rechnen, daß verschiedene Bauwerke oder Museen gerade geschlossen sind, weil
sie renoviert werden.

Die Geschichte von Ancona ist gleichzeitig die Geschichte
des Hafens. Das Werden und Vergehen der Stadt ist stets
mit dem schutzspendenden Hafen verbunden.

Im 4. Jahrhundert v. Chr. landeten Griechen im Natur-
hafen von Ancona. Sie kamen aus Sizilien. Dionysios von
Syrakus gründete Ancon Dorica als griechische Kolonie.
Vorerst mit den Römern verbündet, wurde Ancona schließ-

lich römische Kolonie und von Cäsar, vor allem aber von Trajan als Festung und Flottenstützpunkt ausgebaut, war das Zentrum des Überseehandels mit Illyrien. Der Mittelpunkt der industriellen Tätigkeit war die Purpurfärberei. Der Handel mit dem Nahen und Fernen Osten dehnte sich immer mehr aus. Seeleute aus Ancona befuhren alle Meere: Adria, Mittelmeer, Schwarzes Meer, aber auch die Nordsee.

Der Besuch im Hafen zeigt auch heute das quirlige Leben einer Stadt, die ihre Prägung der Schiffahrt verdankt. Ringsum haben sich Industrien angesiedelt, die das Meer als Transportweg ausnützen. Es gibt eine neuerrichtete Mole für Containerschiffe und einen eigenen Erdölhafen. Dem ursprünglichen Porto ist jedoch im Nebeneinander von Neubauten und antiken Resten sehr viel Stimmung geblieben. In diesem Viertel gehören die Uniformen der Matrosen zum Stadtbild und ziehen noch immer die Blicke junger Mädchen an. Aus Ancona soll auch ein in Italien gern zitierter Satz stammen: *Chi non é buono per il Re, non é buono neanche per me!* Zu deutsch: Wer nicht gut ist für den König, ist auch für mich zu wenig. Ein junger Mann, der bei der Musterung durchfiel, hatte bei den Mädchen keine Chance. Die Begeisterung dürfte zwar heute nicht mehr ganz so groß sein, doch gilt die Uniform in Italien noch weit mehr als in unseren Landen.

Am Rand des Hafenbeckens, mit der Vorderfassade zur Via della Loggia, liegt die Loggia dei Mercanti, die alte Handelskammer. Diese Maklerbörse wurde 1443 von Giovanni Pace, genannt Sodo, erbaut. Giorgio Orsini gestaltete die Fassade in gotisch-venezianischem Stil. Als im 16. Jahrhundert ein Brand ausbrach, erneuerte Pellegrino Tibaldi das Untergeschoß samt der Fassade, die Masken und Fensterumrandungen zeigt und ein hölzernes Portal aus dem 16. Jahrhundert besitzt. Die Statuen an dieser Fassade stellen — von rechts — Liebe, Gerechtigkeit, Glaube und Hoffnung dar. Das obere Geschoß war als Loggia völlig geöffnet, der Reiter in der Mitte — er ist Symbol des Stadtwappens — war einst vergoldet. An der Rückseite dieser Handelskammer befindet sich ein breiter Balkon. Früher reichte das Meer bis an die Mauer dieses ausladenden Balkons heran, heute ist eine Mole bis zum Hafenbecken aufgeschüttet. Von diesem Balkon aus schlossen die Handelsherren ihre Geschäfte mit den Schiffskapitänen oder Schiffseignern ab und überboten einander im Feilschen um die Ladung. Man kann sich gut vorstellen, wie Glück und Ruin hier nebeneinanderlagen, wie mancher Kaufherr verzweifelt auf ein Schiff wartete, das im Sturm untergegangen war, und wie anderseits stolze Vermögen noch größer wurden.

Von der Handelskammer ist es nicht weit zur Nordmole des Hafens. Man betritt hier zwar Zollgebiet, darf aber passieren — allerdings zu Fuß —, wenn man den Trajansbogen besuchen will. Dieser im Auftrag der Stadtverwaltung von Apollodor von Damaskus zu Ehren Kaiser Trajans erbaute Triumphbogen, der im Mittelalter in die Befestigungsmauer der Stadt einbezogen wurde, wirkt in seiner heutigen Umgebung als Kuriosum. Unmittelbar daneben führen Verschubgeleise vorbei, an den Hafenmolen sind riesige Schiffe vertäut, Kräne ragen empor und dazwischen steht, fast wie ein Spielzeug, der Ehrenbogen, der einstmals den Hafen beherrschte. Steht man vor dem Bauwerk, das in seiner Substanz noch völlig erhalten ist, versinkt die Umwelt. Man versteht, warum der italienische Baumeister und Bühnenbildner Sebastiano Serlio (1475—1554), der durch seine „Sieben Bücher über die Baukunst" zu einem bedeutenden Architekturtheoretiker der Renaissance wurde, erklärte, daß dieser Trajansbogen das schönste antike Beispiel korinthischer Ordnung nach dem Parthenon sei. Von Serlio wissen wir auch, wie der Bogen ausgesehen hat: Auf dem Triumphbogen stand ein Bildnis Trajans zu Pferde, zwischen Gesims und Säulen standen andere Kupferbilder, es gab vielerlei Zierat, bronzene Schiffsschnäbel, eine Widmungsschrift in Bronzebuchstaben. Zur Linken des Reiterstandbildes hatte die Statue von Trajans Frau Plotina, rechts die seiner Schwester Martiana Aufstellung gefunden. Die Stadt war stets stolz auf das Denkmal, so mußte zum Beispiel im 18. Jahrhundert jeder Schiffskapitän, der den Hafen ansteuerte, eine Taxe zur Renovierung des Trajansbogens zahlen. Die Stadtväter von Ancona, die Kaiser Trajan ehren wollten, weil er den Hafen ausbauen und befestigen ließ, hatten sich diese Ehrung etliches kosten lassen. Der Marmor wurde vom attischen Hymettos aus Griechenland gebracht, von dem auch der Marmor für den Parthenon stammte.

Trajan — übrigens der erste Kaiser Roms, der aus einer Provinz stammte — wurde 53 n. Chr. in Italica, der Hauptstadt der Provinz Hispania, als Marcus Ulpius Trajanus geboren und später, als er großen Erfolg als Feldherr und Organisator hatte, von Kaiser Nerva adoptiert. Nach seinem Kampf gegen die Germanen wandte er sich gegen Osten und griff das Königreich der Daker an, ein Gebiet, das ungefähr das heutige Rumänien und das östliche Ungarn umfaßt. Dazu brauchte er Ancona als Kriegshafen. Ein Blick auf die Landkarte zeigt die Bedeutung dieses Hafens, die ja bis in die jüngste Zeit erhalten blieb. Im Besitz von Ancona konnte man Rom von Florenz und Ravenna isolieren. Das war in späteren Jahrhunderten entscheidend, als Ravenna Königssitz der Ostgoten, byzantinisches Exarchat und damit auch die zweite Hauptstadt der oströmischen Kaiser von Konstantinopel war, die stets Anspruch auf Westrom erhoben. Ancona war für Ravenna stets eine besondere Gefahr und wurde von den Goten immer wieder bekriegt.

Westlich des Trajansbogens ist an der Hafenmole ein weiterer Triumphbogen zu sehen, der jedoch mit der Eleganz des schlanken und edlen Trajansbogens nicht konkurrieren kann. Diesen zwar reich gegliederten, aber doch gedrungenen Ehrenbogen erbaute Luigi Vanvitelli im Auftrag der Stadt zu Ehren Papst Clemens' XII. Auch für dieses Bauwerk ließ die Stadt den Stein über das Meer bringen:

es ist istrischer Kalkstein, aus dem übrigens auch die Bauten Venedigs errichtet wurden. Ancona wollte den kränkelnden Papst besonders würdigen, denn er hatte der Stadt das Recht des Freihafens verliehen und von Luigi Vanvitelli eine künstliche Insel — die Vanvitelliana-Mole — errichten lassen, ein Fünfeck im Hafenbecken, das Bollwerk und zugleich Quarantänelazarett war. Später diente die Vanvitelliana-Mole als Kaserne, als Gefängnis und schließlich als Lager für das Tabakmonopol. Sie besitzt eine sehenswerte Rundkapelle. Der Platz für den Bogen war gut gewählt, denn der Papst hatte auch die breite Trajans-Mole bauen lassen, und zwar im wesentlichen so, wie sich die Hafenmole heute zeigt.

Ebenfalls im Hafengebiet liegt die Porta Pia, ein Tor der Barockzeit. Es wurde in den Jahren 1787 bis 1789 errichtet und nach Pius VI. benannt, jenem Papst, der zur Zeit der Aufklärung Kirche und Kirchenstaat sichern wollte und den Ideologien der Französischen Revolution machtlos gegenüberstand. Pius VI. hatte auch versucht, in Wien bei Kaiser Josef II. Verständnis zu finden. Als Napoleon Bonaparte den Oberbefehl über die italienischen Truppen erhielt, mußte Pius VI. kapitulieren. Der sterbenskranke achtzigjährige Mann wurde gefangenommen; sein Leidensweg endete im französischen Valence.

Das bedeutendste Bauwerk Anconas ist San Ciriaco auf dem Monte Guasco, eine der interessantesten Kirchen des italienischen Mittelalters. Sie stellt eine harmonische künstlerische Verbindung des romanischen und griechischen Kreuzes mit byzantinischen Einflüssen und gotischen Elementen dar. Der romanische Dom hatte eine sehr lange Bauzeit: vom 11. bis zum 13. Jahrhundert. Beim ersten Anblick wirkt er klein, denn er steht allein auf der Kuppe des Berges. Erst wenn man unmittelbar davorsteht, erkennt man seine Monumentalität. Die Wahl dieses Platzes erfolgte nicht nur aus dem Grund, weil der Dom hier die Stadt überragte und für die Seefahrer schon von weitem sichtbar war, sondern vor allem deshalb, weil er schon immer dem Kult gedient hatte: der Dom wurde auf den Resten eines Tempels aus dem 3. vorchristlichen Jahrhundert errichtet, der der Aphrodite Euclea, der Beschützerin der Schiffahrt, geweiht war. Er wird fälschlicherweise häufig als Venusheiligtum bezeichnet. Der erste, im späten 6. Jahrhundert erbaute Dom, San Lorenzo, ging bei der Einnahme Anconas durch die Sarazenen im Jahr 840 in Flammen auf, wurde jedoch sofort wiederhergestellt. Als die Reliquien des heiligen Cyriacus aus der zerstörten Kirche S. Stefano in den Dom gebracht wurden, erhielt er den Namen San Ciriaco. Der heilige Cyriacus, ein frühchristlicher Märtyrer, dessen griechischer Name soviel bedeutet wie „der dem Herrn Gehörige", zählt zu den 14 Nothelfern; sein Fest wird am 8. August gefeiert. Er ist Schutzherr der Zwangsarbeiter und Helfer gegen Anfechtungen böser Geister und gegen Besessenheit. In einer Seefahrerstadt mag der Schutzherr der Zwangsarbeiter besonderen Anklang gefunden haben, denn viele Seefahrer landeten ja auf den harten Bänken der Galeeren.

Der Gesamteindruck ist überwältigend. Der Kalkstein verleiht diesem kuppelüberhöhten Kreuzbau einen rötlichwarmen Ton. Eine Freitreppe führt zu dem reichgegliederten Hauptportal. Der baldachinartige Vorbau des Domes wird von Säulen getragen, die auf Löwen ruhen. Diese Löwen halten Lamm und Basilisken zwischen den Tatzen. Die figurengeschmückten Bogen des Innenportals bestehen aus weißem und rosa Marmor.

Der ursprüngliche Bau bestand aus einer dreischiffigen Säulenbasilika mit ravennatischen Kapitellen und einem Balkendach, wie es die Kirchen von Ravenna zeigen. Die frühesten Stadtchronisten (16. Jh.) berichten, Kaiserin Galla Placidia habe die erste Kirche errichten lassen. Reste dieser Basilika sind an den Seitenwänden des romanischen Baues zu erkennen: ein rosafarbener behauener Stein und gelblicher Tuff. Der Boden der Kirche aus dem 9. Jahrhundert

lag mehr als einen Meter unter dem heutigen Kirchenboden. Bei Ausgrabungen konnte der alte Dom ziemlich
genau rekonstruiert werden. Die Forschungen sind noch
nicht abgeschlossen, denn bei dem großen Erdbeben des
Jahres 1972 wurde der Dom so schwer erschüttert, daß die
acht Säulen aus griechischem Marmor, die das Hauptschiff
tragen, unterfangen werden mußten. Die völlige Wiederherstellung wird Jahre, wenn nicht Jahrzehnte dauern. Der
Kirchenboden mußte größenteils aufgegraben und den Stütz-
pfeilern durch mächtige Stahlbetonbänder Festigkeit gegeben
werden. Der Dom erlitt allerdings nicht erst durch das Erdbeben von 1972 schwere Beschädigungen: schon im Ersten
Weltkrieg wurde er bei der Beschießung der Stadt durch
einen österreichischen Flottenverband in Mitleidenschaft gezogen, im Zweiten Weltkrieg erhielt er mehrfache Bomben-
treffer. Er ist der Bauarbeiten wegen häufig geschlossen,
gelegentlich kann ein Seitenschiff betreten werden. Man
kann dann vom angrenzenden Diözesanmuseum her jenen
Teil des Domes betreten, dessen Kreuzgang Kapitelle, Sarkophage und Architekturteile beherbergt. Prunkstück der
Sammlung des Museums ist ein Sarkophag aus dem 4. Jahrhundert mit wunderschönen Reliefs und der Inschrift, in ihm
sei der Christ Falvius Gorgonius, Verwalter kaiserlicher
Privatgüter, bestattet worden. Das Diözesanmuseum war
früher Bischofspalast, hier ist Pius II. im Jahr 1464 gestorben.

Die prachtvolle zwölfeckige Kuppel des Domes ist, wie
Vasari berichtet, ein Werk des Margaritone d'Arezzo aus
der Zeit um 1270. Laut Vasari wurde auch der Kreuzbau
des Domes von Margaritone entworfen, eine sehr kühne
Behauptung, denn die Ursprünge des Baues sind sichtlich
früher anzusetzen. Das Innere des Doms, die Kombination
einer gotischen Basilika mit einem Zentralbau, ist beein-
druckend. In der Krypta des rechten Querarms, zu dem
neun Stufen emporführen, befindet sich eine Gedenkstätte
für gefallene Soldaten, in der Krypta des linken Querarms

das Grab des heiligen Cyriacus. Die Schranke zum rechten Querarm wird von kostbaren Basrelief-Platten aus der Mitte des 12. Jahrhunderts gebildet. Sie zeigen Heilige, Adler, Pfauen und Greife.

Vom Domplatz führt eine Treppe abwärts zur Piazza del Senato mit dem gotischen Palast des Stadtsenats und zur Ruinenstätte des römischen Amphitheaters. Unweit davon steht der Palazzo Ferretti, ein Renaissancepalast, der das Nationalmuseum der Marken mit bedeutenden Ausgrabungen zur Vor- und Frühgeschichte der Marken beherbergt. Der Katalog der Funde ist weltberühmt. Picenische, etruskische, griechische Bronzen und Vasen, ein herrlicher Kopf des Augustus als Pontifex Maximus, Terrakotten, Schmuck, ein bronzener Pferdekopf, Kultgegenstände, Mosaiken — die Liste der Schätze ist schier unerschöpflich. Doch es sind Schätze im Verborgenen, denn auch der Palazzo Ferretti hat bei dem Erdbeben so schwer gelitten, daß mir niemand sagen konnte, wie viele Jahre das Museum geschlossen bleibt.

Sehenswert sind auch die Chiesa S. Gesù aus dem Jahr 1665, die von Vanvitelli 1743 umgebaut wurde, sowie der Palazzo degli Anziani, das frühere Rathaus, mit einer bedeutenden Pinakothek, die das erste signierte Werk Tizians, Bilder von Lorenzo Lotto, Alvise, Carlo Crivelli und verschiedener Meister aus den Marken, besonders des bodenständigen Malers Andrea Lilli (1555—1610) birgt.

Die Kirche S. Maria della Piazza wurde im 12. Jahrhundert auf einem Bau des 6. Jahrhunderts errichtet, dessen Mosaikenreste rechts vom Eingang zu sehen sind. Eine Inschrift über dem Hauptportal besagt, daß Philippus aus Ancona im Jahr 1210 die Fassade der dreischiffigen Kirche geschmückt hat. Über dem Untergeschoß der Fassade, das aus dalmatinischem Marmor besteht, ist ein ganzes Netz von Blendarkaden gezogen, in deren Reliefs Fayenceteller

Acquaviva Picena: Die Festung.

SIXTO V PONT OPT MAX PATRIAE
FIRMANO OB EPISCOPALEM
IN METROPOLITAN ERECTAM
ET CIMNASIVM VNIVERSALE
RESTITVTVM S P Q F PO

SENATVS POPVLVSQ FIRMANVS PRO SVA
IN PRINCIPEM OBSERVANTIA CVRIAM
HANC AD MAGISTRATVVM CIVIVM
COMMODITATEM ET VRBIS ORNATVM
AERE PVBLICO MAGNIFICENTIVS RESTITVIT

eingelassen sind, wie sie früher auch in der Apsis der Kirche zu sehen waren. An der Piazza Garibaldi finden wir das bezaubernde gotische Portal der aufgelassenen Kirche S. Agostino. Herrlich auch die Fontana del Calamo, ein langgezogener Brunnen, wo aus zahlreichen bronzenen Mündern — das Werk einer recanatischen Schule — Wasser floß: Nach der Zahl der Münder heißt dieser Brunnen aus dem Jahr 1560 auch „Trèdici Cannelle", Brunnen der dreizehn Röhren.

Die Zitadelle, ein Werk von Antonio da Sangallo aus den Jahren 1532 bis 1535, liegt auf dem Colle Astagno. Im Jahr 1543 wurde sie auf Befehl Papst Pauls III. erweitert. Dieser letzte große Mäzen der Spätrenaissance, als Alessandro Farnese geboren, war von Alexander VI. zum Kardinal erhoben worden, denn seine Schwester Julia, „La Bella", war die jahrelange Mätresse des Borgia-Papstes. Paul III. hatte selbst vier Kinder, die er bestens versorgte. Sein Enkel Ottaviano Farnese erhielt von ihm das Herzogtum Camerino, das er den Herren von Varano entzogen hatte. Paul III., ein zwiespältiger Mann, war aber auch ein streitbarer Papst. Er bestätigte den Jesuitenorden, berief das Konzil von Trient, den Beginn der Gegenreformation, und gründete das Heilige Offizium zur Bekämpfung der Häresie. Er konnte nicht ahnen, was dieses Instrument bedeuten würde, denn er selbst wollte die Inquisition mit Milde durchgeführt sehen und forderte als Waffe die Kraft der Überzeugung. Paul III. war es auch, der zwei strenge Erlässe zum Schutz der Men-

Oben: Fermo: Der Domplatz mit seinem Blick über die Dächerlandschaft der Stadt.
Unten links: Fermo: Von der Via degli Aceti erfolgt der Zugang zu den riesigen unterirdischen römischen Zisternen.
Unten rechts: Dieses Denkmal widmeten die Stadtväter von Fermo Papst Sixtus V., der die Stadt zum Bischofssitz erhob und die Universität gründete.

schenrechte der von den Conquistadoren versklavten süd-
amerikanischen Indianer herausgab.

Durch den „Arco Amoroso", einen bezaubernden Früh-
renaissancebogen, 1470 von Pietro Amoroso aus Ascoli
Piceno erbaut, führt die Straße zum Palazzo del Governo,
dessen Südfront der langgestreckten Piazza del Plebiscito
zugekehrt ist. Der Platz wird von der spätbarocken Kirche
San Domenico abgeschlossen.

Wie aber gelangt man an den Badestrand? Der Besucher
folgt am besten der Hauptachse der Stadt, die vom Hafen
über den Corso Garibaldi, die Piazza Cavour und die Viale
della Vittoria zu einem Gefallenendenkmal auf einem Hügel
hoch über dem Meer verläuft. Und von hier fährt man mit
einem Lift direkt hinunter an den Badestrand! Ganz in der
Nähe des Gefallenendenkmals liegt übrigens auch der Sitz
des Fremdenverkehrsamtes, ein moderner und kühner Bau.

Vom „Monumento ai Caduti", dem Kriegerdenkmal, führt
eine Panoramastraße auf den Monte Conero. Mir war es
leider bisher nicht vergönnt, den Gipfel des Monte Conero
ohne Wolken, Nebel oder Dunst zu erleben. Etwas unterhalb dieses Gipfels liegt das aufgelassene Benediktiner-
Kloster Badia S. Pietro mit einer romanischen Kirche aus
dem 11. Jahrhundert. Die Fassade wurde zwar im 19. Jahrhundert renoviert, das Kircheninnere und die Krypta sind
jedoch in der romanischen Form wiederhergestellt. Das
Kloster selbst ist heute Gastwirtschaft; von hier kann man
zum sogenannten Belvedere fahren, dem Aussichtspunkt an
der Spitze des „Ellbogens".

Eine andere kleine Straße führt zu einem Gotteshaus, das
in all seiner Bescheidenheit der Höhepunkt jedes Ancona-
Besuches ist: Santa Maria di Porto Nuovo. An diesem Ort
herrscht stets Ruhe, hier kann man ungestört träumen; der
einzige Laut, der gelegentlich hierher dringt, sind Stimmen
aus einem der Sommerhäuser, die hier inmitten von Gärten
liegen. In einem dieser Häuser in der Nähe der Kirche wird
auch der Schlüssel zu diesem Kleinod der Marken aufbe-

wahrt. Die fünfschiffige Camaldulenserkirche wurde in den Jahren 1034 bis 1048 errichtet; die lange Bauzeit ist dadurch zu erklären, daß die Mönche selbst Hand anlegten. Offenbar gab es keinen Architekten für dieses vollkommene lombardisch-byzantinische Werk der Romanik, zumindest ist kein Name überliefert. „Gioiello d'architettura", Juwel der Architektur, nennen die Italiener dieses Einzelbauwerk, das in ganz Italien ohne Vergleich ist. Der dreischiffige breite Mittelbau besitzt zwei seitliche, von der Vorderfassade zurückgesetzte zusätzliche Nebenschiffe. Im Mittelpunkt der Kirche erhebt sich auf einem kurzen Sockelstumpf ein achteckiger Kuppelturm. Da der Sockel quadratisch, der aufgesetzte Kuppelturm aber achteckig ist, entsteht ein besonderer Eindruck der Schwerelosigkeit. Santa Maria di Porto Nuovo verfügt über eine dreigeteilte Vorderfassade mit einem kleinen Vorbau; die drei Apsiden, die Rundungen der Altarräume, sind außen durch vertiefte Blindbogen gegliedert. Eine kleine Tür im Osten der Apsis führt direkt an die Küste, die steil zum Wasser hin abfällt. Es ist gut, in diesem schlichten Kirchenraum zu verweilen, der unerhörte Ruhe ausströmt. Nur der dumpfe Lärm der Meereswellen, die sich an den Felsklippen brechen, ist zu hören — als drücke man eine Muschel ans Ohr.

Das Stammkloster, das diese kleine Kirche durch seine Mönche erbauen ließ, soll einstmals sehr reich gewesen sein. Man sagt, die Abtei habe selbst eine Handelsflotte unterhalten. Allerdings muß es im Mutterkloster Mönche gegeben haben, die ein Eremitenleben vorzogen, die der Beschaulichkeit und der Anbetung des Herrn dienen wollten und sich hier ihr Refugium schufen. Felsstürze und Erdrutsche vom Monte Conero her bedrohten das kleine Kloster, das Meer fraß sich gierig immer näher an das unmittelbar an der Steilküste errichtete Gebäude heran, so daß das Kloster schon 1320 aufgelassen wurde. Es diente als Unterschlupf für Hirten, die ihre Schafherden auf den Hängen des Berges weideten; erst 1934 wurde die Kirche wieder geweiht. Eine Tafel erinnert daran, daß Dante in einem Vers der Göttlichen Komödie Santa Maria di Porto Nuovo verewigt hat.

WANDERUNGEN IN DER PROVINZ ANCONA

Aus dem Meer ragen zwei Felsspitzen, „Le due sorelle" —
„Die zwei Schwestern", Reste eines Steilabbruches des
Monte Conero. „La Biblioteca" ist eine andere derartige
Felsformation, die ihren Namen von den Gesteinsschichten
hat, die wie Bücher aneinandergereiht sind. An diesem
Küstenabschnitt liegen zwei kleine Badeorte: Sirolo, mit
Funden aus der Steinzeit, und Numana. Der Rückweg führt
uns über ein lebhaftes, auf einem Hügel gelegenes Städtchen:
Camerano, das frühere Camurianum, einst Besitztum einer
griechisch-anconitanischen Familie. Die Kirche des heiligen
Franziskus mit einem romanisch-gotischen Marmorportal
aus dem 14. Jahrhundert, die Kirche der heiligen Faustina
und die Pfarrkirche sind sehenswert, vor allem aber wirkt
das Städtchen als Ganzes. Camerano besitzt so wie einige
andere Orte in der Provinz Ancona eine blühende Har-
monikaindustrie. Heute werden hier auch elektronische Or-
geln erzeugt. Von dieser Industrie leben mehr als zehn-
tausend Menschen. Exportiert wird in die ganze Welt; die
Hauptabnehmer sind die USA, Kanada und Skandinavien.
Einziger wirklicher Konkurrent ist eine Fabrik in der Bun-
desrepublik Deutschland. In der Nähe von Camerano findet
man auch eine Thermalquelle, keine Seltenheit in den Marken, wo es eine ganze Reihe kleiner heilkräftiger Badeorte gibt.
Die Provinz Ancona bietet ein reiches Feld geschichts-
und kunstträchtiger Orte. Wiederum gilt das Bekenntnis
zum Detail: es gibt fast keinen Ort, der nicht sehenswert
wäre. Um die Provinz richtig erleben zu können, darf man
allerdings nur in kleinen Etappen wandern, das heißt also,
die Reiselust bewußt zu zügeln.

Mich zog es nach Jesi, einer Stadt, die durch einen Zufall in das Rampenlicht der Weltgeschichte trat: Jesi ist der Geburtsort Kaiser Friedrichs II., des letzten großen Hohenstaufen. Kaiser Heinrich VI. wollte, daß sein Kind in Sizilien geboren werde, in dem Königreich, das seine Gemahlin Konstanze von Hautville, die Tochter Rogers II., in die Ehe eingebracht hatte. Lange Zeit hatte das Kaiserpaar auf Nachwuchs gewartet. Als die Schwangerschaft der Kaiserin Gewißheit wurde, weilte Konstanze gerade in Deutschland. Die mehr als Vierzigjährige begab sich nun auf eine lange und beschwerliche Reise. In Jesi setzten plötzlich die Wehen ein. Konstanze wußte, daß jene Kreise, die gegen ihre Heirat gewesen waren, die Geburt anzweifeln und möglicherweise versuchen würden, Gerüchte über ein untergeschobenes Kind in die Welt zu setzen. Als kluge Frau wollte sie möglichst viele Zeugen besitzen, daß sie ihr Kind selbst geboren habe, dieses Kind daher rechtmäßiger Erbe des Königreiches der Normannen in Sizilien war. In jener Nacht, in der Heinrich VI. in Palermo ein Blutbad unter den Verwandten seiner Frau, den Nachkommen Rogers und Tankreds, anrichten ließ, am zweiten Weihnachtstag des Jahres 1194, wurde ihm sein Sohn Friedrich geboren — und zwar auf dem Marktplatz von Jesi. Den überlieferten Berichten nach heißt es, Konstanze habe auf dem Marktplatz eine Art Zelt oder Pavillon errichten lassen. Jede verheiratete Frau der Stadt wurde aufgefordert, der Geburt beizuwohnen. Dann zeigte sich Konstanze mit dem neugeborenen Knaben, dem sie die Brust gab, auf offenem Platz dem Volk. Als Jahre später Feinde Friedrichs behaupteten, er sei der Sohn eines Metzgers aus Jesi, konnte er solch billige Vorwürfe dank der Voraussicht seiner Mutter leicht entkräften.

Der Platz trägt seinen Namen nach dem Geschehen: Piazza Federico II. — nicht mit dem Herzog von Urbino zu verwechseln, hier ist der deutsche Kaiser Friedrich II. von Hohenstaufen gemeint. Eine Gedenktafel erinnert an „Friedrich II., König von Sizilien und Jerusalem, Kaiser, wahrer Genius in allen Gebieten der Weisheit und der Wissenschaft". Inmitten des Platzes steht ein klassizistischer Brunnen mit Obelisken, der 1845 errichtet wurde. Auch der Dom ist jüngeren Datums: er wurde im 18. Jahrhundert neu erbaut, die Fassade stammt aus dem Jahr 1889; in seinem Inneren sind vor allem zwei Löwen aus rotem Veroneser Marmor von Giorgio da Como sehenswert. Heute tragen sie Weihwasserschalen, früher Säulen des alten Portalvorbaues. In der rechten Kapelle erinnert ein schlichtes Taufbecken daran, daß hier der Komponist Giovanni Battista Pergolesi getauft wurde.

Jesi, eine Gründung der Umbrer, wurde 247 v. Chr. von römischen Veteranen besiedelt, 409 n. Chr. von den Goten und später von den Langobarden erobert und zerstört. Es erlebte das übliche Schicksal der Städte des Kirchenstaates. Die mächtigen und hohen Stadtmauern wurden im 14. Jahrhundert auf römischen Befestigungsanlagen aufgebaut; die Festung selbst wurde 1422 demoliert. Die Stadtmauern — der südöstlich gelegene Teil wird „del Mezzogiorno", der nördliche „del Montirozzo" genannt — zeigen edel geformte Türme. Die Stadt selbst besitzt eine Reihe wunderschöner Paläste, etwa den Palazzo Amici-Honorati oder den Palazzo Balleani mit seinem von Karyatiden getragenen Barockbalkon. Das wichtigste Bauwerk ist zweifellos der Palazzo della Signoria auf der Piazza Don Minzoni, von Francesco di Giorgio Martini in den Jahren 1486 bis 1498 erbaut. Der Palast zeigt eine elegante Fassade, durch Bänder in drei Stockwerke geteilt, mit riesigen Fenstern: über dem harmonisch gegliederten Portal aus dem Jahr 1588 prangt in einem reichgeschmückten Steinrahmen das Stadtwappen, der aufrechte Löwe. An der linken Ecke der Vorderfassade ist ein Glockenturm aufgesetzt, unter dem eine Renaissanceuhr zu sehen ist. Heute befindet sich im Palazzo della Signoria ein Museum, das der besonders guten Aufstellung der Werke wegen hervorzuheben ist. Archäologische Funde, Grabmäler und eine kostbare, Mattia della Robbia zugeschriebene

Terrakotta-Krippe, die ihre farbige Fassung erhalten hat, sind hier zu sehen. Im Stockwerk darüber kann man in der Pinakothek — deren Eingang durch die Städtische Bibliothek zu erreichen ist — eine wertvolle Kollektion von Gemälden besichtigen, darunter eine alte Stadtansicht von Jesi, Werke von Paolo Agabiti, vor allem aber sieben Bilder von Lorenzo Lotto, die zu den kostbarsten des großen Meisters zählen. Hier wird verständlich, warum Jesi mitunter als das „kleine Urbino" bezeichnet wird.

Die Bergstadt Serra San Quirico, etwa fünfzig Kilometer von Ancona entfernt und sehr romantisch gelegen, hatte schon vom 11. bis 9. vorchristlichen Jahrhundert eine Art Villanovakultur. Die Festung mit den Stadtmauern wurde im 10. Jahrhundert n. Chr. erstmals erbaut, der heutige große Verteidigungsturm, der einsam in der Landschaft steht, stammt aus der 2. Hälfte des 14. Jahrhunderts. Im 16. Jahrhundert gab es hier eine Humanistenschule, vor allem für griechische Literatur — ein etwas eigenartiger Gegensatz zu einem Ort, der vielfach statt der Straßen überdeckte Gänge hat, die die Stadtmauern entlanglaufen und in früheren Zeiten den Verteidigern Schutz gaben. Die aufgelassene Kirche S. Maria del Mercato, ein romanischer Bau aus dem Jahr 1289, weist einen grazilen Campanile auf. Gemälde und polychromierte Terrakotten kennzeichnen die Kirchen S. Lucia und SS. Quirico e Giuditta. Ein an romanischen Kapitellen reiches Kloster aus dem 12. Jahrhundert, vor allem aber die sogenannte „Grotta del Vernino" — von größtem Interesse für Archäologen und Höhlenforscher — zeugen von der reichen Vergangenheit des Ortes.

Genga, mit dem Stammschloß eines Grafengeschlechtes, ist der Geburtsort etlicher Heerführer, aber auch der bedeutenden Künstler Girolamo und Bartolomeo Genga sowie des Papstes Leo XII., geboren 1760 im Castello Genga als Annibale Graf della Genga.

Die romanische Kirche S. Vittore delle Chiuse, aus weißlich-rötlichem Stein im 11. Jahrhundert errichtet, steht einsam in wildromantischer Berggegend. Sie besitzt nicht nur drei Apsiden, rundbogige Altarräume, sondern weist die gleiche Auswuchtung auch an den beiden Seitenfronten auf und wirkt dadurch besonders reich gegliedert. In der Mitte des quadratischen Baues stehen vier Säulen, darüber erhebt sich ein achteckiger, kuppelgekrönter Turm. Nachträglich wurde noch ein schwerfälliger Glockenturm aufgesetzt, der das ganze Gebäude drückt. Bei dieser Kirche ist der byzantinische Einfluß, die orientalische Denkungsweise, die in der Provinz Ancona häufig an Kirchen sichtbar wird, deutlich ausgeprägt.

Arcevia, mit neolithischen Funden, Siedlungsplatz der Senonen, wurde von Karl dem Großen der Kirche geschenkt und besitzt aus dieser Zeit eine mächtige Festung. Die Porta S. Lucia mit dem mittelalterlichen Rundturm und die Porta S. Maria, die den Besucher empfangen, zeigen den unverfälschten Charakter dieser Stadt, deren Kirchen eine reiche Anzahl von Terrakotten besitzen.

Sassoferrato, das Sentinum der römischen Geschichte, wo im Jahr 294 die Römer jene Schlacht schlugen, die ihnen den ungestörten Besitz ganz Mittelitaliens brachte, ist an der Mündung zweier Flüsse gelegen und besitzt eine Ober- und Unterstadt. Es ist die Heimat des Malers G. B. Salvi (1609—1685), der sich nach seinem Geburtsort Sassoferrato nannte. Neben den römischen Ruinen, der grob gepflasterten römischen Straße und der Festung sind das Museum im Castello — so wird die Oberstadt genannt — mit Ausgrabungen, Bildern, Reliquiaren sehenswert, aber auch die Kirche S. Francesco, die zum Kloster der Klarissinnen gehört, wo der Kirchenschlüssel verwahrt wird. Das Portal ist frühgotisch, das Kreuz über dem Hochaltar stammt aus dem 14. Jahrhundert und ist ein Werk der Schule von Rimini. Auf der Piazza Oliva in der Oberstadt finden wir den Palazzo Municipale aus dem 14. bis 15. Jahrhundert, daneben den im 14. Jahrhundert errichteten Palazzo dei Priori, der jedoch Ende des 16. und im 19. Jahrhundert renoviert wurde und heute, wie gesagt, Museum ist. In der Unterstadt steht eine weitere sehenswerte Kirche, S. Maria del Piano, ein einschiffiger Bau mit Seitenkapitellen aus dem Anfang des 17. Jahrhunderts. Die zu Beginn des 12. Jahrhunderts errichtete Kirche S. Croce in der Nähe der Stadt zählt zu den schon vorher erwähnten Kirchen mit orientalisch-byzantinischem Einfluß, wie auch die Kirche von Le Moie in der Nähe von Maiolati, ein romanisches Bauwerk aus dem 12. Jahrhundert.

VON FABRIANO NACH OSIMO

Unsere Fahrten haben uns auf Bergkuppen geführt, durch wildromantische Schluchten wie die Gola della Rossa oder die Gola di Frasassi. Um so überraschter sieht man dann die Stadt Fabriano in einer weiten Landschaft daliegen. Fabriano ist Mittelpunkt einer blühenden Papierindustrie. Hier hat sich die Tradition der Papierherstellung vom 13. Jahrhundert bis heute erhalten. Das Papier aus Fabriano besitzt Weltgeltung. Ich habe schon etliche Papierfabriken besucht, aber keine war so gut bewacht wie die von Fabriano. Das verwunderte mich nicht mehr, als ich hörte, daß hier für mehr als zwanzig Staaten das Spezialpapier zum Druck von Banknoten hergestellt wird. Die Einschlüsse im Banknotenpapier, die ihm besondere Reißfestigkeit geben, rühren von Pferdehaaren her. Um möglichste Sicherheit gegen Fälschungen zu gewährleisten, werden in drei Arbeitsgängen Wasserzeichen in drei verschiedenen Farben angebracht. Hier in Fabriano wurde auch im Jahr 1293 das Wasserzeichen erfunden, besser gesagt gefunden, denn beim Handschöpfen des Papiers geriet ein Fremdkörper auf das Sieb, wodurch sich plötzlich in der Struktur des Papiers, hielt man es gegen das Licht, eine Veränderung zeigte. Diese Möglichkeit wurde bald kultiviert. Die Kunst, im handgeschöpften Büttenpapier Wasserzeichen anzubringen, führte schließlich dazu, ganze Bilder als Wasserzeichen herzustellen. Als mir einer der Direktoren der „Cartiere Miliani di Fabriano" vorschlug, ich möge mir doch das Papiermuseum ansehen, wollte ich schon ablehnen, doch dann siegte die pflichtgemäße Neugier, und ich erlebte den aufregenden Besuch eines Museums, wie es wohl kein zweites gibt. Wer nach Fabriano kommt, sollte nie versäumen, das Papiermuseum der Firma

Miliani zu besichtigen. Nicht die verschiedenen Papierarten und die voller Stolz zur Schau gestellte Vielzahl ausländischer Banknoten, Schecks, Wechsel, Aktien und Firmenpapiere, die den weltweiten Absatz des Unternehmens zeigen, und auch nicht die kostbaren Spezialpapiere für Zeichner usw. sind sehenswert, sondern Luxuspapiere, handgeschöpftes Bütten und die ungeheure Vielfalt der Wasserzeichen-Kunstwerke. Der Petersplatz von Rom, ein Madonnenbildnis Raffaels, aber auch Originalzeichnungen moderner Künstler, die eigens für diesen Zweck angefertigt wurden, sind als Wasserzeichen geprägt worden. Man darf hier nicht nur an die üblichen kleinen Zeichen denken: es gibt vielmehr ganzseitige Wasserzeichen. Dazu wird die Zeichnung von eigenen Graveuren in eine Wachstafel geritzt. Diese wird nach einem eigenen Verfahren mit Metall ausgegossen. Die Stärke und Dichte der Punkte der Gravur sind dann entscheidend dafür, wie das Licht durch das Papier fallen kann. Dieser „Raster" wird auf das Sieb aufgebracht, mit dem der Arbeiter die Papiermasse aus dem großen Bottich schöpft. Durch eine schaukelnde Bewegung rinnt der zähflüssige Brei über das Sieb, so wie Omelettenteig in einer Pfanne auseinanderläuft. Die Masse setzt sich auf dem Sieb, dann wird sie, noch feucht, auf eine Filzunterlage gestülpt und getrocknet. Das hört sich einfach an und erfordert doch höchste Sachkenntnis. Die Fabrik ist modernst eingerichtet, aber die Leitung ist stolz darauf, heute noch die Wassermühle aus dem 14. Jahrhundert in Betrieb zu haben, die zur Herstellung des Papierbreis verwendet wird. Das wassergetriebene Mühlrad hält eine lange Reihe riesiger Hämmer in Gang, die mit scharfen Stahlzähnen versehen sind und Hanf- sowie Leinenlumpen faserig reißen und zermalmen. Daraus wird — mit streng geheimen Zutaten — in einem gewaltigen Rührwerk der Papierbrei hergestellt, der dann in die großen Bütten läuft. Der Brei wird mit Sieben aus den Bütten geschöpft, daher der Name Bütten- oder handgeschöpftes Papier. Die Arbeiter, die scheinbar mühelos das

Sieb eintauchen und durch Hin- und Herschwenken den Brei verteilen, sind letztlich für die Qualität des Papiers verantwortlich. Sie sind gutbezahlte Fachkräfte, die erst nach jahrelanger Lehrzeit jene Geschicklichkeit erworben haben, die sie befähigt, sich zur hohen Zunft der Papierschöpfer zu zählen. Reiche Kunden bestellen hier gern ihr Briefpapier mit dem eigenen Wappen als Wasserzeichen. Während meines Besuches in der Werkstätte wurde gerade Bütten mit dem Wappen des Großmeisters des Malteserordens geschöpft.

Die Stadt Fabriano entstand aus der Zusammenlegung zweier Fluchtburgen der Völkerwanderungszeit: Castelvecchio und Castelnuovo. 1444 wurde Fabriano dem Kirchenstaat eingegliedert. Die Legende reicht in die Prähistorie zurück; nachgewiesen ist nur die römische Kolonisation. Die Stadt ist ihrer Kunstschulen wegen berühmt: Schon im frühen 14. Jahrhundert wurde hier die Freskomalerei gelehrt. Bocco, Tio di Francesco, Allegretto Nuzi und dann Francescuccio di Cecco Ghissi — das waren klingende Namen. Aber dann kam Gentile da Fabriano, der den Ruhm seiner Heimatstadt über die Grenzen trug. Ihm folgten im späten 15. Jahrhundert Meister Antonio da Fabriano, der der Malschule von Fabriano neue Bedeutung verlieh.

Auf dem langen, schmalen Platz vor dem Rathaus steht der dekorative Stadtbrunnen. Aus der Mitte eines polygonalen Steinbeckens ragt ein Steinsockel empor, der ein zweites, kleineres Becken trägt, das von einem bronzenen Schalenaufbau gekrönt wird. Nur eine der Steinplatten des vieleckigen Rundes trägt ein Relief: das Stadtwappen, das einen Schmied auf einer Brücke zeigt. Dieser Brunnen ist Dekorationsstück für den gotischen Palazzo del Podestà aus dem Jahr 1255, dem das große spitzbogige Tor — die Straße führt durch den Palazzo hindurch — und die eleganten Fenster ausgewogene harmonische Proportionen verliehen. Die Fassade ist glatt, die Zinnen, die den Palast krönen, stammen aus späterer Zeit. Der Grundriß mutet eigenartig an: zur Linken ein im Knick angesetzter Flügel, rechts ein zurückgesetzter Baukörper. Durch weit ausgelegte Rampen zu beiden Seiten gelangt man in den Oberstock.

An der Piazza stehen noch der barock erneuerte Palazzo Municipale, die langgezogenen barocken Arkaden der Loggia von San Francesco — die Kirche dahinter existiert nicht mehr — und gegenüber der Bischofspalast, 1451 erbaut, doch im 18. Jahrhundert völlig erneuert. Um die Städtische Pinakothek im 1. Stock des Bischofspalastes zu erreichen, muß man den Palast von der Rückseite betreten. Falls die Pinakothek geschlossen ist, empfiehlt es sich, im Rathaus den Kustoden zu suchen, denn die Sammlung gibt einen Überblick über die Schule von Fabriano. An der Rückseite des Bischofspalastes schließt der Dom an, ursprünglich ein gotischer Bau, der 1617 völlig erneuert wurde. Der einschiffige Kirchenraum ist mit einem Querhaus versehen. Am ersten Altar rechts eine Holzpietà aus dem 17. Jahrhundert, eine Kopie der Pietà Michelangelos zu St. Peter in Rom. Die Gemälde stammen von Salvatore Rosa, das Altarbild der vierten Kapelle ist von Francesco Guerrieri, aus dem Jahr 1629; aus demselben Jahr das Taufbecken im Baptisterium. Ein kleiner Raum rechts vom Chor zeigt, was durch den Umbau verlorengegangen ist; hier sind noch die Fresken von Allegretto Nuzi in ihren frischen und zarten Tönen erhalten geblieben: Szenen um Leben und Sterben des heiligen Laurentius. Der an den Dom anschließende Kreuzgang weist noch Bauteile aus dem 14. Jahrhundert auf. Dem Dom gegenüber steht das Hospital S. Maria del Buon Gesù; 1456 gegründet und 1471 vollendet; beide Daten sind an dem Bau vermerkt, einem luftigen gotischen Arkadenbau, der an der Schwelle zur Renaissance entstand.

S. Benedetto, mit einem prachtvollen Chorgestühl aus dem 15. Jahrhundert, wurde leider wiederholt überarbeitet und erneuert. Der Pfarrer dieser Kirche verwahrt auch den Schlüssel für das Oratorio del Gonfalone aus dem frühen 17. Jahrhundert. Santa Lucia, aus dem 14. Jahrhundert, im 18. Jahrhundert renoviert, zeigt eine interessante Fassadengliederung, vor allem der Apsis. In S. Onofrio, dem kleinen Heiligtum der Franziskaner-Tertianerinnen, führt eine Heilige Stiege zu einem Kruzifix, das angeblich aus deutschem Raum stammt. Wer das Kreuz, dessen Korpus mehr als zwei Meter lang ist, näher besichtigen will, kann durch eine Tür rechter Hand hinter die Altarwand treten.

Für einen Ausflug in die nähere Umgebung erhält man im Fremdenverkehrsbüro „Pro Fabriano", das im rechten, zurückgesetzten Teil des Palazzo Podestà untergebracht ist, wertvolle Anregungen.

Die Fahrt von Fabriano zurück in Richtung Meer wird dann besonders schön, wenn man kleine Seitenstraßen benutzt und immer neue Entdeckungen macht. Cupramontana zählt dazu, wo in picenisch-etruskischer Zeit der Göttin Cupra ein Tempel geweiht war. Im Palazzo Comunale ist eine kleine Bibliothek mit zweiundsiebzig Inkunabeln, in der Sparkasse ein Fresko in der Manier des Pinturiccaio zu bewundern. Reste einer Festung und die von einem Park umgebene Villenanlage der Grafen Ghislieri sind die Überraschungen des kleinen Ortes.

In Offangna besuchen wir die mächtige Festung sowie die Villa Montegallo, ein Werk des Architekten Andrea Vici aus dem Jahr 1792, die mit ihren Freitreppen und Parkanlagen wie für eine Bühnendekoration geschaffen scheint.

Will man die Geschichte der Hügelstadt Osimo erzählen, muß man mit der Unterwerfung der Bewohner durch die Gallier beginnen. Die frühe Besiedlung wird durch den reichen Fund einer Nekropole bewiesen. Im Jahr 157 v. Chr. kamen die Römer, und bald darauf wurde Osimo zum Municipium erhoben. Die Goten benutzten es während der Kämpfe mit den Byzantinern als Festung, es gehörte zur ravennatischen Pentapolis, wurde von Langobarden überrannt und kämpfte gegen Ancona. Im 13. Jahrhundert wurde Osimo zur freien Gemeinde, im 14. Jahrhundert stand es auf seiten der Ghibellinen — und natürlich stritten sich die Malatesta und Sforza um den Besitz der Stadt. Wenn auch ihre Geschichte derjenigen vieler Städte in den Marken gleicht, so hat sie doch ihren ganz spezifischen Reiz: Stadtmauern auf römischen Resten, die Porta Musone aus römischer Zeit, die vorchristliche Ruine eines großen Brunnens. Der Palazzo Municipale von Pompeo Floriani aus dem Jahr 1675 enthält eine Kollektion römischer Statuen, eine Sammlung von Kopflosen: sämtlichen Figuren wurden, wie es christlicher Brauch bei der Bewältigung heidnischer Zeit war, die Häupter abgeschlagen. Neben dem Rathaus steht ein Turm aus dem 13. Jahrhundert, an dem metallgefertigte Maße hängen — darunter auch die Elle —, anhand derer sich die Bürger überzeugen konnten, ob die gekaufte Ware auch stimmte. Osimo besitzt eine Reihe großartiger Paläste, darunter den im 17. bis 18. Jahrhundert erbauten Palazzo Baldeschi-Balleani mit reich kassettierter Decke in einem prunkvollen Salon. Die romanisch-gotische Basilika S. Giuseppe da Copertina enthält das Heiligtum, das Grabmal und eine Gedenkstätte für diesen Schutzpatron der Studenten. Höhepunkt eines Stadtbesuches aber ist der dem heiligen Leopardo, dem ersten Bischof Osimos, geweihte Dom. Er hat eine reiche Geschichte, die mit einem Äskulap-Tempel in römischer Zeit ihren Anfang nimmt. Vom ersten Dom aus dem 4. Jahrhundert ist nichts erhalten, von einem zweiten aus dem 8. Jahrhundert nur zwei Fenster — eines in der Wand zum Hof und ein zweites links an der Seite des Hofeingangs — sowie Bogenansätze der Seitenschiffe, die vom Querbau aus sichtbar sind. Der Neubau erfolgte im 13. Jahrhundert, die Fassade, wie sie sich heute dem Blick darbietet, stammt aus

Oben: San Benedetto del Tronto, der größte Fischereihafen Italiens. *Unten:* Der Palmenstrand von Grottammare zeigt eine neue Landschaft der Marken.

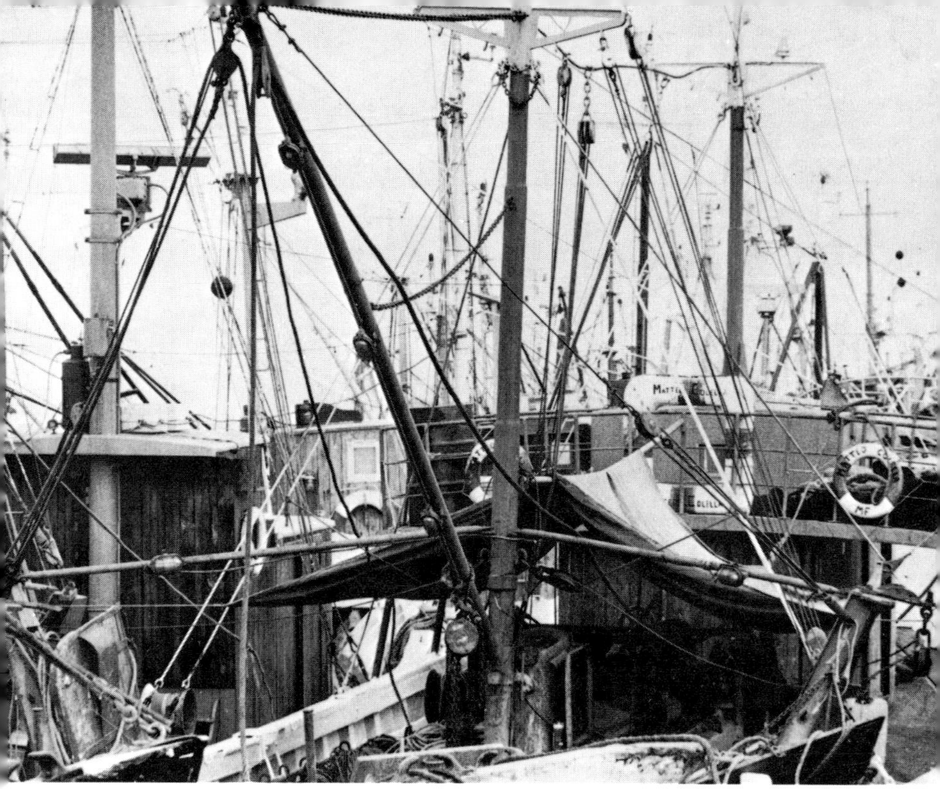

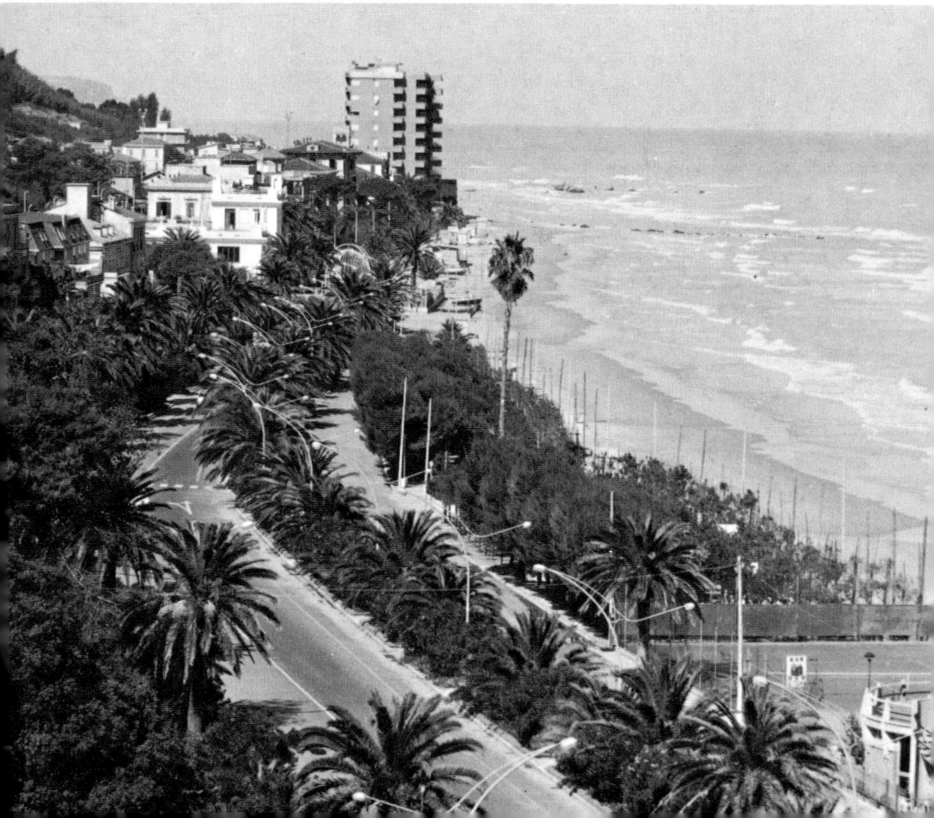

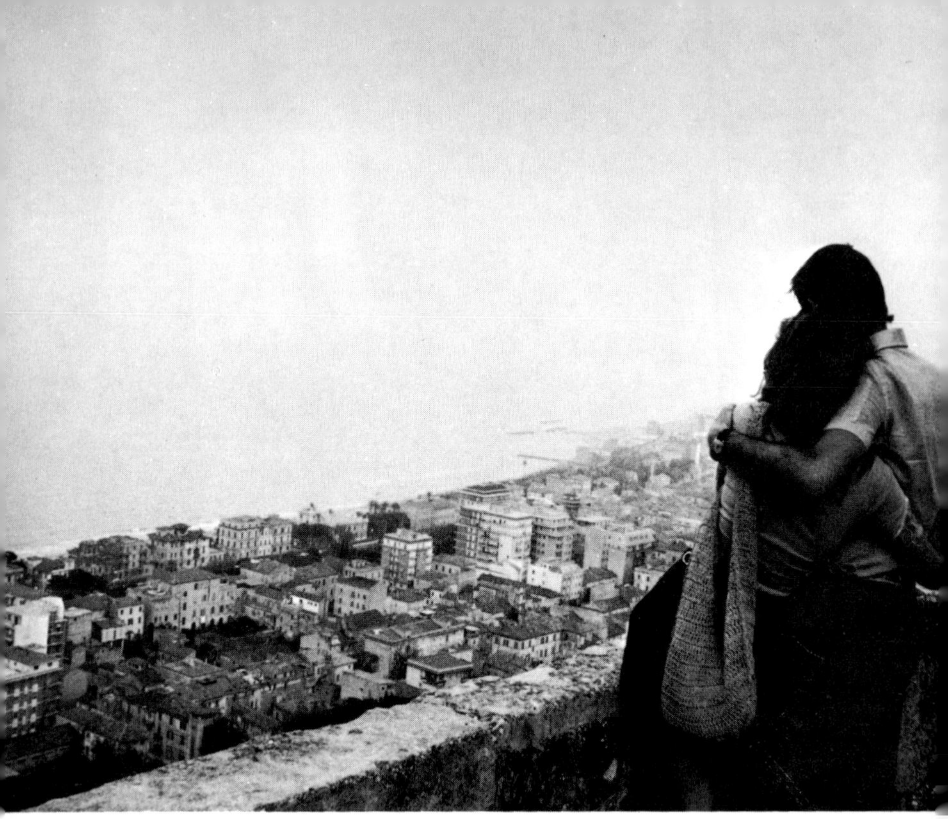

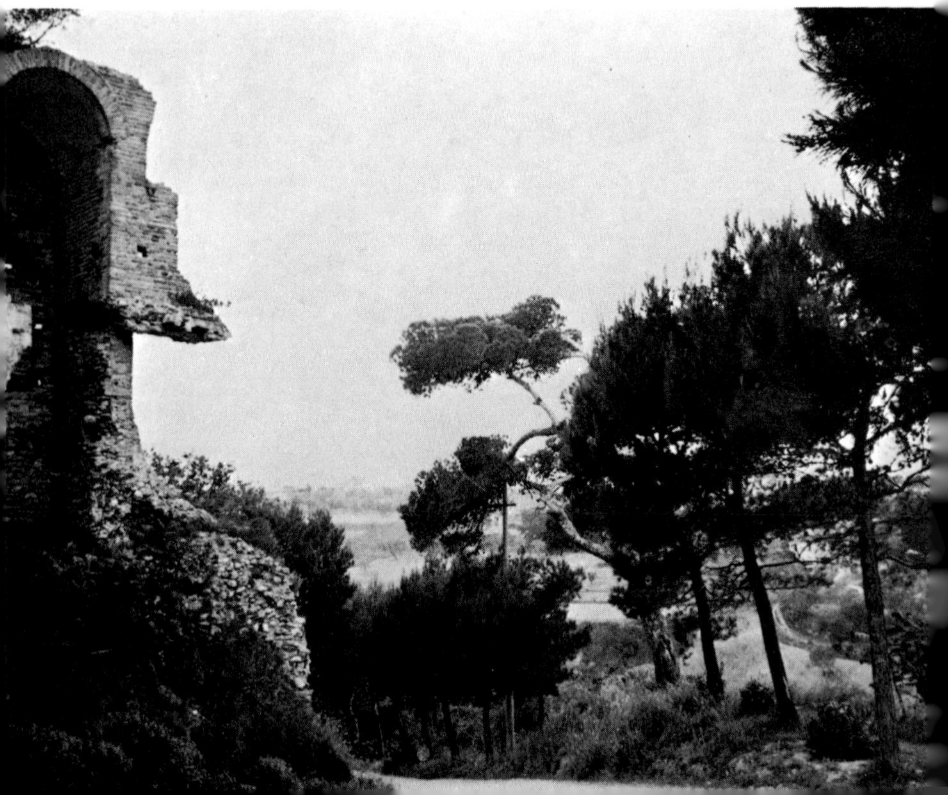

dem 16. Jahrhundert. Der Dom wird über eine breite Treppe an der Seitenflanke betreten, die zu einem dreibogigen, reich verzierten Portikus führt. In der hochaufragenden Stirnfront des Querhauses ist eine riesige Rose zu sehen, die den Löwen, den Adler, die Ziege und anderes Getier zeigt. Oberhalb des Portals befindet sich eine steinerne Lünette mit Figuren in archaischer Haltung. Die Kreuzgewölbe des gotischen Doms stammen aus dem 16. Jahrhundert, die Gewölberippen wurden jedoch mit wenigen Ausnahmen im 19. Jahrhundert erneuert. In jener Zeit wurde auch der Chor renoviert, zu dem eine Mitteltreppe emporführt. Zur linken Hand eine auf vier Säulen ruhende Marmorkanzel, ein lombardisches Werk aus dem 13. Jahrhundert. In der Mitte der Krypta mit ihren Säulen und reichgeschmückten Kapitellen aus dem 11. und 12. Jahrhundert steht ein mit Jagdszenen geschmückter Sarkophag aus dem 4. Jahrhundert. Der im 6. Jahrhundert aufgesetzte Oberteil zeigt die Heiligen Drei Könige, das Quellwunder des Moses, Noah mit der Taube und die Geschichte des Jonas. Eine Inschrift besagt, daß in diesem Sarg die Gebeine der Heiligen Fiorenzo und Sisinius sowie ihrer Gefährten bestattet sind, die unter Kaiser Diokletian den Märtyrertod erlitten. Ein zweiter Sarkophag, rechts vom Eingang, birgt die sterblichen Überreste des 1281 verstorbenen Bischofs Benvenuto. Der aus dem 8. Jahrhundert stammende Grabstein des Bischofs Vitaliano ist in die Wand hinten links eingelassen. Neben dem Dom führt ein Tor in den Hof des Bischofspalastes, dessen Wände mit Fragmenten der Bauteile früherer Dome geschmückt sind. Im Torbogen führt eine Tür in das Baptisterium mit einer reichbemalten Decke aus dem Jahr 1629. In der Mitte steht der riesige bronzene Taufbrunnen, ein

Oben: Grottammare: Blick auf die moderne Hotelstadt und das Meer. *Unten:* Vom selben Standpunkt aus der Blick in das Hinterland. Hier zeigt sich klar das wechselvolle Gesicht der Landschaft.

Werk der Brüder Paolo und Tarquinio Jacometti aus dem Jahr 1627. Das Baptisterium dient heute als Diözesanmuseum, seine besonderen Schätze sind ein kleiner aufklappbarer Tragaltar, eine Madonna mit dem Kinde und Heiligen von Pietro da Montepulciano aus dem Jahr 1418, ein silberner Buchdeckel, eine Treibarbeit, die bei der Öffnung des Grabes des heiligen Leopardo im Jahr 1296 gefunden wurde. Das Museum ist meist geschlossen, der Schlüssel wird vom Mesner verwahrt. Ich fand diesen, wie er statuengleich im Schatten des Portikus vor dem Domtor saß und die Wärme des späten Frühlingstages genoß. Obwohl er mein suchendes Umherirren bemerkte, hatte er sich nicht gerührt. Als ich ihn ansprach, zeigte er sich aber sehr beflissen, sperrte das Baptisterium auf und erläuterte eifrig die Kunstwerke. Man mußte ihn nur aus seiner Siesta holen...

LORETO

Loreto, jährlich das Ziel von mehr als einer Million Pilger, wurde um einen Raum von 9,5 × 4 Meter erbaut. Die Santa Casa, das Heilige Haus, ist der Überlieferung nach das Geburtshaus, besser gesagt jene Kammer des Geburtshauses Mariens in Nazareth, in der die Verkündigung erfolgte. Diese kostbar verkleidete Kammer steht als Würfel in einer riesigen Basilika, an die sich ein weitläufiger Apostolischer Palast und Verteidigungsanlagen schließen. Das Gelände des Heiligtums ist das letzte Stück Land, das dem Vatikan vom Kirchenstaat in den Marken erhalten blieb: durch die Lateran-Verträge wurde Loreto, und zwar das Gebiet des Apostolischen Palastes, staatsrechtlich als zum Vatikanstaat gehörend verankert. Das eigentliche Heiligtum ist sehr klein — der reichgeschmückte Marmorwürfel erinnert an das muselmanische Heiligtum der Kaaba, jenen würfeligen Stein, um den herum sich die Heilige Stadt Mekka bildete.

Als Palästina endgültig in die Hand der Muselmanen fiel, wurde — so erzählt man — am 10. Mai 1291 der heiligste Raum des Hauses Mariens von Engeln über das Mittelmeer nach Tersatto (Trsat) bei Fiume (Rijeka) gebracht. Am 10. Dezember 1294 wurde das Haus von Engeln nochmals gehoben und inmitten eines Lorbeerhains in der Nähe von Recanati niedergesetzt. Von diesem Lorbeerhain — Lauretum — trägt Loreto seinen Namen. Da jedoch Räuber den Hain unsicher machten und sich in der Kammer einnisteten, trugen die Engel das Haus ein Stückchen weiter, auf einen Acker, der zwei Brüdern gehörte. Als diese sich um die Gaben, die dem wundertätigen Heiligtum gespendet wurden, stritten, wurde das Haus neuerlich emporgehoben und auf dem Hügel niedergesetzt, wo es heute steht. Grabungen in den Jahren 1962 bis 1965 unter der Wallfahrtskirche bestätigen, daß die Santa Casa keine Fundamente besitzt und daß zu ihrem Schutz Mauern um das Haus errichtet worden waren. Die Überlieferung besagt, daß die Bewohner der umliegenden Dörfer herbeigeeilt waren, um das so plötzlich dastehende Häuschen zu bewundern und zu verehren. Als sie bemerkten, daß es keine Fundamente besaß, bauten sie in der ersten Hälfte des 14. Jahrhunderts eine Steinmauer als Schutz auf. Mineralogische und chemische Untersuchungen des Baumaterials der Santa Casa bestätigen, daß Steine und Mörtel mit dem Baumaterial identisch sind, das in Nazareth verwendet wurde.

Von Norden betritt man Loreto durch die Porta Romana, ein Werk Pompeo Florianis. Die Stadtmauern wurden über Auftrag Papst Leos X. von Simone Resse in den Jahren 1517 bis 1520 errichtet. Der Entwurf stammte von Antonio da Sangallo dem Jüngeren und entstand in Zusammenarbeit mit Andrea Sansovino und Giuliano Ridolfi. Die Mauern tragen paarweise angeordnete Zinnen. Papst Urban VIII. ließ Bastionen anschließen, um damit den Ort noch stärker verteidigen zu können. Ein solches Heiligtum bot sich geradezu als Ziel von Angriffen an. Aus diesem Grund beauftragte Papst Innozenz III. auch Baccio Pontelli, die Basilika mit Wehrgängen und großen Räumen für Soldaten zu versehen, damit sie gegen Piraten verteidigt werden konnte, die vom nahen Meer her Streifzüge nach Loreto unternahmen.

Nach dem Tor in der Stadtmauer öffnet sich die Piazza Garibaldi mit dem Rathaus. Vor dem festungsartigen Komplex des Heiligtums und des Apostolischen Palastes steht das Denkmal Papst Johannes' XXIII. von Alessandro Monteleone, das an die Pilgerfahrt des Papstes im Oktober 1962 vor dem Beginn des II. Vatikanums erinnert.

Man kann Loreto aber auch über einen anderen Weg betreten: Von der Adriatica, der Adriatischen Staatsstraße, führt die „Heilige Treppe" direkt zur Wallfahrtskirche hinauf. Am Beginn dieses Weges steht eine Bronzestatue der Madonna von Loreto, fünfzehn kleine Kapellen markieren die Stationen des Rosenkranzes. Entlang der „Heiligen Treppe" wurde nach dem Zweiten Weltkrieg ein polnischer Soldatenfriedhof angelegt. Für die Pilger, die mühsam den Berg erklommen, wurden im 16. Jahrhundert Brunnen gegraben, sogenannte Bauernbrunnen, die ebenso wie ein Aquädukt aus den ersten Jahren des 17. Jahrhunderts noch erhalten sind.

Und dann steht man auf der Piazza della Madonna, deren Mitte von einem schönen Brunnen aus dem 17. Jahrhundert beherrscht wird, vor dem Santuario della Santa Casa und dem Palazzo Apostolico. Der linke Flügel der Anlage und jener gegenüber der Basilika wurde nach dem Plan Bramantes als Kreuzgang mit einer riesigen Loggia ausgebaut. Der rechte Flügel zeigt die schlichte, elegante Fassade eines Palastes. Durch ein riesiges Tor betritt der Besucher den Palastbezirk und damit den Platz vor der Basilika.

Der Venezianer Pietro Barbo hatte als Kardinal eine Wallfahrt nach Loreto unternommen und wurde von den Folgen der Pest geheilt. Als er dann als Paul II. den päpstlichen Thron bestieg, ordnete er 1468 an, in Loreto statt der bisherigen Säulenhallen, die die Santa Casa umgeben hatten, eine Basilika zu errichten. Er beauftragte seinen venezianischen Landsmann Cellino, der dann vom Florentiner Giuliano da Maiano (1432—1490) abgelöst wurde. Giuliano da Sangallo schließlich krönte 1498 bis 1500 den Bau mit einer Kuppel. Um 1509 zeichnete Bramante einen Fassadenplan und entwarf die Bauten des davorliegenden viereckigen Hofes, fügte Stützpfeiler und Mauern der Kirche an und baute zwölf Seitenkapellen. Pontelli errichtete die schon erwähnten Verteidigungsgänge, und Andrea Sansovino verstärkte nochmals die Stützpfeiler der Kuppel. Als die Fassade der Basilika 1571 ausgeführt wurde, nahm man Veränderungen am Plan Bramantes vor. Die mit Travertinplatten

aus den heimischen Bergen verkleidete Fassade ist in zwei
Teile gegliedert, wobei der untere Teil korrespondierend mit
den Kirchenschiffen von vier Doppelpfeilern geteilt wird,
zwischen denen sich drei klare Renaissanceportale öffnen.
Über dem kostbaren Tragbalken des großen Mittelportals
steht eine bronzene Madonna mit dem Kinde von Girolamo
Lombardo aus dem Jahr 1583. Der obere Teil der Fassade
weist einen hohen Mittelteil sowie eine geschmückte Nische
mit einem Fenster in der Mitte auf, darüber ragt ein Giebel
mit zwei Kandelabern und einem Bronzekreuz. Zwei elegante Voluten verbinden diesen Mittelteil mit den seitlichen
kleineren Strebepfeilern, die zwei Uhren tragen: rechts eine
astronomische Uhr, links eine „italienische". Diese Art von
Uhren gab es bis ins 18. Jahrhundert. Goethe hat während
seiner „Italienischen Reise" am 17. September 1786 in
Verona versucht, ihre Zählweise zu erklären. Er hat dazu
eine eigene Zeichnung angefertigt. Ich muß allerdings ge-
stehen, daß mir diese Art der Zeitrechnung dennoch nicht
klargeworden ist. Die italienische Zeit ging vom Prinzip
aus, daß vom 1. August bis 15. November die Nacht halb-
monatlich um eine halbe Stunde länger wurde. Der Glocken-
schlag der italienischen Uhr zeigte die erste Stunde, wenn
nach unserer Zeit die achte Stunde geschlagen wurde.
Goethe schrieb in sein Tagebuch: „Ich höre zum Beispiel in
der Nacht sieben schlagen, und weiß, daß Mitternacht um
fünf ist, so ziehe ich die Zahl von jener ab und habe also
zwei Uhr nach Mitternacht. Hör' ich am Tage sieben schlagen und weiß, daß auch Mittag um fünf Uhr ist, so verfahr
ich ebenso und habe zwei Uhr nachmittag. Will ich aber
die Stunden nach hiesiger Weise aussprechen, so muß ich
wissen, daß Mittag siebenzehn Uhr ist, hiezu füge ich noch
die Zwei und sage neunzehn Uhr. Wenn man dies zum ersten Mal hört und überdenkt, so scheint es höchst verwor-
ren und schwer durchzuführen; man wird es aber gar bald
gewohnt und findet diese Beschäftigung unterhaltend, wie
sich auch das Volk an dem ewigen Hin- und Wider-Rechnen

ergötzt, wie Kinder an leicht zu überwindenden Schwierigkeiten. Sie haben ohnedies immer die Finger in der Luft,
rechnen alles im Kopfe und machen sich gerne mit Zahlen
zu schaffen. Ferner ist dem Inländer die Sache soviel leichter, weil er sich um Mittag und Mitternacht eigentlich nicht
bekümmert und nicht, wie der Fremde in diesem Lande tut,
zwei Zeiger miteinander vergleicht. Sie zählen nur von
Abend die Stunden, die sie schlagen, am Tag addieren sie
die Zahl zu der ihnen bekannten abwechselnden Mittags-
zahl."

Kennen Sie sich aus? Nein? Ich auch nicht. Wen das Problem beschäftigt: Goethe hat 1788 im „Merkur" darüber
einen Artikel unter dem Titel „Stundenmaß der Italiener"
geschrieben.

In den Marken waren mir bei meinen Streifzügen wie-
derholt kostbare Bronze- und Eisengußarbeiten aufgefallen,
darunter bisher als schönstes Stück das Taufbecken von
Osimo. In Loreto aber lernt man die Großartigkeit dieser
bodenständigen Kunst kennen. Hier ist es vor allem die
Gießerschule der Familie Lombardi und jene der Brüder
Iacometti. Die Bronzetore der Basilika geben davon Zeug-
nis und noch mehr die vier Türen, die in das Innere der
Santa Casa führen, sowie die Leuchten des Heiligen Hauses.
Die rechte Tür des Außenportals wurde von Antonio
Calcagni begonnen und von Sebastiano da Camerino und
Tarquinio Iacometti 1600 beendet, die linke Tür wurde von
Tiburzio Vergelli und G. B. Vitali 1596 gegossen. Das mitt-
lere Tor ist ein Werk Antonio Lombardos, der es im Jahr
1611 in Zusammenarbeit mit seinen Söhnen und Brüdern
schuf. Den eleganten Campanile, einen mit istrischen Stei-
nen verkleideten Ziegelbau, errichtete Luigi Vanvitelli in den
Jahren 1750 bis 1754.
Das dreiundneunzig Meter lange und sechzig Meter breite
Kircheninnere bildet ein lateinisches Kreuz. Die drei Schiffe
werden durch zwölf quadratische Pfeiler getrennt, die wiederum durch Bögen und Kreuzrippengewölbe verbunden

sind. Die Kirche endet in drei halbrunden Apsiden, deren mittlere eine vieleckige Form hat. Das Querschiff wiederholt die Form der drei Apsiden. Unter der Kuppel erhebt sich inmitten der Kirche die Santa Casa, ein einfacher Ziegelbau. Sie ist eingefaßt von einer hohen Marmorbrüstung, deren Entwurf von Bramante stammt, und wurde von Romano, Andrea Sansovino, Raniero Nerucci, Antonio da Sangallo d. J., Raffaello da Montelupo und Nicolo Tribolo mit Statuen und Hochreliefs geschmückt. Die Marmorverkleidung gleicht einem Triumphbogen mit Statuen. Flachreliefs erzählen das Leben Marias sowie die Überführung der Santa Casa durch die Engel (auf die auch eine Inschrift aus dem Jahr 1595 Bezug nimmt); das Ganze wird von Engelsfiguren, Löwenköpfen, Girlanden und Wappen überwuchert.

Tritt man in die Santa Casa, ist man zunächst überrascht. Eine schlichte geschwärzte Mauer nimmt drei Seiten ein. Die Stirnwand mit der Nische der Madonna ist mit Marmor und Bronzegittern, die einen kostbaren Altar bilden, verkleidet. Da das Innere der Santa Casa in der Nacht vom 22. auf den 23. Februar 1921 ausbrannte, wurde die Inneneinrichtung erneuert. Die heutige Madonna von Loreto ist die Nachbildung einer Figur aus dem 13. Jahrhundert. Da das Zedernholz von den Öllampen reichlich geschwärzt war, wurde das Antlitz der neuen Madonna schwarz bemalt, daher also die „schwarze Madonna" von Loreto. Unter dem Altar ist hinter einem Gitter der ursprüngliche Altar sichtbar, wahrscheinlich ein romanischer Stein aus dem 13. Jahrhundert. Die Seitenwände und die Rückwand bestehen im unteren Teil aus quadratisch zugehauenen, mit Lehm aufgemauerten Sandsteinen, der obere Teil besteht aus Ziegeln. Das Deckengewölbe aus Ziegelsteinen stammt aus dem 16. Jahrhundert; früher trug die Santa Casa eine Holzdecke. Die von Meistern der umbrischen Schule im 14. und 15. Jahrhundert verfertigten Fresken sind nur noch in Fragmenten erhalten. Über dem kleinen Fenster der Westseite hängt ein auf Holz gemaltes Kruzifix aus dem Ende des 13. Jahrhunderts, das bei einem Brand beschädigt wurde. Es folgt im Stil jenen in Mittelitalien und in der Emilia verbreiteten Kruzifixen von Giunta Pisano. Wunderschöne bronzene Ewige Lichter hängen von der Decke herab; in einer kleinen Anrichte wird ein aus dem 1. vorchristlichen Jahrhundert stammender Teller aus grauer Terrakotta aufbewahrt. Vielleicht ist es gerade der Gegensatz der überreich geschmückten Kirche zum Inneren des kleinen Raumes, der auf den Besucher einen so starken Eindruck ausübt — stärker als jener beim Besuch der Grabeskirche in Jerusalem.

Oberhalb der Santa Casa wölbt sich, von vier großen Bogen getragen, die freskengeschmückte Kuppel. Cesare Maccari begann erst 1886 mit der Arbeit an den Fresken; in der Kapelle der Assunta wurden die letzten Fresken erst 1953 fertiggestellt.

Die Altäre wurden im Lauf des 16. Jahrhunderts mit Fresken und Ölbildern geschmückt. Die Meister waren Lorenzo Lotto, Girolamo Murciano, Pellegrino Tibaldi, Federico Zuccaro, Cristoforo Roncalli und Simon Vouet. In der ersten Kapelle rechts befindet sich ein bronzener Tabernakel mit einer Grablegung Christi von Antonio Calcagni und Tiburzio Vergelli sowie vier bronzene Reliefbildnisse. Die hölzernen Türen der nach den vier Evangelisten benannten Sakristeien werden Benedetto da Maiano zugeschrieben. Die Markus-Sakristei, rechts vorn, wurde Ende des 15. Jahrhunderts von Melozzo da Forli mit Fresken versehen, die zu den wichtigsten dieses Jahrhunderts zählen. Die Johannes-Sakristei mit Fresken von Signorelli zeigt unter anderem musizierende Engel, Kirchenväter, Evangelisten und die Bekehrung des Saulus. Intarsierte Bänke und Schränke stammen von Domenico di Antonio Indovini und erinnern an die Intarsien im Herzogspalast von Urbino: sie zeigen die gleichen perspektivischen Spielereien. Die Tür zur Lukas-Sakristei enthält in der Lünette eine Terrakotta mit dem Bildnis des Evangelisten; ursprünglich waren solche an den Stil der Robbia erinnernde Terrakotten auch bei den anderen Sakristeien angebracht. In der Lukas-Sakristei stehen wunderschöne intarsierte Schränke. Die Matthäus-Sakristei dient heute als Erste-Hilfe-Station. Die Schatzkammer, vom Querschiff aus zu betreten, wurde von Napoleon ausgeraubt, birgt aber noch verschiedene Kostbarkeiten, darunter eine kleine Statuette aus vergoldetem Kupfer, eine Madonna mit dem Kinde (um 1300). Eine besondere Rarität aber sind 348 Majolikagefäße aus der Werkstatt des Orazio Fontana. Sie stammen aus der Hofapotheke von Urbino und stellen die größte Sammlung von Majoliken dar, die aus einer einzigen Bottega kommen. Die Entwürfe für diese Gefäße schufen Raffaels Schüler Giulio Romano, Raffaellin del Borgo und Battista Franco. Die Schränke der Schatzkammer kommen aus der Werkstatt des Bolognesers Andrea Costa, die um 1600 entstandenen Fresken sind von Cristoforo Roncalli, genannt Pomarancio. Die Schatzkammer enthält alle jene Votivgaben, die nach 1797 dargebracht wurden, darunter Meßgewänder, Diademe, Schmuckstücke, Kreuze und Monstranzen. Aber es gibt hier auch noch Stücke, die von Napoleons Soldaten verschont wurden, so ein österreichisches Banner, das bei der zweiten Türkenbelagerung Wiens 1683 wiedererobert und der Madonna von Loreto zum Dank für den großen Sieg überbracht worden war.

Auf dem Platz vor der Kirche, der Piazza della Madonna, steht außer einer Statue des Papstes Sixtus V. der prachtvolle Brunnen der Madonna von Maderno und Fontana (1604—1614). Im Jahr 1622 fügten die Brüder Iacometti Adler, Putten, geflügelte Drachen, Wappen und vier auf Delphinen reitende Tritonen hinzu. Im Apostolischen Palast ist eine Folge von neun Bildteppichen zu sehen, die 1620 bis 1624 von Hendrik Mattens in Brüssel nach den Raffael-Kartons für die Sixtinische Kapelle gewebt wurden. An Gemälden finden wir unter anderem ein dem „Meister der Barberini-Tafeln", Giovanni Angelo da Camerino, zugeschriebenes Tafelbild mit Johannes dem Täufer sowie zwei große Ölgemälde von Antonio da Faenza, die als Orgelflügel gedient haben und eine Verkündigung darstellen. Die bedeutendsten Exponate aber sind die Spätwerke Lorenzo Lottos, des mutmaßlich um 1480 in Venedig geborenen Malers. Seine Herkunft und genaueren Daten liegen im Dunkel, aber die Werke lassen Verbindung mit venezianischen Künstlern erkennen. Lotto arbeitete in Norditalien, in verschiedenen Orten Venetiens, in Rom, wohin ihn Papst Julius II. berief, um an der Ausgestaltung der Stanzen zu arbeiten, und in den Marken. Lange Zeit weilte er auch in Bergamo, wo er bedeutende Werke schuf, ging dann nach Venedig und Treviso. 1552 kam er in die Marken zurück, und zwar nach Loreto, um Gemälde für das Presbyterium der Basilika zu schaffen. 1554 wurde er Oblate, also Laienbruder. Er schrieb: „Ich wünschte, an diesem heiligen Ort mein Leben zu beschließen und wurde hier Oblate auf Lebenszeit und empfing dort ein eigenes Haus, Verpflegung und Kleidung." Im Archiv von Loreto wird das Rechnungsbuch des Malers aufbewahrt. Die letzte Eintragung stammt vom 14. März 1556, knapp vor dem Tod des Künstlers, und lautet, man habe Farben und Pinsel für „Lorenzo Lotto, pittore oblato" aus Venedig bestellt. Lotto reichte zwar nicht an Raffael, Tizian oder Correggio heran, zeigte aber einen hochentwickelten Sinn für das Dekorative. Ihn kennzeichnet eine stete Auseinandersetzung mit dem Problem der Ton- und Farbwerte. Neben seinen großartigen Porträts sind vor allem die Madonnen- und Heiligenbilder hervorzuheben. Der Landschaft kommt auf seinen Gemälden große Bedeutung zu. Strenge der Zeichnung und farbliche Ausdruckskraft kennzeichnen den Künstler, der toskanisch-markische Tradition mit venezianischer Farben- und Formfülle vereinigte. Sein vermutlich letztes Bild, das er in Loreto malte — er war zu jener Zeit schon schwer krank, stumm und fast erblindet —, war die Darstellung Christi im Tempel. Das Gemälde blieb unvollendet; die Grundtöne beruhen auf einer Mischung von Gold und Asche, aus der wenige, aber lebhafte Farben aufleuchten. Das verleiht dem Bild unerhörte Eindringlichkeit.

Um seinen vielen Verpflichtungen nachkommen zu können, arbeitete Lotto in diesen letzten Lebensjahren mit einigen Schülern. Am 8. September 1554 hatte er sich und seine ganze Habe der Santa Casa überschrieben. Dafür erhielt er Wohnung, Kleidung, einen Bediensteten, die Würde eines Kanonikus und das Zugeständnis, für ihn als Wohltäter zu beten und ihm monatlich einen Florin auszuzahlen, den er nach seinem Belieben verwenden konnte. Doch Lorenzo Lotto konnte sich dieser Vergünstigung nur noch zwei Jahre erfreuen ...

Loreto, das Wallfahrtsziel, bietet auch außerhalb des Heiligtums eine Reihe von Sehenswürdigkeiten, so etwa die „Fontana dei Galli" auf der Piazza Leopardi. Im 17. Jahrhundert über Auftrag Kardinal Gallos errichtet, zeigt der Brunnen Bronzeverzierungen aus der Hand der Brüder Iacometti. Er trägt vier Hähne und in der Mitte einen geflügelten Drachen, das Wappen des Paolo V. Borghese.

RECANATI

Eine kurze Fahrt von wenigen Kilometern bringt uns von Loreto nach Recanati, das schon in der Nachbarprovinz Macerata liegt. Und hier, in der Pinakothek des Palazzo Comunale, finden wir weitere Werke Lorenzo Lottos. Ein 1508 datiertes Polyptychon gilt als Hauptwerk der Jugendzeit: eine Madonna, die dem heiligen Domenikus das Scapular verleiht; die Heiligen Vitus und Petrus Martyr, Flavian und Thomas von Aquin, Katharina von Siena und Sigismund, Vinzenz Ferrer und Lucia; eine Pietà. Die dazugehörige Predella mit der „Predigt des heiligen Domenikus" ist im Besitz des Kunsthistorischen Museums der Stadt Wien. Neben dem oben erwähnten Polyptychon hängt eine „Verkündigung", ebenfalls von Lorenzo Lotto. Ein anderer Raum enthält Dokumente zur Stadtgeschichte, darunter eine Kaiserurkunde aus dem Jahr 1229 für die Gründung des Hafens Porto Recanati, heute einer der vielbesuchten Badeorte. Neben dem Lorenzo-Lotto-Kabinett werden aber auch Bilder anderer Meister gezeigt; ein Raum ist dem Gedenken Giacomo Leopardis gewidmet und enthält auch die Totenmaske des Dichters. Einem anderen großen Sohn der Stadt ist eine eigene Schau des Museums gewidmet: Benjamino Gigli. Fotos, Plakate, Schallplatten und Schränke voll mit Kostümen künden vom Weltruhm dieses Mannes mit der unvergeßlichen Stimme. In einer kleinen Kammer hat man eine Theatergarderobe nachgebaut. Auf dem Schminktisch des Sängers stehen Bilder seiner Frau, der Tochter und des Sohnes, Fotos, die der Sänger auf allen Tourneen mit sich führte.

Recanati führt seine Ursprünge auf die römische Kaiserzeit zurück, in der es hier schon ein Kastell gab. Mittelpunkt der Hügelstadt ist die Piazza Leopardi mit dem aus dem 13. Jahrhundert stammenden Torre del Borgo, dem riesigen Stadtturm. Außer der Uhr zeigt er ein Bronzerelief von Pietro P. Iacometti, das die Übertragung des Heiligen Hauses von Loreto darstellt, und das marmorne Stadtwappen, den steigenden Löwen, ein Werk Andrea Sansovinos. Neben dem Turm befindet sich ein Marmorstandbild des Dichters Giacomo Leopardi. Die Kirche San Domenico aus dem 14. Jahrhundert enthält ein Fresko von Lorenzo Lotto.

Der Dom von Recanati stammt aus dem 14. Jahrhundert, seine prächtige Kassettendecke aus dem Jahr 1620. In der Sakristei steht der Sarkophag Papst Gregors XII. Dieser Papst aus der venezianischen Adelsfamilie Correr hatte 1415 freiwillig resigniert, um dem Schisma, der Spaltung der Kirche unter Papst und Gegenpapst, ein Ende zu bereiten. Er starb am 18. Oktober 1417 in Recanati, wo er als päpstlicher Legat der Marken residiert hatte. Während seiner Regierungszeit als Papst war es zu der grotesken Situation gekommen, daß er nicht nur in Benedikt XIII. einen Gegenpapst hatte, sondern daß eine dritte Gruppe von Kardinälen Papst und Gegenpapst für abgesetzt erklärte. Sie wählten zuerst einen Griechen zum Papst — er nannte sich Alexander V., starb aber bald — und daraufhin den einstigen neapolitanischen Korsaren Baldassare Cossa, der sich Johannes XXIII. nannte. Nach vergeblichen Versuchen, die Macht zu ergreifen, wurde dieser Johannes XXIII. in Konstanz gefangengenommen und für abgesetzt erklärt. Von da an wagte kein Papst mehr, den Namen Johannes anzunehmen, bis der Patriarch von Venedig, Roncalli, 1958 diesen „Bann" durchbrach und als Johannes XXIII. zu einem wichtigen Erneuerer der Kirche wurde.

Ein Aufenthalt in Recanati sollte auf jeden Fall einen Besuch des Palazzo Leopardi einschließen: Eine stille, unauffällige Backsteinfassade verströmt gelassen Würde. Vor dem Palazzo auf der Piazzuola del Sabato del Villaggio steht das Kirchlein S. Maria di Montemorello, in dem der Dichter Leopardi getauft wurde. Der Palast ist heute noch im Privatbesitz der Grafen Leopardi. Hausherr ist Pier Francesco Graf Leopardi, Stammhalter der 21. Generation dieses Geschlechtes, dessen Sohn wieder Giacomo heißt. Man kann die Räume der Bibliothek und des Familienarchivs besuchen. Eine Dame führte: blaß, als käme sie nie an die frische Luft, leise, leidende Stimme — es war nicht schwer, sich der Schwermütigkeit des Ortes hinzugeben. So mag auch die Umgebung gewesen sein, in der Giacomo Graf Leopardi, geboren am 29. Juni 1798, aufwuchs. Sein Vater Monaldo Leopardi, Grundbesitzer, der sein Gut schlecht verwaltete und in Schulden kam, mußte seiner monarchistischen Überzeugung wegen zeitweise vor den Franzosen aus Recanati fliehen. Er wurde sogar in Abwesenheit zum Tode verurteilt. Obwohl dieses Urteil zurückgenommen wurde, blieb sein Leben verdüstert. Sein Sohn Giacomo war von Kindheit an kränklich, verwachsen — und einsam. Er verbrachte schon seine Kindheitsjahre an dem kleinen Tischchen am Fenster der riesigen Bibliothek mit ihren 250.000 Bänden. Heute noch steht das Tintenzeug aus weißem Porzellan auf dem Tisch, liegen die Decken bereit, in die sich Giacomo einhüllte, weil es in den Räumen stets kalt war. Giacomo, sein jüngerer Bruder Carlo und die Schwester Paolina erhielten von zwei Geistlichen Privatunterricht. Hauptfächer waren Latein, Theologie und Philosophie. Der Vater selbst, der sich nicht um die wirtschaftlichen Angelegenheiten des Hauses kümmerte — die oblagen der Mutter —, war Bücherliebhaber und Lokalhistoriker. Der frühreife Giacomo übersetzte schon mit elf Jahren die Oden des Horaz. Er lernte aus eigener Kraft Hebräisch, Griechisch, Spanisch, Französisch und Englisch, schrieb Gedichte, antike Tragödien und Epigramme. Vom vierzehnten Lebensjahr an schrieb er innerhalb von vier Jahren eine ganze Reihe altphilologischer Arbeiten, die ihn außerhalb Italiens so bekanntmachten, daß ihm wenige Jahre später der preußische

Gesandte beim Heiligen Stuhl, Niebuhr, der zugleich Historiker war, sowie dessen Sekretär und Nachfolger Bunsen, einen Lehrstuhl für Dante-Philologie in Bonn antrugen. Giacomo verließ trotz seiner Kränklichkeit wiederholt das Elternhaus, um der provinziellen Umwelt zu entfliehen, kehrte jedoch seiner Krankheit wegen immer wieder nach Recanati zurück. Rom, Mailand, Bologna, Florenz, Pisa waren Stationen dieses unruhigen Geistes. Seine „Operette Morali" enthielten philosophische Prosaschriften, der „Zibaldone" war ein riesiges Merk- und Zitatenbuch, die „Canti" enthielten Lyrik. In der Toscana lernte er Antonio Ranieri kennen, befreundete sich mit ihm, nahm 1833 seine Einladung nach Neapel an und starb dort 1837 an einem Asthmaanfall.

Das besondere Kennzeichen Leopardis war sein absoluter Pessimismus. Er hatte in jungen Jahren den Glauben an das Jenseits wie an das Diesseits verloren. Seine Dichtung ist vom Weltschmerz gekennzeichnet, seine durchgefeilte Prosa trägt satirische Züge. Die deutschen Übertragungen der Canzonen Leopardis durch Robert Hamerling, Gustav Brandes und Paul Heyse zeigen, wie schwierig es ist, die formenreiche italienische Sprache zu übersetzen. Drei Übertragungen ein und desselben Gedichtes lassen glauben, es gäbe drei verschiedene Originale. Die dunkle Wortmusik Leopardis, die, wie Heyse sagte, „bezaubernde Mischung von Erhabenheit und Einfachheit, von sinnlichem Wohllaut und geistiger Schärfe, von erregtester persönlicher Stimmung und gelassener Plastik des Ausdrucks", ist voll abstrakter Begriffe und überaus persönlichen Vorstellungen.

Seite 279: Mit dem Monte Conero fällt der Apennin steil zum Meer ab.
Seite 280: *Oben:* Abendliche Landschaft in der Provinz Macerata; Schafherde auf der Weide.
Unten: Wiederum sind es nur wenige Kilometer zum Meer; hier der frühmorgendliche Badestrand von Fano.

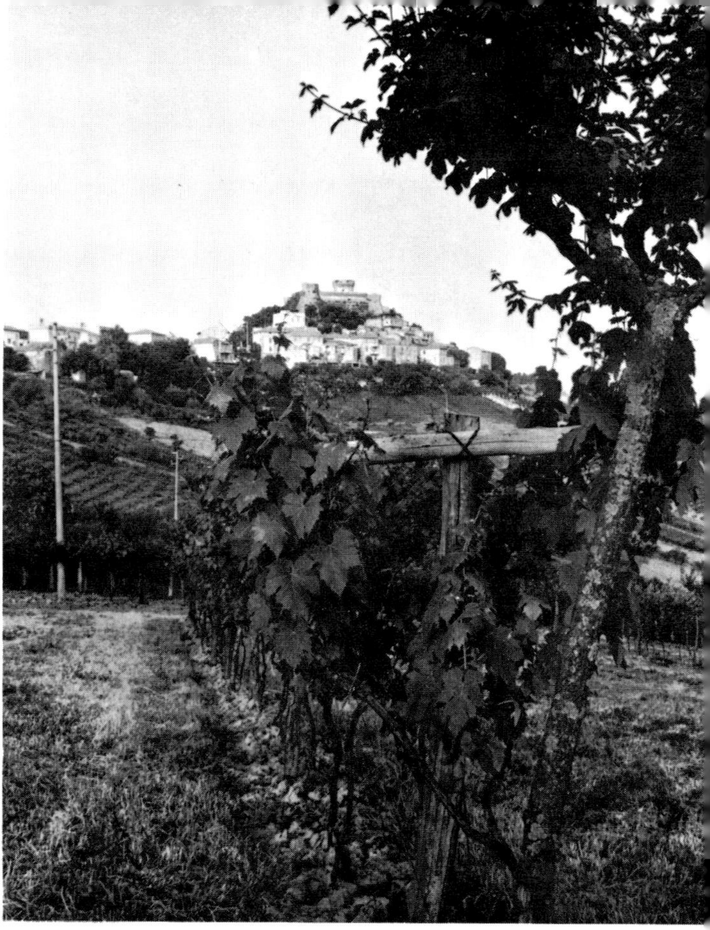

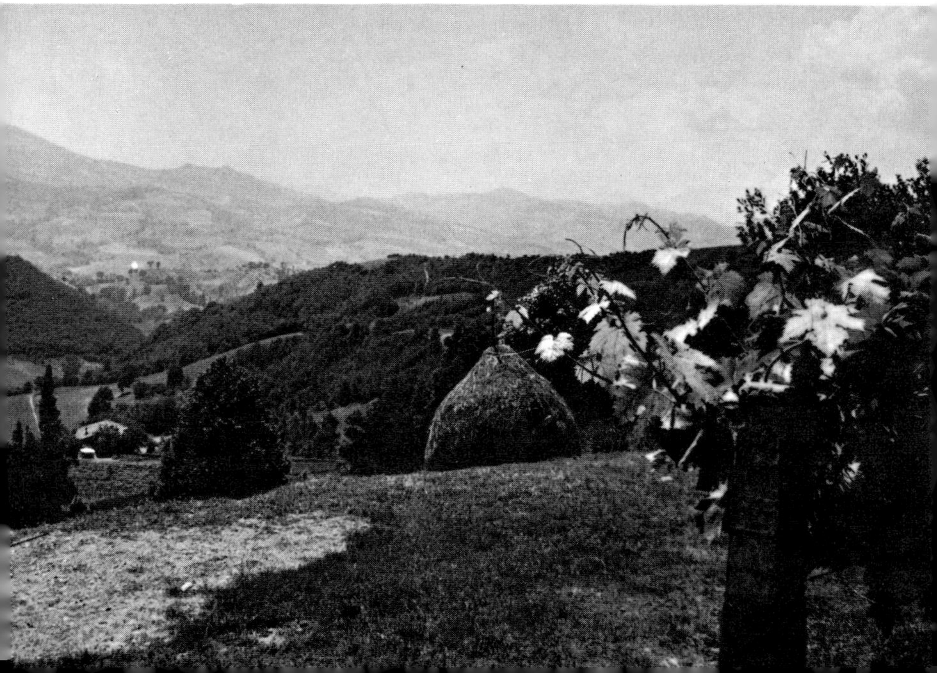

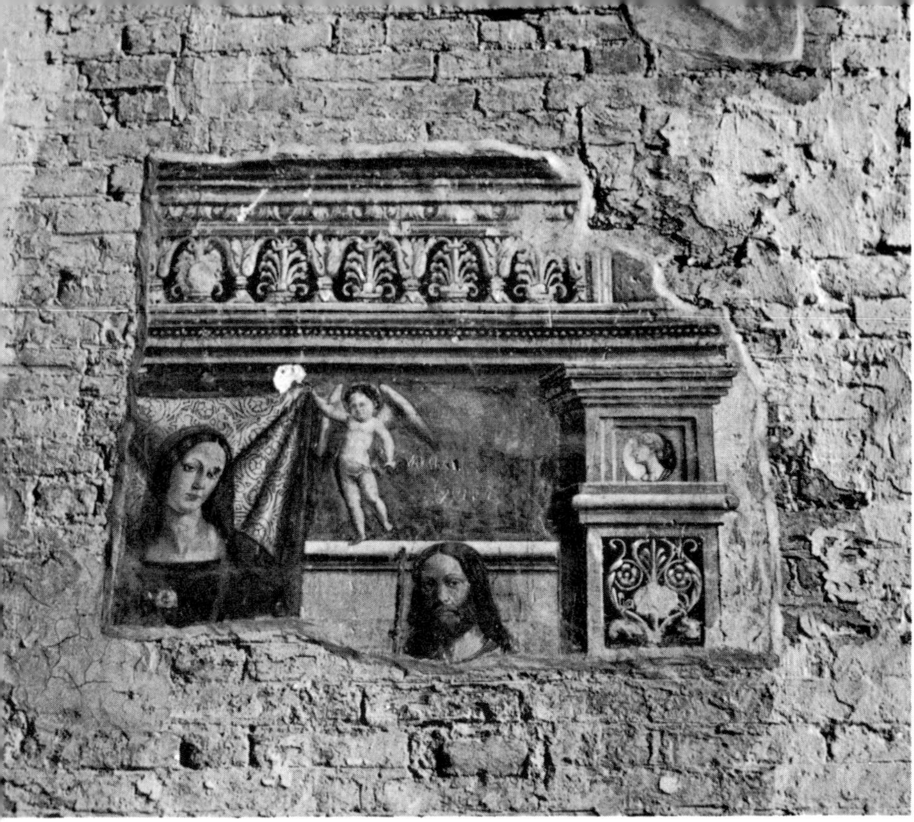

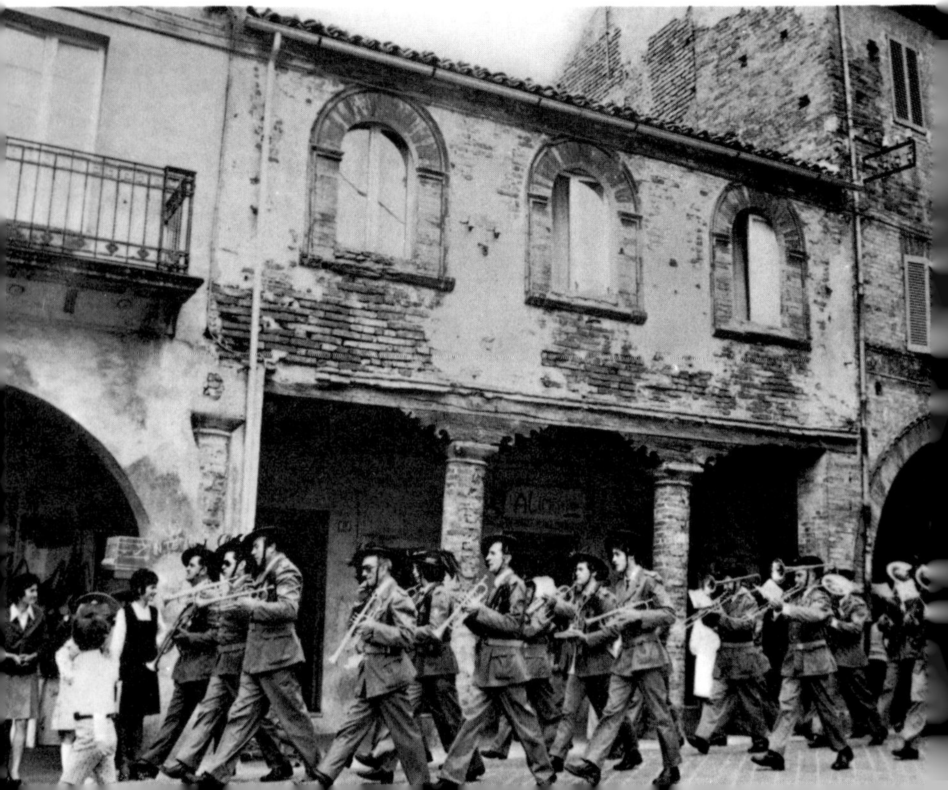

Selbst das Original bleibt an vielen Stellen dunkel — manche Mehrdeutigkeiten konnte Leopardi selbst nicht gültig erklären. Die Lyrik dieses Pessimisten ist die eher qualvolle Aussage eines Menschen, der sich trotz scharfen Intellekts und schonungsloser Selbstanalyse in Seelenqualen wand.

Sein Gedicht „Das Unendliche", 1831 geschrieben — hier in der Übersetzung Robert Hamerlings — kennzeichnet in wenigen Zeilen das Wesen dieses einsamen Menschen:

> „Immer lieb war mir dieser kahle Hügel
> und dieses Buschwerk, das den äußersten
> Horizont dem Blick verschloß.
> Doch ruhend hier und bewundernd, träumt jenseits
> im unermeßlichen Raum der Sinn sich
> tiefste Stille und unendliche Ruhe.
> Und immer mehr beginnt mein Herz zu schaudern.
> Doch wenn den Wind ich
> rauschen hör durch diese Pflanzen,
> dann ziehe ich Vergleiche mit der unendlichen
> Stille und jenem Laut, und mich überkommt
> dann das Ewige, das Denken an
> gestorbene Zeiten, doch auch an unsere, die lebende,
> samt ihrem Lärm. Dann versinkt der Geist
> im Uferlosen, und süß ist's mir in diesem Meer zu
>   scheitern."

Seite 281: *Oben:* Der typische Blick in den Marken: Weinreben und eine Stadt auf dem Hügel (Acquaviva Picena).
Unten: Sanft geschwungene Hügel begrenzen allerorts in den Marken den Horizont.
Seite 282: *Oben:* Vollendeter Zauber des Details: Freskenrest (14. Jh.) in der Oberkirche von S. Maria della Rocca in Offida.
Unten: Ripratransone: Am italienischen Nationalfeiertag führt der Aufmarsch an mittelalterlichen Häusern vorbei.

MACERATA

Wir sitzen vor einem kleinen Café auf der Piazza della
Libertà von Macerata, der Hauptstadt der gleichnamigen
Provinz. Es tut gut, hier bei einem Aperitif auszuruhen,
auf diesem Platz, der das Zentrum einer lebhaften Stadt ist,
und den Blick schweifen zu lassen. Da liegt die Loggia dei
Mercanti, ein von Cassiano da Fabriano im Jahr 1505 errichtetes graziles Bauwerk mit zwei übereinandergestellten
Bogenreihen. Fabriano soll dieses alte Handelszentrum nach
einem Vorschlag von Giuliano da Maiano gebaut haben,
der 1482 nach Macerata gekommen war, um die Stadt beim
Bau des an die Loggia anschließenden Palazzo del Governo
zu beraten, der zeitweise als Residenz des päpstlichen Statthalters diente. Der Palast in seiner heutigen Form wurde in den
Jahren 1493 bis 1583 erbaut, das Portal stammt aus dem
Jahr 1509. Neben dem Portal, und zwar rechter Hand, sind
im Mauerwerk noch Reste aus dem 14. Jahrhundert zu erkennen. Ein weiterer eindrucksvoller Bau auf der Piazza
della Libertà ist die von Ambrogio Mazenta 1623 bis 1655
erbaute Kirche San Paolo. Die Krypta von San Paolo ist
von der stark abschüssigen Straße her zu betreten — Macerata liegt auf einem Hügelgewirr — und bildet eine Kirche
für sich, S. Sepolcro. Neben San Paolo liegt die 1290 gegründete Universität, die heute nur noch eine juridische
Fakultät besitzt. An die Universität schließt das von Cosimo
Morelli in den Jahren 1765 bis 1774 erbaute Teatro Lauro
Rossi, ein bezaubernder Bau mit reichem Schmuck. Diese
großartigen Theaterräume gibt es übrigens in vielen Orten
der Marken, denn hier wird die Musik- und Kunstpflege
hoch geschätzt. Harald Keller, der bedeutende Kunsttopo-
graph, sagte dazu in seinem Werk über „Die Kunstland-

schaften Italiens": „Aber gerade weil man abseits der großen Kunstzentren Mittelitaliens im Bergland saß, gab es hier opferbereite Mäzene. Das Verhältnis des einzelnen Bewohners zum Kunstwerk ist inniger als in den schöpferischen Provinzen westlich des Apenninrückens, wo der Reichtum der künstlerischen Kultur allzu selbstverständlich hingenommen wurde und die Augen schneller abstumpften. Die Kargheit des heimischen Milieus weckte das Bedürfnis nach dem echten Kunstwerk. So besitzt denn eigentlich jede der kleinen Städte der Marken ihre künstlerische Besonderheit, auf die sie stolz ist." Das Teatro Lauro Rossi wird von einem reichgegliederten, von Galasso Alghisi erbauten Uhrturm flankiert. Der Palazzo Municipale, ein ursprünglich aus dem 17. Jahrhundert stammender und von Salvatore Innocenzi 1820 erneuerter Bau mit einem kleinen Lapidarium im Inneren rundet die Piazza della Libertà ab. Cosimo Morelli, der Architekt des Teatro Lauro Rossi, war auch der Erbauer des Domes an der Piazza S. Vincenzo Strambi. Morelli errichtete den dreischiffigen Kuppelbau in den Jahren 1771 bis 1790, die Fassade blieb unvollendet. Der Campanile stammt aus dem Jahr 1478, wurde allerdings völlig erneuert. In der Kanonikersakristei hängt das wichtigste Bild des Domes, eine Maria mit dem Kinde und Heiligen von Allegretto Nuzi aus dem Jahr 1369. Die elegante kleine „Basilica Madre della Misericordia", ebenfalls auf der Piazza S. Vincenzo Strambi, wurde von Luigi Vanvitelli 1738 bis 1743 an Stelle einer Votivkapelle erbaut.

Weitere wichtige Bauten finden wir an der Piazza Vittorio Veneto: die Kirche S. Giovanni, 1621 nach einem Plan von Rosato Rosati erbaut, daneben die Städtische Bibliothek und eine Pinakothek mit Bildern von Crivelli, Maratta, Andrea Boscoli und anderen. Hier ist auch das „Museo della Carrozze" untergebracht, mit alten Kutschen, bei deren Anblick vor allem Kinderherzen höher schlagen.

Macerata hat noch viel mehr zu bieten: einen kleinen Bürgermeister-Palast aus dem 14. Jahrhundert, die barocke

Kirche San Filippo, vor allem aber den Palazzo Ferri. Dieser 1535 erbaute Palast wird auch Palazzo dei Diamanti genannt, und zwar wegen der Form, in der die Steine der Fassade — ähnlich einem Diamantenschliff — zugeschnitten wurden. In Macerata wird übrigens das Andenken an Benjamino Gigli, den Sohn der Nachbarstadt Recanati, in besonderer Weise gepflegt: durch internationale Tenor-Wettbewerbe. Neben den jährlichen Opernfestspielen gibt es Ballettveranstaltungen, Konzerte und in jüngster Zeit Schauspielaufführungen. Macerata besitzt dafür ganz außergewöhnliche Voraussetzungen: Was für Verona das römische Theater, ist für Macerata die Arena Sferisterico, ein von Ireneo Aleandri 1819 bis 1829 erbautes klassizistisches Spielfeld. Hundert Bürger der Stadt hatten gemeinsam die Kosten dieses Baues getragen, der für das in den Marken überaus beliebte Handballspiel „Gioco del pallone" diente und inzwischen zum großen Freilichttheater wurde. Drei Seiten des riesigen Spielplatzes sind von eindrucksvollen klassizistischen Säulenhallen, die die Anlehnung an Palladio nicht verleugnen können, umgeben und enthalten mehr als hundert große Logen.

Die Straße von Macerata gegen den Apennin zu führt über den Passo dei Treia; ein Wegweiser verkündet, daß die mächtige Burg auf einem Hügel, 4 Kilometer entfernt, Treia heißt.

Ebenfalls außerhalb der Stadt liegt die von Galasso Alghisi 1550 bis 1573 erbaute Wallfahrtskirche Santa Maria delle Vergini. Sie wird von Karmeliterpadres betreut und wurde zum Gedächtnis an ein Marienwunder errichtet. Sie enthält als bedeutendste Werk eine „Anbetung der Könige" von Jacopo Tintoretto aus dem Jahr 1587.

Von der Wallfahrtskirche sind es nur wenige Kilometer nach San Claudio al Chienti, einer romanischen Kirche aus dem 11. oder 12. Jahrhundert, zu der eine Zypressenallee führt. Diese Kirche — eigentlich sind es zwei übereinanderliegende Kirchen, die von zwei runden Türmen flankiert werden — ist auf den Resten einer römischen Villa erbaut. Man erkennt noch die Verwendung römischen Materials; so sind in der Wand der rechten Rampe, die vom Vorhof zur Kirche führt, römische Inschriften eingemauert. Auch dieser Kirchenbau wurde von Byzanz beeinflußt, wie die quadratische Anlage zeigt.

Im Tal des Chienti liegt die romanische Kirche S. Maria a Pie di Chienti, eine Gründung Karls des Großen. Die bestehende Anlage stammt jedoch aus dem 11. Jahrhundert. Der eindrucksvolle zweigeschossige Innenteil der Kirche — im Untergeschoß wohnte die Bevölkerung der Gegend, im Obergeschoß die Schar der Mönche der Messe bei — weist noch Fresken aus dem 14. Jahrhundert auf.

In Monte San Giusto, einem Dorf bei Trodica, ist im Rathaus, einem Palazzo mit Säulenhof aus der 1. Hälfte des 16. Jahrhunderts, eine Sammlung von Handzeichnungen untergebracht. In Telusiano hängt in der Kirche Santa Maria eine „Kreuzigung" von Lorenzo Lotto.

DURCH NEBENTÄLER,
QUER ÜBER HÜGELKETTEN

Bei den Fahrten und Wanderungen durch die Marken folgen die Hauptverkehrswege stets den Flußtälern, die vom Apennin zum Meer führen. So waren es in den Provinzen Pesaro und Ancona die Täler des Cesano, Misa und Esino, in Macerata die der Flüsse Potenza und Chienti, in der Provinz Ascoli Piceno werden es die Tenna-, Aso- und Tronto-Täler sein. Sie verbreitern sich gegen das Meer hin und sind fruchtbare Anbaugebiete für Tafelobst und Wein. Wir aber verlassen diese Haupttäler immer wieder und folgen Seitenadern oder „reiten" quer über die Hügelketten.

Ein solcher Ausflug führt uns von Macerata nordwestlich nach Cingoli, einer hochgelegenen Stadt (631 m), die sich stolz „Balkon der Marken" — Balcone delle Marche — nennt. Sie führt ihre Ursprünge auf die römische Siedlung Cingulum zurück, von der noch einige wenige Reste vorhanden sind. Die Stadt selbst ist ein mittelalterliches Kleinod. Der Großteil der Bauten stammt aus dem 13. Jahrhundert, die Häuser sind aus Steinen und Ziegeln ungleichmäßig aufgemauert und geben dem ganzen Ort ein rötlich-braunes Gepräge, das vom Grün der Blattpflanzen, die vor den Fenstern wuchern oder sich an Hauswänden emporschlingen, Farbakzente erhält. Der Dom aus dem 17. Jahrhundert besitzt neben einem hübschen Chorgestühl vor allem ein Polyptychon von Giovanni Antonio da Pesaro mit einer Muttergottes als Mittelpunkt. Es ist in der Prälatensakristei, links vom Querarm, zu besichtigen. In der Kirche San Domenico hängt am Hauptaltar eine signierte und 1539 datierte Rosenkranzmadonna von Lorenzo Lotto, die vor allem deshalb interessant ist, weil das Gemälde in sich wiederum fünfzehn Bilder enthält. Maria thront vor einem wuchernden Rosenstrauch, dessen Zweige fünfzehn Rundmedaillons tragen, die den Stationen des Rosenkranzes gewidmet sind. Schon allein dieses Bild rechtfertigt einen Besuch von Cingoli, ganz abgesehen von den vielen Bauten des Mittelalters, von denen noch das am Stadtrand gelegene Kloster mit der Kirche S. Esuperanzio aus dem 13. Jahrhundert Erwähnung verdient. Die zahlreichen Fresken in dem riesigen Kirchenschiff, zu dessen Chor zwei Freitreppen führen, zeigen, wie farbenprächtig der Bau gewesen sein muß, als noch alle Wände mit Bildern bedeckt waren.

Von Cingoli führt uns der Weg nach San Severino Marche, einer Doppelstadt, wie wir sie so oft in den Marken antreffen. Die Oberstadt — Castello —, heute praktisch unbewohnt, liegt auf dem Monte Nero. Die Ursprünge von San Severino — so genannt nach dem ersten Bischof der Stadt — lassen sich auf das von Totila im Jahr 545 zerstörte römische Septempeda zurückführen. Der alte Dom, im 10. Jahrhundert erbaut, wurde im 11. und 12. Jahrhundert erweitert. Das Portal ist romanisch, der Giebel zeigt gotische Ausprägungen. Das Chorgestühl entstand 1483 in der Schnitzschule von San Severino unter ihrem Meister Domenico Indivini, die Orgel stammt aus der Barockzeit. Im Untergeschoß des Campanile, in der ersten Kapelle links, sind Fresken von Lorenzo und Jacopo Salimbeni erhalten. An die Kirche schließt ein trapezförmiger Kreuzgang an, dessen Steine sich bei einem Erdbeben verschoben haben. Das Kloster in der Oberstadt stammt aus dem 15. Jahrhundert. Bei der Fahrt in die Unterstadt, Borgo genannt, halten wir an der Basilika San Lorenzo in Doliolo, einem schlichten, eindrucksvollen Bau aus dem 8. Jahrhundert mit einem Campanile aus dem 14. Jahrhundert. Die drei Kirchenschiffe schließen mit einer schön ausgebildeten Apsis; interessant ist die Krypta mit einem romanischen Sarkophag. Fresken, unter anderem von Lorenzo und Jacopo Salimbeni, sind nur noch in Resten vorhanden. Ein archäologisches

Museum ist im Palazzo Tacchi zu finden. Die Kathedrale S. Agostino wurde 1826 erneuert, das gotische Portal geht jedoch auf das Jahr 1473 zurück. Sie besitzt ein Holzkreuz aus dem späten 15. Jahrhundert, vor allem aber Gemälde von Antonio und Giovanni Gentile. In einem Nebenraum hängt die berühmte „Madonna della Pace", die als bedeutendstes Werk des Pinturicchio angesehen wird. Das Gemälde zeigt auch das Bildnis des Stifters, der 1498 Prior der Kirche war. An der langgezogenen Piazza del Popolo liegt das Teatro Feronia, einer jener wunderschönen Theaterbauten der Marken, 1823 von dem Architekten Aleandri, einem Sohn San Severinos, erbaut.

Auch die Umgebung San Severinos entspricht der Geschichtlichkeit dieser Stadt, die seit der Steinzeit Siedlungsplatz war. Hier sollen Sikuler oder sabinische Bevölkerungsgruppen gelebt haben. Im Mittelalter stand San Severino auf seiten der Ghibellinen und war mit Kaiser Friedrich II. verbündet. Es wurde von einzelnen Adelsfamilien beherrscht, unter denen das Haus Smeducci hervorragte; einige Jahre war es in der Macht Francesco Sforza, ehe es Teil des Kirchenstaates wurde.

Auf den Hügeln ringsum sieht man die Reste verschiedener Burgen, unter anderem das Castello di Pitino, dessen höchster Turm aus dem 13. Jahrhundert stammt. Hier wurde eine picenische Nekropole aus dem 7. vorchristlichen Jahrhundert gefunden. Das Castello di Aliformi zeigt Reste einer Festung und einen freistehenden Turm, gleichfalls aus dem 13. Jahrhundert, die gotische Pfarrkirche enthält Salimbeni zugeschriebene Fresken. Castello di Colleluce ist eine Gründung aus dem 12. Jahrhundert. Die Kirche besitzt ein byzantinisches Kreuz aus dem 12. Jahrhundert und Fresken aus der Schule von San Severino (16. Jahrhundert).

Das Castello di Isola mit seinem sechsundzwanzig Meter hohen Turm war einst Wohnsitz der Gentili di Rovellone. S. Eustachio in Domora ist die Ruine eines Klosters aus dem 9. Jahrhundert. Hier sind achtzehn Grotten mit vielen

Stalaktiten und Stalagmiten zu besichtigen. Lohnende Ziele sind auch Canfaito, Monte S. Vicino, besonders aber Elcito, ein wildromantischer Ort mit den Ruinen eines Kastells aus dem 13. Jahrhundert, sowie einer Abtei mit einer romanischen Krypta aus dem 9. Jahrhundert.

In Matelica gilt unser Besuch vor allem dem Palazzo Piersanti aus dem 15. Jahrhundert, der zwar Privatbesitz ist, dessen Museum aber besichtigt werden kann. Diese interessante Sammlung gibt Einblick in das Patrizierleben: Möbel, Teppiche, Keramiken, Bücher, Bilder und Plastiken bilden hier eine Wohneinheit. Prunkstücke sind ein geschnitztes Kruzifix, Heiligenfiguren von Jacopo Bellini und ein Madonnentriptychon von Arcangelo di Cola da Camerino aus dem 15. Jahrhundert.

Wildromantisch wird die Gegend, wenn man nun in das Tal von Pioraco fährt, in dem, beidseitig von Felswänden überragt, sich das kleine Städtchen drängt.

Wenn der Besucher nach Camerino kommt, fällt ihm als erstes auf, daß diese Stadt von der Jugend beherrscht wird. Kein Wunder: Camerino, das auf einem mächtigen Bergkegel thront, hat seit dem 14. Jahrhundert eine Universität, die im Jahr 1727 von Papst Benedikt XIII. anerkannt wurde und der Kaiser Franz I. von Lothringen, der Gemahl der Kaiserin Maria Theresia, gestattete, akademische Grade für sein gesamtes Imperium zu vergeben. Der Reiz dieser Universität, die Fakultäten für Rechtswissenschaften, Naturwissenschaften und Pharmakologie besitzt, besteht in ihrer Unterbringung im ehemaligen Herzogspalast. Sie strömt auch heute noch einen Hauch jener Art von Gelehrsamkeit aus, die keine Eile kennt. In der Aula Scialoia saß der Professor auf seinem Katheder hinter einem Vorhang, der bei Vorlesungsbeginn wie ein Bühnenvorhang hochging. Die Einrichtung mit den bemalten Kästen und Lesepulten gibt der Hohen Schule eine ganz eigene Prägung. Die kleine Universität wurde in früheren Jahren vor allem von Studenten aus den Balkanländern besucht, von denen nur einige

Griechen übriggeblieben sind; heute ist Camerino eine in ganz Italien anerkannte Universität. Von Guido Piovene hatte ich erfahren, daß Camerino auch ein „Studienzentrum für Parapsychologie" besitzt, dessen wöchentliche spiritistischen Sitzungen sich großen Zulaufs erfreuten. Ich konnte dieses Zentrum nicht ausfindig machen, offizielle Stellen und Fremdenverkehrsamt wollten nichts davon wissen, und so gelang es mir auch nicht, einer der Zeitungen dieses Instituts habhaft zu werden, die auch mediale Beiträge enthält. So soll unter anderem Dante Alighieri seiner Divina Commedia stets neue Gesänge hinzufügen, die jedoch ein deutliches Absinken in der dichterischen Qualität erkennen lassen. Wie gesagt: soll, denn ich konnte den Leiter des Studienzentrums, der zugleich Chef des naturwissenschaftlichen Kabinetts von Camerino, das seiner Monstren wegen berühmt ist, nicht sprechen. Es waren gerade Ferien.

Camerino war eine Siedlung der Steinzeit, dann kamen Umbrer nach „Camerti Umbri", gefolgt von den Römern. 1475 wurde die Stadt Sitz eines Bischofs und eines langobardischen Herzogs. In dieser Zeit mit Spoleto verbunden, wurde es Hauptstadt der Marken vom Apennin bis zum Meer. Als welfisch orientierte Gemeinde und Sitz eines päpstlichen Legaten wurde Camerino mehrfach belagert und 1295 durch die Truppen des Manfredi zerstört. Vom 13. bis zum 16. Jahrhundert erlebte die Stadt unter der Herrschaft der Herzoge von Varano ihre Glanzzeit. Sie ist die Heimat so bedeutender Künstler wie Arcangelo di Cola, Giovanni Boccati, Girolamo di Giovanni und Tiburzio Vergelli. Der letztere schuf auch das bronzene Standbild Papst Sixtus' V., der sehr viel für Camerino getan hat, stammte seine Mutter doch aus dieser Stadt. Der Palazzo Comunale besitzt eine Büste Papst Urbans VIII. von Bernini; interessant ist die Krypta des Domes mit dem Grab des heiligen Ansovinus. Zu empfehlen ist ein Besuch der Basilica di S. Venanzio aus dem Ende des 14. Jahrhunderts, ferner der Porta Giovanna Malatesta aus dem 15. Jahrhundert, des Botanischen Gartens am rückseitigen Abhang des Palastes, des 1530 erbauten Kapuzinerkonvents Renacavata und der aus dem 13. Jahrhundert stammenden Rocca da Varano, die in der Nähe der Stadt auf einem steilen Felskegel liegt.

Von der Rocca Varano Richtung Polverina zweigt ein schmaler Weg nach S. Maroto ab, einem romanischen Kuppelbau. Diese Rundkirche mit vier Außenkapellen, im 13. Jahrhundert erbaut, enthält eine byzantinische Madonna aus der Zeit um 1200.

Camerino besitzt aber auch große Fremdenverkehrsbedeutung: es ist das Zentrum für Wildwassersport, Wintersport und sommerliche Wanderungen im Gebirgsteil der Provinz Macerata.

Weiter führt uns der Weg nach Tolentino, das zu den bekanntesten Wallfahrtsorten Italiens zählt. Hier starb im Jahr 1305 der heilige Nicola nach mehr als dreißigjährigem Wirken, und ihm ist auch die Basilika geweiht, deren travertinverkleidete Fassade 1628 erbaut wurde. Die Lünette des spätgotischen Portals zeigt die Madonna mit zwei Heiligen; das Kircheninnere ist mit einer Renaissancedekoration überzogen. Das größte Erlebnis dieses Kirchenbesuches aber bietet der vor 1348 entstandene Freskenzyklus im Cappellone di San Nicola mit Bildern aus dem Leben des Heiligen sowie Szenen aus dem Neuen Testament. Diese Giovanni Baronzio zugeschriebenen Fresken sind sichtlich von Giotto beeinflußt. Die Reliquien des heiligen Nicola sind in der Krypta beigesetzt, wo 1926 bei Renovierungsarbeiten sein ursprüngliches Grab entdeckt wurde. Der an die Basilika anschließende Kreuzgang vermittelt einen unverfälschten mittelalterlichen Eindruck. Sehenswert ist die große und geschmackvoll aufgestellte Keramiksammlung.

In Tolentino wurde 1398 der bedeutende Humanist Francesco Filelfo, genannt Philelphus, geboren, der von 1420 bis 1427 in Konstantinopel lebte und Handschriften von mehr als vierzig griechischen Schriftstellern in die Heimat brachte, die er zum Teil ins Lateinische übersetzte. Er lehrte in

Florenz, Siena und Bologna und folgte 1474 einem Ruf Papst Sixtus' IV. nach Rom. Er verfaßte einen wichtigen Petrarca-Kommentar, schrieb kulturgeschichtlich wertvolle Briefe in italienischer, griechischer und lateinischer Sprache, aber auch Satiren und Schmähschriften, etwa gegen Pius II. und gegen Poggio.

Die Stadt hat auch eine historische Vergangenheit. Im Palazzo Brezzi, Via della Pace 20, wurde am 17. Februar 1797 der Frieden zwischen Papst Pius VI. und Napoleon, eines der schändlichsten Friedensdiktate der Neuzeit, unterzeichnet. Im Jahr 1815 war Tolentino Hauptquartier der österreichischen Armee. In der Schlacht vom 2. und 3. Mai schlugen die Österreicher unter dem Grafen Neipperg den König von Neapel, Murat. Das Schlachtfeld lag vor dem mittelalterlichen Castello di Rancia.

Die Abtei von Chiaravalle di Fiastra ist eines jener drei von Clairvaux aus in Italien begründeten Zisterzienserklöster. Zwei davon liegen in den Marken, nämlich die Abbazia di Chiaravalle in der Provinz Ancona, ein gotischer Bau, und die Abtei in der Provinz Macerata: eine großartige Anlage aus dem 12. Jahrhundert, mit einem herrlichen Kreuzgang.

S. Ginesio gibt einen wunderschönen Blick auf die Monti Sibillini frei. Auch diese kleine Stadt besitzt ein eigenes Theater und mit der Collegiata — deren Fassade ein Deutscher, Enrico Alemanno 1421 schuf — die einzige Kirche in den Marken, die das züngelnde Maßwerk der Spätgotik, die sogenannte Flamboyant-Gotik, zeigt. Die Piazza von S. Ginesio ist nach dem Begründer des Internationalen Rechts, Gentilis, benannt.

Sarnano ist ein Hügelstädtchen, dessen Straßen zum Teil so steil sind, daß sie mit flachen tiefen Stufen angelegt sind. Ich war Zeuge, wie ein Lastwagen, vollbeladen mit Übersiedlungsgut, so eine Stufenstraße erklomm. Hinterher lief ein Mann, der bei jedem Halt des Wagens sofort einen großen Keil unter ein Hinterrad schob. Sarnano besitzt eine kleine Pinakothek, in der romanischen Kirche Santa Maria in Piazza fand ich Fresken, eine Krypta, ein Gemälde von Crivelli und einen Weihwasserkessel auf einer wunderschön ziselierten steinernen Säule.

Inmitten der Berge steht einsam auf einem kleinen Plateau das Santuario di Macereto, ein zweigeschossiger Zentralbau. Das griechische Kreuz ist durch Abschrägungen so verkürzt, daß ein Vieleck entstand. Drei Tore führen in das Innere der Basilika, die geschaffen wurde, um einer Madonnenstatue aus Holz, die große Verehrung genießt, einen wetterfesten Mantel zu schaffen.

Visso liegt nahe der Grenze gegen Perugia zu in einem waldreichen Gebiet und ist von einer alten Stadtmauer umgeben. Es besitzt eine hübsche Kirche, Santa Maria, deren Bau im 12. Jahrhundert begonnen, aber erst im 15. Jahrhundert fertiggestellt wurde. Zwei Portallöwen flankieren den Eingang, der noch die alten hölzernen Tore besitzt. Das Innere wurde im 17. Jahrhundert renoviert, die Saalkirche zeigt also nicht mehr den ursprünglichen Eindruck; ein gotisches Weihwasserbecken ist erhalten geblieben. Ein Palast der ehemaligen Stadtherren, Wappen, ein hölzernes Tabernakel in der winzigen Kirche San Francesco — ein neuer Beweis dafür, daß selbst die entlegensten Orte der Marken voller Kostbarkeiten sind.

Manche Leute mögen die Nase rümpfen, weil ihnen nur große Museen und Prunkbauten etwas sagen oder einen Besuch wert sind. Doch ich glaube — so wichtig diese großen Kultstätten der Menschheit sind —, daß gerade in den kleinen Orten die Bedeutung einer Kulturlandschaft erst ganz sichtbar wird. Und diese Kulturlandschaft wollen wir ja auch auf unserer Reise kennenlernen, eine Reise, die niemals hektisch sein darf. Wer sie mit offenen Augen unternimmt, wird unentwegt neue Eindrücke empfangen. Vielleicht wird der Leser fragen, warum ich nicht diesen oder jenen Ort, dieses oder jenes Kunstwerk beschrieben habe. Die Antwort ist einfach: Ich kenne selbst nicht alle Orte und Kunstwerke, ich entdecke stets neue Dinge und kann nur aus dem

Vollen schöpfen, herausgreifen, was mir besonders erwäh-
nenswert dünkt. Das ist gewiß ein subjektiver Standpunkt,
doch scheint mir dies die einzige Methode, die das Reisen
auch reisenswert macht.

IN DER PROVINZ ASCOLI PICENO

Von der Provinz Macerata über Sarnano kommend führt
die Straße nach Amandola, unserem ersten Ziel in der Pro-
vinz Ascoli Piceno. Amandola entstand durch die Vereinigung der drei Burgen Leone, Agello und Marabione; der
Namen des neuen Ortes rührt von einem weithin sichtbaren
Mandelbaum her. Amandola ist aus der Pionierzeit des
Buchdrucks bekannt: 1547 wurden hier die Statuten von
Amandola und Montemonaco gedruckt. Das Kloster und die
Kirche San Francesco aus dem 14. Jahrhundert gehen angeblich auf eine direkte Gründung des heiligen Franziskus
zurück. Die Fresken des Kirchturms werden Gentile da
Fabriano zugeschrieben. Reste der Burgmauern und Türme
der Festung aus dem 13. Jahrhundert, eine Chiesa della Tri-
nità aus dem 12. Jahrhundert bieten weitere Anziehungs-
punkte.

Montefortino liegt mehr als 600 Meter hoch. Der Ort besteht zum Teil aus alten Gehöften und breitet sich weit aus;
zu ihm gehört auch die von Langobarden erbaute Abtei
S. Angelo in Monte Spino. Das Gemeindearchiv reicht auf
das Jahr 1261 zurück. Eine Pinakothek enthält eine kleine
Gemäldesammlung.

Und weiter führt eine kurvenreiche Straße nach Montemonaco, 987 Meter über dem Meer. Die Ruinen der Burg
sollen auf die Zeit Karls des Großen zurückgehen. Die Bergstadt läßt völlig vergessen, wie nahe man dem Meer ist, das
bei klaren Tagen in der Ferne schimmert.

Montefalcone, ein Ort auf einer Felsenspitze, ist nur
durch einen in den Felsen gehauenen Tunnel zu erreichen.
Der Ort selbst besitzt alte Festungsmauern aus der Zeit um
das Jahr 1000 und eine Festung aus dem 13. Jahrhundert,

die Kirchen sind aus dem 13. und 14. Jahrhundert. Nahebei, in Luogo di Sasso, steht ein Franziskanerkloster, das der Legende nach ebenfalls auf Franziskus selbst zurückgeht und als Schätze einen Holzchristus aus dem 15. Jahrhundert sowie ein Triptychon von Alemanno hütet. In der Gegend wurden Fossilien der Tertiärzeit gefunden.

Die kleine Bergstadt Force mit ihren steilen, engen Gassen ist von altersher ihrer Kupferschmiede wegen berühmt. Die Kirche wird von den Farfensermönchen betreut. Die Loggia vor dem Pfarrhaus war mit Brettern vernagelt: Einsturzgefahr seit dem jüngsten Erdbeben, erklärte mir der Pfarrherr. Auf meine Frage, warum dieser Ort einen so leeren Eindruck mache, sagte er verbittert, Force habe nur noch knapp zweitausend Einwohner, meist alte Menschen, Frauen oder Kleinkinder. Fünftausend Bewohner sind als Fremdarbeiter beschäftigt oder für immer ausgewandert, nach Deutschland, den USA und Australien. Die Landwirtschaft bringe in dem kargen Gebiet zu wenig ein, die Bergorte in der Mittellage — Force hat eine Seehöhe von etwa 700 Meter — kämen nicht in den Genuß des Fremdenverkehrs, der sich entweder in der Zone am Meer oder im Hochapennin abwickle. Der Pfarrer sagte auch, er habe den

Seite 299: *Oben:* Offida: Die Doppelkirche S. Maria della Rocca — auf dem Bild der Eingang in die Unterkirche — wurde 1330 erbaut und zählt zu den bedeutendsten Bauwerken der Marken.
Unten: Offida ist seiner Spitzenklöpplerinnen wegen berühmt. Man sagt, die Muster seien den Ornamenten der Kirchenverzierung entnommen.
Seite 300: *Oben:* Ascoli Piceno zählt mit seinen Geschlechtertürmen zu den sehenswertesten Städte Italiens. Im Vordergrund das Stadttor und die Brücke aus der Römerzeit.
Unten links: Ascoli Piceno: Detail des bezaubernden Delphinbrunnens.
Unten rechts: Das Travertin-Portal der Kirche S. Francesco wird „Die Orgelpfeifen" genannt. Die Vertiefungen in den Steinrippen stammen von den Geldmünzen, mit denen seit Jahrhunderten Besucher über die steinernen Orgelpfeifen fahren, um sie „erklingen" zu lassen.

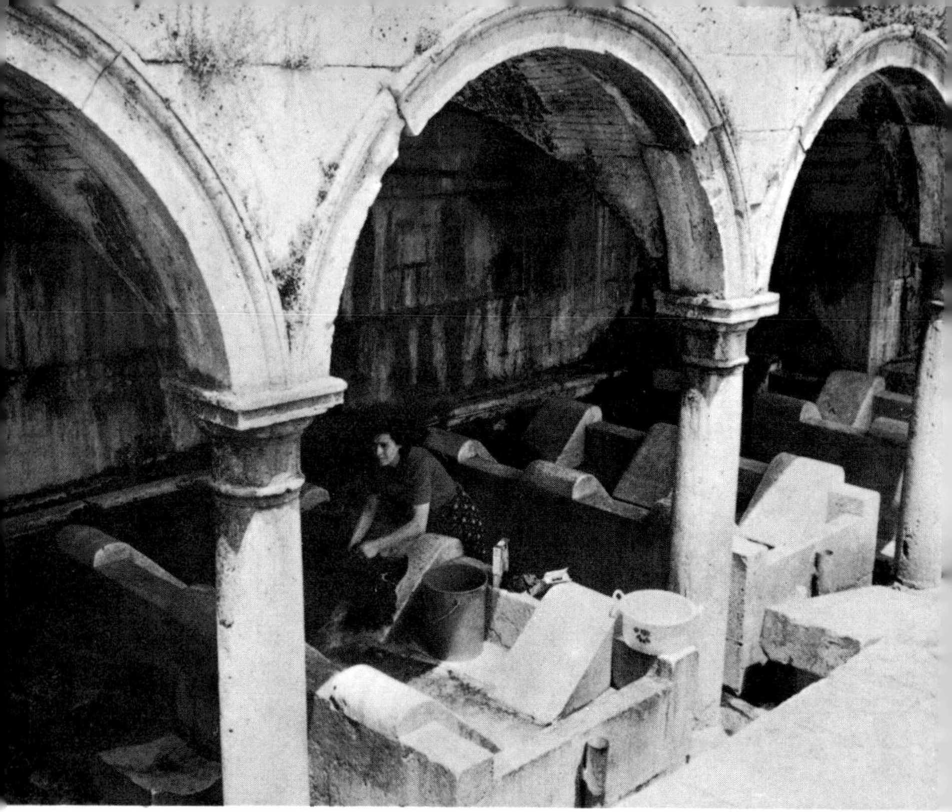

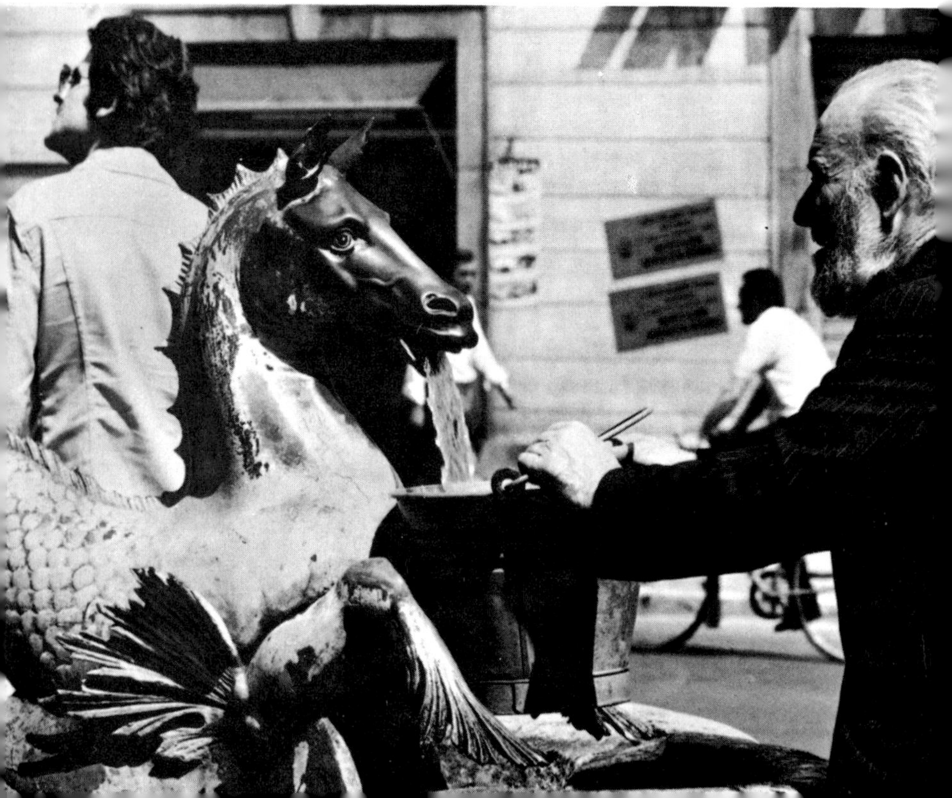

Eindruck, die Jugend glaube an Gott, aber eben anders als Generationen vorher. Er sehe eine Krise der Modernität aufdämmern, die daraus entstehe, daß letztlich niemand mehr wisse, wohin er sich wenden solle. Später machte er mich mit dem Innungsmeister der Kupferschmiede bekannt. Der biedere Mann erzählte, Force sei zwar in allen Prospekten und Publikationen als Ort des Kupfers gepriesen, besitze aber nur noch drei oder vier Betriebe, denn vom Handwerk allein könne man nicht mehr leben. Absatz gebe es nur in der Fremdensaison, an Durchreisende. Er ziehe italienische Kunden vor, Deutsche und Österreicher versuchten, so meinte er, zu handeln, sie wollten nicht glauben, wieviel Arbeit in einem handgehämmerten Gefäß stecke. Eine Kanne aus Kupferblech, etwa einen halben Meter hoch, braucht vier Tage Arbeit. So ist es kein Wunder, daß der Nachwuchs fehlt — auch dieses Handwerk stirbt aus. Heute ist Force nur noch das Relikt einer Kupferstadt, es gibt auch kein Hüttenwerk am nahen Aso-Fluß mehr, sondern es werden ausschließlich vorfabrizierte Kupferbleche mit der Hand verarbeitet.

Montegiorgio, der nächste Ort auf unserer Route, in Dreiecksform angelegt, hat eine sehenswerte Kirche, San Francesco, mit einem Portal des Maestro Gallo aus dem Jahr 1365, einer Hochreliefarbeit aus Travertingestein. In der Cappella Farfense, zur Linken, finden wir Reste eines spätgotischen Freskenzyklus der Kreuzlegende; im Fußboden der Kirche sind zahlreiche Platten von Geschlechtergräbern eingelassen.

Seite 301: *Oben:* Ascoli Piceno: Chorfassade der gotischen Kirche S. Francesco (13. Jh.).
Unten: Aus dem ehemaligen Kreuzgang des Franziskanerklosters ist ein Markt geworden.
Seite 302: *Oben:* Das Waschhaus aus dem 16. Jahrhundert — unterhalb der Stadtmauer — ist heute noch in Verwendung.
Unten: Das bronzene Seepferd des Delphinbrunnens.

303

Servigliano wurde, im Gegensatz zu Montegiorgio, nach einem quadratischen Grundriß errichtet. Der Ort war nämlich 1771 bei einem Erdrutsch zerstört worden, und Papst Clemens XIV. ließ ihn völlig neu aufbauen.

Falerone liegt im Tenna-Tal. Die Kirche stammt aus dem 13. Jahrhundert; das Tafelbild am dritten Altar links ist ein Werk Vittorio Crivellis. Im Rathaus befindet sich ein kleines Museum mit Funden aus dem römischen Faleria, auch das antike Amphitheater in der Nähe der Stadt stammt aus dieser Zeit.

Massa Fermana besitzt noch Reste einer Festung aus dem 14. Jahrhundert; die Porta S. Antonio zählt dazu. In der Pfarrkirche S. Lorenzo sehen wir im Hauptchor ein Polyptychon von Carlo Crivelli aus dem Jahr 1468, das früheste Werk dieses großen Meisters in den Marken.

Der Weg führt nun vom Gebirge zum Meer. Der nächste Ort, in dem wir haltmachen, ist S. Elpidio a Mare, dessen Stadtmauern fast zur Gänze erhalten sind. Sein Ursprung reicht in die vorrömische Epoche zurück. Der Palazzo Comunale aus dem 17. Jahrhundert hütet als besondere Schätze ein Triptychon und ein Polyptychon mit 18 Tafeln von Vittorio Crivelli aus dem Ende des 15. Jahrhunderts, sowie das Fragment eines römischen Sarkophags, das jagende Soldaten mit einem Löwen zeigt. Ein Turm der Malteserritter aus dem 15. Jahrhundert beweist, daß diese Kreuzritter auch hier gegen die Ungläubigen Wache hielten: Sarazenen landeten wiederholt an den Gestaden des Picenums.

Mit dem Ort Porto Sant'Elpidio beginnt jener langgezogene Küstenstreifen entlang der Adria, der den Namen „die grüne Riviera Picena" führt. Die üppige Vegetation dieser immer sanfter werdenden Hügellandschaft mit Pinienhainen, Gärten und Parkanlagen reicht bis ans Meer.

Folgen wir den Badeorten bis zur Grenze der Region:

Porto S. Giorgio verbindet den modernen Badeort mit der mittelalterlichen Burg und einem Fischerdorf, das zwischen den Gärten der Weinhänge liegt. Man nimmt an, das Städtchen sei einst der Hafen des römischen Fermo gewesen, doch wurde die Stadt 1490 von Fermo aus völlig ausgeraubt.

Die Heilquellen des Ortes Fonte di Palma — das in Flaschen abgefüllte Mineralwasser zeigt die Palme als Kennzeichen — sind bekannt. Die Villa Pelagallo, ein Backsteinbau, der inmitten eines großen Parks mit Pinien, Oleander, Feigenbäumen und Steineichen liegt, gehörte einst Jerome Bonaparte.

Pedaso, eine kleine Handelsstadt an der Mündung des Aso, wurde erst in den letzten Jahren vom Fremdenverkehr entdeckt. Der kleine Hafen wird gern von Unterwassersportlern frequentiert.

Cupra Marittima ist etruskischen Ursprungs und wurde schon von Plinius erwähnt. Cupra wurde von den Barbaren zerstört, die Überlebenden zogen sich auf die Hügel zurück und gründeten dort das Castrum Marianum. 1444 baute Francesco Sforza die Rocca.

Auch Grottammare, der bekannte Badeort, dessen Hotelpaläste und Palmenalleen durch Tennisplätze und Sportanlagen ergänzt werden, ist antiken Ursprungs. Der Name ist auf einen Tempel der Göttin Cupra zurückzuführen, dessen Reste in der Oberstadt ausgegraben wurden. Eine Gedenktafel bezeugt den Wiederaufbau des Tempels durch Kaiser Hadrian. Auf den Resten dieses Tempels entstand dann eine christliche Kirche. Einen Besuch wert sind die Chiesa S. Martino mit einem Marienfresko aus dem 13. Jahrhundert und einem marmornen Weihwasserbecken, das Kloster S. Maria aus dem Jahr 1614 mit einem freskierten Innenhof und alten Grabsteinen, die ehemalige Kollegiatskirche S. Lucia, 1590 erbaut, mit Kapellen der Adelsfamilien, und schließlich die Kirche S. Agostino aus dem Jahr 1517, mit Fresken von Strozzi — hier soll Luther noch als Mönch übernachtet haben.

Cupra Marittima, Grottammare, das alte Cupra Fanum, beides Heiligtümer der picenischen Göttin Cupra, deuten darauf hin, daß sich hier das Zentrum picenischer Kultur befand. Diese Vermutung wird in dem Städtchen Ripatransone, wenige Kilometer landeinwärts, bestätigt. Im Museum des Palazzo Municipale kann man die Einfachheit der picenischen Kultur, die der etruskischen unterlegen war, genau studieren. Der archäologische Teil des Museums zeigt die graue Tonware, bescheiden, aber zweckmäßig, die bronzenen und tönernen Bildnisse der picenischen Götter, Schmuck und Werkzeuge. Das Museum besitzt aber auch ein Bildnis des Ascanio Condivi (1525—1574) aus Ripatransone, des ersten Biographen Michelangelos. Briefe im Museum und ein Gedenkstein auf dem Hauptplatz erinnern an den Freund Garibaldis, Luigi Mercantini, den Dichter der Nationalhymne „Brüder Italiens, Italien ist aufgewacht..."

Ich kam gerade am italienischen Nationalfeiertag hierher und suchte den Kustos des Museums. Er blies Trompete in der Veteranenkapelle, die vor dem Mercantini-Denkmal Aufstellung genommen hatte. Liebenswürdigerweise holte man mir den Trompeter aus den Reihen, er sperrte schnell das Museum auf und eilte wieder zur Feier zurück.

Ripatransone ist seit 1571 Bischofssitz und besitzt zahlreiche Kirchen: den Dom aus dem Jahr 1597 mit einem Gemälde von Guercino und einer schönen Kanzel im Hauptschiff; San Nicolo, eine Gründung aus dem 9. Jahrhundert, mit einer romanischen Apsis; S. Filippo mit einem Pietro da Cortona zugeschriebenen Gemälde; Santa Chiara aus 1517; San Rocco, eine Gelübdekirche nach einer Pest aus 1528; S. Michele Arcangelo mit Gemälden aus dem Jahr 1569, und in einiger Entfernung die winzige Kirche von Petrella mit Fresken aus der Schule des Giotto. Der Palazzo del Podestà wurde 1304 vollendet. An der Piazza steht ein aus dem 12. Jahrhundert stammendes Haus mit einer auskragenden, auf gemauerten Säulen und Holzbalken ruhenden Arkade.

Ihm gegenüber ein Haus mit prachtvollem eisernen Balkongitter und einer Loggia mit spitzbogigen Lauben, eine Renaissancearbeit aus dem 16. Jahrhundert. Übrigens leitet sich der Name der Stadt von dem Wort Ripa, Burg, und von dem Geschlecht der Drasone oder Transone her, den Besitzern dieser Burg. Ripatransone ist Sitz der ersten und ältesten Handwerksschule Italiens.

Zurück ans Meer, gelangen wir nach San Benedetto del Tronto, dem größten Fischereihafen Italiens. Der Ertrag der Fischerei umfaßt jährlich einige Milliarden Lire; die Fischereiflotte ist modern mit Sprechfunk und Radar ausgerüstet, so daß die Fischer des Ortes sich bis in den Atlantik, nach Island, ja bis nach Japan wagen.

San Benedetto ist der schönste Badeort dieses Küstengebietes, mit riesigen Parkanlagen, Wäldchen, Oleanderbüschen und dichten Palmenreihen. Dem Gast stehen Tennis-, Golf- und Reitplätze, vor allem aber ein zehn Kilometer langer Badestrand zur Verfügung.

San Benedetto zerfällt in zwei Teile: die am Meer gelegene Unterstadt und die von einer alten Mauer umgürtete Oberstadt mit ihren engen Gassen und hübschen Palazzi. Den Namen hat San Benedetto noch aus römischer Zeit: es war ein Verbannungsort für Kranke und Aussätzige. Ein sechseckiger, zinnenbekrönter Turm erinnert an die kriegerische Vergangenheit, als sich die Bewohner San Benedettos gegen Einfälle der Piraten und Sarazenen wehren mußten.

Kurz vor der Mündung des Tronto in das Meer liegt der kleine Ort Porto d'Ascoli, die letzte Siedlung vor einer neuen Region: nach dem Fluß beginnen die Abruzzen.

Der Zickzackweg zur Provinzhauptstadt Ascoli Piceno soll noch zu einigen wichtigen Orten führen, die für Geschichte und Kunst sowie das Leben der Marken bedeutend sind.

Da ist vor allem Fermo, dessen Ursprung weit in die

Vorzeit zurückreicht. Davon zeugt eine aus ungleichförmigen Megalithblöcken geschichtete Stadtmauer; 200 v. Chr. wurde aus dieser Siedlung die römische Kolonie Firmum Picenum. Sie galt auch im römischen Staatsverband so viel, daß sie das Privileg zugestanden erhielt, eigene Münzen zu schlagen. Wie wir aus der Geschichte dieser römischen Zeit wissen, hatte sich Fermo während der sogenannten „sozialen Kriege" mit den Römern gegen Ascoli verbündet. Der Zwist dieser beiden Städte hat sich bis in die Gegenwart erhalten. Ich erlebte — gestatten Sie die Abschweifung — in Ascoli ein Fußballspiel gegen Fermo. Die ganze Stadt war auf den Beinen, denn hier galt es, die eigene Mannschaft gegen den „Erbfeind" anzuheizen. Handgreiflichkeiten zwischen Spielern, so ließ ich mir sagen, aber auch zwischen Sympathisanten beider Seiten seien nicht selten.

Der Feldherr während des Bundesgenossenkriegs im Picenum war Pompejus Strabo. Er hatte sein Heerlager in Fermo und füllte hier seine Legionen auf, die er gegen Ascoli marschieren ließ. Fermo besitzt eine ganze Reihe römischer Reste. So ist der zweite Kreis der dreifachen Ringmauer der Stadt ein römisches *opus quadratum,* und der dritte Kreis, aus der Zeit des Augustus, ein *opus latericium.* Ein wahrhaft gigantisches Werk aber sind die sogenannten römischen Bäder, *piscine epuratorie,* in der Via degli Aceti. Dieser in seiner Art einzigartige zyklopische Bau, in den Jahren 60 bis 40 vor Christus errichtet, war eine riesige unterirdische Zisterne, bestehend aus dreißig Hallengängen, deren Mauern einem ungeheuren Druck standhalten mußten. Sie sind vollständig erhalten.

Fermo wurde unter Desiderius zum Herzogtum ernannt und unterwarf sich zur Zeit Karls des Großen der Kirche. 1189 wurde es freie Stadt, 1224 Fürstentum. Nach der Herrschaft der Signorie erlangte Fermo Anfang des 15. Jahrhunderts städtische Freiheit, wurde dann wieder von einer Signorie regiert, Stadttyrannen wuchsen heran, die Familien Malesardi, Monteverdi, Magliani, Visconti, Oleggio. Die

Stadt gehörte Francesco Sforza und auch Oliverotto Euffreducci, den Cesare Borgia erdrosseln ließ. Der Farnese Pierluigi, Gründer der Dynastie von Parma, bezwang Fermo. In der Stadt künden vom Ruhm der Vergangenheit nur die Büsten der vier Päpste Bonifaz IX., Calixtus III., Eugen IV. und Sixtus V. auf der Piazza del Popolo. Papst Sixtus V. begegnet dem Besucher auf derselben Piazza nochmals, aber weit größer: Zum Palazzo Comunale führt eine doppelte Freitreppe hinan, die von einem Portalgehäuse gekrönt wird, in dem auf seinem Thron Sixtus V. sitzt. Dieses riesige Monument, eine Schöpfung von Accursio Baldi aus dem Jahr 1590, war der Dank für die Erhebung Fermos zum Bischofssitz und für die Bestätigung der Universität durch den Papst. Diese Universität wurde übrigens 1398 gegründet und 1826 aufgelöst.

Im Inneren des Palazzo Comunale befindet sich eine kleine Pinakothek, in der ein Jugendwerk von Peter Paul Rubens hängt, eine „Geburt Christi" aus dem Jahr 1608, entstanden während des Romaufenthalts. Bildnisse von Giovanni Lanfranco, ein Polyptychon von Andrea da Bologna aus dem Jahr 1369 und andere Werke zeugen vom Kunstsinn dieser Stadt. Noch mehr aber wird dieser Kunstsinn durch die mehr als 300.000 Bände umfassende Bibliothek im Palazzo degli Studi bewiesen, der links an den Palazzo Comunale anschließt und kostbare Möbel, Globen und Sammlungen enthält. Der erzbischöfliche Palast auf der anderen Seite des Rathauses stammt aus dem Ende des 14. Jahrhunderts und enthält gleichfalls eine Bildergalerie. Im Museo Civico sind archäologische Funde, Waffen, Möbel, Keramik und Porzellan, Gewichte und Maße sowie alte Amtstrachten zu sehen. Fermo besitzt ein klassizistisches Theater, das „Teatro del'Aquila", 1780 bis 1790 von Cosimo Morelli erbaut. Übrigens besitzt auch das rund zwanzig Kilometer von Fermo entfernte Dorf Montelone — es zählt ungefähr 5.000 Köpfe — ein Theater! Es wurde im Jahr 1851 erbaut und bietet etwa 500 Zuschauern Platz.

Der Dom liegt hoch über der Stadt, auf dem Colle Girfalco. Es gibt verschiedene Wege dort hinauf, aber der stufenreichste, steilste ist auch der schönste. Man gewinnt immer wieder neue Ausblicke auf die mittelalterliche Stadt und wundert sich über die vielen aufragenden Türmchen, sprich Kaminverkleidungen. Die Dächer mit ihren bizarren Formen faszinieren den Besucher: es sind nicht die vielerorts üblichen Tegole-, also Flachdächer, sondern Coppi-Dächer aus halbrunden Dachziegeln.

Der Dom ist von einer weiten Parkanlage umgeben, in der immer eine leichte Brise weht. Der lombardische Meister Giorgio da Como hatte im Jahr 1227 mit der Arbeit am Dom begonnen. Die ursprüngliche frühgotische Fassade mit dem reich gegliederten Haupttor ist erhalten geblieben, doch dahinter öffnet sich ein riesiger Bau der Barockzeit, den Cosimo Morelli errichtet hat. Mosaikreste bezeugen, daß hier schon im 5. Jahrhundert eine Kirche gestanden hat. Im Atrium, das noch aus dem ersten Joch der alten Kathedrale besteht, sind Heiligenfresken aus dem späten 14. Jahrhundert erhalten. Der barocke Innenraum besteht aus drei Schiffen. Ein roter Streifen aus Travertin im Fußboden des Mittelschiffs zeigt den Umriß der ersten Kirche aus dem 5. Jahrhundert. Das Bodenmosaik dieser ersten Kirche befindet sich zwischen den zum Chor hinaufführenden Treppen. Weitere Kostbarkeiten: eine byzantinische Ikone aus dem 10. Jahrhundert, in deren prächtig gegliedertem Rahmen Szenen aus dem Leben Christi und Mariens eingefügt sind, am vierten Altar rechts; ein frühchristlicher Sarkophag mit Szenen aus dem Leben des Apostels Petrus in der Krypta und ein Meßgewand des heiligen Thomas von Canterbury in der Sakristei.

In die Stadt zurückgekehrt, besuchen wir einen Bau aus dem 13. Jahrhundert, die Kirche Sant'Agostino, mit prachtvollen Fresken aus dem 14. Jahrhundert — überaus farbenfroh eine Schutzmantelmadonna und Heilige. Ein Freskenzyklus im anschließenden Oratorio di S. Monica, einer

Taufkirche aus dem Jahr 1425, ist dem Leben des heiligen Johannes gewidmet. S. Francesco, ein ursprünglich gotischer Bau, der jedoch erst im 15. Jahrhundert vollendet wurde, beinhaltet das Andrea Sansovino zugeschriebene Grabmal des Stadttyrannen Lodovico Euffreducci aus dem Jahr 1527. Der Sarkophag ist von einer tempelartigen Giebelfront umschlossen, auf dem Sarg liegt die steinerne Figur des Toten, an der Seite ist sein Wappen angebracht.

Montalto delle Marche wurde 548 als Zufluchtsstätte für die Bewohner ringsum liegender Burgen, die von den Langobarden zerstört worden waren, gegründet. In diesem unscheinbaren Ort mit seinen mittelalterlichen Bögen siedelten die Vorfahren Papst Sixtus' V., die aus Angst vor den Türken vom Balkan über die Adria gekommen waren. Der Vater des Papstes, Pietro Ricci, genannt Peretti, und die Mutter Marianna, arme Leute, zogen von Montalto in das Dorf Grottammare, wo ihnen am 13. Dezember 1521 ein Sohn geboren wurde, den sie als Felice Peretti ins Taufregister eintragen ließen. Der Name Felice — der Glückliche — erwies sich symbolträchtig: Der aufgeweckte Junge, der 1534 als Konventuale in ein Franziskanerkloster bei Montalto eintrat und von seinen Mitbrüdern Fra Felice genannt wurde, brachte nicht nur seiner Familie Reichtum und Glück, sondern auch seinem Heimatland, den Marken. Er machte Grottammare zur Stadt, zeigte seine Dankbarkeit für Fermo und erhob Montalto zum Bischofssitz. Die dreischiffige Kathedrale Montaltos, vom Leibarchitekten des Papstes, Domenico Fontana, erbaut, besitzt neben einer Marmorgruppe von Giorgio Paci in der Unterkirche kostbare Meßgewänder sowie ein Reliquiar, ein Geschenk des Papstes an die Stadt. Die Vorderseite dieses Reliquiars zeigt eine Pietà, eine flämische Emailarbeit aus dem 15. Jahrhundert, die Rückseite eine kunstvoll gearbeitete metallgetriebene Platte von Pietro Vannini.

Felice Peretti hatte in Grottammare Vieh gehütet und dem Vater im Obstgarten geholfen. Ein Onkel mütterlicherseits ermöglichte ihm dann den Eintritt in den Franziskanerorden. Felice wurde seiner Predigten wegen derart berühmt, daß ihn Papst Paul IV. als Prediger und Inquisitor nach Venedig berief. Auch Papst Pius V. förderte den sittenstrengen und ehrgeizigen Ordensmann: er ernannte ihn zum Konsultor der römischen Inquisition und zum Generalvikar der Franziskaner-Konventualen sowie zum Bischof von Santa Agata dei Goti. Doch bald vertauschte der Hirte sein Bistum mit jenem in Fermo; er ging in die Heimat zurück. Mit 48 Jahren empfing Peretti den Kardinalshut. Er wurde am 17. Mai 1570 Kardinalpriester und Mitglied der Kongregation für Bischöfe und Ordensleute. Mit der Erhebung zum Kardinal nahm er auch einen neuen Namen an: er nannte sich Kardinal von Montalto.

Als Gregor XIII. zum Papst gewählt wurde, brachen für Kardinal Montalto neue Zeiten an. Er wurde zur Untätigkeit verurteilt, völlig kaltgestellt, denn Papst und Kardinal konnten einander nicht ausstehen. Das lag nicht nur am verschiedenartigen Naturell, sondern wohl auch darin, daß der neue Papst Ordensmitglieder nicht gern im Kardinalskollegium sah. Unter den 34 neuen Kardinälen seiner Amtszeit war kein einziger Ordensmann. Dazu kam noch ein persönlicher Zwist: Kardinal Montalto war beleidigt, weil Papst Gregor XIII. die Ermordung seines Neffen ungesühnt ließ. Der Neffe des Kardinals war mit der schönen Vittoria Accoramboni verheiratet, die aber von Paolo Orsini, dem Herzog von Bracciano, begehrt wurde. Der Herzog erdrosselte seine eigene Gattin, eine Medici, und nach der Ermordung Accorambonis ließen sich Vittoria und Paolo heimlich trauen. Die Ehe wurde auf Betreiben der Familie Medici für ungültig erklärt, mit Duldung Papst Gregors aber neuerlich geschlossen. Als dann Kardinal Montalto zum Papst gewählt wurde, floh das Paar nach Padua. Die Ehe stand unter keinem glücklichen Stern: Paolo Orsini starb, und Vittoria Accoramboni fiel des Erbes wegen einem von der Familie Orsini gedungenen Mörder zum Opfer. In diesen wenigen Zeilen ersteht ein typisches Familienschicksal der Renaissance vor uns. Es ging übrigens in die Weltliteratur ein und wurde wiederholt bearbeitet, unter anderem von Stendhal und Ludwig Tieck.

Nach dem Tod Gregors XIII. hatte es im Konklave zwei Parteien gegeben, die jeweils einen hochfürstlichen Kandidaten aus den Familien Farnese und Medici favorisierten. Kardinal Montalto galt ebenfalls als *papabile,* als ernsthafter Anwärter auf den Papstthron. Da keiner der Fürsten die Mehrheit erlangen konnte, fiel die Wahl auf den politisch unabhängigen Kardinal Montalto. Das Konklave dauerte nicht länger als vier Tage, vom 21. bis zum 24. April 1585. Am 1. Mai wurde der neue Papst, der sich Sixtus V. nannte, vor dem Petersdom gekrönt. Damit begann für die Familie Peretti eine Glückssträhne. Der Papst gab seinem fünfzehnjährigen Großneffen Alessandro Damasceni nicht nur seinen Namen Peretti-Montalto und sein Wappen, sondern ernannte ihn auch gleichzeitig zum Kardinal. Es war üblich, daß Päpste ihre Angehörigen versorgten und sich vor allem mit Leuten ihres Vertrauens umgaben. Sixtus V. holte zuerst Männer zu sich, die so wie er bei Gregor in Ungnade gefallen waren, und zog dann seinen Großneffen als engsten Mitarbeiter heran. Der junge Mann machte gute Figur und wurde zu einem der tüchtigsten Kardinäle. Sixtus V. gelang aber noch mehr: Ihm glückte es, die beiden rivalisierenden bedeutendsten Adelsgeschlechter Roms, die Orsini und die Colonna, miteinander zu verbinden — indem er jeweils einen Mann aus diesen Familien mit seinen Großnichten verheiratete. Als erbliche Posten bekamen die Orsini und Colonna die Ehrenämter päpstlicher Thronassistenten. Diese Entscheidungen des Papstes sollten sich bewähren. Sixtus V. herrschte auch im Kirchenstaat mit fester Hand: Über Condottiere, die längst nicht mehr edle Kämpfer, sondern Raubritter waren, verhängte er rücksichtslos die Todesstrafe — zwei Jahre später konnte man im Kirchenstaat vollkommen sicher reisen. Kuppelei, Blutschande, Abtreibung, Ehebruch und Sodomie wurden gleichfalls mit dem Tode bestraft. Der Papst schreckte auch nicht davor zurück, dieses Urteil an Menschen vollstrecken zu lassen, die ihm selbst nahestanden. Er schuf — und das wurde von großer Bedeutung für die Marken — eine schlagkräftige Kriegsflotte zum Schutz der Küstengewässer. Er förderte den Ackerbau, die Woll- und Seidenindustrie und brachte durch eine sparsame Verwaltung die zerrütteten Finanzen des Vatikans in Ordnung. Aber nicht nur Sparsamkeit der Verwaltung allein brachte den finanziellen Erfolg: der Papst verstand es geschickt, Staatsanleihen zu placieren, Steuern einzutreiben — und Ämter und Ehrenstellen für teures Geld zu verkaufen, so daß in den fünf Jahren seiner Regierung in den Geldtruhen der Engelsburg drei Millionen Scudi in Gold und eine Million in Silber gehortet wurden.

Der kraftvolle Papst konnte schon im Habitus seinen bäuerlichen Ursprung nicht verleugnen. Er war leicht zornig, ließ sich aber, wie die Chronisten berichten, genauso leicht wieder besänftigen. Wenn er ein Ziel durchsetzen wollte, zeigte er sich selbstherrlich und rücksichtslos, was ihm in seiner Umgebung den Beinamen „Terribile", der Schreckliche, eintrug.

Das Stadtbild Roms wurde von Sixtus V. entscheidend geprägt: Er beauftragte Domenico Fontana, an die Kirche Santa Maria Maggiore die nach ihm benannte Sixtinische Kapelle (nicht zu verwechseln mit der Sixtinischen Kapelle im Vatikan) anzubauen, die ich deswegen zuerst nenne, weil in dieser Kapelle der Papst begraben liegt. Sixtus ließ aber auch die Hauptkirchen Roms durch großzügige, breite Straßen miteinander verbinden und schmückte die Plätze vor den Kirchen mit antiken Obelisken, die er mit christlichen Symbolen versah. So sollte der Triumph des Christentums über das Heidentum deutlich werden. Er christianisierte heidnische Denkmäler und krönte zum Beispiel die

Trajans- und die Marc-Aurel-Säule mit den Statuen der Apostelfürsten. Auf dem Petersplatz ließ er den seit Jahrhunderten dort herumliegenden berühmten Obelisken des Caligula aus Heliopolis durch Domenico Fontana aufstellen. Diese Arbeit war eine technische Meisterleistung und brachte Fontana nicht nur den Titel „Cavaliere della guglia" — Ritter des Obelisken —, sondern gleichzeitig den ertragreichen Posten des vatikanischen Hauptbaumeisters ein. 1586 errichtete Fontana für den Papst den neuen Lateranpalast, im Vatikan entstand die Bibliothek, und 1589 begann er mit dem Neubau des Vatikanpalastes, der unter den Folgepäpsten vollendet wurde. Sixtus ließ die gewaltige, nach ihm benannte Wasserleitung „Acqua Felice" errichten und damit die Ewige Stadt erstmals wieder mit gesundem Trinkwasser versorgen, er begann mit der Trockenlegung der Pontinischen Sümpfe, doch wurde die Arbeit mit seinem Tode abgebrochen. Erst im 20. Jahrhundert wurde dieser Fieberherd beseitigt.

Politisch brachte die Regierungszeit des Papstes große Komplikationen mit sich. Um auch das Papsttum von der Umklammerung eines zu mächtigen Spanien zu befreien, schlug sich der Papst auf die Seite Frankreichs. Gleichzeitig unterstützte er den Krieg gegen England: seine Motive waren die Hinrichtung Maria Stuarts und damit das Ende des Katholizismus in England. Der Untergang der spanischen Armada im Jahr 1588 beendete die Hoffnungen, das Inselreich für den katholischen Glauben zurückzugewinnen. Sixtus förderte in Deutschland, den Niederlanden, Schweiz und Polen die katholische Gegenreformation, die in Österreich und Bayern schon Fortschritte gemacht hatte. Er unterstützte unter anderem Erzbischof Wolf Dietrich von Raitenau in Salzburg und Dietrich von Fürstenberg in Paderborn.

Durch die Bestimmung, die Höchstzahl des Kardinalskollegiums in Anlehnung an die Ältesten der Bibel auf siebzig festzulegen, schuf Sixtus V. ein Gremium, das in dieser

Form bis vor etwa einem Jahrzehnt bestand. Er organisierte auch die Kurie und ihre Kongregationen neu; eine Konstruktion, die in ihren Grundzügen, von zeitbedingten Adaptierungen abgesehen, erhalten geblieben ist.

Das gewaltigste sichtbare Werk dieses Papstes war die Überwölbung der Kuppel des neuen Petersdomes: Fünfundzwanzig Jahre nach dem Tod Michelangelos, der das Modell dieser gewaltigen Kuppel schuf, war das Werk vollendet. Am 22. Dezember 1588 erteilte Sixtus V. an Giacomo della Porta und seinen Architekten Domenico Fontana den Auftrag, die Kuppel einzuwölben. Achthundert Arbeiter bewältigten diese Aufgabe in vierzehn Monaten. Am 14. Mai 1590 feierte der Papst in dem nun fertigen Dom einen feierlichen Gottesdienst und fügte den mit seinem Namen versehenen geweihten Schlußstein in die Kuppel ein. Am 27. August 1590 starb Sixtus V. Beklagten die einen den frühen Tod des Papstes, atmeten die anderen auf, weil der Mann zu tüchtig, zu energisch war — und weil sein Tod verhinderte, daß das Rom der Antike vollends zerstört wurde.

Stendhal hat in seinem italienischen Reisebuch vermerkt: „Wenn ich nachdenke, so habe ich unter den Priestern keinen einzigen Dummkopf kennengelernt. Von Bologna bis tief nach Kalabrien hinein wird stets der Klügste von der Familie Priester; denn er kann es ja bis zum Papst bringen. Hat doch Sixtus V. in seiner Jugend die Schweine gehütet! Der Bruder des Papstes wird von Rechts wegen Fürst und sein Neffe Herzog."

Doch weiter auf unserer Rundfahrt durch die kleinen Orte des Picenums: Eine weithin sichtbare Hügelstadt mit knapp tausend Einwohnern ist Moresco, eine Gründung der Mauren, die auf ihren Seefahrten an der Küste gelandet und sich hier verschanzt hatten. Von der Burg des Mittelalters ist nur noch ein zinnengekrönter siebeneckiger Turm aus dem 12. Jahrhundert erhalten, der die Landschaft beherrscht. Der Palazzo Comunale dieses winzigen Ortes besitzt ein Gemälde von V. Pagani, eine Madonna mit dem Kinde und Heiligen, sowie eine Madonna mit Kind aus sienesischer Schule des 17. Jahrhunderts und einige andere Gemälde — alles zusammen doch so interessant, daß man den Hausmeister herausklopfen sollte, um die Gemeindestuben öffnen zu lassen. Eine Sehenswürdigkeit ist der von Pagani freskierte Tabernakel der Kirche S. Maria dell'Olmo. Der Ort selbst ist still und besteht praktisch nur aus zwei Gassen, besitzt aber ein ganz ausgezeichnetes Restaurant, in dem vor allem Hochzeiten ihren kulinarischen Höhepunkt finden. In Sichtweite des Dorfes steht auf einem Hügel die „Madonna della Salute", eine *chiesina rurale,* also ein ländliches Kirchlein, ein schlichter Bau mit eigenartig ausgeformter Kuppel, die eher an einen Backofen als ein Kirchendach erinnert.

Monterubbiano, das seinen Namen von Robba, einer auf dem Berg wachsenden Grasart herleitet, ist einer jener kleinen Orte — er zählt etwas mehr als dreitausend Einwohner —, der den Besucher ob seines Reichtums an Kulturgütern verblüfft. Monterubbiano lag im Zentrum des Picenums. Im Gebiet um die Porta S. Baso am Rand der Stadt — das Tor stammt aus dem 14. Jahrhundert und ist der älteste Rest der Stadtmauer — befand sich einst eine picenische Nekropole. Eine im 5. Jahrhundert von den Goten zerstörte „Urbs Urbana" wurde von Benediktinern und Farfensermönchen wiederaufgebaut; 1176 plünderten Barbarossas Soldaten die Stadt, 1182 wurde sie von Fermo bekriegt. Im Jahr 1433 erbaute Francesco Sforza die Stadtmauer neu und schlug in Monterubbiano seine Sommerresidenz auf. Auf unserem Rundgang interessiert uns vor allem der im 14. Jahrhundert erbaute Palazzo di Città, der den romanischen Baustil getreulich kopiert, einen Turm mit Zinnen besitzt und ein kleines Museum beherbergt, in dem hauptsächlich Ausgrabungen, darunter Bronzen, Münzen und römische Alltagsgegenstände, zu sehen sind. Der Palazzo Calzecchi-Onesti stammt aus dem 15. Jahrhundert, die imposante Kirche SS. Vincenzo e Stefano aus dem 12. Jahrhundert. Die Chiesa di San Lucia ist ein romanischer Bau mit deutlich erkennbarer alter Konstruktion und einer Krypta. Die Pfarrkirche „La Pieve" wird von einem quadratischen Campanile aus dem 14. Jahrhundert überragt. Die Franziskuskirche, 1247 von Beato Matteo erbaut, enthält Fresken aus dem 15. Jahrhundert, die Alemanno zugeschrieben werden. S. Maria dei Letterati besitzt Bilder von Pagani, der in Monterubbiano geboren wurde. Bemerkenswert auch die frühere Kirche S. Angelo mit einem großartigen gotischen Portal, das romanische Kirchlein des heiligen Johannes, dessen Portal die Meister Berardo und Attone 1238 schufen, sowie die kleine Abtei von S. Angelo. Und auch diese kleine Stadt hat ein eigenes Theater, das Teatro Pagani, 1875 von Luca Galli errichtet.

Drei elegante spitzbogige Stadttore nebeneinander öffnen die alte Ringmauer von Petritoli, eine Gründung aus dem 10. Jahrhundert. Die Stadtmauer wird durch Türme mit Pechnasen verstärkt. Mittelalterliche Gassen führen zur Piazza del Castello, auf der ein Stadtturm mit eigenartiger Konstruktion steht: Ein quadratischer Unterbau wird gefolgt von einen oktagonalen Mittelstück, dem ein zylindrischer Turmteil aufgesetzt ist. Das Ganze wird von einer Kuppel gekrönt. Ich konnte den Grund für diese dreifache Gliederung nicht herausfinden. Ein Ortsbewohner meinte scherzhaft, vielleicht wollte man andeuten, daß der Ort erst durch den Zusammenschluß dreier Castelle, Petrosa, Petrania und Petrollavia, zur Stadt wurde.

Oben: Die 64 Felder der Kirche SS. Vincenzo e Anastasio in Ascoli Piceno, deren Baubeginn schon im 11. Jahrhundert erfolgte, waren früher ausgemalt.
Unten: Die Krypta von SS. Vincenzo e Anastasio bestätigt die frühe Bauzeit.

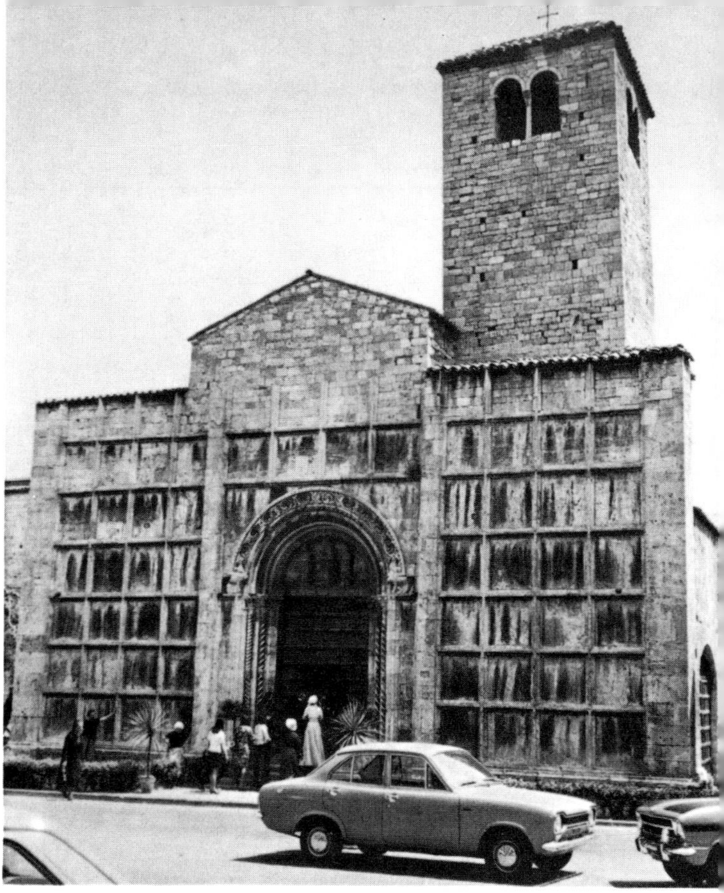

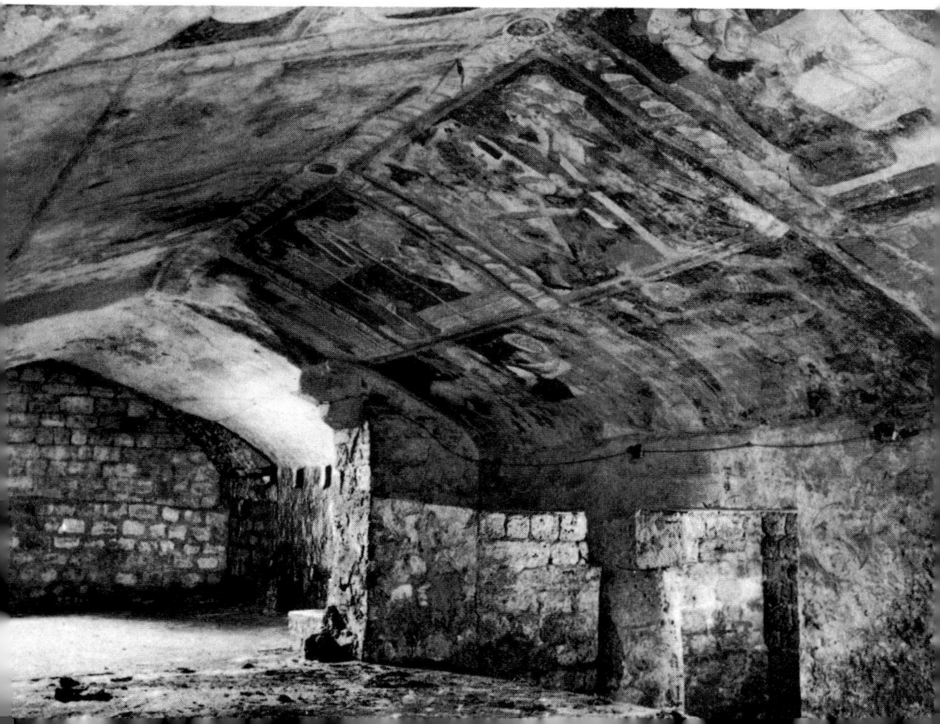

San Vittoria in Matenano wurde schon 890 gegründet. Es zeigt gleichfalls ehrwürdige Bauten, darunter einen Zinnenturm aus dem 14. Jahrhundert und einen stilreinen Palazzo aus dem 15. Jahrhundert. In der Krypta von San Vittoria sind in einem überaus eindrucksvollen Marmorsarg aus dem 15. Jahrhundert die Gebeine der heiligen Viktoria, einer Märtyrerin, bestattet.

Montefiore Aso ist seiner im 17. Jahrhundert angelegten Pinienallee wegen berühmt. Von hier hat man einen weiten Blick in die Landschaft. Der einstige Adelssitz gab eine reiche Nekropole frei, die Funde sind im Museum von Ancona ausgestellt. Montefiore führte Kriege gegen Ascoli und Fermo, bis im Jahr 1421 in der Chiesa di S. Maria della Fede feierlich Friede geschworen wurde. Ein interessanter Bau ist die Kirche San Francesco, mit Fresken aus dem 14. Jahrhundert in der Apsis und einem Grabstein aus dem 13. Jahrhundert, der den Eltern Kardinal Partinos gewidmet ist. Kardinal Gentile Partino gilt als der berühmteste Sohn des Ortes: er war persönlicher Legat der Päpste Bonifaz VIII. und Clemens V. in Sizilien und Ungarn. Einen Besuch lohnt auch das Portale della Pinnova aus dem 12. Jahrhundert mit einem reichfigurierten Basrelief, Teil der alten Krypta, die von außen her zugänglich war. Das wichtigste Kunstwerk des Ortes aber ist ein Polyptychon von Carlo Crivelli in der Kollegiatkirche S. Lucia.

Monte Rinaldo und Falerone sind Ausflugsziele für archäologisch Interessierte. Manche Forscher wollen in Monte Rinaldo das einst berühmte Novana sehen. Die Weitläufigkeit und die Vielfalt von Säulen, die wieder aufgestellt wurden, zeigen jedenfalls, daß sich hier einst eine große und blühende Stadt

Abschied von den Marken: Stimmungsvoller Ausblick aus dem Fenster eines eleganten Landhauses, dessen Vorhänge die fleißigen Hände von Offida geklöppelt haben. Zeitlose Schönheit und mühevolles Handwerk stehen hier nebeneinander. Kontraste sind es, die in den Marken die Vollendung einer Landschaft schaffen.

befand. Das ellipsenförmige Amphitheater von Falerone, dem alten Faleria, zeigt, welche Bedeutung diese römische Kolonie hatte. Von hier führt uns der Weg nach Acquaviva Picena, einem kleinen Ort mit mächtigen Mauern und trutzigen Türmen, hervorragenden Beispielen der Befestigungskunst. Die Befestigungen lassen übrigens im ganzen Land ein deutliches System erkennen: Befestigte Orte und einzelne Wehrtürme direkt an der Küste und Trutzburgen im Hinterland, um einfallende Türken, Araber oder Piraten endgültig abfangen zu können. Daß die Herren solcher Burgen dann auch untereinander Kämpfe austrugen — Acquaviva etwa an der Seite Fermos gegen Ascoli — war ursprünglich nicht beabsichtigt, ergab sich aber aus der Zerrissenheit der Landschaft und ihrer Herren.

Im Schatten eines mächtigen Turmes, unmittelbar neben der Stadtmauer, sah ich eine alte Frau sitzen, die mit flinker Hand einen Korb aus Weidenruten flocht. Dieses Gewerbe ist in Acquaviva Picena heimisch, denn an den Abhängen des Ortes gibt es viele Weiden und andere Gehölzer, die für das Flechten benötigt werden.

Ein wesentlich edleres Handwerk betreiben die Frauen von Offida. Wenn das Wetter es nur irgend zuläßt, sitzen die Frauen des Städtchens — alte und junge und auch halbwüchsige Mädchen — vor den Häusern auf niedrigen Schemeln, vor sich den Klöppelsack. Auf diesen Klöppelsack ist die Vorlage gespannt und mit Stecknadeln markiert. Die hölzernen Klöppel fliegen so rasch hin und her, daß selbst das Zuschauen verwirrend ist. Die Produkte dieser Fingerfertigkeit sind elegante Spitzen als Einsatzstücke für Bettdecken, Kopfkissen und Vorhänge. Warum wird gerade in Offida geklöppelt? Ein Kenner sagte mir, ich solle mir die Kirche Santa Maria della Rocca ansehen. Die Steinornamente des gotischen Portals der Unterkirche hätten die Frauen von Offida angeregt, ebenso zauberhafte Spitzen zu klöppeln.

Santa Maria della Rocca ist übrigens ein Wallfahrtsort für junge Pärchen. Bei meinem Besuch saßen zwei Paare eng umschlungen auf den steinernen Stufen und warteten auf die Rückkehr der Kustodin aus der Stadt. Der kurze Weg von den letzten Häusern, vor denen klöppelnde Frauen sitzen, zur Kirche führt vorbei an Gärten, an Weinreben, an Artischokenfeldern. Santa Maria della Rocca selbst wird von uralten hohen Zypressen umrahmt, deren Grün mit dem Braun des Kirchenbaues vor dem Blau des Himmels ein sanftes Bild gibt.

Es verwunderte mich nicht, daß in den Legenden der ersten Gefährten des heiligen Franziskus, in den „Fioretti", den frommen Blümlein, ein heiliger Bruder namens Konrad von Offida auftauchte. Von ihm gibt es eine ganze Reihe wundersamer heiligmäßiger Geschichten. Als ich auf dem kleinen Platz zu Füßen der Santa Maria della Rocca stand, erinnerte ich mich der Erzählung, wie der im besten Sinne des Wortes einfältige Bruder Konrad zu beten begann und Maria anflehte, sie möge doch bei ihrem Sohn die Gnade erwirken, ihn ein wenig von der Seligkeit und Süßigkeit spüren zu lassen, die der heilige Simeon empfand, als er den kleinen Jesus auf seinen Armen hielt. Nur ein wenig davon, ein wenig. Plötzlich, so erzählt diese Geschichte, sei ein Lichterglanz erschienen, darinnen Maria, die aus diesen Strahlen heraustrat und dem Bruder Konrad das Jesuskind in die Arme legte. Der drückte es, koste es und war selig. Ein Ordensbruder, der Bruder Konrad heimlich gefolgt war, hatte dies alles mit angesehen, und auch er wurde von unsagbarer Freude ergriffen.

Die Doppelkirche Santa Maria della Rocca zählt zu den wichtigsten Gotteshäusern der Marken. Der völlig nackte Ziegelbau, entstanden in der Zeit des Übergangs von der Romanik zur Gotik, erhält durch Lisenen, senkrecht laufende Mauerstreifen aus weißem Stein, einen besonderen farblichen Kontrast. Wir treten zuerst in die Unterkirche, ein prachtvolles Gewölbe mit zahlreichen Säulen; die Fresken aus der

Zeit um 1350 stammen von Malern der Gegend. Ein 1423 datiertes Wandbild vorne links erzählt die Geschichte der heiligen Katharina. Die Apsis der Krypta, die im Berg unterhalb des Hauptportals der Oberkirche liegt, ist reich gegliedert; die Fresken werden Andrea da Bologna, zumindest aber einem Schüler des Meisters, zugeschrieben. Der Eintritt in die Oberkirche, auf dem älteren Teil 1330 von Maestro Albertino erbaut, erfolgt durch ein schlichtes Portal, über dem sich ein großes „Augenfenster" befindet. Der Innenraum ist durch drei Apsiden und Nischen reich gegliedert. Apsis und Chor sind mit Fresken veronesischer Art aus dem 15. Jahrhundert geschmückt, während im Kirchenschiff selbst farbenfrohe Freskenteile bolognesischer Schule aus dem späten 14. Jahrhundert konserviert wurden. Die Kustodin zeigt bereitwillig ein — heute von einem hölzernen Antependium — verdecktes Relief des Gottes Silvanus, Rest eines römischen Sarkophags, der im Altar eingebaut wurde. Beachtenswert ein hölzerner Christus im Grabe, hölzerne Kerzenleuchter und eine Nische in der Wand, die einst als Sängerkanzel diente.

Ein Spaziergang durch Offida führt uns zu den Überresten einer Befestigung mit zwei Türmen, die 1488 bis 1492 von Bartol Lucchini nach Zeichnungen von Baccio Pontelli erbaut wurde. Das Haus Corso Aureo Nr. 19 stammt aus dem 15. Jahrhundert, desgleichen Fassade und Loggia des eindrucksvollen Palazzo Comunale auf dem dreieckigen Hauptplatz. Die untere kräftige Arkadenreihe wird von Loggien überhöht; auf einen Arkadenbogen kommen zwei Loggienbögen. Abgerundet wird das Ganze durch eine langgezogene Reihe ghibellinischer Zinnen. In der Mitte strebt ein mächtiger quadratischer Turm empor, der wiederum hohe Zinnen trägt. Im Palazzo Comunale ist das Museum von Offida untergebracht. Es zeigt unter anderem die Funde aus den Nekropolen von Spinetoli aus dem 7. bis 5. Jahrhundert v. Chr., ferner eine „Santa Lucia" von Pietro Alemanno und eine „Allegorie der drei Könige" von Simone de

Magistris (16. Jhdt.). Auf dem Hauptplatz steht auch, etwas zurückgebaut, das Kirchlein S. Maria del'Addolorata; im Inneren eine eiserne Balustrade von Giuseppe Sacconi. In der Kirche daneben, der Chiesa del Suffragio, ist eine wahre Kostbarkeit zu sehen: die polychromierte Holzstatue einer Maria mit dem Kinde aus dem 15. Jahrhundert. Die langgezogene Fassade der Collegiata Nuova aus dem 18. Jahrhundert, die von P. Antonio Maggi nach einem Entwurf von Lazzaro Giosafatti erbaut wurde, zeigt Elemente der Neorenaissance, die einer Restaurierung im Jahr 1920 zuzuschreiben sind. In dem stuckverzierten Kreuzbau im Inneren finden wir eine Maria mit dem Kinde aus dem 16. Jahrhundert, eine polychromierte Holzfigur aus den Abruzzen, ein Kruzifix aus der Schule der Marken aus dem 17. Jahrhundert und das vergoldete kupferne Kreuz eines Künstlers der Abruzzen aus dem 14. Jahrhundert. Das Santuario di S. Agostino besitzt an seiner linken Flanke ein Portal aus dem 15. Jahrhundert. In der Sakristei sind quadratische Kacheln mit romantischen Landschaften zu sehen, in der Capella del Miracolo Eucaristico ein kleines Gitter aus dem 14. Jahrhundert, eine Goldschmiedearbeit aus Venedig mit byzantinischem Einfluß, das das „Reliquiario del Miracolo" abschließt.

Der prähistorische, später von Römern besiedelte Ort wurde im 11. Jahrhundert Feudalsitz der Farfensermönche. Sie kamen aus Farfa, jener Benediktinerabtei in den Sabinerbergen um Rom, die schon im 6. Jahrhundert gegründet wurde und seit Kaiser Karl dem Großen reichsunmittelbar war, das heißt, die Äbte der Abtei besaßen den Rang von Fürsten. Farfa hatte in den Marken eine ganze Reihe von Zweigniederlassungen gegründet. Offida wurde schließlich eine freie Gemeinde, die im 13. und 14. Jahrhundert in einem langen Krieg gegen Ascoli mit Fermo alliiert war.

Übrigens ist Offida nicht nur der Spitzenklöppeleien sondern auch des „Funghetto" wegen berühmt, einer Speise, die jedoch nichts mit einem Pilz zu tun hat, wie der Name vermuten ließe. Es ist vielmehr eine etwa zwei Zentimeter dicke Brotflade, zu der Mehl, Eiklar und Wasser verrührt werden. Diese Masse wird dann an der Sonne getrocknet. Eine weitere kulinarische Spezialität Offidas ist der Schafkäse.

GAUMENFREUDEN DER MARKEN

Die Spezialitäten von Offida bringen uns zu einem ganz besonderen Thema: den kulinarischen Genüssen auf unserer Reise durch die Marken. Natürlich gibt es hier alle jene Gerichte, die zur traditionellen italienischen Küche gehören, doch haben sich gerade in dieser Provinz noch sehr viele regionale Eigenheiten erhalten. Der Reisende sollte immer nach dem *vino della regione,* dem lokalen Wein fragen, nach dem *formaggio della regione,* dem lokalen Käse, und der *specialità della casa,* der Spezialität des Lokals. Man sollte das aber nicht tun, wenn man in Gesellschaft einiger Italiener ist. Ich habe das erlebt, als ich in Ancona mit einer Gruppe von Herren, die aus verschiedenen Orten der Marken stammen, bei Tisch saß. Es war, wie üblich, ein ausgedehntes Mahl. Unvorsichtigerweise antwortete ich auf eine Frage, die besten *lasagne* in Rom gegessen zu haben. Ein Aufschrei der Empörung folgte. Ein kluger Mann fragte mich jedoch, wo das gewesen wäre. Ich nannte ein Lokal in Trastevere, worauf man mich lachend belehrte, der Besitzer sei ein *marchegiano,* ein Mann aus den Marken. Unüberlegt stellte ich die Frage nach der besten Spezialität der Marken. Die Unterhaltung bei Tisch war ohnehin reichlich ungezwungen und laut — wie in Italien üblich. Nun aber begannen die würdigen Herren zu brüllen, sie bezichtigten einander wechselseitig der Lächerlichkeit ob ihrer Vorschläge, der primitiven Speisen, die sie da anpriesen. Jeder hatte ein Leibgericht — und jedes war die hervorragendste Spezialität der Marken. Ich genoß dieses Schauspiel und notierte eifrig auf einer Speisekarte, was ich über die Küche erfuhr, um später den Rezepten nachzuforschen.

Kein Zweifel, der Italiener versteht etwas vom Essen, und er versteht auch etliches vom Kochen. Er preist Speisen an, deren Vorbereitung Stunden, ja Tage dauern kann, denn er genießt, und die Arbeit hat die Frau — oder er geht ins Restaurant. So sind viele Lokale nicht für den Fremden da, sondern für den Stammgast, der ein Leben lang „sein" Ristorante besucht — es kann auch eine Trattoria, eine Locanda, eine Osteria sein, während die moderne Rosticceria eher mißtrauisch beäugt wird. Sie ist das Lokal für die Schnellküche, also mehr für den eiligen Touristen, denn ein Italiener nimmt sich für ein gutes Essen immer Zeit.

Hier nun Hinweise auf etliche lokale Ausprägungen der Küche. Voran stehen die *vincisgrassi,* eine besondere Form der *lasagne,* also gekochte, besonders breite Bandnudeln, die schichtweise übereinandergelegt und mit einer Fülle versehen werden. Das Ganze wird mit Bechamelsauce übergossen und in einer Auflaufform im Herd gebacken. Das Besondere ist die Fülle, denn die *vincisgrassi* enthalten ein Ragout aus Hühnerleber oder Kalbshirn, vermischt mit kleingeschnittenem Schinken, Tomaten und Pilzen sowie einem Schuß Wein. In Fano werden die *vincisgrassi* ohne Bechamelsauce zubereitet — wenn sie echt sind. Die Geschichte der *vincisgrassi* entbehrt nicht der Komik: ihr Name geht auf den Fürsten Windischgrätz zurück, einen österreichischen Heerführer, der hier gegen Napoleon kämpfte. Der Fürst soll von dem Nudelgericht so begeistert gewesen sein, daß er einen Koch aus den Marken engagierte. Die stolzen Einwohner der Marken machten daraufhin die Speise zu Windischgrätz — *vincisgrassi.* Die *lasagne in cassettate* wieder enthalten ein Ragout aus Fleisch, Huhn und Trüffeln. *Sedanini alla Garibaldina,* eine Speise aus Ancona, sind Makkaroni mit Erbsen, Speck und Tomaten. Gleichfalls aus Ancona kommen die *canelloni di ricotta,* gerollte breite Bandnudeln mit einer Fülle aus Quark und Spinat, mit einer Bechamelsauce übergossen, mit Käse bestreut und überbacken. Eine Besonderheit sind die *ravioli ai filetti di sogliola,* Ravioli, die mit einem Ragout aus Seezungenfilet serviert werden. Die *cappelletti alla pesarese* sind, wie der Namen schon sagt, kleine Hütchen aus Teig, gefüllt mit Schweine- und Kapaunfleisch, Rindermark, dazu kommen Eier, Pfeffer und Muskat. Die *cappelletti* werden in einer Kapaunbrühe gekocht. Für Suppenesser sind die *passatelli* interessant: aus geriebenem Brot, Eiern, Käse, Zitronen, Muskatnuß, manchmal auch aus Kalbsfilet und Spinat und Käse wird ein zähflüssiger Teig bereitet, der durch ein Sieb in die Suppe getropft wird.

Für Polentafreunde gibt es verschiedene Spezialitäten, darunter die *polenta alla carbonara,* dabei wird die Polenta in Scheiben geschnitten und abwechselnd mit einer Fülle aus Öl, Speckstreifen, Knoblauch, Petersilie und geriebenem Schafkäse — *pecorino* — serviert.

Fischspeisen gibt es ohne Zahl. Es würde zu weit führen, die lokalen Zubereitungsformen zu beschreiben — das wäre ein Buch für sich. Grundsätzlich gilt, daß im Küstengebiet zwei verschiedene Fischsuppen serviert werden. *Brodetto al'Anconetana* wird von Gabicce bis unterhalb von Ancona gegessen. In einem Sud aus Tomaten oder Tomatenmark, Zwiebeln, Knoblauch, Petersilie, Pfeffer, Essig und Öl werden mindestens neun, meist aber dreizehn Fischsorten gekocht. In den Teller kommen geröstete Weißbrotscheiben und darauf dann die Suppe. Ganz anders ist *brodetto Porto Recanati,* die Fischsuppe, die man vom Monte Conero bis zu den Abruzzen ißt. Diese Suppe fällt schon durch die Färbung auf. Hier werden die Fische zuerst in Mehl gewendet, in Öl gebraten und kommen dann in eine legierte Suppe, die mit viel Olivenöl und Safran, von dem sie die gelbe Farbe erhält, zubereitet wird. Gefüllte Tintenfische, Seezungen in Weißwein, Stockfisch werden angeboten; eine besondere Köstlichkeit sind auf Holzspießchen gebratene Muscheln, die mit Speckstreifchen und verschiedenen Gewürzen abwechseln, aber auch gebackene oder gratinierte Muscheln. In den trüffelreichen Gebirgsgegenden gelten

Trüffelomeletts als Spezialität. In Urbino ißt man *braciola all'urbinate:* Um ein Stück Rindfleisch wird Schinken gelegt, darauf kommen ein Käseomelett, sehr viel Petersilie und andere Gewürze. Das Ganze wird gerollt, mit einem Faden gebunden, in Öl angebraten und in Weißwein gedünstet. Schweinefleisch und Kaninchen werden in vielfältigsten Formen angeboten, es lohnt sich aber auch, die köstlichen Lamm- und Hammelspeisen in den kleinen Dörfern und Städten zu versuchen. Feinschmecker werden die *lumache in porchetta,* speziell zubereitete Schnecken, genießen. In der Provinz Ascoli Piceno muß man die vielfältigen Gerichte aus den großen, saftigen Oliven probieren. Zu empfehlen sind vor allem die gefüllten Oliven, *olive ripiene* oder *olive all'ascolana,* ausgewählte große grüne Oliven, die entkernt und mit Schinken, Käse, Eiern, Kalb-, Schweine- und Hühnerfleisch unter Hinzugabe diverser Gewürze gefüllt, paniert und in Öl herausgebacken werden. Sie schmecken in jedem Restaurant anders, denn die Fülle gilt als Familiengeheimnis.

In Ascoli Piceno trinken die Bauern *vino cotto,* gekochten Wein. Mindere Weinsorten werden aufgebessert, indem von hundert Litern etwa die Hälfte abgedampft wird. Dieser „gekochte Wein" wird in Fässer mit bis zu sechzig Jahre alter Basis abgefüllt und dann gelagert. Nach entsprechender Reifezeit wird ausgeschenkt.

Die lokalen Weine sind meist trockene, herbe Landweine. Berühmt ist die Verdicchio-Traube, und die „Experten" können sich kaum einigen, wo es den besten Verdicchio gibt. Der Verdicchio von San Marino ist wahrscheinlich der bekannteste. Als Spitzenweine gelten der Verdicchio di Matelica, mit etwa zwölf bis dreizehn Alkoholgraden, und der Verdicchio dei Castelli di Iesi mit vierzehn Alkoholgraden. Einer der leichtesten Weine ist der Bianchello del Metauro, ein Säuerling mit elf Prozent. An Rotweinen ist der Rosso Piceno am bekanntesten, der entweder aus der San Giovese- oder aus der Montepulciano-Traube gekeltert wird. Beide Weine sind sehr aromatisch, halbtrocken bis herb. Unter den Dessertweinen ist der Vernaccia di Serrapetrona bekannt, an Likören werden vor allem die Anisliköre geschätzt.

Selbstverständlich gibt es auch eine ganze Reihe von Süßigkeiten, doch sind es eher derbe Speisen, die aus dem Gebirge kommen. Während der Weinlese gibt es in der Provinz Ascoli Piceno Brezel aus Weizenmehl, Anis, Öl, Zucker und frischem Most, die *ciambelle di magro.* *Lattaiolo* ist eine Mischung aus Milch, Eiern, Zucker, Vanille, Zimt, geriebener Zitronenschale und Rum, die vorsichtig aufgekocht und verdickt, abgekühlt und dann in Streifen geschnitten wird.

Wer etwas Eigenartiges probieren will, dem sei das Rezept der süßen *frostengo* verraten: Geriebenes Brot wird mit Rosinen, Honig, Kakao, Zimt und Zucker, Orangenschalen und Pinienkernen zuerst in Schweineblut gekocht und dann entweder gebacken oder in Schweinedarm gefüllt und in Scheiben geschnitten.

Wird man privat in eine Familie eingeladen und bittet um eine Speise aus dem Alltagsleben, dann wird man eine *pasta e fagioli con le cotiche* vorgesetzt bekommen: Nudeln mit Bohnen und Schweinebauch. In manchen kleinen Fischerorten ist es übrigens gut zu wissen, daß *vongole,* Muscheln, im Dialekt auch *poracce* heißen, und wer *pidocchi* angeboten bekommt, im Wörterbuch nachblättert und die Übersetzung Läuse findet, braucht nicht zu erschauern, denn gemeint sind die schwarzen Miesmuscheln.

Wo viel gegessen wird, dort wird gern gefeiert, und umgekehrt. Diese Wechselwirkung gilt auch für die Marken, wo es das ganze Jahr über lokale Festivitäten gibt, spezielle Ausprägungen selbst in kleinsten Orten, die, wie ich schon geschildert habe, zum Teil auch auf Ernten — wie das Trüffelfest oder das Erdbeerfest — zurückgehen. Auch in der Provinz Ascoli Piceno gibt es in zahlreichen Orten zum Abschluß der Traubenernte sowie der Weizen- und

Maisernte Feste; Harmonikas, Zimbeln, Geigen spielen zum Tanz auf. Es existieren auch eigenartige Bräuche, so in Monte San Pietrangeli, wo am Ostermontag eine Katzenmusik, „Mammaussu", veranstaltet wird. Einzige Bedingung: man darf nur metallische Gegenstände aneinanderschlagen. Wenn der Lärm verebbt ist, setzt ein Käsekuchenessen ein. Durch Ripatransone reitet in der Karwoche das *cavallo di fuoco,* das Feuerroß. Dieser auf das Jahr 1682 zurückgehende Brauch schreibt vor, daß ein hölzernes Roß, mit Feuerwerkskörpern und bengalischen Lichtern gespickt, von jungen Männern auf den Domplatz gezogen und dort in Brand gesteckt wird.

In Offida gibt es in der Karnevalszeit den Festzug der *velurdi,* an dem nur teilnehmen kann, wer das Hemd über die Hose trägt und in seinen Händen eine Pechfakel hält. In Ascoli Piceno ist der Karnevalszug eine großartige und bunte Maskenschau. Doch ist er nichts gegen die Quintana am ersten Sonntag im August zum Fest des Patrons der Stadt, des heiligen Emidio, der zugleich der Schutzpatron gegen das Erdbeben ist. So wie der Palio in Siena ist die Quintana in Ascoli Piceno ein Fest, an dem die ganze Bevölkerung teilnimmt. In den historischen Kostümen des 15. Jahrhunderts ziehen etwa neunhundert Personen, Pagen, Edeldamen, Ritter und Tambure durch die Straßen, angeführt von den Spitzen der Stadtbehörden, denen die Vertreter der einzelnen Stadtviertel, der Castelli und Sestieri, folgen. Höhepunkt ist das Ritterturnier, *torneo cavalleresco della Quintana:* die „Ritter" jagen auf den Pferden an einer Stechpuppe vorbei, die einen Sarazenen darstellt. Sie legen ihre Lanzen aus und versuchen, die Puppe möglichst genau zu treffen. Nach der Siegerehrung zieht die farbenprächtige Schar im Fackellicht zur Piazza del Popolo — wo man glaubt, wahrhaft in das Mittelalter zurückversetzt zu sein.

ASCOLI PICENO

Ascoli Piceno ist rein städtebaulich gesehen eine der bedeutendsten Städte Italiens, aber dennoch kaum bekannt. Abseits der üblichen Reiserouten liegt es 202 Kilometer von Rom entfernt, durch die Via Salaria mit der Metropole verbunden. Diese Via Salaria, die Salzstraße, ist älter als die Via Appia und existierte schon 450 v. Chr. als Pfad, wurde aber erst im Jahr 16 v. Chr. durch Augustus bis zur Adria verlängert. Von Ancona ist Ascoli Piceno 121 Kilometer entfernt, von Pescara 85 Kilometer, und von der Küste, von Porto d'Ascoli, 28 Kilometer. So führen viele Wege in die Stadt, doch keiner ist eine vielbefahrene Reiseroute. Ascoli Piceno liegt auf einem Felsplateau zwischen dem tiefen Einschnitt des Flusses Tronto und seinem Nebenfluß, dem Torrente Castellano, angelehnt an den Colle dell' Annunziata. Der Name Piceno ist klar — hier siedelte das Spechtvolk der Picener. Ascoli wird als orientalisch-archaisches Wort gedeutet, hergeleitet von Eschelon — das gibt einen Anklang an Askalon —, das so viel bedeutet wie von Wäldern und Schatten umgeben: Schattenland. Und das stimmt. Diese Stadt liegt in waldreicher Umgebung inmitten von kluftigen Bergen und Hügeln, in denen in großen Brüchen der Travertinstein abgebaut wird. Travertin ist ein poröser Kalktuff in heller, bisweilen rötlicher, hier aber meist in rötlichbrauner bis grauer Farbe, der im feuchten Zustand leicht zu bearbeiten ist, dann aber erhärtet und aus diesem Grund als Baumaterial verwendet wird. Heute noch ist Travertin ein wichtiger Exportartikel. Ascoli Piceno selbst ist eine Stadt des Travertin. Die Steine aus bräunlichem, hellgrauem und dunkelgrauem Travertin bestimmen das gesamte Stadtbild. Aber welch ein Stadtbild!

Wuchtig steigen die Adelstürme auf — einstmals gab es zweihundert solcher Geschlechttürme in der Stadt —, erheben sich Kirchen und Paläste, reich gegliedert und geschmückt, entsprechend dem Stein, der der Fabulierkunst meisterlicher Hände entgegenkam. Eine Stadt mit einer Geschichte von weit mehr als zwei Jahrtausenden, in der diese Zeit aber in ihren Bauten noch sichtbar ist: römische Bauwerke, romanische, gotische und solche der Renaissance haben das Bild von Ascoli Piceno geprägt — und es ist unversehrt erhalten geblieben, obwohl wiederholt Erdbeben die Stadt heimsuchten. Als Ancona 1972 schwere Erdstöße erlebte, gab es auch in Ascoli Piceno viele Schäden. Manches kleine Gäßchen ist abgesperrt, manche Mauern sind gestützt, ja selbst auf dem Hauptplatz sind Verstrebungen sichtbar. Und auch für Ascoli gilt, was mir in Ascona ein Geschäftsmann verbittert erzählt hatte, daß nämlich seit dem Erdbeben eine Reihe von Häusern leer stehen, Fassaden oftmals verbergen, wie es im Inneren der Häuser aussieht. Der Mann war verbittert, weil die Wiederherstellung nur so schleppend vor sich geht. Es gibt kein Geld. In Ascoli sagte man mir: „Norditalien hat das Kapital, Süditalien die Segnungen der Sondergesetze mit der eigenen Kasse, wir in Mittelitalien aber sind vergessen. Nur für die Badeorte ist Kapital vorhanden, für das Hinterland nicht." *La Tertia Italia...*

Der rebellische Klang dieser Worte war typisch: Ascoli Piceno war seit jeher eine Rebellenstadt, erfüllt von unbändigem Freiheitsdrang. Obwohl das ganze Land Picenum von den Römern unterworfen war, blieb es von Unruhe erfüllt. Schon 129 v. Chr. kam es in Asculum zur offenen Rebellion, dem ersten größeren Aufstand der Italiker gegen die römische Bevormundung. Die Römer setzten sich durch, aber der Unfrieden schwelte weiter. Und gerade in dieser Stadt brach 91 v. Chr. der Bundesgenossenkrieg aus. Der Volkstribun Livius Drusus, der gegen die Vorherrschaft der Ritter in den Gerichten auftrat, weil er meinte, sie müßten dem Senat unterstehen, gab den Anstoß für diesen Krieg. Livius wollte außerdem ein Getreidegesetz, ein Ackergesetz und ein Koloniegesetz durchbringen und hatte die für römische Vorstellungen maßlos revolutionäre Idee, den italischen Bundesgenossen — also den von Rom unterworfenen italischen Völkern, die man zu Bundesgenossen gemacht hatte — das römische Bürgerrecht zu verschaffen. Das war natürlich mehr als kühn. Der stolze römische Bürger mußte über solch ein Ansinnen empört sein. Die Folge war, daß alle Anträge gesetzeswidrig *en bloc* — *per saturam,* wie es im römischen Recht hieß — abgestimmt und verworfen wurden. Livius selbst wurde ermordet.

Die Bundesgenossen, die sich eher Sklaven dünkten, hatten es jedoch satt, Menschen zweiter Klasse zu sein. Im Amphitheater von Asculum kam es zu einem flammenden Protest, als römische Abgesandte den Standpunkt der Hauptstadt darlegten. Sie wurden ermordet und mit ihnen alle Römer der Stadt. Damit begann der Krieg, der nach wechselndem Schlachtenglück mit einem Sieg Roms endete. Aber auch Goten und Langobarden zerstörten und beherrschten die Stadt und mußten abrücken. Selbst die von Karl dem Großen eingesetzten Grafen konnten ihre Herrschaft nicht für längere Zeit behaupten. 1183 wurde Ascoli Piceno schließlich eine freie Gemeinde. Friedrich II. unterwarf 1242 diese Rebellenkommune, die sich 1266 der Regierung des Papstes unterstellte. Während des Streites zwischen Ghibellinen und Guelfen im 14. bis zum 15. Jahrhundert versuchten einzelne Herren ihre Tyrannis zu errichten, doch Ascoli Piceno konnte sie alle abschütteln: 1318 die Dalmonte, 1351 die Malatesta, 1360 die Tibaldeschi, 1404 den Herzog von Altri, 1414 die Carrara und 1433 Francesco Sforza.

Im 15. Jahrhundert lebte in der Stadt Franco Stabili, genannt Cecco d'Ascoli, ein Gelehrter und Sterndeuter, der in Florenz verbrannt wurde, weil er es wagte, die Konstellation der Sterne bei der Geburt Christi festzustellen, um daraus das Schicksal des Heilands zu errechnen. In den Mauern von Ascoli Piceno wurde auch ein Papst geboren, Nikolaus IV., mit Namen Girolamo Masci, der von 1288 bis 1292 regierte. Er war Kardinalbischof von Palestrina, Legat im Orient, Patriarch von Byzanz und der erste Ordensgeneral der Franziskaner, der zum Papst gewählt wurde. Die Stadt nimmt für sich auch in Anspruch, daß in ihren Gemarken um 1427 der Humanist und Historiker Antonio Bonfini geboren wurde, der ab 1486 am Hof des ungarischen Königs Matthias Corvinus lebte und 1492 als Hofhistoriograph und Dichter gekrönt wurde. Seine „Rerum Ungaricarum Decades" waren eine bedeutende Leistung der Geschichtsschreibung der Renaissance.

Ich erfuhr das alles von einem Lokalhistoriker. Er ist Staatsbeamter, der seine gesamte Freizeit darauf verwendet, der Geschichte seiner Heimatstadt nachzugehen, über die er mir unentwegt neue Details erzählte. Er ist stolz darauf, daß Cäsar, der die strategische Lage der Stadt erkannte, sie stark befestigte; Reste dieser Mauern sind heute noch erhalten. Und er ist stolz, daß Ascoli Piceno Grenzbefestigung des langobardischen Herzogtums von Spoleto gewesen war. Und weil die Gemeinde ghibellinisch gesinnt war, hatte sie vom Kaiser zahlreiche Privilegien empfangen.

Jede Besichtigung der Stadt nimmt ihren Ausgang von der Piazza del Popolo, die in ihrer ursprünglichen Schönheit erstrahlt, denn sie wurde samt den umliegenden Gassen zur Fußgängerzone erklärt. Ich kam erstmals im Dämmerlicht auf die Piazza, als gerade ein Platzregen niedergegangen war. Der riesige Platz war menschenleer, die großen Steinquadern glitzerten. Unweigerlich mußte ich an die Piazza von San Marco denken, deren Geschlossenheit Napoleon so begeisterte, daß er von ihr sagte, sie sei der schönste Ballsaal Europas. Nun, die Piazza del Popolo von Ascoli vermittelt einen ebenso geschlossenen Eindruck, sie wirkt jedoch weniger durch die Eleganz als durch die Ausstrahlung selbstherrlicher Macht. An der westlichen Längsseite thront der Palazzo del Popolo, der Platz selbst ist von niedrigen Backsteinhäusern mit Bogengängen umrahmt, die von einem Zinnenkranz abgeschlossen werden. Nur einem genauen Beobachter fällt auf, daß von den neunundfünfzig Bogen des Platzes, die 1507 erbaut wurden, kein einziger in seinen Maßen dem anderen gleicht. Die nördliche Schmalseite beschließt die prachtvoll gegliederte Flanke der gotischen Kirche San Francesco.

Wie stolz die Bewohner dieser Stadt sind, zeigen die Malereien an den Häusern der südlichen Schmalseite. Wer Rom kennt und aufmerksam durchstreift hat, weiß, daß überall die vier Buchstaben S.P.Q.R. prangen, die Abkürzung für „Senatus Populusque Romanus", „Senat und Volk Roms", heute noch die Amtsbezeichnung der römischen Stadtverwaltung. Nun, hier leuchten die Buchstaben S.P.Q.A. — Rom ist durch Ascoli ersetzt —, die Herrschaftszeichen des Senats und Volks von Ascoli Piceno. Daneben sind die Wappen der Stadt angebracht: Über einem zweibogigen Tor ragen zwei klobige Geschlechtertürme empor.

Auf dem Platz spielt sich das Hauptleben der Stadt ab; hier befindet sich auch ein traditionsreiches Kaffeehaus; man sollte nicht nur an einem der Tischchen auf der Piazza verweilen, sondern die Innenräume mit ihrer gediegenen Ausstattung besuchen.

Der Palazzo del Popolo, das ehemalige Rathaus, ist ein mächtiger Bau, dessen Fassade aber nicht nur unruhig wirkt, sondern aufgerissen scheint. Das stimmt auch, denn der Bau mit seinen herrlichen Portalen aus dem 14. Jahrhundert, in den Gewölbe gebrochen wurden, ist im 16. Jahrhundert durch ein Stockwerk erhöht worden, eine Bogenreihe mit rechteckigen Fenstern. Der Grund ist sichtbar: Das Mittelportal wurde wie ein Triumphbogen hochgezogen, darüber wurde in einer kunstvoll gestalteten riesigen Nische das Standbild Papst Pauls III. eingefügt. Das Denkmal schuf Nicola Filotesio, genannt Cola dell'Amatrice, nach seinem Geburtsort im Gebirgsland bei Ascoli. Er erhielt den Auftrag, den Palazzo aufzubrechen, das hohe Portal und darüber die Nische mit dem Papstbildnis einzuziehen. Es ist kein fröhlicher Papst, der hier herunterblickt, sondern eher ein Triumphator. Der Künstler hatte den Auftrag annehmen müssen: Paul III., der frühere Alessandro Farnese, war nach Ascoli Piceno gekommen, weil die Stadt gegen die kirchliche Macht rebelliert hatte. Er ließ die Kastelle schleifen und nahm der Kommune als Strafe ihre Ländereien. Und genau an diesem Palazzo sollte sein Bild als Mahnmal stehen, denn hier hatten die Capitani del Popolo, die vom Volk erkorenen Führer der Stadt, residiert. Die Zeit für die Aufstellung des Denkmals — man schrieb das Jahr 1549 — lag günstig, denn der Palazzo wurde gerade restauriert. Er war während eines Bürgerzwists im Jahr 1535 bei einem Großbrand beschädigt worden. Der einzige Kunstgegenstand, der damals gerettet wurde, ist ein gefärbelter hölzerner Christus aus dem 15. Jahrhundert, der heute in der Franziskanerkirche hängt.

Zwischen dem Palazzo und der Kirche liegt die Loggia dei Mercanti, die an die Längsfassade von San Francesco anschließt. Die fünf eleganten Arkaden sind so wie die Bauten am Platz mit Zinnen bekrönt. Diese Markthalle, in den Jahren 1509 bis 1513 erbaut, besitzt eine der ältesten Börsentafeln der Welt. In die Hinterwand, das heißt also die Kirchenwand, eingelassen steht die Strafandrohung für unrichtige Maße — *mensuras sub pena* — datiert vom 2. Oktober 1568, die von sechs Nischen umgeben ist, in die die jeweils gültigen Maße gestellt wurden.

Der herrliche gotische Bau von San Francesco wird dem einheimischen Baumeister Antonio Vipera zugeschrieben. Im Jahr 1215 kam der heilige Franziskus auch nach Ascoli Piceno; dieses Datum ist historisch belegt. Schon 1258 wurde der Grundstein für die Kirche gelegt, und vier Jahre später, 1262, war Baubeginn. Als nach einer langen Bauzeit 1371 der Dom konsekriert wurde, war er noch unfertig, denn die Innenarbeiten dauerten bis 1443 oder 1451. Doch es wurde weiter gebaut, vor allem an den Türmen, und erst im 16. Jahrhundert erhielt die Fassade ihr endgültiges Gesicht. Vollendet wurde der Dombau von lombardischen Meistern. An die Kirche schließt der 1565 begonnene Kreuzgang, der heute als Markt dient. Es gibt wohl kaum einen schöneren Marktplatz als diesen, denn der Hof von San Francesco mit seinen Gewölberippen und Säulen und dem Brunnen gibt dem Marktgewirr die Umrahmung einer Theaterkulisse, nur mit dem Unterschied, daß hier alles echt ist.

Die Fassade der Kirche, die auf eine schmale Gasse schaut, besteht aus Travertinblöcken, die überreich gegliederten Portale sind venezianisch beeinflußt. Die Portalsäulen stehen wie Orgelpfeifen, sie haben auch eine Einkerbung, wie man sie von Orgelpfeifen kennt. Das kommt von dem seit Jahrhunderten geübten Brauch, mit Münzen oder noch besser mit einem Schlüssel über die steinernen Rippen zu streichen und den Stein zum „Singen" zu bringen. Das reiche Maßwerk, die Kapitelle, die geschmückten gotischen Fenster, sind Stück für Stück sehenswert. Das Seitenportal, das sich zur Piazza öffnet, ist reich mit Plastiken geschmückt: in der Mitte segnet Papst Julius II., in den Nischen links und rechts sind Büsten von Franziskanern aufgestellt, in den unteren Nischen Propheten.

Die Pfeilerhalle des Innenbaues, der die beachtliche Länge von achtundsechzig Metern aufweist, im Mittelschiff zehn Meter und in den Seitenschiffen je fünf Meter breit ist, zeigt die großzügige Anlage der Kirche. Beiderseits der Hauptapsis befinden sich achteckige Kapellen mit darüberliegenden Emporen. Die spätbarocke Kanzel stammt von Giosafatti; das Tafelbild „Die fünf Heiligen" in der Kapelle links von Cola dell'Amatrice.

Die Piazza Ventidio Basso ist ein weiteres künstlerisches Zentrum: hier stehen zwei bedeutende Kirchen und einer der Familientürme zwischen Häusern aus dem 15. Jahrhundert. Die Kirche SS. Vincenzo e Anastasio stammt aus der Frühzeit des Christentums, sie wurde zum Teil aus römischen Mauerresten errichtet, Teile der Krypta reichen bis ins 4. Jahrhundert zurück. Der Mittelteil der Kirche, die Apsis und der Turm sind aus dem 11. Jahrhundert, einzelne Stücke datieren aus dem 9. Jahrhundert, die Fassade aus Quadersteinen stammt aus dem 14. Jahrhundert. Diese Fassade wirkt wie eine aufgestellte Kassettendecke: Glatte, quadratische Felder sind von waagrechten und senkrechten Steinstegen eingerahmt. Ursprünglich muß von ihr ein zwingendes Leuchten ausgegangen sein, denn die 64 Felder dieses „Schachbrettes" waren einstmals bemalt. Das romanische Portal, das in seiner Lünette Maria mit dem Kind zwischen den Titelheiligen der Kirche zeigt, beweist durch eine Inschrift, daß es noch aus dem alten Bau von 1036 stammt. Der Glockenturm erhebt sich unmittelbar über einer offenen Sakristei. Der Altarraum, das Presbyterium, liegt über der Krypta, die seitlich des Altares zu betreten ist. Dieser älteste Teil der Kirche erhält durch die zeltartige Decke ein ganz eigenartiges Gepräge. An der Decke und den Wänden befinden sich Fresken aus dem 14. Jahrhundert, eine Darstellung der Geschichte des heiligen Silvester bei den Leprosen. Ein kleiner „Pozzetto", eine Brunnenvertiefung im Boden, weist darauf hin, daß diesem Wasser wundertätige Heilkraft zugeschrieben wurde, sonst hätte man wohl in der Krypta die Quelle nicht gefaßt.

Schräg gegenüber liegt der massive Bau der Kirche San Pietro Martire aus dem Jahr 1332, mit einem reichornamentierten Portal von Cola dell'Amatrice aus 1523; ein ernster und strenger Bau. Der Campanile war einst Geschlechterturm. An den Wänden des Altarraumes sind zwei Grabplatten aus dem 14. Jahrhundert eingelassen. Der Kirchenschatz beinhaltet unter anderem ein Reliquiar, das einen Dorn aus der Dornenkrone Christi enthalten soll.

Der Weg von der Piazza Ventidio Basso zum Ponte Romano, der den Tronto-Fluß überspannt, führt kreuz und quer durch kleine Gassen und bringt unentwegt Überraschungen: hochaufragende Türme, elegante Portale, Türen und Fenster, geschmückt mit steinernen Ornamenten, allerlei Getier, Früchten, Blättern, Blumen und auch Karyatiden. Wenn es hin und wieder gelingt, eines der Häuser zu betreten, öffnen sich bezaubernde Höfe und Gärten. Besonders eindrucksvoll ist das Viertel um das Borgo-Solesta-Tor aus dem 13. Jahrhundert, auch Porta Cappuccina genannt, da es zum Kapuzinerkloster jenseits des Flusses führt. Man muß mit offenen Augen durch diese kleinen Gäßchen und Passagen gehen, um all die Details aufnehmen zu können. Aber nicht nur sie lassen das Herz des Beschauers höher schlagen: das Panorama ist überwältigend. Steil führt eine kleine Gasse bergan, nur wenige Meter sind zu gehen, um einen Blick auf den Fluß und die Brücke zu haben. Der Tronto ist hier tief eingeschnitten, hat sich in Jahrhunderten ein schluchtartiges Bett gegraben. Schon in der Zeit des Kaisers Augustus spannten die Römer aus mächtigen Steinblöcken den gewaltigen Brückenbogen über den Fluß. Eine Brücke, die uns wieder einmal die Baukunst römischer Ingenieure zu Bewußtsein bringt: Sie ist 62 Meter lang, der Bogen ist 25 Meter hoch, mit einer lichten Weite von 21 Metern. Die Brücke ist unverändert erhalten und wird auch heute noch benutzt; nur die seitlichen Steinbalustraden stammen aus späterer Zeit. Hat man die Brücke überquert, findet man zur Linken in einem kleinen Haus den Eintritt in einen unterirdischen Gang, der unter dem Straßenniveau in der Brücke als Geheimgang angelegt wurde, um auch bei geschlossenem Stadttor nächtliche Ausfälle durchführen zu können.

Im Stadtviertel jenseits des Tronto liegt auch das öffentliche Waschhaus aus dem 16. Jahrhundert, und zwar unterhalb der Stadtmauer. In der Arkadenhalle mit den steinernen Brunnen und den steinernen Waschbrettern sieht man heute noch Frauen an der Arbeit. Das Viertel beherbergt auch den Kapuzinerkonvent, ein Kloster aus dem 15. Jahrhundert mit einem bogenreichen Kreuzgang; im Presbyterium der Kirche sehen wir Fresken von Angelo Mussini. Zurück über die Brücke führt uns der Weg zur Porta Tufilla, im Jahr 1553 von Camillo Merli erbaut, ein Tor mit einer pittoresken dreibogigen Loggetta. Noch interessanter jedoch ist der Weg von der römischen Brücke durch das Gewimmel der engen kleinen Gassen mit Häusern aus dem 11. und 14. Jahrhundert. Die Casa Langobarda in der Via dei Soderini, heute Jugendherberge, ist ein schlichter, interessanter Steinbau — zu beachten sind die Fenster —, der sicher nicht auf die langobardische Zeit zurückgeht, aber zweifellos eines der ältesten intakten Privathäuser Italiens aus proto-romanischer Zeit ist. An diese Casa Langobarda lehnt sich ein Turm aus dem 12. Jahrhundert, der vierzig Meter hohe Torre degli Ercolani. Über dem schmalen Eingang der Casa ist ein dreieckiger Schlußstein eingefügt, eine sogenannte Tringulation. Die bauliche Notwendigkeit dazu scheint nicht gegeben, vielmehr ist man in Ascoli Piceno der Ansicht, dieses eigenwillige steinerne Dreieck sei ein magisches Symbol. Nicht weit von der Casa Langobarda stoßen wir auf Zwillingstürme und die aus dem 13. Jahrhundert stammende Hallenkirche S. Agostino, einen romanisch-gotischen Bau. Am zweiten Altar rechts ein Werk von Francescuccio Ghissi da Fabriano (1359—1395), die „Madonna dell'Umiltà", ein sehr strenges, orientalisch-orthodox wirkendes Gemälde.

In diesen Gassen der Altstadt fiel mir eine Besonderheit in der Namensgebung auf, denn ich fand die völlig unübliche Bezeichnung Rua, vom Lateinischen *ruga*, von dem sich auch die französische Bezeichnung Rue ableitet. Die „Rua della Notte" — die Straße der Nacht — führt ihre Bezeichnung aber nicht auf irgendwelche geheimnisvollen Gründe zurück, sondern darauf, daß die Dächer der gegenüberliegenden Häuser so eng aneinanderschließen, daß nur ein schmaler Schlitz bleibt, durch den kaum Licht, geschweige denn ein Sonnenstrahl einfallen kann.

Im Tempietto Sant' Emidio Rosso aus dem 17. Jahrhundert ist der Stein zu sehen, auf dem angeblich der Patron der Stadt, Emidius, enthauptet wurde. In den Grotten der Kirche befand sich nicht nur das erste Grab des Heiligen, hier wurden im 4. Jahrhundert auch die ersten Christen der Stadt begraben.

Von der Via Salaria, der Straße nach Rom her, betritt der Fremde Ascoli Piceno durch die aus dem 1. Jahrhundert v. Chr. stammende Porta Romana, auch Porta Gemina genannt. Die Mauerflächen dieses Stadttors bestehen aus regelmäßigen, diagonal verlegten Steinen. Es schließt an die Zyklopenmauern, Ringmauern des italischen Kastells aus dem 4. vorchristlichen Jahrhundert, und an die Befestigungsbastion des Mittelalters an, so daß im Bereich der Porta Romana die „Geschichtsringe" von Ascoli Piceno, ähnlich den Ringen eines Baumes, erkennbar sind. In der Nähe des Tores wurde auch das römische Amphitheater ausgegraben, in dem die erbosten Bewohner von Ascoli die Abgesandten Roms erschlugen.

Der Weg in die Stadt zurück durch die Via Salaria führt zu einem zweiten Zentrum der Stadt, der Piazza Arringo mit dem Dom, dem Baptisterium, dem Bischofspalast und dem Palazzo del Comune, dem heutigen Rathaus. Der Name der Piazza Arringo erinnert an *arrengo,* den um einen Baum angeordneten Versammlungsplatz, an dem die Konsuln der Stadt zusammenkamen. Heute gibt es keinen Baum mehr, dafür aber zwei bezaubernde Brunnen mit bronzenen Seepferden, großen Brunnenschalen und Delphinen.

Der Dom ist dem heiligen Emidius geweiht, einem deutschen Märtyrer aus Trier, der hier im Jahr 207 enthauptet wurde. Seine Gebeine sind aus dem Felsengrab des Tempietto in die Krypta des Doms übergeführt worden. Hier befindet sich übrigens ein Beweis dafür, daß dies schon zur Zeit Konstantins eine geweihte christliche Stätte war. Emidius gilt als Schutzpatron gegen Erdbeben, ihm zu Ehren feiert man im August ein dreitägiges Fest. Als 1972 das Beben stärker als seit Menschengedenken war, deutete man dies als Warnung des Heiligen: er schien erzürnt, weil man das dreitägige Fest ihm zu Ehren nicht mehr so feierlich beging wie ehedem. 1973 konnte Sant'Emidio zufrieden sein: Die Bevölkerung hatte die Lehre verstanden, es wurde in alter Form gefeiert.

Der Dom stammt in seinen Hauptteilen aus dem 12. Jahrhundert und wurde Ende des 15. Jahrhunderts erweitert; die Fassade blieb unvollendet. So wurden am Portal Basen und Kapitelle gebaut, doch die zugehörigen konischen Halbsäulen fehlen. Ob die Kolossalnischen, in denen jeweils ein leerer Thron steht, auch leer bleiben sollten, weiß man nicht zu sagen. Man vermutet, daß dieser Eindruck der Einfachheit gewollt war und die mächtig-klobigen Nischen und Sitze den archaischen Charakter der Kirche betonen sollten. Von den Seitenflanken ist nur die linke sichtbar; sie zeigt gotische Doppelfenster und besitzt eine kleine doppelläufige Treppe mit einem Renaissanceportal, das noch die von Francesco di Giovanni signierte und mit der Jahreszahl 1496 datierte Holztür zeigt; der Meister hat auch das gotische Chorgestühl gemeinsam mit seinem Bruder Paolino geschaffen. Der Hochaltar der dreischiffigen Hallenkirche stammt aus dem 19. Jahrhundert, in der Mensa fanden jedoch Elemente aus älterer Zeit Verwendung. Die Krypta übt auf den Betrachter eine faszinierende Wirkung aus, denn sie ist elfschiffig. Das Mittelschiff der Krypta wurde von Giuseppe Giosafatti barockisiert. Lazzaro Giosafatti hat die Barockgruppe hinter dem Altar geschaffen. Der Altar selbst ist auf einem römischen Sarkophag aufgebaut, der die Gebeine des heiligen Emidius enthält.

Das wichtigste und malerisch bedeutendste Werk Ascoli Picenos findet man in der Sakramentskapelle, die vom rechten Seitenschiff der Kirche zu betreten ist: ein Polyptychon von Carlo Crivelli aus dem Jahr 1473. Ein prachtvoll geschnitzter gotischer Rahmen enthält in drei „Stockwerken" die Bildtafeln. Das Ganze gleicht einer riesigen Schauwand: Mittelpunkt ist die Madonna mit dem Kind, rechts und links davon je zwei Tafeln stehender Heiliger, darunter eine hölzerne Bogenreihe mit den Apostelgemälden. Im Giebel dieses „heiligen Hauses" befindet sich eine Pietà, flankiert von Halbfiguren.

Werke von Carlo Crivelli findet man allerorts in den Marken. Crivelli wurde zwischen 1435 und 1440 in Venedig geboren und starb um das Jahr 1495. Bis 1457 ist er in Venedig nachweisbar, dann verließ er die Stadt und siedelte in den Marken. Von 1467 bis 1487 lebte er in Ascoli Piceno, anschließend in Camerino. Er war auch in Fermo tätig; sein letztes Werk, die „Krönung Mariens" aus dem Jahr 1493, malte er für San Francesco in Fabriano.

Crivelli ging aus der Werkstatt der Familie Vivarini hervor, wurde jedoch stark von der Paduaner Schule geprägt. 1490 verlieh der Prinz von Capua, der spätere Ferdinand II. von Neapel, dem Künstler den Titel „Miles", den er nun den Signaturen auf seinen Bildern hinzufügte. Wenig später wurde Crivelli zum „Eques et laureatus" erhoben. Zu seinen Schülern zählte sein jüngerer Bruder Vittorio, vor allem aber Pietro Alemanno.

Das Polyptychon im Dom von Ascoli Piceno ist eine Verbindung der Malerei der Gotik mit jener der Renaissance. Gerade an diesen Tafeln wird eine elegante gotische Linie sichtbar, deren letzter großer italienischer Meister Crivelli wohl war. Die goldgrundierten Tafelbilder zeigen unverkennbar venezianische Merkmale: die Eleganz, die Farbigkeit, aber auch die Bewegtheit der Vivarini-Schule, deren Schaffen die Überwindung der starren byzantinischen Formen — das Ikonenhafte — kennzeichnet.

Neben dem Dom liegt das Baptisterium, einstmals mit der Kirche durch einen Gang verbunden. Auf einer quadratischen Basis erhebt sich ein rechteckiger Mittelteil, den eine kleine Loggia von Rundbögen abschließt. Bekrönt wird das Baptisterium von einem Kegeldach aus Ziegeln. Das Altarbild, eine „Taufe Christi", schuf Venceslao Corrigioli im 16. Jahrhundert. Das beherrschende Kunstwerk des Baptisteriums ist das Taufbecken, eine gotische Arbeit aus dem 13. Jahrhundert, mit Blattornamenten und Wülsten. Es ruht auf einer gedrehten Säule, die von einem viereckigen Kapitell abgeschlossen wird, das an den Ecken aus Stein geschnittene Gesichter zeigt. Doch auch die Taufkapelle ist älteren Ursprungs; im Boden ist noch die Piscina erkenntlich, das Becken, in das der Taufwillige steigen mußte.

Die andere Seite des Doms wird flankiert vom Palazzo Vescovile, dem Bischofspalast, bei dem ein Baukörper vorspringt, der Palazetto Roverella aus dem Jahr 1532, den der Erbauer des Doms, Cola dell'Amatrice, geplant haben soll. Im Palazzo befindet sich ein Diözesanmuseum.

Die Breitseite der Piazza Arringo wird vom mächtigen Palazzo Comunale beherrscht, der eigentlich aus zwei mittelalterlichen Palästen besteht, die im 17. Jahrhundert eine gemeinsame Vorderfront erhielten. Der Palazzo dell'Arringo aus dem letzten Viertel des 12. Jahrhunderts ist der ältere Teil, daran wurde zu Beginn des 13. Jahrhunderts der Palazzo Comunale angefügt. 1610 schon wurde beschlossen, beide Paläste miteinander zu vereinen, doch erst 1683 errichtete Giuseppe Giosafatti die Fassade; die Umbauten im Palazzo selbst dauerten schließlich bis 1745. Der lange Bogengang des Portals führt in einen Innenhof mit Garten. Im Hof — man nennt ihn das Pantheon von Ascoli Piceno — wurden Büsten prominenter Bürger der Stadt aufgestellt. An den Wänden der hofseitigen Fassade des Palazzos sind antike Bauteile zu sehen; beachtenswert ein steinernes Bogenfenster mit Transennen und einer Art steinernen Gitterwerks, eine frühromanische Arbeit aus dem 9. Jahrhundert aus der Kirche S. Ilario, das schönste Zeugnis der bodenständigen Kunst der Steinmetzmeister. Im 1. Stock des Rathauses ist die Pinacoteca Comunale untergebracht. Die Pinakothek wurde im 19. Jahrhundert eingerichtet und hat zum Teil noch den Charakter eines Kunst- und Wunderkabinetts — neben Kunstwerken sind auch Raritäten ausgestellt. Der Besuch lohnt ob der Vielfalt des Gebotenen: Majoliken, holländische Gemälde, aber auch das überlebensgroße Gipsmodell des Reiterdenkmals für Vittorio Emanuele II. von N. Cantalamessa Papotti, der aus Ascoli Piceno stammt. Das Original steht in Rom zu Füßen des Kapitols. Außerdem finden wir in der Pinakothek ein Triptychon von Carlo Crivelli, eine „Stigmatisierung des heiligen Franziskus" von Tizian, eine „Verkündigung" von Guido Reni, eine Madonna von Annibale Carracci, Gemälde von Cola dell'Amatrice und zahlreicher lokaler Künstler. Eine besondere Sehenswürdigkeit ist der mit Figuren und Goldfäden geschmückte Mantel Papst Nikolaus' IV., den er bei seinem Regierungsantritt 1288 dem Dom von Ascoli Piceno schenkte. Das kostbare Pluviale mit der englischen Stickerei aus dem 13. Jahrhundert wurde im Jahr 1902 gestohlen. Als es drei Jahre später im Kunsthandel auftauchte, kaufte der Amerikaner Pierpont Morgan das Meßgewand und gab es der Stadt zurück. Ascoli revanchierte sich, indem es die Büste Morgans im „Pantheon" aufstellte. Die Sala di Cecco d'Ascoli schließlich macht mit diesem Maler aus dem 19. Jahrhundert bekannt.

An der Ecke des Rathauses zweigt die Via Tormasacco zur Piazza San Gregorio ab. Die Kirche gleichen Namens wurde im 9. Jahrhundert an Stelle eines römischen Tempels erbaut, von dem Säulen und Kapitelle, aber auch ganze Wandteile des *opus reticulatum* erhalten sind. Sie zeigt im Inneren ein wunderschönes Netzwerk und Freskenreste aus dem 13. und 14. Jahrhundert.

Es gibt noch ungezählte Sehenswürdigkeiten in Ascoli Piceno. Unbedingt besuchen sollte man die Malatesta-Festung aus dem Jahr 1349, den Palazzo Malaspina mit seiner eleganten Fassade und vor allem die Casa Bonaparte mit ihrem wunderbaren Portal aus Travertingestein, das Werk eines lombardischen Meisters aus dem Jahr 1507. Nicht zu vergessen die wuchtige Hügel-Kirche San Vittore aus dem 12. Jahrhundert. Sie zeigt eine völlig glatte, schlichte Fassade, nur eine Fenster-Rosette über dem rundbogigen

Portal verleiht ihr orientalisches Gepräge. Sehenswert auch
die Kirchen S. Tommaso aus dem 13. Jahrhundert und Angelo Custode aus dem 17. Jahrhundert, sowie die Fortezza
Pia aus dem Jahr 1349, eine auf einem Bergrücken dro-
hende Festung, die in ihren Grundzügen auf die picenisch-
sabinische Epoche zurückgeht.

Gotische Stilelemente, Schönheiten der Renaissance, Gassen und Straßen, Kirchen und Paläste gehören zu den unvergänglichen Eindrücken, die Ascoli Piceno bietet. Eine
Stadt, die unvergeßlich bleibt, weil sie ihre so reiche Geschichtlichkeit dem Besucher offen darbietet; stolz, aber
nicht protzig, freundlich, aber nicht anbiedernd. So erfolgt
auch die Aufnahme eines Fremden in dieser Stadt, zum Beispiel im Ristorante Vittoria in der Via Bonaccorsi, das von
Stammgästen lebt, wo der Fremde aber besonders zuvor-
kommend behandelt wird. Hier kann man glauben, die Zeit
sei stillgestanden. Das Lokal hat eine Atmosphäre bewahrt,
die sonst kaum noch zu finden ist; dazu tragen die Einrichtung, aber auch die Kellner alter Schule bei.

Jeder Gang durch Ascoli Piceno gleicht einem Aben-
teuer — vorausgesetzt, man geht offenen Blickes durch diese
Stadt, um aufzunehmen, was vergangene Generationen geschaffen haben.

Ein Weg von kaum zehn Kilometern führt auf den etwa
700 Meter hohen Colle San Marco, von wo sich ein weiter
Blick bis zu den Monti della Laga öffnet, die schon zu den
Abruzzen gehören. Und nur etwa zwanzig Kilometer sind es
entlang der antiken Via Salaria, der heutigen Staatsstraße
Nummer 4, in Richtung Rom zu dem Ort Acquasanta
Terme nelle Marche, einem bezaubernden Städtchen, das
seinen Namen von den Thermalquellen ableitet, die am Abhang zwischen den Häusern und dem Tronto-Fluß entsprin-
gen. Die Heilkraft der Thermen war schon zur Zeit der
Römer bekannt, Livius hat sie in seinen Annalen beschrieben. Täglich fließen 15 Millionen Liter dieses heilkräftigen
Wassers mit einer Temperatur von 38 Grad in eine natür-

liche Felsgrotte aus Kratergestein mit radioaktiven Dämpfen. Da das Wasser einen weichen Schlamm absetzt, werden hier auch Fangopackungen verabreicht. Das Schwimmbad aber sucht seinesgleichen: es liegt in einer natürlichen Felshöhle, die schon vor zweitausend Jahren von den Römern entdeckt wurde.

ABSCHIED VON DEN MARKEN

Es ist eine wildromantische Gegend, durch die uns die Straße aus der Provinz Ascoli Piceno und damit aus dem Land der Marken hinausführt. Hinausführt in eine neue, eine andere Landschaft. Sie wird noch einmal von den Hängen des Apennin überstrahlt, von den Sibillinischen Bergen mit der sagenumwobenen Grotte der geheimnisvollen Sybille. Aus diesem Gebiet gibt es übrigens auch eine rührende Rosenlegende, die seit Jahrhunderten von den Hirten der Sibillinischen Berge überliefert wurde. Dieser Legende zufolge wanderten der heilige Franziskus und die heilige Klara durch die Bergwelt, traurig, denn es gab viel böses Gerede über das Paar, das heiligmäßig lebte und durch nichts anderes als den gemeinsamen Glauben an Gott miteinander verbunden war. Franziskus sagte zur heiligen Klara, er müsse von ihr Abschied nehmen, denn die Menschen fänden Ärgernis an ihrer reinen Liebe. Auf die Frage Klaras, wann sie einander wiedersehen würden, erwiderte Franziskus, dies würde geschehen, wenn die Rosen auch im Winter erblühten. Die beiden Heiligen nahmen Abschied voneinander. Doch kaum hatten sie sich getrennt, sah Klara, daß mitten im Schnee plötzlich Rosen von traumhafter Schönheit zu blühen begannen. Sie pflückte einen ganzen Arm voll, lief Franziskus nach und rief ihm zu: „Bruder Franziskus, sieh doch, die Rosen blühen!" Und wie die Legende besagt, gaben die beiden Heiligen von diesem Tag an kein Wort mehr auf das Gerede niederer Meinung.

Diese beglückende Geschichte ist typisch für die Legenden im Gebiet der Marken und Umbriens, wie sie nur hier wuchern können. Typisch aber auch für jenes unbekannte Italien, das hier beschrieben werden sollte.

Unsere Reise geht zu Ende, eine Reise in ein weithin unbekanntes Italien. Es war nicht möglich, jeden der Orte und Plätze anzuführen, die der Erwähnung wert sind, es mußte bei einer Auswahl bleiben, die Anregung geben soll, selbst auf Entdeckungsreisen zu gehen. Denn in den Marken gibt es kaum einen Ort, der nicht der Betrachtung wert ist. Trotz all der Schönheiten ist es ein hartes, stets umkämpftes Land. Hier haben von Urzeiten an bis in unsere Tage, bis zum Zweiten Weltkrieg, immer Kriege getobt. Stadt kämpfte gegen Stadt, das Volk wider die Tyrannen, die Kaiser gegen die Päpste, der Papst gegen die Fürsten, die Adelsfamilien befehdeten einander — immer zu Lasten des Volkes.

Das Volk der Marken hat im Verlauf der Geschichte harte Zeiten erlebt, es wurde geprägt von den Auseinandersetzungen, von den Gefahren, und hat dadurch jenen Spürsinn erhalten, der es befähigte, wachsam zu sein, um zu überleben. Aber in diesem Hügel- und Bergland lebten auch völlig abgeschnitten von den großen Zentren der Kunst Fürsten, die in den Ruhepausen zwischen den kriegerischen Auseinandersetzungen bereit waren, für eben diese Kunst Opfer zu bringen, die ein Mäzenatentum vorlebten, wie es besser nicht sein konnte. Sie wollten ihr Land gestalten, der Schönheit dienen. Und das Volk, aufgeschlossen und aufnahmebereit, war dankbar für jedes Kunstwerk, das ihm geboten wurde. Es gab in den Marken nicht jenen übergroßen Reichtum, jene Überreizung der Sinne, die alles selbstverständlich machte. In diesem armen Land war man dankbar für jedes Werk, das geschaffen wurde, hier war man stolz auf jede einzelne Tat.

Snobs werden vielleicht den Besuch der Uffizien oder des Vatikanischen Museums einer Fahrt durch die Marken vorziehen, die für sie eben nur Provinz in des Wortes negativer Bedeutung sind. Wie unrecht sie haben! Man muß das einzelne Kunstwerk, den einzelnen Bau in seine Umwelt setzen und den Gesamteindruck in sich aufnehmen. Das gilt für die gesamten Marken, für lebhafte, quirlige Badeorte, für die archaische Einsamkeit San Leos und Ascoli Picenos, wie für die von Jugend erfüllten Zentren von Urbino und Camerino oder für die industriereichen Orte Fabriano und Fano. Warum wohl hat der Venezianer Carlo Crivelli fast sein ganzes Leben in den Marken verbracht? Er war aus Venedig hierhergekommen, nicht nur, weil er hier der Erste sein konnte, sondern weil er hier buchstäblich Neuland betrat. In den Marken nahm man seine Schaffenskraft dankbar auf, während die Venezianer schon überreizt waren von der Flut an Schönheit und Kunst. Ein Lorenzo Lotto zog sich in die Marken zurück, um in einem Marienheiligtum zu dienen, um sein Leben in der Anschauung Gottes zu vollenden. Das alles ist kein Zufall. Und das machte auch die Anziehungskraft des Hofes von Urbino aus, an den die Künstler bereitwillig kamen, weil sie spürten, hier Neues schaffen zu können. Sie konnten der Ursprünglichkeit dienen. Was wünscht sich ein Künstler mehr?

Mein Ziel war es, von dieser Ursprünglichkeit eines Landes, einer Landschaft, einer Summe von Landschaften zu erzählen. Ich weiß, daß es vermessen wäre, nun zu verlangen, man sollte all diese Orte besuchen. Ja ich höre schon den Einwand, hier sei ein berufsmäßiger Urlauber am Werk gewesen. Nun, dieses Buch ist das Ergebnis einer sieben Jahre währenden Beschäftigung mit den Marken. Im Versuch, eine möglichst breite Palette zu schaffen, sah ich mein Ziel darin, Anreiz zu bieten, den einen oder anderen Ort zu besuchen. Den Anreiz, nicht nur hohe Kunst sehen zu wollen, sondern ein unbekanntes Italien zu finden und der eigenen Entdeckerfreude nachzugehen. Jener ursprünglichen Freude, plötzlich etwas zu sehen, zu finden, zu entdecken, was unvorhergesehen, also ungeplant ist. Und sich daran zu freuen.

PERSONENREGISTER

ORTSREGISTER